D1799207

Meccanica Industriale...

E. Flachat

Nabu Public Domain Reprints:

You are holding a reproduction of an original work published before 1923 that is in the public domain in the United States of America, and possibly other countries. You may freely copy and distribute this work as no entity (individual or corporate) has a copyright on the body of the work. This book may contain prior copyright references, and library stamps (as most of these works were scanned from library copies). These have been scanned and retained as part of the historical artifact.

This book may have occasional imperfections such as missing or blurred pages, poor pictures, errant marks, etc. that were either part of the original artifact, or were introduced by the scanning process. We believe this work is culturally important, and despite the imperfections, have elected to bring it back into print as part of our continuing commitment to the preservation of printed works worldwide. We appreciate your understanding of the imperfections in the preservation process, and hope you enjoy this valuable book.

MECCANICA INDUSTRIALE

FLACHAT

MECCANICÀ INDUSTRIALE

———◦———

PRIMA TRADUZIONE ITALIANA

BOLOGNA

PEI TIPI DI JACOPO MARSIGLI

1838

THE NEW YORK
PUBLIC LIBRARY
495202B

ASTOR, LENOX AND
TILDEN FOUNDATIONS
R   1949   L

L'industria, che in tanti e diversi rami si distende, e la quale è sorgente di moltissimi beni, non può in egual modo esercitarsi dappertutto, ma dappertutto è indispensabile che si eserciti. Ogni regione del pianeta nostro ha il suo clima, la sua natura geologica, la sua guardatura di cielo, e piante, ed animali, e miniere, e corsi di acque che le sono proprii: perciò dovrà darsi più particolarmente a quel tal genere d'industria che le circostanze locali le forniscono; ma non potrà rinunciare al dovere di essere industriosa.

E tanto più dovrà adempire ad un tal obbligo in un'età come la nostra, in cui le Arti e le Manifatture costituiscono appo tutti i popoli l'oggetto di molte ricerche; poichè già è dimostrato che la sola Agricoltura non è bastante a far paghi i bisogni delle genti, ma si vuole associarvi le Arti utili e l'industria produttiva delle varie Manifatture.

Tuttavolta nè quella nè queste possono a perfezione pervenire senza conoscere la natura delle varie operazioni che spettan loro rispettivamente, e senza svelarne le molteplici difficoltà e resistenze, per applicare que' meccanismi onde meglio risultano le anzidette operazioni, con risparmio di tempo, di fatica e di spesa. Nè ciò basta ; chè fa d'uopo conoscere pur anche i vari motori i quali si danno in natura, per poter quindi trascegliere quello che più si addica al genere di lavoro da effettuarsi, ed al luogo ed all'economia del medesimo.

Allora l'intraprenditore industriale, come pure l'operaio semplice verranno in istato di conoscere a colpo d'occhio quali industrie si abbiano ad eleggere con utilità nel proprio paese; e così scorgeranno in antecedenza i vantaggi che produr possono le medesime, per quindi sostenere il concorso di alcune straniere manifatture, e non gettar tempo e spesa in inutili e matte speculazioni.

Fra le varie opere recenti che porgono un corredo di sì utili idee, vi ha certamente questa MECCANICA INDUSTRIALE del celebre ingegnere francese STEFANO FLACHAT, che per la prima volta si presenta all'Italia, vestita dell'idioma nazionale. E qui non aggiugniamo parola sull'utilità di quest'opera : solo ripeteremo ch'essa è l'opera moderna più completa nel proprio argomento, poichè si può dire il riassunto di tutto il meglio che si rinviene nei dettati Meccanico-Industriali di Christian, Hachette, Bélidor, Lanz e Bétancourt, Babbage, Borgnis, Coulomb, Poncelet, Dupin, Nicholson, ed altri molti scrittori, i quali tutti si acquistarono meritamente una fama europea.

L'EDITORE.

MECCANICA INDUSTRIALE

Introduzione

PIANO DELL'OPERA.

UNA MACCHINA è un apparecchio, pel quale una forza o un moto impresso in un dato punto, viene trasmesso ad un altro, producendo un effetto determinato. — Vi sono perciò tre cose da distinguersi in una macchina:

La forza, che la muove; ed è ciò, che chiamasi *motore*:

L'apparecchio, che riceve e trasmette questa forza; e il quale dicesi *macchina*:

Il risultamento ottenuto; e questo è l'*effetto utile*.

Il molinello per filare è una macchina. La donna che l'adopra, appoggia il suo piede sulla predella del molinello, ed abbassandola e rilevandola alternativamente, mette in giro una ruota grande. Una funicella sovrappostavi, e che ravvolgesi quindi ad una piccola ruota, trasmette a quest'ultima il moto della prima, e fa girare con molta rapidità il filo e il rocchetto; sul quale esso filo si raccoglie.

Quivi il motore è la filatrice.

Il molinello è la macchina, che trasforma il moto lento ed alternativo del piede della filatrice in un moto circolare, il quale, per la combinazione delle due ruote, acquista una maggiore celerità.

L'effetto utile è la torcitura del filo ed il suo ravvolgimento attorno del rocchetto. Quest'utile effetto si può sottoporre a calcolo. Supponiamo infatti che

1

la filatrice lavori presso di una finestra del primo piano della casa, e che in luogo d'impiegare il molinello per torcere e raccogliere il filo dalla sua conocchia, abbia essa legato al rocchetto uno spago, che giunga sino al suolo, ed all'estremità del quale sia attaccato un peso d'un mezzo chilogrammo: dopo di che si ponga a lavorare con quella stessa velocità e forza come quando faceva uso del molinello. Lo spago si raccoglierà pure sul rocchetto, e ravvolgendosi, solleverà il peso. Se per far salire il detto peso dal suolo al primo piano in discorso, che supporremo a cagion d'esempio a 5 metri d'altezza, occorrono due minuti; si dirà che l'effetto utile del molinello mosso dalla filatrice, in due minuti, è di un mezzo chilogrammo innalzato a cinque metri: ed in un'ora quindici chilogrammi innalzati a cinque metri: e se la filatrice lavora 10 ore per giorno, si dirà che l'effetto utile del suo lavoro è di 150 chilogrammi innalzati a cinque metri, oppure di 750 chil. innalzati a un metro per giorno.

Vi sono in Meccanica de' mezzi semplici atti a misurare direttamente la forza prodotta da un motore qualunque; come per esempio a conoscere precisamente lo sforzo, che produce il piede della filatrice applicato sulla predella del molinello. E se si fa una tale verificazione, si troverà che la somma di questi sforzi in una intera giornata di lavoro produce una quantità di moto un poco superiore a quella, che risulta dal giuoco della macchina, e che equivalerà, a cagion d'esempio ad 800 chil. innalzati a un metro, nella detta giornata. Così *l'effetto utile* del molinello è inferiore alla forza motrice che lo mette in moto.

Una macchina adunque non produce forza? Non mai! chè anzi gli attriti e le oscillazioni dell'apparecchio annientano sempre una parte qualche volta importantissima delle forze motrici. Ma una macchina modifica la forza trasmessa, la riparte o la concentra, la rallenta o l'accelera in modo da produrre degli effetti che la sola mano dell'uomo non potrebbe ottenere: ed è appunto ciò che avviene nel molinello. La predella riceve un certo impulso dato dal peso del piede, movendosi lentamente; ma per la combinazione delle due ruote, il rocchetto al contrario è mosso con una velocità molto più grande di quella della predella. E infatti occorre una gran velocità ed una debole forza per torcere e raccogliere il filo: dal che si vede qual genere di modificazione della forza venga operato dal molinello. Il motore che lo pone in azione ha una forza animata da debole velocità. L'organo agente della macchina ha una forza molto più debole, ed una velocità maggiore d'assai.

Un altro esempio schiarirà le nostre idee su questo argomento. — Rondelet nell'*Arte di Fabbricare*, riferisce l'esperienza seguente fatta su d'una pietra da taglio del peso di 540 chilogrammi. Per trascinare questa pietra sopra un'altra simile rozzamente tagliata e posta orizzontale, occorre una forza di *traizione* eguale a 379 chilogrammi. Ed ecco come il Rondelet condusse l'esperienza.

La pietra poggiava (*Tav. I. fig.* 1.) sopra una superficie formata di altre pietre della stessa specie; ed era raccomandata a una fune, che passava per una carrucola, al capo della quale fune era una bilancia, che venne successivamente caricata. Rondelet trovò che la pietra non si moveva nel senso della *traizione* se non quando la bilancia fu gravata di 379 chilogrammi.

La stessa pietra trascinata su pezzi di legno venne mossa da una forza di 326 chil.: posta sopra una piattaforma di tavole e trascinata pure sopra legni, si mosse col solo peso di 303 chilogrammi di forza: ma come furono insaponate le due superficie di legno che scorrevano l'una sull'altra, non abbisognò che uno sforzo di 91 chilogrammo.

Posata quindi sopra cilindri o curri di 3 pollici di diametro, e messa in moto sopra una superficie di eguale materia di quella de' cilindri o curri, non vi occorse che un peso di 17 chilogrammi.

Finalmente, rotando i cilindri o curri sopra pezzi di legno, la pietra ha ceduto ad uno sforzo di 14 chilogrammi: e quando inoltre si sovrapposero due pezzi di legno ai cilindri, e sopra questi legni gravava la suddetta pietra, allora bastarono soli 11 chilogrammi per ismuoverla (*Tav. I. fig.* 2.).

Havvi egli in tutto ciò creazione di forza? Nissuna. Havvi impiego di semplici leggi fisiche e meccaniche. La meccanica usuale insegna a conoscere quali sono queste leggi; quale ne è l'intensità; quale il limite. La scienza insegna all'uomo a trarre dalle sue forze un effetto ognora più grande a misura che sa meglio trar partito dagli agenti, che sono a sua disposizione. Egli aumenta per così dire all'infinito le sue facoltà produttive; e tutti questi aumenti non hanno alcun mistero; niente di sovrumano; nulla che l'esperienza non abbia verificato; nulla che l'intelligenza comune non possa prevedere, comprendere ed applicare. La più bella creazione meccanica del genio dell'uomo, la macchina a vapore, quell'apparecchio, che presta indifferentemente la sua forza alla trafila dei metalli ed ai telai per le stoffe; allo scavo delle miniere ed alla navigazione; la macchina a vapore non produce che in ragione di ciò che riceve: la sua forza è la conseguenza delle proporzioni che gli dà il meccanico, e del combustibile cui consuma per produrre una quantità di vapore, dapprima calcolato. Nel sistema così complicato di ruote, e sì attivo di questa bella macchina non si crea forza: e questo sistema di ruote opera soltanto la trasmissione di ciò che la produzione e la concentrazione successiva del vapore determina sullo stantufo, una delle principali parti della macchina.

In un'opera giustamente stimata, e ch'io non potrei raccomandare abbastanza agli uomini, che vogliono seriamente studiare i fenomeni tanto varii della produzione; nel *Trattato dell' Economia delle*

Macchine e delle Manifatture del Sig. Babbage,
le idee che lo precedono sono pure sviluppate, ma
sotto forma di paradosso ai princìpi su esposti.

« Considerate nei loro princìpi fondamentali, dice
« il sig. Babbage, le macchine si possono classifi-
« care sotto due divisioni: 1.ᵃ *macchine impiegate*
« *a produrre forza*; 2.ᵃ *macchine che hanno sem-*
« *plicemente per iscopo di trasmettere la forza* ».

Questo paradosso è un poco più avanti sviluppato
dallo stesso autore nel seguente modo: « Le macchine
« impiegate a produrre forza, dic'egli, sono certa-
« mente grandi mezzi acquisiti per noi. Pure, noi
« dobbiamo notarlo; in quelle macchine particolar-
« mente, che dipendono dall'acqua e dal vento, due
« grandi princìpi motori, noi non facciamo che im-
« piegare corpi messi in moto dalla natura, cangian-
« do la direzione di questo moto in guisa da sod-
« disfare ai nostri fini senza aggiugnere nè diminuire
« menomamente la quantità di moto primitivo pree-
« sistente. Quando noi esponiamo obbliquamente le
« ali di un molino all'azione del vento, tratteniamo
« allora la velocità di una piccola corrente d'aria,
« e cangiamo così il suo moto rettilineo nel rotatorio
« delle ali del molino. Modifichiamo per tal modo
« la direzione d'una forza, senza creare però una
« potenza o forza meccanica. »

Queste riflessioni si applicano egualmente alla potenza meccanica prodotta dall'evaporizzazione del-
l'acqua. È fuor di dubbio che quando l'uomo, mediante il calore, fa passare l'acqua allo stato di
vapore, dà a questo liquido una forma novella, sotto
la quale possiede un'elasticità e per conseguenza una
potenza di moto differente da quella che possiede
nello stato primitivo, nel quale stato non agisce per
elasticità ma per gravità. Ma la tensione del vapore,
ad una data temperatura, per grande che sia, è
(come la velocità dell'acqua o del vento, come la
forza muscolare dell'uomo) il risultamento di leggi
fisiche, i limiti delle quali sono calcolati. In questi

limiti è certo che l'uomo producendo del vapore produce della forza; ma ciò non ottiene nè per macchine, nè per ingranaggi, nè per semplici o complicati apparecchi di meccanica; ma per un fisico fenomeno qual'è quello della combustione. Questo fenomeno avviene nella caldaia della macchina a vapore: è là che si genera la forza, ma nel punto in cui questa forza si slancia per tutto l'apparecchio chiamato Macchina a vapore, comincia allora la trasmissione e la modificazione della forza: chiudete il rubinetto, che lascia passare il vapore nello stantufo, e produrrete lo stesso effetto che quando cessa il vento, che urtava le ali del molino: la macchina si arresterà. Chiudete la cateratta che rattiene le acque moventi una ruota idraulica, e la ruota cesserà di muoversi. Tutti questi effetti sono perfettamente identici. Ciò adunque che bisogna intendere per le divisioni stabilite dal signor Babbage, si è che v'hanno macchine più specialmente dirette a ricevere l'azione dei motori, ed a trasmetterla ad altri apparecchi più particolarmente destinati ad operare la trasformazione del moto e della forza, che si richiedono per le operazioni industriali. Riguardata sotto quest'aspetto, la sua divisione è vera.

Così, per la forza motrice derivata dall'uomo e dagli animali, le manovelle, i pezzi a cerniera, le ruote, i maneggi (o vetti cui si attaccano gli animali) sono i modi ordinari d'applicazione della forza: una tromba può essere mossa da un bilanciere, da un pezzo a cerniera, o da un vette; ed è chiaro che, nè il bilanciere, nè il pezzo a cerniera, nè il vette non avranno creato della forza, ma che essi sono, secondo l'opportunità, gli agenti preferiti per trasmetterla.

Il grano può venir convertito in farina sotto macine mosse da un meccanismo dipendente dalle ali di un molino o da una ruota idraulica: ed ecco una macchina, che riceve la forza, un'altra, che la modifica;

e la macchina, che riceve la forza può essere una ruota, o un'ala di molino. Potrebbe essere ancora un ingranaggio e un asse orizzontale mosso dal vapore o da animali. Vi hanno adunque due classi di macchine distintissime; ma nè le une nè le altre creano forza. E se si avessero a definire, direi che la prima classe comprende gli organi semplici del moto, e la seconda gli organi delle operazioni industriali.

Altri passi dell'opera del signor Babbage dimostrano d'altronde che in questa guisa appunto dev'essere inteso il suo pensiero. Egli ritorna molte volte sul principio fondamentale della meccanica, di cui ho dato poc'anzi una prima dimostrazione, cioè che *ogni forza applicata in un punto può soltanto essere riprodotta in un altro punto, diminuita però di quella porzione che l'attrito od altre cagioni accidentali hanno distrutto:* principio che si esprime ancora sotto quest'altra forma, e cioè che *nell'esecuzione, tutto ciò che si acquista in velocità si perde in forza.* « Questi due princìpi, dic'egli, « non possono imprimersi che leggermente nello « spirito; ma tenendoci nei limiti del possibile, « siamo anche in possesso d'un campo d'inesauri- « bili scoperte. » Altrove dic'egli: « Dal gran prin- « cipio su stabilito che ogni combinazione di mezzi « qualunque meccanici non può aumentare la forza « di una data macchina, che alle spese del tempo « impiegato a produrre l'effetto domandato, si po- « trebbe forse conchiudere che queste combinazioni « ingegnose siano di poca utilità nella pratica; ma « ciò sarebbe un grande errore: imperocchè è ap- « punto per la varietà infinita di tali invenzioni che « otteniamo da ogni specie di forza impiegata il « suo massimo effetto ». Per esempio, se si vogliono configgere dei pali per formare palafitte, si mette il palo a piombo, sotto di una macchina detta *berta* o *batti-palo*, formata da due travi verticali, lungo le quali alcuni uomini, manovrando al verricello,

fanno salire lentamente un peso di ferro, considerevole, chiamato montone; e quando questo peso è
pervenuto alla sommità di dette travi, si abbandona,
ed esso viene per tal modo a piombare sulla testa
del palo, retto (come abbiam detto) verticalmente;
e di questa guisa si ottiene il conficcamento del palo
nel suolo. Una tale operazione non è altro che l'ac-
cumulamento della forza degli uomini, che manovrano al verricello. Onde si è riconosciuto che per
vincere la resistenza del suolo e determinarvi il conficcamento dei pali delle palafitte, è d'uopo agire
con percossa, e che queste percosse esser debbono
considerevoli. — Egli è da ciò che ha avuto luogo
un tale modo d'impiegare la forza dell'uomo facendogli trar partito dal principio fisico del peso. Un
altro metodo non perverrebbe ad un eguale risultamento.

Vi sono in oggi pochissime macchine alle quali
non sia unito un volante. Noi spiegheremo minutamente nel corso dell'opera che cosa sia quest'importante organo meccanico: e per ora basta sapere
che il detto volante è una ruota a circonferenza pesantissima. Applicato esso in uno degli assi di rotazione dell'apparecchio, gira dapprima lentamente,
poscia il suo moto si accelera, ed accumula per così
dire moto sopra moto; di guisa che quando la macchina trova maggior resistenza nelle materie sulle
quali essa opera, il volante vince una tale resistenza
per mezzo della sua forza e dell'acquistata velocità,
e, in brevi detti, regolarizza l'azione dell'apparecchio. In un'esperienza fatta da un fabbro-ferraio sopra un nuovo sistema di trafila, si avvide, a capo
d'un dato tempo, che la macchina si rallentava; ne
cercò la cagione, e riconobbe che mentre l'operazione era incominciata, si era rotto l'asse, che univa
il volante alla macchina a vapore, di modo che tutta
l'operazione era stata condotta dal volante isolato
dalla macchina suddetta. Il volante aveva egli in
questo caso creato della forza? No, ma restituiva

quella che la macchina a vapore vi aveva accumulato; e, a misura che la restituiva, il suo moto si rallentava.

Nel corso di quest'opera ripiglieremo più d'una volta codesto argomento, cioè che con apparecchi meccanici egli è possibile di creare della forza, e di ricavare da una nuova macchina dei risultamenti superiori a tutto che insegna la scienza. Non saprei credere come quest'errore sia comune. Egli è da ciò soprattutto che il ciarlatanismo tende lacci all'ignoranza, e che si veggono dei proprietari, o dei capitalisti, e sino de' fabbricatori, lasciarsi prendere all'esca di risultamenti o di benefizi esagerati, e tentare costose sperienze che in null'altro si risolvono se non nella perdita del danaro. Non si può sfuggire a parecchi errori che per lo studio delle leggi meccaniche e fisiche; e questo studio, lo ripeto, non presenta le difficoltà che gli attribuiscono generalmente gli uomini, cui esso sarebbe più utile, e cui il timore di siffatta difficoltà reca scoraggiamento.

In conclusione, le leggi meccaniche sono stabilite su dei princìpi incontrastabili, verificati dalla scienza e dalla pratica; le forze dei motori, animate o fisiche, possono essere sottomesse a calcolo; e l'esperienza ne ha generalmente determinati i limiti in un modo il più preciso. Infine, gli apparecchi meccanici non creano forza; ma quella modificano che viene loro trasmessa. Non mai si studieranno abbastanza queste idee semplici e fondamentali; imperocchè esse sole possono, nelle esperienze o applicazioni meccaniche, togliere le illusioni dell'ignoranza o le seduzioni dell'intrigo. Ed esse pure tracciano nello stesso tempo la divisione la più razionale per lo studio della meccanica usuale, il cui insegnamento, perchè frutti vantaggio, cominciar deve coll'esposizione delle leggi generali della meccanica; poscia verrà lo studio dei motori, e quello finalmente degli apparecchi.

Dietro appunto a quest'idee sommarie abbiamo tracciato il piano della nostra *Meccanica Industriale*; e sarà divisa in undici capitoli, che comprenderanno le materie seguenti.

CAPITOLO 1. — *Considerazioni generali sulla Geometria e suoi rapporti colla Meccanica; disegni delle Macchine; formole per la misura delle superficie e dei corpi. Sistema Metrico.*

CAPITOLO 2. — *Leggi generali ed elementari della Meccanica.* Gravità, peso specifico, centro di gravità, inerzia, azione e reazione, velocità, quantità di moto; ec.

CAPITOLO 3. — *Seguono le leggi elementari della Meccanica.* Macchine semplici, leva, piano inclinato, vite, carrucola, ruote dentate; ec. (1).

CAPITOLO 4. — *Motori animati; Uomini, bestie.*

CAPITOLO 5. — *Motori fisici; Vento.* Molini; Mantici; Ventilatori; ec.

CAPITOLO 6. — *Seguito dei motori fisici; Elasticità, Calore* (2).

CAPITOLO 7. — *Seguito dei motori fisici; Acqua; Leggi generali dell'Idraulica; Macchine Idrauliche.* Ruota a palette; Ruota a Cassette; Ruota Poncelet; ec. Trombe, Torchio idraulico, Ariete idraulico; Macchine d'asciugamento e d'irrigazione; ec.

CAPITOLO 8. — *Cognizioni de' materiali:* loro forza; loro resistenza; esperienze sugli attriti; corde, catene; ec.

CAPITOLO 9. — *Trasmissione, modificazione e regolarizzazione del moto.*

(1) Questo, e il precedente capitolo formano l'oggetto di un lavoro inserito nel *Gabinetto Ciclopedico* dai signori, dott. Lardner e capitano Kater; è lavoro tradotto in francese, e da raccomandarsi a coloro che vogliono estendere le loro cognizioni teoriche sui princìpi elementari della meccanica. Quanto poi alla parte d'essi princìpi, essenziale alla pratica, questa può venir presentata sotto forma più ristretta.

(2) Qui dovrebbe porsi la *macchina a vapore*: noi consacreremo loro un trattato particolare. Intanto esamineremo le altre applicazioni del calore come forza motrice.

In questo capitolo noi c'inizieremo nello studio della *Composizione delle Macchine;* e fra tutti gli organi onde si compongono, esamineremo di preferenza quelli, che sono di maggior uso per trasmettere, cangiare, e modificare il moto; ingranaggi, volante, pendolo conico, parallelogrammo di Watt, ec.

CAPITOLO 10. — *Studio delle principali operazioni industriali compiute dalla meccanica.*

In questo capitolo, esporremo le macchine che, pe' processi i più semplici o i più ingegnosi, compiono le funzioni più faticose o le più delicate. Noi le decomporremo, le analizzeremo, per conoscerne gli organi principali, e che sono i più suscettivi di applicazione. Le macchine per alzare e trasportare i pesi; l'aratro; le seghe meccaniche; le macchine per fendere, trafilare, laminare e perforare i metalli; i pettini del canapino; i mestieri del tessitore e ricamatore; le macchine per cimare e rasare le stoffe; il torchio per istampare, ec. Successivamente ne vedremo le combinazioni. Con una scelta giudiziosa di queste macchine potremo, senza soppraccaricare la memoria e lo spirito, dare un insegnamento meccanico, abbastanza completo, per quindi conoscere e giudicare ogni altra macchina.

CAPITOLO 11. — *Esperienze sulle macchine ; Calcolo dei loro effetti ; economia delle manifatture.*

Questo capitolo riassumerà tutta l'opera e ne dedurrà le conseguenze economiche. Come dovrà essere valutato l'effetto utile delle macchine? Quali idee e quali calcoli debbono servire alla scelta di taluno piuttosto che d'altro motore? Come un motore imperfetto può essere sostituito o perfezionato colla minore spesa possibile? Tali sono i problemi principali che verranno successivamente proposti o risoluti.

Un tale insegnamento non si ha la pretensione di produrlo come novità, ma come un riassunto elementare delle opere già condotte sulla Meccanica Industriale dai Signori Christian, Hachette, Lanz, e Bétancourt, Borgnis, Coulomb, Poncelet, Coriolis, Carlo Dupin, Nicholson, ec.; alcuni de' quali tengono posto distinto nella stima dei dotti e dei pratici istruiti. Dal piano or ora esposto di volo, risulterà la differenza fra la nostra e le loro opere. Per tal modo esporremo la materia alla comune intelligenza e a cui non ha molti mezzi, sotto semplice forma ed allettativa; aprendo una via più facile allo studio della meccanica, e preparando un maggior numero di lettori a quelle opere de' sunnominati, che godono della stima universale. E tale sarà, lo speriamo, il risultamento di questo nostro lavoro.

Grandi problemi di economia sociale dipendono dalle Macchine: i mezzi di produzione, che l'uomo si procaccia per la combinazione dei motori fisici e degli apparecchi perfezionati incessantemente dal suo inesauribile *genio d'invenzione*, oltrepassano qualche volta non i bisogni ma i mezzi di consumazione. Spesso ancora una nuova invenzione porta alla miseria un numero, alcune volte considerevole, d'operai. Sia che le macchine diano una sovrabbondanza di prodotti, sia che esse sbalzino del suo posto alcuna classe sociale, il danno che risulta momentaneamente dal soverchio loro uso e dalle troppo repentine modificazioni cui si assoggettano, non è da mettersi a questione. L'autore di statistiche però si consola di questi mali e di queste crisi, calcolando il numero de' nuovi lavoratori sôrti per la nuova invenzione; poichè conchiude da' suoi calcoli che havvi *progresso*. Così la statistica ci ha fatto conoscere da lungo tempo che il numero degli operai impiegati nelle filande dell'Inghilterra, (macchine che producono per tre o quattrocento filatrici a mano) è infinitamente più considerevole in oggi, che non era quello delle filatrici suddette prima che i perfezionamenti della filatura fossero introdotti. La società adunque ha guadagnato d'assai per questi perfezionamenti, e in ciò non havvi alcun dubbio. Ma su questo benefizio, che la statistica addimostra così bene, qual parte deve prelevare la società per indenizzare coloro, che per la nuova invenzione hanno perduto il lavoro e quasi direi l'esistenza? Ecco un argomento di che la statistica non s'è occupato. — Una tale quistione è una di quelle che studiano con ogni sollecitudine quei che consacrano le loro veglie alla scienza bambina dell'economia sociale: ma qui non è luogo di dire a quali risultamenti siano in oggi pervenuti coi loro sforzi. Solo diremo che per le loro cure si sono accumulati de' materiali derivati da tutte parti; ma che per anche non è sorta quell'alta intelligenza la quale potrà sciogliere il gran problema.

In quest'attiva ricerca, in questo laborioso nascimento d'una soluzione che tanto importa al benessere, alla sicurezza, e in conseguenza alla costumatezza de'popoli, è conceduto se non altro universalmente questo principio, che sarebbe cioè inutile e funesto il cercare di porre ostacolo al perfezionamento delle arti meccaniche ed alla loro diffusione; come tutte l'opere dell'umano intendimento, hanno riconosciuto che sarebbe cosa empia l'arrestarne lo sviluppo; e ben si prevede che dai loro stessi progressi scaturiranno i mezzi più sicuri di sopprimerne o diminuirne almeno gl'inconvenienti.

E noi crediamo superfluo, per dimostrar questo vero, tracciare il prospetto de' vantaggi che la civiltà ha ricevuto, e che raccolgono del continuo le società dai progressi di queste arti. Ma basta, per così esprimerci, aprire gli occhi, e fissar l'attenzione per pochi istanti sui più ordinari e più semplici oggetti che ci attorniano, e il pensier nostro tutto è compreso di riconoscenza e di meraviglia per quel molto che dobbiamo a cotali oggetti. Lo sviluppo delle arti meccaniche propaga un certo impulso su quello dell'intendimento, ond'egli è il prodotto, lo strumento, e la prova; le macchine migliorano incessantemente la condizione delle classi inferiori, poichè soccorrendole nella parte penosa delle loro fatiche, nell'impiego delle forze fisiche, le astringono a coltivar l'intelletto, chiedendo a lui, anzi che alle braccia, dei mezzi di esistenza.

Si ha, per alcuni istorici documenti, che nella remota antichità, si sono costruite delle alte muraglie, formando dapprima gli strati inferiori, con massi di materie rotolati a forza d'uomini: poi, ad una delle facce si è appoggiata della terra, formando un piano inclinato, sul quale poteva farsi rotolare un secondo strato di massi; e così di seguito. Erette così le muraglie, bisognava togliere l'enorme monte di terra, che aveva servito a condurne la costruzione. Immensa e vana fatica, dove impiegavasi una forza muscolare, della quale oggidì (mercè delle macchine per innalzare e trasportare grandi pesi) non abbisogna la millesima parte per ottenere gli stessi effetti, cioè per costruire la stessa muraglia.

Da qualche anno il Governo inglese, avendo determinato di costruire tratto tratto lungo le coste della Gran-Bretagna e dell'Irlanda dei Fari per servir di guida ai navigatori che approdano per commercio all'Inghilterra, uno dei più abili ingegneri di questo paese, il signor Stevenson, incaricato per l'illuminazione delle coste di Scozia, propose di costruire un Faro a quattro leghe entro il mare sopra una roccia, onde appena appena si vedeva scoperta la punta a fior d'acqua. Questa roccia era conosciuta sotto il nome d'isolotto di *Bella Rócca*. Questo progetto, che qualche secolo addietro, non era pure pensato dalle più fervide immaginazioni, venne adottato ed eseguito in tre anni. Tutte le risorse della meccanica in fatto di costruzione vennero spiegate; ed un tal lavoro così utile al commercio e sì onorevole pel paese che lo ha approvato, assicura al suo autore un nome, che non sarà per mancare giammai: e dobbiamo a lui il vivo e prezioso prospetto dei lavori del Faro di *Bella Rócca*, dal principio sino al suo termine (*Tav. I. fig. 3.*). La torre di legno basata sopra tavole, ha servito ad un tempo a porre al coperto i lavoratori, e come punto d'appoggio pel picciol ponte sospeso, dove, pel mezzo d'un verricello, si sono portate le pietre da taglio. Tali pietre giungevano, già tagliate, dalla Scozia, e si scaricavano su due punti della roccia, ove trovavansi due grue, che le prendevano dai battelli, e le mettevano su due piccoli carri a quattro ruote. Erano trasportate di là (per mezzo d'una strada di ferro sostenuta da un tavolato di legno) sino sotto il ponte, a cui venivano recate nel modo che abbiamo detto. Di là giù venivano alzate verticalmente mediante una carrucola sostenuta da una robusta trave sporgente da un foro al terzo piano del Faro; ed un verricello nell'interno girava la catena ravvolta su questa carrucola, e faceva salire le pietre all'altezza del detto piano: e di qui venivano affidate a una catena che scendeva dal quinto piano; e dopo di aver percorso questo spazio, venivano attaccate ad altra catena, che partiva dalla grua situata a sommo il Faro. — Nel corso dell'opera avremo occasione di trattare più minutamente di queste diverse macchine. Ci basti intanto di aver mostrato con un esempio gli ostacoli, che può vincere l'uomo aiutandosi delle arti meccaniche. Comparate ora una tale ardita ed ingegnosa opera, a quella delle muraglie degli antichi o delle loro piramidi, intorno le quali si estinse la vita e la forza di molti milioni d'uomini; e ben conoscerete che nello stato attuale di nostre cognizioni, alcune macchine a vapore eseguirebbero oggigiorno (dirette da un piccol numero di uomini intelligenti) quanto que' mille ignoranti incurvati sotto la miseria ed il bastone, i quali formavano per ordinario l'agente meccanico di tutti i grandi lavori di quelle epoche.

MECCANICA INDUSTRIALE

CAPITOLO PRIMO.

CONSIDERAZIONI SULLA GEOMETRIA, E SUOI RAPPORTI COLLA MECCANICA PRATICA; DISEGNO DI MACCHINE; FORMULE PER LA MISURA DELLE SUPERFICIE E DEI SOLIDI; SISTEMA METRICO.

§. I. — CONSIDERAZIONI GENERALI.

Lo studio della Geometria è indispensabile al meccanico; tutte le sue operazioni sono una pratica continua delle proprietà delle linee rette, delle curve e delle superficie. Se i princìpi della meccanica industriale si possono esporre senza l'aiuto della Geometria, e intendersi dalle persone digiune di questa scienza, è fuor di dubbio che nella maggior parte delle applicazioni meccaniche la sola Geometria può fornire i mezzi d'eseguirle con precisione; e che non puossi perfezionare l'apparecchio delle macchine, in quanto a costruzione, se non quando si conosca a fondo questa scienza radicale.

Non v'ha mestiere in cui non si faccian tuttogiorno applicazioni della Geometria, delle quali gli operai non conoscono il senso, e per cui lavorano necessariamente con negligenza. Per esempio, un operaio vuol condurre una perpendicolare a una linea data. Sulla linea *ab* (*Tav. II. fig.* 1.) egli prende due punti *c* e *d*. A ciascuno di essi fa centro, e descrive due archi di circolo, che s'intersecano sopra e sotto della linea *ab*, e pei due punti d'intersecazione fa passare la linea *ef*, che è la perpendicolare cercata. La Geometria dimostra in fatti che questa linea è perpendicolare alla *ab*, ma a condizione che i due centri degli archi di circolo siano

2

esattamente sulla linea *ab*, e che la linea *ef* passi precisamente pei due punti d'intersecazione. Nella pratica l'operaio non pone molta cura nell'adempiere a queste condizioni.

L'*archipenzolo* del muratore (*Tav. II. fig. 2.*) è composto di due regoli eguali *ab*, *ac*, uniti nel punto *a*, e d'un traverso *de*, posto in modo che le due estremità *e* e *d* sieno ad eguale distanza da *a*. Un filo è attaccato in *a*; e questo porta alla sua estremità *g* un piombo, che lo tiene sempre verticale. La Geometria insegna, che se questo istrumento adempie alle condizioni per noi esposte, tutte le volte che verrà posto sulla base sua *bc*, e sopra un piano orizzontale, il filo a piombo passerà esattamente sopra una piccola linea verticale *h* segnata nel mezzo del traverso *de*; ma se egli è posto sopra un piano inclinato (*Tav. II. fig. 3.*) il filo a piombo non incontrerà più la linea *k*, chiamata *linea di riscontro*. Ed ecco un comodissimo strumento per livellare delle superficie piane. Ma le sue proprietà dipendono da quelle del triangolo *isoscele*; e in altri termini lo strumento non è perfettamente esatto se i due lati non ne sono perfettamente eguali. Ora, questi lati sono di legno, e perchè gli operai non hanno cura di guarnirli al piede con rame, vengono presto a logorarsi inegualmente, e allora tutte le condizioni sono cangiate, e più non serve a verificare se le superficie siano orizzontali.

Ma veniamo ad esempi più importanti. Si fanno spesso le meraviglie sulla ineguaglianza dei tessuti, e se ne accagiona il filo non uniforme, quando questo non ne è il motivo principale, perchè esso deriva dalla mancanza di un parallelismo assoluto tra i fili dell'orditura e quelli della trama. Di qui risulta necessariamente che il tessuto si trovi ora più fitto ora no, e che non presenti dappertutto la stessa forza e la medesima spessezza. Questo difetto adiviene perchè i pettini, tra i denti de' quali passano i fili, non sono costruiti con rigorosa esattezza. Ma il fatto sta che vi si può pervenire. Nelle filature parigine di *Casimiro*, i pettini sono sì ben costruiti che tutti i fili, tesi una volta, sono dappertutto conservati ad eguale distanza, e il moto dei pettini si fa con tale regolarità che tutti i fili della trama, vale a dire quelli che la spuola interseca sui fili dell'orditura, vengono così bene addossati gli uni agli altri colla stessa forza e nella medesima direzione, che la stoffa riesce così d'una perfetta eguaglianza. Se le stesse cure si usassero nella tessitura della lana e del cotone, ne seguirebbe un gran perfezionamento in questi prodotti. I meccanici che hanno fornito alla filatura del Casimiro dei mezzi di tessitura cotanto perfetti, hanno cercato di applicare con precisione matematica la *teorica delle parallele*, e vi hanno giovato perchè appunto la conoscevano assai bene.

Dopo le esperienze fatte sin qui sulle strade di ferro, è stato generalmente ammesso, che sopra tali strade, l'attrito sulle *sale* dei carri o barre (waggons) distrugge una parte della forza eguale a due centesimi del peso di tali carri. Recenti esperienze fatte da una commissione di quattro ingegneri l'hanno tratta a concludere, che quando i carri siano ben costruiti, le loro sale ben parallele, le ruote bene eguali e bene eccentriche, l'attrito non deve essere valutato se non d'un quarto di centesimo e forse meno; differenza considerevole e che verrà senza dubbio ottenuta nelle officine dove gli operai conoscano la Geometria, ed abbiano de' buoni strumenti, e mettano la cura necessaria nella costruzione de' carri, o barre.

Noi ci staremo contenti a questi esempi senza produrli all'infinito. Basta ciò che abbiam detto per mostrare che il costruttore meccanico deve conoscere la Geometria, non solo per sè ma ben anche pe' suoi operai, affinchè ne intendano gli ordini, e rendansi ragione della più minuta esattezza che prescriverà alle loro opere. Per l'insegnamento della Geometria

agli operai non vi ha nulla di migliore della *Geometria applicata all'industria* del sig. Bergery. È
dessa la raccolta delle lezioni tenute agli operai di
Metz, ed è sénza dubbio la miglior opera in questo
genere (1).

§. II. — DISEGNO DELLE MACCHINE.

I metodi impiegati abitualmente pel disegno delle
macchine versano su processi geometrici. Sarà senza
dubbio difficilissimo il far comprendere le parti più
delicate o più complicate di questi processi alle persone affatto ignare della Geometria; ma pure si può
spiegar loro benissimo quant'è necessario al nostro
proposito.

Tutti sanno che cosa è *scorcio* in fatto di prospettiva. Gli oggetti sembrano al disegnatore più o
meno scorciati quand'ei si pone più o meno obbliquamente per rapporto ad essi: e spesso in un disegno una linea breve è l'espressione d'una linea
lunghissima in natura. Un oggetto, così rappresentato, può nullameno ingannare per la sua verità;
un edifizio, per esempio, messo in prospettiva, può
offerire l'esatta rappresentazione della realtà. Ma
trattandosi di determinare, da questa prospettiva,
le sue diverse dimensioni, ciò non potrebbesi, almeno per tutte le parti in iscorcio, vale a dire per
tutte le superficie obblique al piano verticale del
disegno.

Supponiamo due linee *ab, cd*, situate ad una certa
distanza dall'occhio (*Tav. II. fig. 4.*), e che fra
l'occhio e questi segni si ponga uno specchio senza
stagnola, posto parallelamente alla linea *ab*. Tenendo in una mano lo specchio, vi si marchi sopra

(1) Il sig. Poncelet ha fatto pure pegli operai di Metz
un *corso di meccanica* superiore a tutto quanto si era scritto
dapprima in questo genere. Tale opera è pienamente esau-
rita; e l'autore si renderebbe doppiamente benemerito facendola ristampare.

coll'altra i punti ove l'occhio scorge le due estremità di ciascuna linea; si congiungan questi punti; e la linea *ab* che in realtà è più corta della *cd*, sembrerà più lunga nel piano verticale del disegno. La linea *cd* è dunque scorciata in *yz*. In quanto poi alla linea *vx*, riproduzione della *ab*, supposta parallela al detto piano, essa è, come dimostra ancora la Geometria, nello stesso rapporto colla linea *ab*, come la distanza dell'occhio al piano sta alla distanza dell'occhio alla linea *ab*. Questo rapporto di distanze è ciò che chiamasi *scala*. Se l'occhio è ad un metro dal piano e a dieci dalla linea *ab*, la linea *vx* sarà il decimo di *ab*; e sarà un decimetro se *ab* è un metro; e la scala allora sarà composta di decimetri, che corrisponderanno a tanti metri (1).

Dopo di ciò, quando si rappresenta una macchina in prospettiva, quelle tra le sue linee che sono parallele al piano compariscono in una grandezza proporzionata al rapporto di distanza dell'occhio al piano ed all'oggetto; ma tutte le altre linee sono scorciate, e loro non si può assegnare una scala comune : onde segue che questo metodo di disegno, che *prospettiva aerea* si appella, può esser utile per far comprendere l'insieme e il gioco d'una macchina, ma non può giovare al meccanico perchè non vi può misurare le proporzioni relative della macchina, e in conseguenza non può riprodurla.

Nel disegno che dimostra i lavori pel Faro di *Bella-Rôcca* (*Tav. I. fig. 3.*) per esempio, le pietre da taglio sollevate dalla grua si sollevano parallelamente al piano orizzontale, e sono vedute in

(1) Nella pratica il costruttore usa una scala secondo il bisogno. Così sopra una linea qualunque può stabilire delle divisioni eguali chiamate piedi, moduli o metri, e fare il suo disegno a norma di tale scala. Il disegno che ottiene è quello che sarebbe risultato, s'egli avesse stabilito fra l'occhio, il piano e l'oggetto, i rapporti esistenti fra il piede o il metro, e la misura equivalente prescelta.

iscorcio relativamente al piano verticale. Se vi fosse una *scala* nel disegno, ossia una misura indicante la proporzione esistente fra il disegno e il vero, la scala darebbe la lunghezza delle pietre, e non mai la larghezza.

Ha bisognato dunque inventare per le costruzioni e per le macchine un genere di disegno, col quale successivamente poter mostrare gli oggetti di faccia ; ed è questo che chiamasi *elevazione* od *alzato*. Tali elevazioni però non bastano, perchè tutte le parti, che sono nascoste al disegnatore, non compariscono, e le diverse relazioni di queste parti fra di loro rimarrebbero sconosciute. Per supplire a questo difetto si usano le *piante* e gli *spaccati*, per cui mezzo si mostra una macchina sotto tutti gli aspetti, conservando sempre le relazioni esatte delle parti fra loro.

Applichiamo subito queste idee a degli oggetti che noi abbiamo spesso sotto gli occhi.

Abbiasi una piccola casa di campagna, la cui veduta supponiamo presa dal mezzo del giardino che l'attornia (*Tav. II. fig. 5.*). Questa prospettiva ci darà l'immagine esatta di ciò che avremo veduto ; il nostro occhio sarà colpito dalla riproduzione di questa casa per disegno, come se fosse reale ; eppure sarà impossibile determinarne le dimensioni ; impossibile inoltre di conoscerne l'interna distribuzione. Con quattro proiezioni geometriche il disegnatore vi perverrà facilmente.

La prima sarà la *pianta* (*Tav. II. fig. 6.*). Si suppone la casa rasa a fior di terra ; indi si suppone portata a cert'altezza verticale, e se ne segnano gli oggetti ai soli tratti esterni, cosicchè un muro verticale è segnato da due sole linee, fra le quali si distende una tinta, per mostrare che lo spazio chiuso tra le due linee è pieno di materiali.

Si ha così la relazione esatta di tutte le differenti parti dell'abitazione, delle parti interne fra di loro, e della casa col suolo che l'attornia.

Quanto alla dimensione è mostrata dalla scala. Se la pianta è stata fatta sopra un mezzo centimetro per metro, e che la casa sia lunga 12 metri, la pianta sarà lunga 12 mezzi centimetri, e conterrà dodici divisioni della scala; divisioni che sono contate 1, 2, 3, 4 metri ec.; e ciò dicasi ugualmente per la larghezza, che è di 6 metri. — Se inoltre si vuol sapere qual è la larghezza della loggia di mezzo, si misura col compasso; si porta l'apertura del compasso sulla scala, e si trova che vi corrispondono due dimensioni. Questa loggia ha dunque 2 metri.

Noi abbiamo così tutte le dimensioni in superficie del pian-terreno della casa; pel 2.° piano la supporremo tagliata orizzontalmente sopra del mattonato di esso piano, e si avrà così la pianta di questa parte della casa.

Restano ora le disposizioni in altezza; noi le avremo per mezzo d'*alzati* e di *spaccati*. Elevazione o alzato nel senso della lunghezza (*fig. 7.*); in quello della larghezza (*fig. 8.*); spaccato (*fig. 9.*) secondo la linea *ab* della figura 6. Questa figura 9. può sola presentare alcuna difficoltà per essere compresa. Essa si ottiene supponendo la casa tagliata sull'altezza maggiore, di guisa tale da farne sparire tutto il davanti. In una tale supposizione, i pavimenti sono tagliati, e noi vediamo le travi che li sostengono: le perpendicolari al piano dell'alzato sono rappresentate nella dimensione di altezza e di larghezza; e le parallele al piano suddetto sono rappresentate nella loro dimensione di lunghezza e di altezza.

Se queste particolarità sono eseguite con attenzione, si vedrà che nelle proiezioni geometriche degli edifici e delle macchine, una *linea verticale* è rappresentata *in pianta* da un *punto*. Ogni linea retta che si faccia passare pel centro dell'occhio, sembrerà in fatti ridursi a un punto; e, per esempio, quando vogliamo assicurarci della drittezza d'un regolo, noi lo poniamo al centro dell'occhio, e nol reputiamo ben retto, se lo spigolo che verifichiamo non ci sembra ridursi a un punto. Ora, quando si disegna una *pianta* geometrica, si suppone di dominare l'oggetto che si disegna, portando successivamente l'occhio su tutte le direzioni verticali; dunque tutte le linee verticali di quest'oggetto debbono proiettarsi in altrettanti punti; e quando si tratta di proiettare un muro, basta proiettare i suoi quattro punti estremi ed unirli con linee. Così si ha l'esatta dimensione del muro in lunghezza e grossezza.

Nella stessa guisa, nelle proiezioni geometriche *ogni linea orizzontale si riduce in un punto*, quand'è *perpendicolare* al piano, e si presenta al contrario *in tutta la sua lunghezza proporzionale* se essa è *parallela* al piano suddetto. Così quando si fa l'alzato d'una casa nel senso di sua maggiore estensione, si ottiene immediatamente la sua lunghezza; ma la faccia che ne forma la larghezza, la quale rimane perpendicolare al piano, scompare nella linea verticale che segna lo spigolo del muro; e quando si vuole la larghezza e la disposizione dell'edificio in questo senso, convien ricorrere alla *pianta* o ad un *alzato* sulla lunghezza.

Ciò posto: come si figurerà una linea che sia ad uno stesso tempo obbliqua ai due piani, orizzontale e verticale? Gli è chiaro, dietro ciò che abbiam detto, che questa linea sarà scorciata in entrambi i piani. Ma la Geometria insegna a calcolare la vera lunghezza della linea così proiettata: e prova che la lunghezza di questa linea è quella dell'ipotenusa di un triangolo rettangolo, i due lati del quale siano le proiezioni della linea stessa.

Sia, a cagion d'esempio la piramide triangolare *abcd* (*Tav. II. fig.* 10, e 11.); il piano verticale dà l'altezza *af* del solido, ma non già la lunghezza de' lati che discendono dalla sommità alla base, giacchè come il piano orizzontale dimostra, i suddetti lati sono obbliqui al detto piano verticale.

Avviene lo stesso pel piano orizzontale. Facciasi intanto l'angolo retto xyz (*fig.* 12.). Per avere il lato ac si porti in yr la sua proiezione verticale nella figura 10, ed è in yt la sua altezza af nella figura 11, La linea tr sarà la lunghezza reale di ac.

Applichiamo ora questi princìpi ad alcuni disegni di macchine,

Sia un molino veduto in prospettiva, dal lato ove la ruota è messa in azione dall'acqua della chiusa o botte (*Tav. II. fig.* 13.). Una tale prospettiva fornisce un'idea sufficiente d'una *ruota a palette*, ma non bastevole a servire di norma a un costruttore per farne una simile. Uno spaccato verticale nel senso del piano, che divide la ruota a metà (*Tav. II. fig.* 14.) e la pianta (*fig.* 15.) sul piano che passa per la linea xy della figura 14., basteranno per fornire al costruttore tutti i *dettagli* occorrenti.

La ruota essendo verticale, e supponendola parallela al piano, si proietta nella sua grandezza proporzionale, e in tutto il suo sviluppo. Tutte le parti, che compongono la ruota nel senso della *larghezza*, essendo parallele al suo asse e per conseguenza perpendicolari al piano suddetto, non possono essere rappresentate che dai loro spigoli estremi; così l'*asse* è rappresentato da un circolo che determina il suo diametro; la *circonferenza* della ruota da due circoli che ne segnano la grossezza; i *quarti* della circonferenza da due linee che ne spiegano pure la dimensione in un senso; e le palette finalmente da due linee, che ne addimostrano la grossezza. Mediante la scala o modulo tutte queste dimensioni possono essere calcolate e riprodotte dal costruttore. La pianta poi (*fig.* 16.) fornisce la larghezza dei due muri onde poggia l'asse della ruota; la larghezza dello spazio libero nel quale essa si muove; la larghezza della ruota, de' suoi quarti e delle sue palette. Con questi due disegni adunque riesce facile il costruire una ruota a palette, giacchè tutti i *dati* necessari vi si trovano, ed è impossibile errare.

Abbiasi intanto (*Tav. II, fig.* 17.) una grua veduta in prospettiva. Questo disegno porge senza dubbio un' idea chiarissima dell' oggetto di questa macchina per alzare de' pesi. Imperocchè si vede assai bene come uomini appoggiandosi sui bracci del verricello, lo muovano, facendovi ravvolgere attorno del cilindro una corda, che passa quindi sopra due carrucole poste alla sommità della grua; e la corda sale e discende secondo il senso in cui gli uomini muovono il detto verricello. Ma da questo solo disegno non si può ricavare il modo di costruire una grua nelle precise proporzioni di esso disegno. L'alzato (*fig.* 18.) fatto sopra un lato, dà a conoscere in parte le dimensioni, che occorrono per un tale oggetto; e queste poi sono complete coll' alzato rappresentato dalla *fig.* 19.

In somma il disegno delle costruzioni e delle macchine, che si ottiene mediante le proiezioni geometriche è basato principalmente sulla teorica delle *parallele* e delle *intersecazioni dei piani*. Egli è dunque difficile, come dicemmo, di dare una nozione interamente completa a quelli che sono digiuni di tali teoriche; tuttavolta, se hanno letto con attenzione ciò che s' è detto in precedenza, vi avranno rinvenuto tutto quanto è necessario per conoscere il disegno delle macchine semplici; di quelle a cagion d'esempio, che saranno descritte nella maggior parte di quest' opera. Noi faciliteremo d'altronde questo studio dando un' occhiata, quando farà d'uopo, alla prospettiva ed alla proiezione geometrica di certe macchine complicate. Ma non avremo compiutamente raggiunto lo scopo nostro se, mostrando tutto l'utile, che trar si può dallo studio della scienza, che insegna i metodi di riproduzione lineare degli oggetti, non avremo fatto nascere nei nostri lettori il desiderio di famigliarizzarsi con questo semplice e rapido linguaggio delle proiezioni geometriche, e

colla scienza che ne pone le fondamenta. L'opera
di Bergery, che noi indicammo superiormente, ne
fornirà loro tutti i mezzi.

§. III. — Formole per la misura delle superficie dei corpi (1).

Una linea curva o retta non ha che una sola dimensione; la lunghezza: e questa si esprime in certe
unità dette di lunghezza: cosicchè quando si dice
che una linea ha quattro metri, ciò significa ch'essa
contiene quattro volte l'unità di lunghezza chiamata
metro.

Una superficie ha lunghezza e larghezza. Convien
dunque riportarla ad un'unità avente lunghezza e
larghezza. Se l'unità di lunghezza o di larghezza è
il metro, l'unità di superficie sarà il metro quadrato,
vale a dire un quadrato avente un metro per ogni
lato. Sia un rettangolo lungo 4 metri e largo 3 (*Tav.
II, fig.* 20.). Applichiamo il metro alla sua base, e
dai tre punti che indicano le quattro parti uguali
della base innalziamo delle parallele al lato della larghezza. Facciamo lo stesso su questo lato, e di metro
in metro conduciamo delle parallele al lato della lunghezza. Se esaminiamo le figure prodotte da queste linee intersecate, troviamo che sono tanti quadrati d'un
metro di lato per ciascuno, e che il detto rettangolo
ne contiene dodici. Così un rettangolo di 4 metri di
base su 3 di altezza contiene 12 metri quadrati di
superficie; e, in altri termini, si ha la sua superficie moltiplicando la sua base per la sua altezza.

La superficie del parallelogrammo e del rombo
s'ottiene nello stesso modo. Se ne sceglie uno de'
lati per base; e sopra il lato opposto si prende un

---

(1) Lo scopo principale di questo paragrafo è di riunire
pel meccanico le formole ch'egli impiega comunemente per
la misura dei corpi. Queste formole sono date in modo da
poter essere intese ed applicate da chi è affatto straniero
alla Geometria.

punto e si abbassa una perpendicolare sul lato base, e questa è *l'altezza*: così nel poligono *abcd* (*Tav. II. fig.* 21.) se *cd* è preso per base, *ef* sarà l'altezza: e se *ac* è preso per base *bgh* ne sarà l'altezza. Il prodotto di *cd* per *ef* sarà uguale al prodotto di *ac* per *bgh* e un tal prodotto è la superficie del parallelogrammo.

La superficie di un trapezio si ottiene addizionando la lunghezza dei due lati paralleli, dividendola per due, e moltiplicando il numero risultante per l'altezza. Nel trapezio l'altezza è la perpendicolare condotta fra i due lati paralleli.

La superficie d'un triangolo si ottiene moltiplicando la base per la metà dell'altezza, e viceversa. Nel triangolo *abc* (*fig.* 22.) se *ab* è preso per base, *ce* sarà l'altezza; e se invece *bc* è preso per base *af* sarà l'altezza; e finalmente se *ac* è preso per base *bg* sarà l'altezza. I tre prodotti ne sono uguali.

Un poligono irregolare si misura in superficie, conducendo da uno degli angoli delle linee agli angoli opposti (*fig.* 23.). Così si decompone in triangoli, dei quali si misura la superficie. La somma di queste superficie produce quella del poligono.

Un poligono regolare si misura prendendo la somma dei lati, dividendola per due, e moltiplicando questo numero per la perpendicolare abbassata dal centro sull'uno dei lati.

In un circolo il cui diametro sia eguale a un metro, la circonferenza è eguale a $3^m, 1415926$. Per la semplicità del calcolo, si posson prendere $3^m, 142$ o $3^m, 1416$. Così il diametro essendo conosciuto, si ha la lunghezza della circonferenza moltiplicando la lunghezza del diametro per 3,1416. Questa quantità, che è il rapporto di lunghezza del diametro alla circonferenza, viene indicata nelle scienze matematiche dalla lettera greca π.

La superficie d'un circolo è eguale al prodotto della sua circonferenza per la metà del suo raggio.

Le formole algebriche della misura della circonferenza e del circolo, chiamando la circonferenza C, il circolo CC, e il raggio R, sono:

Per la circonferenza $C = 2\pi R$;

Pel circolo $CC = \pi R^2$.

Così in un circolo il cui raggio sia di $1^m,67$, ed abbia per circonferenza due volte $1^m,67$; ossia $3^m,34$, moltiplicato per $3,1416$, ossia $10^m,492944$; nella pratica, non si prenderanno che i due primi decimali, ossia $10^m,49$.

Per la superficie del circolo, si moltiplicherà $1^m,67$ per $1^m,67$, e questo prodotto per $3,1416$; e così si avranno 8 metri quadrati, 76.

Le superficie dei circoli stanno fra loro come i quadrati dei loro raggi.

La superficie d'un settore di circolo è eguale all'arco di questo settore moltiplicato per la metà del raggio. Si sa che gli archi dei circoli si misurano in quadranti. Se si trova col quadrante che un arco sia contenuto in un angolo di 10 gradi, si conchiude che quest'arco è la trentesima sesta parte della circonferenza. Ora, conoscendo il raggio si conosce la circonferenza. Il calcolo adunque è semplicissimo.

Noi abbiamo veduto che per la misura delle superficie si moltiplica la lunghezza per la larghezza; ciò non significa che si possa moltiplicare una linea per un'altra linea; ma si moltiplicano l'una per l'altra le unità lineari contenute in queste linee, e si rapportano così a un'unità di superficie dello stesso genere. Ciò stesso è per i solidi. Si ha il lor volume o la loro estensione moltiplicando le loro tre dimensioni l'una per l'altra, e si riferiscono così a un'unità di volume. Se si trattasse per esempio di misurare un prisma che avesse per base un parallelogrammo di 3 metri sopra 4, ed un'altezza di 6 metri, si moltiplicherà prima la lunghezza della base per la larghezza, e si avranno 12 metri quadrati; poi si moltiplicheranno questi 12 metri quadrati per l'altezza, e si avranno 72 metri *cubici*, vale a dire 72 solidi a foggia di dadi d'un metro per ciascun lato. Così, se per l'unità di lunghezza, ossia unità lineare, si ha il metro, il piede, la tesa, il decimetro; si avrà per unità di superficie il metro quadrato, il piede quadrato, la tesa quadrata, il decimetro quadrato, e per unità di volume il metro cubo, il piede cubo, la tesa cuba, il decimetro cubo.

Gl'inscienti, e qualche volta anche i pratici, fanno errore nell'uso delle parole *quadrato* e *cubo*. Per essi sei piedi quadrati sono un quadrato che ha sei piedi per ogni senso. Vediamo, nell'esempio del rettangolo, qui sopra dato, come questa locuzione è viziosa. Un quadrato di 6 piedi di lato contiene 36 piedi quadrati: 6 piedi quadrati, sono un parallelogrammo di 6 piedi di lunghezza sopra un piede di altezza, o di tre piedi di lunghezza sopra 2 di altezza ec.: e ciò stesso sarà per le misure cubiche.

Il volume d'un prisma qualunque si misura dal prodotto della sua base per la sua altezza. Supponiamo un prisma con base di 3 metri sopra 5, ossia di 15 metri quadrati. Si sa di più che il suo cubo è di 82 metri cubici, 50. Quale ne sarà l'altezza? Il quoziente di 82,50 diviso per 15; ossia $5^m,50$.

Una piramide ha per misura il terzo del prodotto della sua base per la sua altezza.

Il volume d'un cilindro è eguale al prodotto della sua base per la sua altezza.

La superficie convessa d'un cilindro è eguale alla circonferenza della sua base moltiplicata per la sua altezza.

Il volume d'un cono è eguale al prodotto della sua base pel terzo della sua altezza.

La superficie convessa d'un cono è eguale alla circonferenza della sua base moltiplicata per la metà del suo lato.

La superficie d'un tronco di cono è eguale al suo lato moltiplicato per la semi-somma delle circonferenze delle due basi.

La superficie della sfera è eguale al suo diametro moltiplicato per la circonferenza d'un suo grande cerchìo o circolo massimo. Si dice circolo massimo nella sfera ogni sezione della sfera che passi pel centro.

La superficie della sfera è quadrupla di quella d'un circolo massimo.

La superficie d'una zona sferica è eguale all'altezza di questa zona moltiplicata per la circonferenza d'un circolo massimo.

Ogni settore sferico ha per misura di volume la zona che gli serve di base, moltiplicata pel terzo del raggio.

La sfera ha per misura di volume la sua superficie moltiplicata pel terzo del raggio.

Le formole algebriche, che importa ritenere, perchè semplificano di molto l'operazione, sono le seguenti:

Chiamando R il raggio di base d'un cilindro, H la sua altezza, il volume del cilindro sarà $\pi R^2 H$.

Chiamando R il raggio della base d'un cono, H la sua altezza; la solidità del cono sarà $1/3 \pi R^2 H$.

Chiamando A e B i raggi delle basi d'un cono troncato, H l'altezza, la solidità del tronco del cono sarà $1/3 \pi H (A^2 + B^2 + AB)$.

Sia R il raggio d'una sfera, il suo volume sarà $4/3 \pi R^3$.

Una sfera di 2 metri di raggio avrà dunque per volume 2 moltiplicato tre volte per sè stesso; ossia 8 moltiplicato per 3,1416; ossia 25 metri cubici 13, moltiplicati per $4/3$; ossia 33 metri cubici 506.

§. IV. — SISTEMA METRICO.

Crediamo di non avere a dir nulla a' nostri lettori sull'utilità d'un sistema uniforme di pesi, e misure. Da un mezzo secolo circa la Francia (siccome pur tutta Europa) contava tanti sistemi di pesi e di misure quant'erano le sue Provincie; e nelle

Provincie stesse sovente accadeva che città e comuni avessero usi particolari. Da ciò risultavano pel commercio, per l'industria, e per le contrattazioni difficoltà ed imbarazzi continui.

La Francia è il primo paese, che abbia dato l'esempio non solamente di un sistema uniforme di pesi e di misure, ma di un sistema, di cui tutte le parti sono legate fra loro, e possonsi rinvenire le une per mezzo delle altre, aventi per base comune una misura inalterabile.

Il sistema metrico infatti ha per base l'unità di lunghezza chiamata *metro*; e il metro è la diecimilionesima parte del quarto del meridiano terrestre. La grandezza del meridiano, calcolandosi coi mezzi astronomici, è assicurata inalterabile dall'intero sistema mondiale preesistente, e non potrebbe cangiare che a condizione d'una rivoluzione nell'universo. Non è dunque possibile di dare a un sistema di pesi e misure una base più certa e più scientifica della suesposta. Intorno alle divisioni del metro si è stabilito che siano *decimali*: così un metro ed un quarto di metro si scriverà: $1^m,25$. D'onde segue che se si avesse a moltiplicare un metro e $4/5$ per un metro e $3/10$, ossia $1^m,8$ per $1,3$, si avrebbe per prodotto la cifra 234, da cui, separando i due decimali, ne verranno $2^m,34$, ossia 2 metri e 34 centimetri di metro, per prodotto.

Così il sistema metrico viene compreso nella numerazione ordinaria, ed offre per ciò una facilità, che gli altri sistemi non presentano. Non è alcuno di noi, che non rammenti quanto tempo e fatica adoperasse per imparare la moltiplicazione e la divisione dei numeri chiamati *complessi*; nè v'ha alcun pratico, obbligato a far uso delle antiche misure, il quale non sappia come i calcoli di que' numeri gli costassero molto tempo e molta attenzione.

Determinata la misura di lunghezza, quella di superficie e di volume vi conseguono naturalmente: il metro quadrato diviene l'unità di superficie; il metro cubico l'unità di volume. Noi vedremo or ora che per la misura di certe superficie e di certi volumi, sono state prese altre unità che non il metro quadrato o il metro cubico; ma le misure prese sono sempre derivazioni decimali del metro.

Bisogna infine determinare l'unità di peso. Si è adottata per unità di peso un *centimetro cubico di acqua distillata*, alla temperatura di 4 gradi sotto il ghiaccio che sta per isciogliersi (1), e questo peso si è chiamato grammo.

Per l'unità monetaria si è preso il *franco*, che pesa 5 *grammi*, il quale è composto di 9 parti d'argento puro ed 1 di rame, insieme combinate. Il franco è stato diviso in decimi e centesimi.

Si vede da ciò che l'unità di lunghezza si può derivare da quella di peso, che è stabilita sopra una frazione decimale del metro; così si ha, per la verificazione costante del sistema metrico, una lunghezza data da calcoli astronomici: un peso dato da un fatto fisico egualmente invariabile, che è il sistema solare.

Si è riconosciuto poscia la necessità di assegnare dei nomi alle misure multiple e summultiple del metro e del grammo. Ecco le denominazioni adottate sia per l'uno che per l'altro:

Miriametro, o *Lega Metrica* 10,000 metri,	o 10 *miglia*.	
Chilometro, o *Miglio metrico* 1,000 metri,	o 1 *miglio*.	
Ectometro............ 100 metri.		
Decametro............ 10 metri.		
Metro .... 1 metro.		
Decimetro............ 0,1 »	o *palmo*.	
Centimetro .... 0,01 »	o *dito*.	
Millimetro........... 0,001 »	o *atomo*.	
Chilogrammo .... 1,000 grammi,	o *libbra*.	
Ectogrammo.......... 100 »	o *oncia*.	
Decagrammo.......... 10 »	o *grosso*.	
Grammo .... 1 »	o *denaro*.	
Decigrammo.......... 0,1 »	o *grano*.	

(1) Ne diremo i motivi al capitolo dell'*Idraulica*.

Tali sono le basi del sistema metrico: su queste basi è stato d'uopo in seguito di scegliere delle unità adatte alle diverse misure abituali dell'amministrazione, del commercio, e delle contrattazioni. Così, per le *misure itinerarie*, si conta generalmente per *chilometri*, corrispondenti circa a $1/4$ di lega di posta, o per *miriametri*, rappresentanti due leghe e $1/2$ di posta, o due leghe ordinarie circa.

Per le misure di peso si è adottato per unità il *chilogrammo*, corrispondente a due libbre circa, peso di marco. 100 chilogrammi sono stati chiamati *Quintale* (1); 1,000 chilogrammi sono stati chiamati *migliaio* o *tonellata metrica*. La marina computa a tonellate: e l'antica tonellata equivale a 2,000 libbre e corrisponde presso a poco alla nuova tonellata.

Per le misure agrimensorie superficiali si è preso per unità un quadrato di 10 metri di lato o 100 *metri quadrati*, e si è chiamata quest'unità col nome di *aro* (decametro quadrato o tavola). Il *centiario* è dunque un metro quadrato, e l'ectaro (100 ari) o ectometro quadrato o tornatura, vale dunque 10,000 metri quadrati, ed è questo un quadrato avente 100 metri per ogni lato.

Pei combustibili si è preso per unità il metro cubico, e si è chiamato *stero*. Lo stero equivale a una mezza unità della misura parigina pei combustibili, che chiamasi *demi-voie*.

Per le misure di capacità pe' grani e pei liquidi si è preso per unità il *decimetro cubico*, che dicesi *litro*. Così adunque il nostro sistema di pesi e misure è basato oggigiorno sulle seguenti unità:

Il *Chilometro* o miglio per le misure itinerarie.

Il *Metro* per le misure comuni di lunghezza.

(1) L'antico *Quintale* era di 100 libbre, ed equivale per conseguenza a 50 chilogrammi circa. Per distinguere l'antico quintale, molto in uso, dal nuovo, si è aggiunto a questo l'epiteto di metrico. Il quintale metrico è di 200 libbre o 100 chilogrammi.

L'*Ectaro* o tornatura, e l'*Aro* o tavola per le misure agrimensorie.

Il *Litro* o pinta per le misure di capacità dei grani e dei liquidi.

Il *Chilogrammo* o libbra per le misure usuali di peso.

Lo *Stero* o metro cubico pei combustibili.

E la *Tonellata* o migliaio per i pesi di marina.

Vi hanno fra alcune di tali misure delle relazioni, che conviene stabilire.

Un *metro cubico* è un solido avente un metro per ognuno de' suoi lati, ovvero dieci decimetri, o cento centimetri. Il numero 10 moltiplicato tre volte per sè stesso dà per prodotto 1,000; il numero 100 dà un milione. Dunque un metro cubico contiene 1000 decimetri o un milione di centimetri cubici. Ugualmente un decimetro cubico contiene 1,000 centimetri cubici.

D'altronde abbiam veduto che il *grammo* o denaro era il peso d'un centimetro cubico di acqua distillata; un decimetro d'acqua distillata peserà dunque mille *grammi o un chilogrammo*. Un *litro* abbiamo detto che è un decimetro cubico; dunque un *litro d'acqua distillata pesa un chilogrammo* o libbra.

Un metro cubico contiene 1,000 decimetri cubici; d'onde ne segue che *un metro cubico d'acqua distillata peserà* 1,000 *chilogrammi o una tonellata*, equivalente a un *metro cubico, o chilolitro* (10 Some).

È indispensabile l'abituarsi a tale genere di esercizio sulle scambievoli relazioni delle misure metriche; e acquistata che abbiasi una tale abitudine, si otterrà quella speditezza nelle operazioni pratiche, che non è mai abbastanza.

Si vuol sapere, a cagion d'esempio, qual sia il peso d'una massa d'acqua contenuta in un vaso di legno di figura prismatica, avente 1^m,57 di lunghezza sopra 1^m,29 di larghezza, e sopra 3^m,78 di altezza; se si moltiplicano questi tre numeri si ha un prodotto di 7^m,655,634. La capacità del detto vaso è dunque di 7 metri cubici più $655,634/1,000,000$ di metro cubico. Così l'acqua contenuta nell'anzidetto vaso peserà 7,000 chilogrammi, più $655,634/1,000,000$ di mille chilogrammi, ossia 655 chilogrammi e $634/1,000$ di chilogrammo; risultamento, che si scriverà così 7,655 Chil. 634.

A che equivalgono in misura cubica i 655 chilogrammi? Sono 655 decimetri cubici. E a che equivalgono $634/1,000$ di chilogrammi? A 634 centimetri cubici.

Il numero or ora trovato 7 metri cubici 655,634 potrassi dunque scrivere così: 7 metri cubici, 655 decimetri cubici, 634 centimetri cubici. Per tal modo si trovano tutti i princìpi usuali di enumerazione nelle applicazioni del sistema metrico.

Riuniamo fra tanto i valori più necessari al pratico delle nuove misure in antiche, e viceversa.

Misure di lunghezza.

1 tesa	1,949	(metro)
1 piede	0,325	«
1 pollice	0,027	«
1 pollice	0,27	(decimetro)
1 linea	2,250	(millimetro)
1 tesa quadrata . . .	3,8	(metro quadrato)
1 piede quadrato . .	0,106	«
1 tesa cubica	7,403	(metro cubico)
1 piede cubico	0,034	«
1 metro	0,513	(tesa)

	pied.	poll.	linee	
1 metro	3,	0,	11, 077	
1 «	0,	36,	11, 077	
1 decimetro . . .		3,	8, 308	
1 centimetro . .			4, 431	
1 millimetro . .			0, 443	
1 metro quadrato			0, 263	(tesa quadr.)
1 «			9, 47	(piede cubico)
1 metro cubico .			0, 135	(tesa cubica)
1 «			29, 14	(piede cubico)

Misure di peso.

```
1 libbra . . . . . . . . .   0,49   (chilogrammo)
1 oncia . . . . . . . . . . 30,59   (grammo)
1 grosso . . . . . . . .    3,82   (   «    )
1 grano . . . . . . . .     0,053  (grammo)
1 chilogrammo . . . . .     9,043  (libbre)
1       «      . . . . .   18,827  (grani)
1 grammo . . . . . . . .   19. . . (grani)
```

Misure di capacità.

```
1 pinta . . . . . . . . . .   0,931  (litro)
1 litro . . . . . . . . .     1,74   (pinta)
1 moggio da vino . . .       2,68   (ectolitri)
1 ectolitro . . . . . . .     0,373  (mog. da vino)
1 sestiere da biada . . .    1,56   (ectolitri)
1 ectolitro . . . . . . .     0,64   (sestiere)
1 staio . . . . . . . . .    13,008  (litri)
1 litro . . . . . . . . .     1,77   (staio)
1 quartuccio . . . . . .      0,81   (litro)
1 litro . . . . . . . . .     1,23   (quartuccio)
```

Monete.

```
1 lira   — vale . . . .   0, 988  (franco)
1 franco — vale . . . .   1,0125  (lira)
```

Il rapporto più comune per la conversione delle lire in franchi, e reciprocamente, è di 80 franchi equivalenti a lire 81.

Noi reputiamo ben fatto l'aggiungere qui la seguente tavola delle misure inglesi, colle nuove francesi, e viceversa. L'abbiamo tratta dall'*Annuario dell'Uffizio delle longitudini*. La maggior parte delle opere e memorie meccaniche tradotte dall'inglese, danno le misure di questa nazione senz'altra corrispondenza. Ciò reca molto imbarazzo; e la seguente tavola è fatta per toglierlo.

Misure di lunghezza.

Inglesi		Francesi	
Pollice.	(¹/₃₆ di Iarda)	2,539954	(centim.)
Piede	(¹/₃ «)	3,0479449	(decim.)
Iarda imperiale.	.	0,91438348	(metro)
Fathom	(2 Iarde) . .	1,82876696	(metri)
Pole o pertica. .	(5 ¹/₂ Iarde)	5,02911	(«)
Furlong. . . .	(220 Iarde)	201,16437	(«)
Miglio	(1760 Iarde)	1609,3149	(«)

Francesi	Inglesi	
Millimetro	0,03937	(pollice)
Centimetro	0,393708	(«)
Decimetro	3,937079	(pollici)
Metro . . . . {	39,37079	(«)
. . . .	3,2808992	(piedi)
. . . .	1,093633	(iarda)
Miriametro	6,2138	(miglia)

Misure superficiali.

Inglesi		Francesi	
Iarda quadrata		0,836097	(metro quad.)
Rod (pertica quadrata) . .		25,291939	(metri quad.)
Rood (1,210 iarde quad.) . .		10,116775	(ari)
Acre (4,840 iarde quad.) . .		0,404671	(ectaro)

Francesi	Inglesi	
Metro quadrato	1,196033	(iarda quad.)
Aro	0,098845	(rood)
Ectaro	2,473614	(acri)

Misure di capacità.

Inglesi	Francesi	
Pinta ($^1/_8$ di gallon) . . .	0,567932	(litro)
Quarta ($^1/_4$ di gallon) . .	1,135864	(litro)
Gallon imperiale	4,54345794	(litri)
Peck (2 galloni)	9,0869159	(«)
Bushel (8 galloni)	36,347665	(«)
Sack (3 bushels)	1,09043	(ectolitro)
Quarter (8 bushels) . . .	2,907813	(ectolitri)
Chaldron (12 sachs) . . .	13,08516	(«)

Francesi	Inglesi	
Litro	{ 1,760773	(pinta)
	{ 0,2200967	(gallon)
Decalitro	2,2009667	(galloni)
Ectolitro	22,009667	(galloni)

Pesi.

Inglesi	(Troy)	Francesi	
Grain (24° di pennyweight)		0,06477	(grammo)
Pennyweight (20° d'oncia)		1,55456	(grammo)
Oncia (12° di libbra troy)		31,0913	(grammi)
Libbra troy imperiale . .		0,3730956	(chilogram.)

Inglesi	(Avoir de pois)	Francesi	
Dramma (16° d'oncia) . .		1,7712	(grammo)
Oncia (16° di libbra) . . .		28,3384	(grammi)
Libbra (Avoir de pois imper.)		0,4534148	(chilogram.)
Quintale (112 libbre) . .		50,78246	(chilogram.)
Tonellata (20 Quintali)		1015,649	(chilogram.)

Francesi		Inglesi
Grammo . . . $\Big\{$	. . . 15,438	(gram troy)
	. . . 0,643	(pennysveight)
	. . . 0,03216	(oncia troy)
Chilogrammo $\Big\{$	. . . 2,68027	(libbre troy)
	. . . 2,20548	(libbre avoir de pois)

CAPITOLO II.

PRINCÌPI GENERALI ED ELEMENTARI DELLA MECCANI-
CA. — GRAVITÀ. DENSITÀ O GRAVITÀ SPECIFICA. —
CENTRO DI GRAVITÀ; FORZA; INERZIA; MOTO, E
SUOI DIVERSI GENERI; VELOCITÀ; MASSA; QUANTITÀ
DI MOTO; AZIONE E REAZIONE; URTO DE' CORPI;
COMPOSIZIONE DELLE FORZE ; FORZA CENTRIFUGA.

§. I. — GRAVITÀ; NOZIONI GENERALI.

Si sa che la terra è sferica ; perciò in qualunque
suo punto la superficie formata dall'acqua stagnante, è una superficie convessa. Ma una tale convessità non è sensibile in una piccola estensione, e si
considera per *orizzontale* la linea formata dall'acqua
stagnante in un breve spazio. La linea perpendicolare
all'orizzontale si chiama *verticale*: ed è la direzione
che prende costantemente ogni corpo abbandonato a
sè stesso, sollecitato dalla sola forza di gravità.

Questa forza, che in mancanza d'ogni altra fa cadere un corpo seguendo una direzione costante, è
ciò che dicesi peso o gravità. Di più, la terra essendo sferica, ogni verticale alla sua superficie tende
al centro (*Tav. III. fig. 1.*). Dunque il peso o gravità è la forza che attira la materia verso il centro
della terra.

Quest'attrazione di materia con materia è la gran
legge fisica sulla quale poggia tutto il sistema del-
l'universo; e se ne deve la cognizione a Newton,

che vi ha dato il nome di *legge di gravitazione universale*. Gli astri gravitano gli uni verso gli altri: ed ognuno d'essi esercita sull'insieme degli altri astri un' azione attrattiva, che si misura in ragione della sua massa: ed è per ciò che il sole, essendo il maggiore degli astri nel nostro sistema, ne costituisce il centro, e che quindi tutti gli altri corpi girano intorno di lui.

Il semplice annunzio di questa gran legge meccanica e fisica dell'universo, confonde l'immaginazione per la sua grandezza e per la sua semplicità. Essa legge serve di base a tutti i calcoli sul corso degli astri; e la concordanza de' suoi risultamenti con tutti i fenomeni celesti, comprova abbastanza che Dio non ha voluto nascondere tutti i segreti suoi al genio dell'uomo.

La gravità si esercita egualmente su tutti i corpi; ma non tutti i corpi cadono con eguale velocità. Così una palla di sughero ed una di piombo di egual diametro, se sono abbandonate a sè stesse, ad una certa altezza dal suolo, quella di piombo vi perverrà più presto che quella di sughero. Una tale differenza dipende dalla resistenza che oppone l'aria, che ci circonda, e che quantunque non sia percettibile alla vista ed al tatto, è ciò non ostante un fluido fornito di gravità, e che oppone, come l'acqua, però in un grado minore, una resistenza sensibile ai corpi che vi si muovono.

Gli strumenti fisici forniscono il mezzo di estrarre tutta l'aria contenuta in un tubo di vetro, e di operarvi ciò che chiamasi *vuoto*. Se dentro un tubo, in cui siasi effettuato il vuoto, si fa cadere una palla di platino, il più pesante fra i corpi conosciuti, ed una cima di piuma; sì l'una che l'altra cadono dall'alto del tubo con una velocità perfettamente uguale.

Quando la cima di piuma cade nell'aria, ciò avviene più lentamente che non della palla di platino: per cui si conclude che il primo di questi corpi è *più leggiero* dell'altro. Ciò che vuol dire che le particelle materiali, che compongono la cima di piuma sono più rade, che non quelle di che il platino si compone: e per conseguenza un grammo di cima di piuma occupa *più spazio* di quello che occupi un'egual massa di platino. Dunque abbandonata la piuma, ed occupando maggiore spazio nell'aria, deve incontrare maggiore resistenza, e debbe quindi discendere con minore velocità.

Il fumo, il vapore, si elevano nell'aria, il che sembra contraddire la legge di gravitazione, vale a dire la legge in virtù della quale tutti i corpi sono attratti verso il centro del nostro pianeta. Le molecole dell'aria essendo più pesanti che quelle del fumo e del vapore, cadono più ratte di queste; e per tal modo le costringono ad elevarsi per far posto alle molecole circostanti dell'aria, le quali sono più pesanti, come abbiam detto, di quelle del fumo e del vapore. Un egual fenomeno avviene allo sughero nell'acqua: lo sughero, essendo meno pesante d'un egual volume di acqua, questa tende a passare sotto allo sughero, e lo spinge alla sua superficie. È per tal modo che nell'universo tutti i corpi si classificano distribuendosi per istrati secondo la gravità loro: ed è per tal modo pure che riempiendo un pallone di un gaz chiamato idrogene (molto più leggiero dell'aria) si compone una tal massa, che nel suo insieme è più leggiera d'un egual volume d'aria atmosferica. Allora questa massa è cacciata dall'aria ov'essa galeggia, e la quale tende a discendervi al disotto perchè più pesante. E ciò che chiamasi *forza d'ascensione* del globo suddetto si è quella forza di ripulsione del mezzo in cui esso è posto. E così si prende l'effetto per la cagione. Un pallone tende a cadere come tutti gli altri corpi; ma non può cadere più nell'aria finch'esso è caricato; come lo sughero non può andare a fondo dell'acqua, quantunque esso pure abbia la sua gravità.

Abbiamo detto che la direzione della gravità è

costantemente verticale. Così un corpo sospeso ad un
filo ed abbandonato a sè stesso, se il filo è ritenuto
all'altra sua estremità, esso filo, per opera del corpo,
dovrà prendere necessariamente la direzione vertica-
cale. Noi abbiam veduto superiormente (parlando
dell'archipenzolo) l'uso, che si fa di questa proprietà
nell'arte delle costruzioni. Il *livello* dei muratori è
fondato sulla legge della gravità.

Ciò che precede basta per fissare chiaramente le
nostre idee sul *peso* d'un corpo e sulla *densità*;
cose differentissime, e che importa distinguere.

· Il peso d'un corpo è l'insieme delle azioni attrat-
tive della gravità sopra ciascun punto materiale di
detto corpo: così il peso aumenta col numero de'
punti materiali; e il numero dei punti materiali che
contiene un corpo ne forma la *massa*.

Rappresentiamo ora un certo numero di corpi aventi
uno stesso volume; e siano, a cagion d'esempio,
palle di uno stesso diametro. Il numero de' punti
materiali, o la *massa* di ciascuna palla sarà differente
in ognuna di esse: e quella che avrà la maggior
massa sarà la più *densa*. La densità dei corpi si ottiene dunque considerandoli tutti sotto un eguale volume.
I corpi più densi sono quelli che sotto un egual
volume contengono una maggior quantità di materia,
o una maggior massa, o un più gran numero di
punti materiali. Siccome si giudica del numero di
punti materiali dal peso; così ne viene che si cal-
colano le densità de' corpi comparando i loro pesi
considerati sotto volumi eguali.

Una tale comparazione non puosi effettuare che
partendo da un corpo qualunque, considerandolo come unità di misura per tutti gli altri. La pratica a
questo scopo, ha stabilito due differenti usi. Così
per i gaz, vale a dire per tutti i fluidi elastici simili all'aria, come l'ossigeno, l'idrogene, l'azoto,
l'acido solforico, l'acido carbonico, come pure il
vapore dell'acqua, si prende per unità di confronto
l'aria atmosferica. Per tutti gli altri corpi solidi o

liquidi si prende l'acqua per unità. Aggiugniamo che una tale densità comparativa dei corpi, riceve la denominazione impropria di *gravità specifica*. Questa denominazione è comunemente adottata, e noi la conserveremo. Ma nel suo senso rigoroso essa significa gravità assoluta dei corpi, mentre le cifre adottate dall'uso come espressione della densità o gravità specifica, non sono altra cosa che il peso d'un egual volume di tutti i corpi paragonato al peso d'uno stesso volume d'un altro corpo; per esempio il peso d'un decimetro cubico di ferro, di vetro, di quercia, d'olio, di sughero comparato al peso d'un decimetro cubico d'acqua preso per unità.

Si vede qual differenza esiste fra la ricerca della gravità specifica de' corpi e l'altra ricerca più comune ancora, che determina la gravità per rapporto ad un'altra unità. Negli usi ordinari della vita si ha bisogno ad ogn'istante di riferire i corpi sia pel loro peso sia per la loro lunghezza, sia per la loro capacità a delle misure comuni, che servino di base per istabilire i prezzi di vendita. Così si ha bisogno di pesare del ferro, dell'olio, delle frutta, dello zucchero ec., affine di esser concordi e sicuri sulla quantità e sul pagamento: e in questo caso non si considera il volume, e si pesa tanto un chilogrammo di ferro come un chilogrammo di piume, aggiungendo tanta materia sulla bilancia quant'è necessaria per l'equivalenza all'unità convenzionale chiamata chilogrammo.

Ora, senza più oltre diffonderci nelle tante particolarità delle operazioni, per le quali la fisica determina le gravità specifiche, noi daremo i risultamenti ch'essa ha ottenuto, e che sono di un uso costante nella pratica.

Tavola delle gravità specifiche dei solidi e dei liquidi,
prendendo quella dell' acqua per unità.

Platino laminato	22,07
—— lavorato	20,33
—— purificato . . .	19,5
Oro lavorato	19,36
—— fuso	19,25
—— monetato	17,64
Mercurio	13,59
Piombo fuso	11,35
Argento	10,47
—— monetato . . .	10,40
Rame filato	8,87
Ottone	8,54
—— non lavorato . .	8,39
Rame non lavorato . .	7,78
Arsenico	8,30
Acciaro battuto non tem-	
perato	7,84
Acciaro nè battuto nè	
temperato	7,83
Acciaro battuto e tem-	
perato	7,81
Cobalto fuso	7,81
Ferro in verghe	7,88
Ghisa	7,22
Stagno fuso	7,29
Stagno battuto	7,30
Zinco fuso	6,86
Antimonio fuso	6,71
Cromo	5,9
Flint-glass	3,32
Ardesia nuova	2,85
Granito	2,76
Marmo di Carrara . . .	2,71
Pietra da taglio	2,67
Vetro	2,48
Zolfo	2,03
Avorio	1,91
Alabastro	1,87
Alume	1,72
Ebano	1,33
Carbon fossile	1,32

Bosso di Olanda	1,32
Guaiaco	1,33
Quercia (tronco)	1,17
Resina	1,07
Legno rosso del Brasile .	1,03
Acqua di mare	1,02
—— distillata	1,02
—— di pioggia	1,02
Cera .	0,96
Grasso di balena . . .	0,94
Sevo	0,94
Nespolo	0,94
Olio di Lino	0,94
Grasso	0,93
Olio di Noce, di papa-	
vero, di balena	0,92
Olivo	0,92
Olio d' Olivo	0,91
Legno campeggio	0,91
Bosso di Francia	0,91
Frassino (tronco) . . .	0,84
Etere	0,84
Alcool di commercio . .	0,83
Orno	0,80
Melo	0,79
Pruno	0,78
Acero	0,77
Cedro	0,72
Arancio	0,70
Sorbo	0,69
Olmo	0,67
Noce	0,67
Pero	0,66
Tiglio	0,60
Salice	0,58
Abete maschio	0,55
Albero bianco	0,52
Abete femina	0,49
Pioppo	0,38
Sughero	0,24

Noi abbiam detto che per comprendere questa tavola delle gravità specifiche, è d'uopo conoscere il rapporto esistente per esempio fra il peso d'un decimetro cubico d'acqua e il peso d'un decimetro cubico di altri corpi: Ora il *peso d'un decimetro cubico d'acqua è un chilogrammo* (Capitolo I.). Dunque, stando alla tavola precedente, il peso d'un decimetro cubico di platino laminato sarà di 22 chilogrammi 07; quello d'un decimetro cubico di ferro 7 chilogrammi 88; quello d'un decimetro cubico di quercia 1 chilogrammo 17; di sughero 0 chilogrammo 24.

Questo modo di trar partito dalla tavola delle gravità specifiche è comodissimo perchè si applica a tutto. Il metro cubico d'acqua pesando 1,000 chilogrammi, ne risulta che il peso d'un metro cubico di platino laminato è di 22,070 chilogrammi; quello d'un metro cubico di ferro lavorato 7,880 chilogrammi, ec. Se si calcola in piedi cubici, basta sapere che il piede cubico d'acqua pesa 70 libbre; e si ha il peso d'un piede cubico di tutti gli altri corpi moltiplicando il numero 70 per la cifra che esprime la loro specifica gravità: per cui risulta che quella dello zinco essendo 6,86, il peso del piede cubico di zinco sarà di libbre 480,20.

§. II. — Centro di gravità.

Abbiam veduto che ogni corpo abbandonato a sè stesso, e non sollecitato al moto da veruna altra cagione, cade verso il centro della terra, attratto da una forza nascosta ma sempre presente, e in direzione costantemente verticale; la quale forza si è chiamata gravità. Si può rappresentare questa forza come agente sopra un corpo nello stesso modo che il farebbero, o una moltitudine di corde invisibili attaccate ad ognuna delle particelle materiali del corpo, e che le tirassero nello stesso senso; ovvero come una sola corda attaccata all'intero corpo, tirandolo verticalmente.

Prendiamo ora un parallelepipedo o trave di legno, e posiamolo sopra un punto in modo che rimanga in equilibrio (*Tav. III. fig.* 2.) Si vede che per tal modo concentriamo sopra un sol punto tutta la forza necessaria per far equilibrio a tutte le forze agenti su tutti i punti di detto parallelepipedo, e tendenti a farlo cadere al suolo; puossi dunque chiaramente rappresentare tutte queste forze concentrate in una sola, passante pel punto di sospensione, e tirante verticalmente il parallelepipedo suddetto nel senso az; mentre i due piccoli fusti ab, ac, riuniti nel punto a, si oppongono a quest'azione, e tengono sospeso il detto parallelepipedo: l'effetto ch'essi fusti producono è quello stesso che produrrebbe una corda vy tesa nel senso contrario alla gravità, attaccata ad un punto opposto y, e che contrabbilancerebbe l'effetto della corda invisibile az, o della gravità.

Supponiamo fra tanto perforato il parallelepipedo o trave nel punto y di sospensione, attraversante il detto parallelepipedo per tutta la sua grossezza nella direzione della corda di sospesione, vale a dire nel senso verticale.

Il parallelepipedo o trave così perforato, sospendiamolo in due altri punti diversi (*Tav. III. fig.* 3. e 4.), e perforiamolo, come sopra, nel punto di sospensione e in direzione verticale.

Se noi seghiamo quindi il parallelepipedo nella direzione d'uno dei fori praticati, troveremo che *tutti i fori si vanno ad incrocicchiare in uno stesso punto*. Questo punto comune d'incontro delle linee verticali, che si possono tracciare in un corpo, comunque sospeso, chiamasi *centro di gravità*. Questo punto è dunque quello ove conviene applicare la resistenza alla gravità, perchè il corpo non solamente non cada ma rimanga in equilibrio, senza ch'egli prenda una posizione diversa da quella che aveva da prima, dietro una data sospensione. Così nel parallelepipedo o trave in discorso il centro di gravità trovasi determinato in g per le tre esperienze fatte; per cui se si sospende il parallelepipedo per questo punto *g*, esso conserverà indifferentemente tutte le posizioni in cui successivamente lo porremo; siano quelle, che aveva preso precedentemente come AB, o CD, o EF, non solo; ma qualunque altra ancora, come sarebbe PR (*Tav. III. fig.* 5.).

Tutte le condizioni di quiete dei corpi, o d'equilibrio, abbisognano di essere spiegate per la conoscenza del *centro di gravità*; ed è per ciò che noi vi ci fermeremo ancora alcun poco, per farlo meglio conoscere.

Il centro di gravità d'un globo o d'una sfera, (1) trovasi al loro centro; e ogni linea verticale condotta alla superficie d'una sfera passa infatti pel suo centro, siccome abbiamo veduto parlando della terra (*Tav. III. fig.* 1.). Ed è per ciò che una sfera posata sopra una superficie piana rimane immediatamente in quiete; imperocchè il punto pel quale essa tocca la detta superficie piana, è sempre quello pel quale passa la direzione della gravità. E siccome si è in un solo punto che si trova concentrata tutta la forza di resistenza, che impedisce alla sfera di cadere; così una tale condizione d'equilibrio è facilissima ad essere modificata: ed infatti la cangia per ogni piccolo impulso, al quale obbedendo la sfera, si trasferisce un poco più lungi, e si mette in equilibrio sopra un altro punto (*Tav. III. fig.* 6.).

Supponiamo ora la sfera tagliata per metà. Se noi cerchiamo di determinare il centro di gravità dell'emisfero ABC (*fig.* 7.) in quello stesso modo, che s'è praticato superiormente, troveremo ch'esso esiste nella perpendicolare condotta pel centro del circolo massimo, e poco al disopra di questo gran cerchio; mentre nella sfera trovasi sempre nel centro dei circoli massimi; vale a dire nel centro di essa. Ciò solo introduce fra le condizioni d'equilibrio della

_____

(1) In tutto ciò, che segue si parlerà sempre di corpi composti di materia omogenea.

sfera e quelle dell'emisfero, una differenza notabile.
Ed infatti la sfera trovasi in equilibrio sopra una
superficie piana, in qualunque punto essa si ponga;
mentre l'emisfero non può essere in equilibrio sopra
una superficie piana se non quando il circolo massimo
è parallelo a questa superficie, come lo mostrano le
figure 7. e 8. Non vi sono di fatto che queste due
posizioni in cui la verticale condotta dal centro di
gravità incontri il punto di contatto dell'emisfero
col piano. Così nella posizione data all'emisfero,
(*fig.* 9.) non potrebbesi mantener l'equilibrio, giacchè la verticale passa al di fuori del punto pel quale
esso emisfero tocca il piano.

Puossi adunque, quante volte si voglia, ottenere
che l'emisfero rimanga in equilibrio nell'anzidetta
posizione; e ciò quando se ne taglierà una piccola
parte in modo che la verticale abbassata dal centro
di gravità passi per la sezione da noi operata, e per
la quale l'emisfero appoggerà sulla superficie piana.
In questo caso l'esperienza dimostra che l'emisfero
si manterrà in equilibrio (*fig.* 10.).

Noi siam condotti per tal modo alla condizione generale di equilibrio de' corpi sottomessi alla sola a-
zione della gravità: ed è, che la verticale condotta
pel centro di gravità passi tra i punti pe' quali il
corpo poggia sulla superficie, che gli serve di base.
La più grande stabilità si ottiene quando la verticale
passa pel centro de' punti d'appoggio. Così l'emisfero ha la maggior possibile condizione di stabilità
nella posizione indicata dalla figura 8.; e questa ci
fa meglio conoscere perchè la stabilità d'una sfera
sopra una superficie piana è sì debole, e perchè nel-
l'esempio indicato dalla figura decima, la stabilità
dell'emisfero sia minima. La verticale del centro
di gravità passa vicinissima all'uno dei limiti dei
punti d'appoggio, per cui basterebbe il più piccolo
impulso per far cader l'emisfero dalla parte ove
passa la verticale.

Così di tre solidi posati sopra uno stesso piano

per una base eguale, aventi una medesima altezza
(*Tav. III. fig. 11.*), ma l'un dei quali AB abbia
le sue facce trapeziche, l'altro CD le abbia rettan-
gole, ed il terzo EF triangolari; l'esperienza dimostra che quantunque questi corpi siano egualmente pesanti, ed abbiano un diverso volume, il più
stabile fra questi si è l'ultimo. Se ora si determina, o mediante esperienza o mediante il calcolo, il
centro di gravità di questi tre corpi, si trova che
esso centro è più distante dalla base nel primo che
nel secondo, e più in questo che nel terzo: e in
altri termini occorreranno minori sforzi ad inclinare il solido AB in modo che la verticale condotta
pel suo centro di gravità cada fuori della sua base, di quello che occorra per riguardo all'altro
corpo EF.

Se ora si capovolge il solido AB (*fig. 12.*) gli
avremo dato la massima stabilità; o in altri termini
l'avremo posto nella posizione in cui il suo centro
di gravità trovisi più vicino alla base, la quale altresì è la massima delle sue superficie parallelo-
grammiche.

Egli è perciò che nella costruzione delle colonne,
e soprattutto quando si fanno molto alte si dà loro
una base assai più larga del loro diametro, e che
ne aumenta non poco la stabilità, poichè si accresce per tal modo sensibilmente la superficie d'appoggio, e quindi lo spazio onde la verticale calata
dal centro di gravità uscir deve perchè l'edifizio
crolli.

Dal fin qui detto risulta che le nostre case sarebbero più stabili se fossero costruite a scarpa:
ma da ciò riuscirebbero incomode le abitazioni. E
si è adottata la direzione verticale per tutti i muri
degli edifici, in quanto che per questo modo si ottiene il *maximum* (1) di stabilità conveniente col

_____

(1) *Maximum* dicesi la maggiore quantità possibile d'una
cosa; *minimum* la più piccola.

maximum di spazio interno : e il *maximum* di economia nella costruzione.

Ma ciò non cangia la condizione superiormente stabilita, che ogni corpo solido sottomesso alla sola azione della gravità rimanga in equilibrio se la verticale condotta dal centro di gravità passi fra i punti onde appoggia sul suolo.

La famosa torre inclinata di Pisa (*Tav. III. fig.* 13.) è stata costruita su questo principio, siccome pure le due di Bologna. Queste torri sono erette da molti secoli, ed hanno evidentemente una grande stabilità; ma sono la dimostrazione d'un'opera meccanica molto costosa, e di pessimo gusto: e se gli architetti che le costruirono, hanno addimostrato con ciò che non erano stranieri agli elementi della meccanica, non hanno però dato prova di squisito gusto nell'arte loro.

Dal sin qui detto, possiamo conchiudere, che perchè un uomo sia in equilibrio conviene che la verticale calata dal suo centro di gravità, passi per la superficie compresa fra le linee, che congiungono i punti estremi de' suoi piedi. Il centro di gravità dell'uomo ritto e in riposo, si trova fra le anche, e passa fra i due piedi (*fig.* 14.). Supponiamo un tiratore di scherma, che, secondo l'usata espressione, *si porti a fondo* : in questa difficile posizione si terrà in equilibrio se la verticale abbassata dal suo centro di gravità cadrà fra le linee ab, cd condotte da ciascun lato de' punti estremi de' suoi piedi (*fig.* 15.). La difficoltà che si prova a rimanere in equilibrio sopra una gamba dipende dalla pochissima superficie su cui appoggia.

La posizione del centro di gravità d'un corpo cangia col cangiare d'atteggiamento e di posizione delle membra; e cangia pure col diverso peso di che si carica il corpo. Così quando noi ascendiamo o discendiamo, portiamo il nostro corpo in avanti o indietro (*fig.* 16. *e* 17.).

Un uomo carico d'un peso alle spalle, è costretto a portare il corpo in avanti affinchè la linea del

centro di gravità della massa combinata del corpo
e del peso, continui a passare entro la superficie
compresa fra i suoi piedi (*fig.* 18.).

Si possono variare quest'esperienze sopra sè stessi; e si vedrà sempre il corpo cercare per istinto
quella posizione in cui il peso resti meglio riparti-
to, e in cui la linea del centro di gravità rimanga
sempre fra i piedi.

Coloro che sono più ignari della meccanica sanno
che una vettura ad alto carico è tanto più suscettiva
a rovesciarsi (a parità di peso) quanto più è alto
esso carico. Un migliaio di pietre caricato sopra una
carretta compone un carico bassissimo, e dà così
alla vettura una grande stabilità. Lo stesso peso ma
in paglia od in fieno, riescirebbe elevatissimo; e quindi la vettura sarebbe più facile a rovesciarsi. Una
tale differenza dipende dalla diversità di altezza del
centro di gravità; ed essendo questo centro molto più
basso nella carretta caricata di pietre (*fig.* 19.) che
in quella caricata di paglia (*fig.* 20.) è necessario,
perchè si rovescino, una differenza di livello fra le
due ruote della prima molto più considerevole che
fra quelle della seconda.

Nella pratica non s'impiegano quasi mai che corpi
regolari, e dei quali il centro di gravità facilmente
si determina. E bastano perciò delle nozioni elementari di geometria.

Limitiamoci a rammentare che nei prismi il centro
di gravità è nel piano parallelo alla base condotto
per la metà di uno de' lati, e che nella fatta sezione trovasi al centro della superficie ch'essa sezione
determina; nel cubo trovasi alla metà della diagonale condotta dai due angoli opposti; nella piramide trovasi sulla linea condotta dalla sommità al centro della base, e ad un quarto di questa linea dalla
base stessa; nel cilindro si trova come nel prisma,
e nel cono come nella piramide. Abbiam già detto
quale sia quello della sfera.

In quanto ai corpi di forme irregolari, la pratica

prestamente insegna al meccanico a determinare il loro centro di gravità; e basta, per rinvenirlo, il porli in equilibrio su molte delle loro facce.

§. III. — Moto, Forza, Inerzia.

Ogni impulso pel quale risulta o può risultare lo spostamento d'un corpo, si chiama *forza*; come la forza muscolare dell'uomo, la forza elastica del vapore, la forza della gravità, la forza di pressione ec. La *forza* però non solo si manifesta col moto. Gli sforzi coi quali si tiene immobile un corpo contra un altro corpo; le staffe di ferro per mezzo delle quali si sostengono dei corpi pesanti, spiegano una forza che si può calcolare in quanto che si manifesta pel moto che ne risulta. Occorre forza per produrre moto e vincere la quiete della materia; impresso una volta il moto abbisogna una forza per ricondurre il detto corpo alla quiete, e vincere la sua azione: queste due forze sono eguali.

Si ritiene generalmente che occorra minor forza per arrestare un corpo in moto di quello che per muoverlo. Questo è un errore, e proviene dal credere che la *materia abbia maggior tendenza alla quiete che al moto ;* e quando si parla ai non idioti della *forza d'inerzia* della materia, si suppone che si esprima con ciò solamente la difficoltà che ha la materia a mettersi in moto. Così quando i fisici (sono alcuni secoli) riempivano d'acqua un tubo di vetro, turato ad una delle sue estremità ed aperto nell'altra, poscia lo rialzavano tenendo l'estremità aperta sempre immersa nell'acqua; dicevano essi, vedendo il tubo rimanere pieno di acqua quantunque stesse fuori di lei quasi per intero, che la natura aveva *orrore pel vuoto.* Sbaglio di egual genere di quel che abbiamo notato relativamente alla *forza d'inerzia* (1). *La forza d'inerzia è la difficoltà*

(1) In virtù della gravità dell'atmosfera l'acqua può

che presenta la materia al *cangiamento di stato*; difficoltà grande del pari tanto per passare dal moto alla quiete che dalla quiete al moto. Il moto degli astri intorno il sole (che ad onta di tanti secoli non ha subìto alcun cangiamento) è sì rapido in alcuni di essi che la nostra immaginazione non può determinarlo, e piega fidente davanti le prove date dal calcolo, come dinanzi all'infinito. — Il moto degli astri si mantiene in virtù della *legge d'inerzia*. La forza primordiale, che gli ha messi in moto non è del dominio della meccanica; e la scienza verifica solo, per la continuità di questo moto, una delle sue leggi le più essenziali: la *legge d'inerzia*.

Così la materia è inerte, vale a dire incapace di modificare lo stato suo senza che una cagione fisica o meccanica la determini. Gli astri si muovono in virtù d'un primo impulso, il quale non incontra cagione alcuna di resistenza. La potenza sola, che gli ha messi in moto potrebbe arrestarli.

Sul nostro pianeta, in mezzo della nostra atmosfera la materia in quiete oppone la sua inerzia all'inerzia della materia in moto. Un corpo lanciato nell'aria è necessitato di vincere la gravità, che lo richiama continuamente a terra, e le resistenze che gli oppongono le molecole dell'aria da lui spostate. La palla da cannone, che ha una velocità di 500 metri per secondo, all'uscirne dalla bocca non può percorrere che sette od otto volte questa distanza, in quanto che la molta resistenza che gli oppone l'aria così violentemente scacciata, e la gravità, la costringono bentosto a toccar terra ov'essa prova inoltre una nuova cagione di rallentamento del moto, cioè l'attrito o confricazione.

Queste poche parole bastano per giudicar del problema del *moto perpetuo*. La natura lo realizza nel moto degli astri, ma l'uomo non lo potrebbe ottenere

mantenersi in un tubo, ch'essa riempie, fino a 32 piedi al disopra della superficie del liquido in cui s'immerge il tubo.

che a sola condizione di fare sparire la gravità, la resistenza dell'aria e l'attrito.

L'aumento di durata, che si ottiene nel moto diminuendo le cagioni di resistenza, e per esempio quella dell'attrito, fornisce una prova incompleta ma sensibile della forza d'inerzia della materia. Scagliate una pietra sul suolo: le sue ineguaglianze e quelle del suolo istesso, distruggeranno bentosto tutto il moto impressovi; e rotondeggiando la pietra e spianando il suolo, la corsa si prolungherà: molto più poi quando vi si sostituisca una palla d'acciaio, e si faccia correre sopra una superficie pure d'acciaio perfettamente levigata, il moto si prolungherà per molto tempo senza rallentarsi sensibilmente; e finalmente si fermerà: imperocchè, per quanto siano levigati, e la palla e il piano d'acciaio, hanno ancora delle scabrosità sensibilissime agli strumenti di fisica, mediante i quali il nostro organo della vista è reso molto superiore a quello del tatto il più esercitato. Dall'esperienza che abbiamo riportata si può conchiudere, che se gli strumenti meccanici dell'uomo fossero tanto perfetti da poter costruire una sfera ed una superficie senza scabrosità, la sfera messa in moto sopra una tale superficie facente il giro della terra, non si arresterebbe più, supponendo però la resistenza dell'aria, soppressa.

Gli esseri organizzati, come gli uomini e gli animali, possono prendere moto ed annientarlo in forza della loro volontà. Tuttavolta, lungi che ciò contraddica alla legge d'inerzia della materia, una tal legge si verifica da questo fatto che possiamo ad ogni istante provare da noi stessi, ed è che una volta che abbiamo preso un moto un poco rapido ci è impossibile, per quanto grande sia la nostra volontà, d'istantaneamente annientarlo.

Per esempio se si arresta subitamente una barca o una vettura, si vedranno le persone che vi si trovano dentro inclinar tutte nel senso del moto; questo moto estraneo alla volontà, procede dalla legge d'inerzia: si partecipa al moto del mezzo in cui si trova; e questo mezzo arrestato, si mantiene un i- stante il moto preconcepito, ed abbisogna uno sforzo in senso contrario per ristabilire l'equilibrio. Av- viene pure che quando si slancia fuori d'una vet- tura che ha un moto rapido, si cade necessariamente nel senso in cui cammina la vettura. Il corpo che l'abbandona, conserva per la legge d'inerzia il mo- to, che aveva di comune con essa: e quando i piedi toccano terra, il moto si trova distrutto nella parte inferiore del corpo dalla resistenza del suolo, ma si conserva nella parte superiore: e si prova un eguale effetto che quando si fa un passo falso.

Quando una vettura molto carica, parte, sono i cavalli obbligati ad uno sforzo vigorosissimo e molto superiore a quello che è necessario quando la vet- tura è già in moto. Egualmente, quando conviene arrestarla, se il vetturino non ha preso cura di rallentare dapprima la velocità, occorre pure uno sforzo grandissimo per annientare il moto. Sì nel- l'uno che nell'altro caso è d'uopo vincere la forza d'inerzia.

§. IV. — DELLE VARIE SPECIE DI MOTO; MASSA. QUANTITÀ DI MOTO.

Quando un corpo percorre costantemente lo stesso spazio in un egual tempo, dicesi che il suo *moto è uniforme*: e chiamasi velocità lo spazio percorso nell'unità di tempo. Così se prendasi il minuto se- condo per unità di tempo, e che si esamini un vo- lante di venti metri di circonferenza, che faccia costantemente due rivoluzioni per secondo, si dirà che il volante ha un moto uniforme di quaranta metri.

Se la forza, che mette in moto un corpo agisce del continuo su di lui, e sempre in egual maniera, il moto si accelera in modo uniforme, e chiamasi *moto uniformemente accelerato*.

In questa specie di moto la *velocità è proporzionale al tempo*, vale a dire che se la velocità è di un metro dopo il primo secondo, sarà essa di due metri dopo scorsi due secondi, di tre metri alla fine di tre : ec.

E in quanto agli *spazi percorsi, sono fra loro come i quadrati de' tempi impiegati a percorrerli.* Così se al finir d'un secondo, lo spazio percorso è di un metro, al finire di due secondi sarà di quattro metri, al finire di tre secondi di nove metri; al finire di quattro secondi di sedici metri: i numeri 4, 9, 16 sono appunto i quadrati dei numeri 2, 3, 4 ec.

Agendo la gravità costantemente sui corpi, in quello stesso modo che una forza in ogn'istante si aggiugne a sè stessa, ne viene di conseguenza che i corpi abbandonati a sè medesimi cadranno con moto uniformemente accelerato. Per determinare la velocità e lo spazio, che percorrerà un corpo cadendo da un'altezza qualunque, occorre un elemento che la sola esperienza può determinare, e cioè lo spazio che un corpo abbandonato a sè stesso percorre in un secondo, e la velocità ch'egli acquista in conseguenza di tale caduta in questo tempo.

L'esperienza addimostra che nella caduta dei corpi,

1.° lo spazio percorso nel primo secondo è di $4^m,9045$.

2.° al finire del primo secondo la velocità acquistata è di $9^m,809$; vale a dire doppia dello spazio percorso.

Dietro a questo elemento potremo costruire la tavola seguente (mediante le due leggi suaccennate) pel calcolo delle velocità e degli spazi percorsi nel moto uniformemente accelerato della caduta dei corpi, obbedendo all'azione sola della gravità.

TEMPO DELLA CADUTA.	VELOCITÀ ACQUI- STATA ALLA FINE D'OGNI SECONDO.	SPAZIO PERCORSO ALLA FINE DI OGNI SECONDO.
secondi		
1	9^m,809	4^m,9045
2	19^m,618	19^m,6180
3	29^m,427	44^m,1405
4	39^m,236	78^m,4720
5	49^m,045	122^m,6125

La colonna delle velocità si ottiene moltiplicando il numero 9^m,809 (velocità ottenuta nel primo secondo) pel numero dei secondi, in virtù della legge che le velocità acquistate sono proporzionali ai tempi; e la colonna degli spazi si ottiene moltiplicando 4^m,9045 (spazio percorso nel primo secondo) pei numeri 4, 9, 16, 25, quadrati de' secondi 2, 3, 4, 5.

Così se vuolsi sapere quale spazio percorra un corpo in un dato tempo, conviene moltiplicare 4^m,9045 pel quadrato del numero dei secondi esprimenti il tempo della caduta.

Il numero de' secondi in un'ora essendo di 3,600, si troverà lo spazio, che può percorrere un corpo cadendo, in un'ora, moltiplicando 4^m,9045 per 12,960,000, quadrato di 3600.

Noi vedremo in seguito l'uso che si fa in meccanica del calcolo della velocità durante la caduta, siccome l'abbiamo stabilita nella seconda colonna della tavola suesposta.

Se invece di considerare un corpo cadente, noi

consideriamo un corpo scagliato in aria, il suo moto
è *uniformemente ritardato* dalla gravità, come da
questa viene accelerato uniformemente nella sua caduta.

Massa. Quantità di moto. Abbiamo già indicato,
parlando della gravità, ciò che debbe intendersi per
massa d'un corpo, che è la quantità di materia
che contiene. Essa si determina dal peso o azione
totale della gravità, che tanto è maggiore quanto
il corpo ha più materia. La quantità di moto d'un
corpo è il numero che si ottiene moltiplicando la sua
massa per la sua velocità. Così per esempio, se un
corpo ha una massa rappresentata da 4 chilogrammi ed una velocità di 8 metri per secondo, si dice
che la sua *quantità di moto* è il prodotto di 4 per
8, ossia 32. Questo numero 32 esprimerà l'effetto
comparativo onde il mobile è capace. Si valutano
le forze dalla quantità di moto, che sono capaci
d'imprimere ai corpi. Supponiamo, per esempio,
che si abbiano sopra un bigliardo due palle uguali
di avorio, e che imprimiamo alla prima una velocità
di quattro metri per secondo, e alla seconda una velocità di otto metri. Il second'urto rappresenterà
una forza doppia di quella rappresentata dal primo;
imperocchè le suddette palle, avendo eguali masse,
la quantità di moto dell'ultima è doppia della quantità di moto della prima.

Una stessa forza imprime sempre a vari corpi delle
quantità di moto eguali; e solo le velocità saranno
inversamente delle masse di ciascun corpo. Per e-
sempio, se si urtano colla stessa forza tre palle
pesanti uno, due, tre chilogrammi, ed in modo
che la terza prenda una velocità di un metro per
secondo, la velocità della seconda sarà di due metri,
e quella della prima sarà di tre metri. In una parola le velocità avranno un ordine inverso a quello
delle masse, e le tre quantità di moto saranno e-
guali.

Il tiro di cannone è proprio a mostrarci questa

differente velocità impressa da una stessa forza a due masse diverse. Ognun sa che quando si tira il cannone, questo fa *rinculare* il suo *affusto*: ebbe- ne, la forza che imprime alla palla quella rapidità che non permette di seguir coll'occhio il suo moto, è precisamente la stessa di quella che produce il *rinculamento*; effetto che l'occhio distingue facil- mente in quanto che la velocità da questa parte è debolissima; se si moltiplica da una parte la massa del cannone e del suo affusto per la piccola velocità impressale dal tiro, e dall'altra la massa della palla per la sua grande velocità, si otterrebbero due nu- meri, che non diferirebbero sensibilmente l'uno dall'altro.

Alcuni altri esempi compiranno la dilucidazione delle nostre idee su questo importantissimo punto della meccanica usuale.

Una pietra pesante tre o quattro libbre non può ferire gravemente una persona cadendo dall'altezza di sei piedi. Infatti la sua velocità essendo poco con- siderevole, minima ne riesce la quantità di moto. Ma la stessa pietra, cadendo da una grande altezza, riescirebbe terribile in quanto che la sua velocità, essendo divenuta grandissima, dietro la legge del moto accelerato nella caduta de' corpi, la sua quantità di moto riescirebbe pure grandissima. Ed è appunto per la loro considerevole velocità che i proiettili di guerra, e le palle da moschetto e da cannone, le cui masse non sono d'altronde molto grandi, pro- ducono i loro terribili effetti. Una tale velocità im- prime loro una gran *quantità di moto*; o, come suol dirsi comunemente in meccanica, una gran *forza motrice*.

Così pure un mobile di poca massa può produrre dei grandi effetti s'egli è animato da una grande ve- locità: e così un mobile di massa considerevole è capace di una grande potenza, avendo però una piccolissima velocità. Così, a cagion d'esempio, un grosso vascello galeggiante presso i muri del bacino d'un porto, approssimandosi con pochissima velocità ed appena discernibile, può tuttavia avere tanta quantità di moto da rompere una barca che si trovasse tra i muri anzidetti e lo stesso vascello.

Quando terremo discorso della leva, e delle modificazioni del moto, avremo costantemente al pensiero la *quantità di moto*, e come questo sia prodotto, e come si possa valutare.

§. V. — AZIONE E REAZIONE. URTO DEI CORPI.

Quante fiate un corpo agisce sopra un altro, in un modo qualunque, quest'ultimo agisce a sua volta sul primo, ed esercita un'eguale azione, ma in senso contrario, ciò che dicesi *reazione*. La scoperta e la dimostrazione di questo principio devesi a Newton.

Se si pongono vicini un pezzo grande di ferro ed un piccolo di calamita, questa andrà verso il pezzo di ferro, e se il pezzo di calamita è maggiore di quello del ferro, questo allora si muoverà verso il pezzo della calamita. E se le due masse dei detti pezzi sono eguali, e la forza di attrazione molto potente, tale da vincere i due pesi della calamita e del ferro, i due corpi cammineranno l'uno verso l'altro. Tali sono l'azione e la reazione dei due corpi l'uno sull'altro, e sono eguali fra loro, e si esercitano in senso opposto.

I corpi celesti ci offrono maestosi esempi di *azione e di reazione*. Si muovono essi, siccome dicemmo, in virtù di una forza primordiale, e perseverano nel loro moto in virtù della legge d'inerzia. Ma la direzione del loro moto è il risultamento dell'azione e reazione degli uni sugli altri. Così la luna, satellite della terra, è attratta da questa, ed è in virtù di quest'attrazione combinata colla sua forza impulsiva, ch'essa segue la terra nel suo moto attorno del sole, compiendo le sue dodici annue rivoluzioni: ma la luna reagisce a sua volta sulla terra; ed è da questa reazione che risulta in gran parte, a cagion d'esempio, il flusso e riflusso del mare.

Il principio che la reazione è uguale e direttamente contraria all'azione, si rinviene in tutti gli sforzi de' corpi gli uni sugli altri; ed è soprattutto nell'*urto de' corpi* che puossi render ragione di tale principio. L'urto de' corpi non è infatti che un seguito di azioni e di reazioni.

Egli è bene, per istudiare gli effetti dell'urto, rammentarsi che vi sono de' corpi, i quali (come una palla d'avorio) cadendo sopra una superficie dura ed orizzontale, vi rimbalzano, e sono per ciò chiamati elastici; ed altri, che (come una palla d'argilla tenera) resterebbero stiacciati sulla stessa superficie dopo la lor caduta, e per conseguenza non hanno elasticità.

L'urto offre differenti effetti, secondochè si opera fra corpi elastici o fra corpi privi di elasticità. Immaginatevi, a cagion d'esempio, due palle di argilla tenera, che per brevità chiameremo A e B. Supponete che si muovano nello stesso senso e sulla stessa linea, e siano separate per un certo intervallo, essendo più innanzi B, ma avendo A una velocità maggiore che non è quella di B. Giacchè A si muove più rapidamente di B, arriverà a raggiungerla, ed allora avrà luogo l'urto: A comprimerà B, e ne aumenterà la velocità sino a che A e B abbiano entrambe una velocità eguale. Esse continueranno quindi a muoversi in contatto l'una dell'altra, mantenendo le forme prese per la compressione.

Supponiamo ora che le due palle invece d'essere d'argilla siano d'avorio e per conseguenza elastiche. Queste palle, dopo essersi compresse per l'urto, tenderanno, in virtù di loro elasticità, a riprendere la loro forma primitiva: e in questo fatto si compie il fenomeno della modificazione di velocità nei corpi elastici, che si sono urtati: A urtando B gli cede una parte del suo moto: di poi, quando i due corpi compressi dall'urto, riprendono la loro forma, B sottrae ancora una nuova porzione di moto ad A:

insomma la velocità di B, trovasi aumentata di quella porzione, che toglie ad A, e la velocità di A diminuita di tutta quella ceduta a B: e mentre che prima dell'urto era A, che aveva la maggiore velocità, dopo l'urto è B che l'ha acquistata.

Applicando quivi le nozioni suesposte sulla *legge d'inerzia* e sulla quantità di moto, si rende facilmente ragione di un tale fenomeno. Se A pesa 2 chilogrammi ed ha una velocità di 4 metri, e se B pesa pure 2 chilogrammi avendo una velocità di 2 metri, la quantità di moto di A sarà di 8, e quella di B sarà di 4: le due quantità di moto, riunite insieme, danno adunque un risultamento di 12. Se dopo l'urto B ha una velocità di $3^m,50$, e che quindi la quantità di moto sia divenuta 7; A non avrà più che una quantità di moto eguale a 5, e per conseguenza la sua velocità sarà ridotta a $2^m,50$.

Noi abbiamo superiormente mostrato il falso significato, che si apponeva generalmente alla parola *inerzia*; e dobbiamo qui pure fare un'analoga osservazione per le parole azione e reazione. Così il senso nel quale queste parole di *azione* e di *reazione* debbono esser prese pel presente caso, si è la *traslazione* di una certa quantità di moto d'un corpo ad un altro. Questa traslazione si chiama *azione* nel corpo, che *perde* il moto, e *reazione* in quello che lo *riceve*. Il moto impresso all'ultimo procede dall'*azione* del primo, e la perdita dello stesso moto nel primo proviene dalla *reazione* del secondo.

Ritorniamo all'urto de' corpi. Vediamo ciò che avviene quando una sola delle due palle è in moto, e l'altra è ferma. Supponiamole, per maggiore semplicità, eguali di massa, e seguitiamo a chiamarle A e B, essendo A la sola, che si muove. Se esse non sono elastiche, si muoveranno insieme dopo l'urto, e la loro velocità sarà la metà di quella di A. Se A e B sono elastiche, essendo B immobile mentre che A vi si muove contra, l'urto produrrà l'effetto seguente: A perderà ogni sua velocità e la comunicherà a B, per cui A diventerà immobile e cangerà di stato con B. Da ciò deriva che se si ha una serie di palle di masse uguali e disposte sulla stessa linea, e che la prima sia sola in moto e diretta contra tutte le altre in quiete, quella prima palla si ridurrà allo stato di quiete urtando la seconda; questa prenderà la velocità della prima, colla quale velocità urterà la terza, e dopo ciò sarà ridotta a quiete essa pure; la terza prenderà la velocità, che le avrà ceduta la seconda, e la perderà urtando la quarta, e così di seguito sino all'ultima. Dopo questa serie di urti, tutte le palle saranno dunque in riposo, eccettuata l'ultima, che troverassi animata con la velocità che già aveva la prima. Questo effetto ha luogo pure, sia che le palle si trovino separate, sia ch'esse si tocchino; il che è facile a verificare con delle palle da bigliardo.

Supponiamo ora due palle uguali A, B non elastiche, e slanciate l'una contra l'altra con un'egual forza: le due palle si stiacceranno e cadranno unite l'una all'altra. La compressione provata da ognuna delle suddette palle è quella stessa che risentirebbe essendo l'una in riposo, e che l'altra l'urtasse con una velocità doppia della suaccennata. Se le palle A e B, che ho supposto sempre eguali e slanciate in direzioni contrarie, sono inoltre elastiche, accadrà che dapprima esse distruggeranno mutuamente la loro velocità; ma tosto che siansi compresse, la loro elasticità si metterà in azione, e comunicherà, se sono esse perfettamente elastiche, delle velocità eguali e contrarie a quelle, che le animavano prima dell'urto. Le due palle ritorneranno dunque per la stessa strada invece di cadere unite, come avviene quando sono prive di elasticità.

Quando un corpo elastico incontra un piano stabile (*Tav. III. fig.* 21.), ritorna sulla stessa via in virtù della sua elasticità: s'egli ha urtato il detto piano AB in direzione perfettamente perpendicolare come CD, ritornerà direttamente sopra sè stesso; ma se urta il piano obbliquamente, ed a cagion d'esempio, secondo la direzione ED, passerà dall'altro lato della perpendicolare, e partirà, seguendo la direzione DF, in tal modo che s'egli è perfettamente elastico l'angolo EDC chiamato *angolo d'incidenza*, sarà uguale all'angolo CDF, chiamato *angolo di riflessione*. Ma in natura non esistono corpi perfettamente elastici; quindi l'angolo di riflessione non è mai perfettamente uguale a quello d'incidenza. Però, quanto più sono elastici i due corpi che si urtano, più s'avvicinano nella lor reazione ad una tale eguaglianza.

È in virtù del principio dell'azione e della reazione, delle quantità di moto e della legge d'inerzia, che quando un uomo correndo, urta un uomo di peso presso a poco eguale al suo, tutti e due provano per l'urto un'egual commozione. E se tutti e due corrono l'un contra l'altro con una velocità, a cagione d'esempio, l'uno di quattro metri per secondo e l'altro di sei metri, tutti e due si urteranno come se l'uno essendo in quiete, l'altro l'urtasse con una velocità impulsiva di dieci metri. Ugualmente si spiegano i dannosi effetti di due navi, che si urtano movendosi in senso contrario.

Una palla scagliata contra un vetro a piccola distanza non vi forma che il pertugio necessario al suo passaggio; scagliatavi da maggior distanza lo rompe in mille pezzi. Nel primo caso il moto fu sì rapido che non si potè comunicare al restante del vetro; nel secondo caso fu sì lento che ebbe luogo la comunicazione del moto, e per conseguenza la rottura del vetro. Una palla di cannone scaricata a media distanza da una nave, non vi produce che l'apertura necessaria pel suo passaggio; scaricata da molta distanza, ne squarcia i fianchi su molta estensione di superficie. Spesso nelle battaglie la parte superiore del moschetto d'un fantaccino è portata via senza ch'egli se ne accorga. Si può tirare a palla in una porta

porta aperta e mobilissima senza metterla in moto.

Tutti questi effetti sì contrari alle nozioni generalmente ritenute in meccanica, non hanno più nulla di sorprendente dal punto che si è reso ragione della legge d'inerzia, della quantità di moto, e dell'azione e della reazione de' corpi fra loro.

§. VI. — COMPOSIZIONE E RISOLUZIONE DELLE FORZE.

Un remigante assiso sopra una tavola di un terzo circa della lunghezza del suo battello (*Tav. IV. fig. 1.*), puntando i piedi contro una stanga trasversale, si adagia all'indietro, tenendo in ognuna delle mani un remo fermato sul bordo del battello, mediante un laccio, e immerge questi remi nell'acqua, allontanando le braccia e portandoli indietro; quindi raccoglie le braccia abbassandole, e per tal modo imprime un certo impulso al battello. Se la forza spiegata da ciascun braccio sui remi, è uguale, il battello si avanza direttamente nel senso della sua lunghezza; che se al contrario il remigante spiega più forza da un lato che dall'altro, il battello gira dal lato in cui la forza è minore.

E che cos'è quest'azione meccanica? Come due impulsi applicati lateralmente ad un corpo producon essi una tale direzione? Havvi un rapporto fra queste due forze, eguali o diverse, e la direzione presa dal corpo sul quale esse agiscono?

Abbiamo già veduto che una forza puossi rappresentare con un numero, ed il numero con una linea. Se, a cagion d'esempio, il barcaiuolo applica ad uno de' suoi remi una forza eguale a quella di un peso di 12 chilogrammi, avente una velocità di 2 metri per secondo; la quantità di moto si potrà rappresentare con 24; e se sull'altro remo egli non agisce che con una forza di 5 chilogram. ed una velocità di $1^m,40$, la quantità di moto sarà di 7 metri. Chi c'impedisce di rappresentare queste due forze con due linee, che stiano fra loro nella ragione di 24 a 7 metri? Perciò, se noi prendiamo un centimetro per unità di misura, esse due linee conterranno, l'una 24 e l'altra 7 centimetri.

Applichiamo queste idee al calcolo del cammino d'un battello manovrato da un remigante, e per maggiore facilità, rappresentiamo primieramente il battello in pianta (*fig. 2.*).

Pel caso in cui le due forze siano eguali e perpendicolari l'una all'altra, (siccome può supporsi in questo caso) noi possiamo rappresentare queste due forze colle linee *ap* ed *aq*. Se ora pel punto *p* conduciamo una parallela ad *aq*, e pel punto *q* una parallela ad *ap*, avremo il quadrato *apqr*. Se conduciamo la diagonale *ar*, esprimerà essa (siccome addimostra e l'esperienza e la scienza) non solamente la *direzione del moto*, che prenderà il battello, ma eziandio la *quantità del suo moto*.

Supponiamo, per esempio, che ciascuna delle due forze *ap* ed *aq*, siano rappresentate da due linee di 12 centimetri; la diagonale del quadrato così costruito sarà di circa 17 centimetri. Ora si conclude che se si tira il battello nel senso *ar* e con una forza di circa 17 chilogrammi ed una velocità di un metro per secondo, il battello si moverebbe nella stessa direzione e colla stessa velocità come quando fosse sollecitato dalle due forze *ap* ed *aq*, eguali ciascuna a 12 chilogrammi, ed avesse una velocità d'un metro per secondo.

Che accadrebbe ora nel caso in cui il remigante applicasse sui due remi le due forze ineguali rappresentate con 24 e 7, di cui superiormente parlammo? Potremo riportare sulla figura 2.ª i numeri 24 e 7, applicandoli ai due remi, e costruire per tal modo il parallelogrammo. Ma per acquistare più facilmente l'abitudine ad una simile costruzione, rammentiamo ciò che dicemmo sul centro di gravità. Allorchè si considera un corpo in moto, puossi rappresentarlo con un sol punto, ritenendolo quale centro di gravità d'esso corpo: rappresentiamo adunque il battello col punto *a* (*fig.* 3.): e sulle due linee *a b*, *ac*, rappresentanti i remi, portiamo sull'una 24 divisioni, e sull'altra 7 divisioni uguali. Dipoi, dai punti estremi *p* e *q*, così ottenuti, conduciamo le parallele ai lati opposti, e finalmente conduciamo la diagonale *ar*. Questa diagonale indica la direzione, che prenderebbe il battello manovrato da due remi d'inegual forza. La diagonale *ar*, contiene d'altronde 25 delle divisioni delle due linee *ap*, *aq*; dunque la quantità di moto dato al battello coi due remi agenti, l'uno con una forza di 12 chilogrammi ed una velocità di due metri per secondo, l'altro con una forza di 5 chilogrammi ed una velocità di $1^m,40$, verrà rappresentata da 25.

· Tale è la celebre proposizione conosciuta in meccanica sotto il nome di *parallelogrammo delle forze*, per mezzo del quale, date due forze eguali o disuguali ed aventi direzione qualunque, si compongono queste in una sola forza chiamata la lor risultante. Le due prime si chiamano *componenti*; e l'operazione per mezzo della quale si ottiene la *risultante delle componenti note*, si chiama *composizione delle forze*. È questa una delle leggi meccaniche che meglio bisogna conoscere, essendo una di quelle la cui applicazione è più frequente. Si concepisce infatti come importi assai al meccanico di potersi render ragione esattamente, sia della direzione, che imprimerà ad un corpo facendo su lui agire due forze ineguali, sia della quantità totale di moto, che nè risulterà, sia finalmente di rendersi ragione della forza che gli abbisognerà, per sostituirla alle due forze, che tendono ad imprimere l'anzidetto moto.

· Il principio del parallelogrammo delle forze può applicarsi puranche a molte forze. Se un corpo *a* è tirato (*Tav. IV. fig.* 4.) da quattro forze *ab*, *ac*, *ad*, *af*, potranno essere egualmente sostituite tutte da una sola forza equivalente: con le due prime *ab*, *ac* si costruirà il parallelogrammo *abpc*; la diagonale *ap* sarà la risultante delle due forze *ab*, *ac*; e con poi le due forze *ap*, *ad* si costruirà il parallelogrammo *apqd*, e la diagonale *aq* sarà la risultante delle due forze *ap*, *ad*. Finalmente colle due forze *aq*, *af* si costruirà il parallelogrammo *aqrf*, e la diagonale *ar* sarà la risultante delle due forze *aq* ed *af*, e la risultante generale delle forze *ab*, *ac*, *ad*, *af*. Si potrebbe stabilire altrimenti la composizione di queste quattro forze, e si perverrebbe sempre alla risultante *ar*, che indica la direzione, che percorre il corpo sottoposto alle quattro forze divergenti, da noi chiamate *ab*, *ac*, *ad*, *af*, e che indica pure la quantità della strada ch'egli percorrerà.

La risoluzione delle forze è il contrario della composizione; e consiste essa nel sostituire ad una sola forza due o più altre forze. Vedremo noi un esempio dell'utilità della risoluzione d'una forza in due altre, quando parleremo della macchina semplice, che chiamasi *piano inclinato*.

In tutto quanto abbiam detto sulla composizione delle forze abbiamo sempre supposto, che quando parliamo di due o più forze, esse si applichino in uno stesso punto del corpo, o che, applicandosi in punti diversi, possano esse venir riunite al suo centro di gravità. Quando ciò non è possibile, vale a dire quando le forze agiscono in piani diversi, non vi può più essere composizione di forze; ma noi non abbiamo esaminato ciò che ha luogo allora, giacchè non è un caso comune della meccanica.

§. VII. — FORZA CENTRIFUGA.

Quante volte un corpo mobile qualunque è forzato a muoversi sopra una curva, l'inerzia della materia dà origine ad una pressione, che il mobile esercita contra la curva dall'indentro all'infuori; pressione che tende ad allontanare il mobile dal centro del moto, e che per questa ragione chiamasi *forza centrifuga*.

Per far ciò conoscere, immaginiamo che si facesse girare una palla di piombo dentro un tubo di latta, (*Tav. IV. fig. 5.*) dandole un impulso nel senso *ef* parallelo alla tangente condotta alla circonferenza del tubo. Se la palla fosse libera, seguiterebbe questa direzione in virtù della sua inerzia; ma essa è forzata dal tubo di cangiare costantemente, e, per la reazione, esercita contro il tubo una pressione eguale alla forza che farebbe deviare per tal modo continuamente la palla di piombo dal cammino rettilineo, *ef*, *ik* pel quale si moverebbe in conseguenza della sua inerzia. Tale pressione è precisamente ciò che dicesi forza centrifuga: quando il mobile cessa ad un tratto d'essere spinto a muoversi in direzione curvilinea, la forza centrifuga cessa pure tutto ad un tratto, e il mobile sfugge nella direzione della tangente alla curva. Se, per esempio, si suppone che il tubo si apra al punto in cui la palla di piombo giunga in *i*, essa sfuggirà seguendo la tangente *ik*.

Supponiamo (*fig. 6.*) un asse sostenuto da un cavalletto *ab*, e portante una carrucola orizzontale *cd*, attorno della quale si ravvolga una fune, ed alla sua estremità superiore abbia due verghe di ferro a cerniera *pr*, *ps*, giranti in *p*, ed aventi alle loro estremità due corpi pesanti *r*, *s*. Quando un tale apparecchio sarà in riposo, le due verghe di ferro ed i corpi pesanti toccheranno l'asse; ma se si darà un moto rotatorio un po' rapido, si vedranno i due corpi pesanti allontanarsi dall'asse, e a misura che la velocità aumenterà, prendere le posizioni *pt* e *pu*, *px* e *py*; se la forza fosse infinitamente grande, le due palle perverrebbero a muoversi secondo l'orizzontale *lm*.

Tutto il giuoco di tale apparecchio ha luogo per la forza centrifuga. Noi ne vedremo una felice applicazione nella regolarizzazione delle macchine mosse dall'acqua o dal vapore.

Ognuno sa che la terra gira attorno del suo asse

in 24 ore (*fig. 7.*) per conseguenza tutti i corpi situati alla superficie della terra sono sottoposti a descriver dei circoli, che vanno diminuendo a misura che si allontanano dall'equatore andando verso i poli. Siccome poi tutti questi circoli sono descritti nello stesso tempo, ne segue che i corpi, che si avvicinano di più all'equatore sono quelli che hanno una maggiore velocità, e per conseguenza anche la loro forza centrifuga è la più grande. Il massimo di questa forza contrifuga è all'equatore, ed è in questo luogo precisamente diretta in senso contrario della gravità. E se la terra girasse diciassette volte più veloce che non gira, allora s'è fatto calcolo che la forza centrifuga distruggerebbe la gravità, dimodochè in questa posizione della terra i corpi abbandonati a sè stessi non cadrebbero, e niente sarebbe quivi pesante. E se la terra girasse ancora più rapidamente, i corpi se ne distaccherebbero, seguendo la direzione della tangente.

CAPITOLO III.

SEGUITO DELLE LEGGI ELEMENTARI DELLA MECCANICA. MACCHINE SEMPLICI. LEVA; BILANCIA; STADERA; CARRIUOLA; CARRETTO-CAMION; CARRUCOLE; TAGLIE; BERTA SEMPLICE; PIANO INCLINATO; CUNEO, ZEPPA, O BIETTA; VERRICELLO; ARGANO DELLE NAVI; TORNIO; RUOTE DENTATE; VITE; SOPPRESSA O STRETTOIO; VITE CONTINUA; CARRETTA ALLA PASCAL; CODETTA; BARRUCOLA; MARTINETTO, GRUE, BERTA-CAPRA.

Le macchine, che or verremo descrivendo sono del novero dei principali organi meccanici; e sembra con ciò che noi usciamo in questo Capitolo dall'ordine, che abbiamo indicato, quando ci proponemmo di far conoscere sulle prime i *motori* anzichè descrivere gli apparecchi, i quali ricevono, modificano e trasmettono la forza da loro prodotta. È fuor

di dubbio che qui vi ha un'inversione; ma questa
è indispensabile, perchè vi hanno certe leggi elementari della meccanica, che non potrebbero comprendersi senza dimostrarle a mezzo di queste macchine; e siccome l'azione dei motori non può essere
spiegata se non mostrandoli applicati a delle macchine, così nello studio di diverse forze motrici,
verremmo arrestati a ciascun passo se non ci potes-
simo render ragione dei principali organi, che modificano e trasmettono la forza.

§. I. -- LEVA; BILANCIA; STADERA; CARRIUOLA;
CARRETTO-CAMION.

Si tratta d'alzare un masso di pietra d'un peso
considerevole. Un uomo con le sue mani non potrebbe smuoverlo. Prenda una robusta sbarra di ferro
o una forte stanga di legno (*Tav. IV. fig.* 8.);
poi mettendo un curro o cilindro di legno o di pietra
contro del masso, passi la sua leva fra il curro ed
il masso, appoggiandola sul curro, e conservando
una distanza maggiore fra le sue mani, che agiscono
ad una delle estremità della stanga o *leva* ed il
curro, che fra il curro e l'altra estremità della stanga
passata sotto il masso. Allora, sforzando di tutto
corpo l'estremità della stanga o sbarra dalla parte
che è più lunga, arriverà a mettere in moto il masso
suddetto. La leva potrà essere abbassata fin quasi a
terra (*fig.* 9.), e il masso verrà sollevato ad una
certa altezza.

Ecco un'azione meccanica prodotta per macchina,
e che l'uomo non avrebbe potuto ottenere coll'azione
diretta delle sue braccia. — Noi abbiam detto che
una macchina non produce mai forza; che dunque
mai è avvenuto nell'operazione or ora descritta?

Per rendercene ragione, esaminiamo che cosa avviene allorquando il masso, essendo sollevato dal-
l'operaio, è mantenuto da lui ad una certa distanza
dal suolo (*Tav. IV. fig.* 9.), e traduciamo tosto,

come già abbiam cominciato a fare sulle figure
2 e 3, in linguaggio geometrico l'operazione tal
quale a noi si presenta in questo istante. Il punto
t (*fig*. 10.) sarà il punto d'appoggio attorno del
quale gira la leva *ab*, che supporremo di una lunghezza totale di 1^m,2; la parte la più lunga, o in
termini tecnici il maggior *braccio at*, avente un
metro, e il minor *braccio bt* due decimetri, che è
la quinta parte di *at*.

Lo sforzo, che l'operaio esercita in *a* può rap-
presentarsi con una linea agente nel senso della
gravità, e portante un peso, che verremo a determinare. Lo sforzo esercitato dal masso di pietra in
b è uno sforzo di gravità, e puossi egualmente rappresentare con una linea verticale portante un peso,
che supporremo equivalere a 250 chilogrammi.

Mediante uno sforzo che ci è per anco incognito,
applicato all'estremità del braccio di leva lungo un
metro, un operaio tiene in equilibrio 250 chilogrammi sospesi all'altro braccio di leva lungo 2 decimetri. Egli ha fatto percorrere a questo peso di 250
chilogrammi un certo spazio, mentre all'estremità
dell'altro braccio di leva, lo sforzo esercitato dal-
l'operaio nello stesso tempo ha una velocità cinque
volte maggiore. Se ora qui riepiloghiamo le nozioni
acquistate sull'azione e reazione, e sulle quantità di
moto, saremo indotti a pensare che a meno di
qualche legge particolare inerente alla leva, la quantità di moto sviluppato da uno de' bracci della leva,
equivaler debba alla quantità di moto sviluppato
dall'altro: e, intanto che noi consideriamo, la quantità di pressione sviluppata da un lato è eguale alla
quantità di pressione sviluppata dall'altro. Ora dal
lato *bt* la massa agente è di 250 chilogrammi, e il
braccio di leva all'estremità del quale essa agisce,
e di cui la lunghezza determina la velocità di tale
massa, per rapporto a quella che si esercita nel punto
a, è di 0^m,2 : prodotto totale 50. Il braccio di leva
at, essendo di un metro, produrrebbe una quantità

eguale a quella di sopra trovata, se si moltiplicasse per 50 chilogrammi. Lo sforzo esercitato al punto *a* dall'operaio è egli dunque di 50 chilogrammi?

Egli è di fatto di tale quantità, come lo prova l'esperienza. La leva è in equilibrio perchè le due masse o le due pressioni o le due forze agenti alle sue estremità sono esattamente in ragione inversa della lunghezza dei bracci della leva; l'uno dei bracci è cinque volte più corto dell'altro; l'una delle due forze è pure cinque volte minore dell'altra, per cui applicata la maggiore al più corto braccio e la minore al più lungo, esse si fanno equilibrio.

Tal' è la legge dell'equilibrio come del moto della leva; legge fondamentale in meccanica, e sulla quale noi ci staremo perchè non è mai abbastanza studiata. Gli effetti della leva sono di quelli che, considerati anche isolatamente, vieppiù sorprendono, e fanno spesso supporre alle genti ignare della meccanica, che con una materia inerte possano esse creare del moto. — Noi vediamo fra tanto che non ve n'ha punto. — Così nella nostra operazione, non abbiam fatto che far muovere da un lato 50 chilogrammi con una certa velocità: supponiamo che questa sia stata di $0^m,5$ per secondo; dall'altro lato i 250 chilogrammi si saran mossi con una velocità di $0^m,1$. Così noi abbiamo operato da un lato cinque sforzi successivi, trasportando 50 chilogrammi a 1 decimetro, dall'altro lato abbiamo in un solo sforzo portati 250 chilogrammi a un decimetro. Le nostre braccia, i nostri muscoli sono capaci del primo moto, non così del secondo, se lo debbono operare istantaneamente. La leva trasmette questi sforzi successivi, e li trasmette accumulati: immensa e semplice proprietà di concentrazione ma non di produzione di forza!

Chi è digiuno di meccanica, e che desiderasse di darsi improvvisamente allo studio delle opere più scientifiche su questo argomento; quelli pure che hanno acquistato alcune nozioni preparatorie di statica ameranno, come guida o come rammemorazione, di trovar quivi le formole tecniche, mediante le quali la scienza esprime ciò, che noi abbiamo superiormente spiegato.

La scienza chiama *resistenza* lo sforzo che trattasi di vincere mediante la leva; *potenza* lo sforzo, col quale si ottiene quest'effetto. Nei libri di statica la leva non si studia che sotto la forma qui sopra considerata (*fig.* 10.), e vi si chiama *momento*, il prodotto del peso della resistenza o della potenza pei bracci di leva sui quali esse agiscono; e dicesi che, per l'equilibrio di questa macchina semplice, il *momento della potenza debb' essere eguale al momento della resistenza*.

Vi sono tre generi di leva: la statica chiama leva di primo genere quella in cui il punto d'appoggio A è fra la resistenza Q e la potenza P (*fig.* 10.); leva di secondo genere quella in cui la resistenza è tra il punto d'appoggio e la potenza (*fig.* 11.); e leva di terzo genere quella (*fig.* 12.), ove la potenza è tra il punto d'appoggio e la resistenza.

Nelle leve dei due primi generi la potenza ha sempre un braccio più lungo che non ha la resistenza, com'è la comune opinione; ed essa è per conseguenza minore della resistenza: e quando la detta potenza si volesse applicare al braccio più corto, la condizione d'equilibrio si avrebbe coll'osservanza della stessa legge. Così se una resistenza di cinquanta chilogrammi fosse applicata ad un braccio di leva eguale a dieci metri, l'altro braccio di leva, non essendo che di due metri, vorrebbesi, per ottener l'equilibrio, una potenza di 250 chilogrammi.

Ma nella leva di terzo genere, la potenza dev' esser sempre (per l'equilibrio) necessariamente maggiore della resistenza, in quanto che questa gravita sull'intera leva.

La *bilancia* è una leva di primo genere, della quale i bracci sono eguali (*fig.* 13.). Così, pel suo equilibrio, abbisogna che la potenza e la resistenza siano eguali, vale a dire che i pesi posti nei due piatti

siano uguali. Così quando una bilancia è disposta
in maniera che il suo punto d'appoggio divida e-
gualmente in due il raggio pesatore, si sarà certi di
avere il peso di un oggetto, facendogli equilibrio nel-
l'altro bacino con *pesi legalmente stabiliti*. La bilancia, siccome è costruita per l'industria, presenta
un'eguaglianza ed un'esattezza bastanti per tutti i
bisogni del commercio; ma per le ricerche scientifiche, in cui si ha bisogno di una rigorosa precisione, non si può ammettere che i bracci della bilancia siano matematicamente eguali fra loro: ed è
ciò impossibile, per quanta sia l'esattezza onde tale
istrumento fu fatto: cosicchè occorrendo delle pesate
le più esatte, si ha ricorso al mezzo conosciuto per
metodo di doppia pesata; e con questo si hanno
risultamenti esattissimi anche con una rozza bilancia, i cui due bracci differiscano sensibilmente fra
loro. Ed ecco in che consiste questo processo. Si
mette in uno dei due piatti della bilancia il corpo
da pesarsi, e vi si fa equilibrio con sabbia o pallina
di piombo; poscia si leva il corpo, e vi si sostituiscono dei pesi sino a che si formi equilibrio alla
sabbia o alla pallina di piombo; questi pesi rappre-
senteranno esattamente il peso del corpo, stantechè
essi pesi e il corpo hanno successivamente fatto
equilibrio alla stessa quantità di sabbia.

Coloro che desiderassero ragguagli più completi
sulle avvertenze, che esige la costruzione di una bilancia, li troveranno esposti nei trattati speciali di
fisica.

La *stadera* (*fig. 14.*) foggia di bilancia di un uso
così generale in tutti i generi di commercio, è una
leva di primo genere a bracci ineguali; ed è fatta
in modo che un solo peso serve a determinarne un
gran numero d'altri, facendolo scorrere lungo il
maggior braccio di leva, e producendo per tal modo
variazione nella distanza del punto d'appoggio; e
noi abbiamo infatti mostrato che la condizione del-
l'equilibrio della leva è che il momento della potenza

sia eguale al momento della resistenza: e, in altri termini, rappresentando la stadera sotto la sua forma geometrica, avrà luogo l'equilibrio se il prodotto della resistenza z (*fig.* 15.) pel braccio di leva $r a$ è uguale al prodotto della potenza P moltiplicata pel braccio di leva $p a$. Ora, senza aumentare la potenza P puossi aumentare di molto il suo momento, accrescendo il braccio di leva $a p$, e così, secondochè si porterà la potenza P ad una maggiore o minore distanza, sarà in istato di fare equilibrio ad una maggiore o minore resistenza, o di dare la misura d'un peso più o meno grande, applicato al braccio più piccolo della leva. Tale è la stadera.

Supponiamo fra tanto che la lunghezza del braccio più corto $a r$ (*fig.* 14. e 15.) sia di cinque centimetri; dividiamo il maggior braccio di leva in centimetri, partendo dal punto d'appoggio, e supponiamo che ne contenga cento: di più ammettiamo che il peso costante sia eguale a 10 chilogrammi, e che la stadera sia costruita per modo che il braccio più corto sia molto pesante per contrabbilanciare il più lungo, allorchè il raggio pesatore non è caricato da verun peso; supponiamo finalmente che una sostanza del peso di 150 chilogrammi sia sospesa al braccio più corto: si troverà che quando il peso costante sarà allontanato di 75 centimetri dal punto d'appoggio, vi sarà equilibrio, e il raggio pesatore sarà orizzontale. E vaglia il vero, il momento della potenza sarà di 10 chilogrammi moltiplicati per 75 centimetri, e il momento della resistenza di 150 chilogrammi moltiplicati per $0^m,05$. Questi due prodotti sono uguali. Si vede che in questa stadera, per ogni chilogrammo, che si aggiunga dal lato del braccio minore, conviene fare scorrere il peso costante di cinque millimetri; imperocchè il prodotto di un chilogrammo per $0^m,05$ (piccolo braccio) è uguale al prodotto di 10 chilogrammi (peso costante) per $0^m,005$. Così in questa stadera ogni centimetro segnato sul maggior braccio, equivale a 2 chilogrammi.

Le stadere sono comode, e particolarmente quando la sostanza da pesare superi il peso costante. Negli altri casi sono a prescegliersi le altre.

La leva a sollevar pietre, per la quale abbiamo finora dimostrate le proprietà della leva, è pure una leva di secondo genere.

Il remo onde abbiamo spiegato il teorema del parallelogrammo delle forze, è pure una leva di secondo genere. Il punto d'appoggio è l'acqua; il battello è la resistenza, la potenza è nelle mani del remigante.

La *carriuola* è pure una leva di secondo genere. Essa (*fig.* 16.), impiegata soprattutto nelle costruzioni di fabbriche e di terrapieni, s'appoggia al suolo per la sua ruota; la resistenza si compone dei pesi uniti della *carriuola* e delle terre o materiali, che contiene. La potenza è nelle mani del manuale. Noi aggiugneremo nel seguente capitolo alcuna particolarità sull'uso di questa macchina.

Il carretto-*camion* (*fig.* 17.) e la carriuola-*camion* (1) (*fig.* 18.) offrono una combinazione di leva di primo e secondo genere. Così, quando si carica il carretto-*camion*, vi si fa montare la pietra come vedesi alla figura 19, e in questo caso ha l'ufficio di leva di prima specie, e colla sua parte posteriore serve ad alzare la pietra; poi quando la pietra vi è posata sopra, con iscosse date, abbassando ed alzando con forza il timone del carretto ossia il maggior braccio della leva, vi si fa pervenire la pietra nel mezzo (*fig.* 19.) di maniera che non vi pesi sopra più da un lato che dall'altro: e in altri termini si è fatto sì che la verticale abbassata dal suo centro di gravità passi pel punto d'appoggio. Quando

(1) La Carriuola, il Carretto-(*Camion*), e la Carriuola-*Camion*, e simili altre macchine, non sono in vero leve semplici, ma leve combinate con ruota o carrucola, vale a dire macchine semplici di 2. Classe. Ma le loro principali proprietà meccaniche, e ciò che spetta al loro equilibrio, derivano dalla leva e dal centro di gravità.

l'equilibrio si trova così perfettamente stabilito, il carattere della macchina cangia, e il timone non agisce più come braccio di leva ma come trasmettitore soltanto della forza di traizione necessaria a vincere l'attrito, che il peso della pietra cagiona sull'asse del carretto, e quello delle ruote sul suolo. Ma ben si comprende che un tale equilibrio non si ottiene perfettamente; imperocchè alla minima inclinazione della strada il centro di gravità della pietra passa ora dal lato posteriore del carretto, ora dal lato della traizione. Nel primo dei detti due casi il timone del carretto fa le veci del maggior braccio d'una leva di primo genere, mentre nell'altro diventa il gran braccio d'una leva di secondo genere.

Egualmente, quando vuolsi spostare un peso colla carriuola-*camion* (*fig.* 18.), si avvicina in modo la macchina che la sua estremità passi sotto del peso; e mentre poscia un uomo spinge il peso sulla carriuola, un altro lo solleva abbassando le stanghe, e lo fa per tal modo pervenire sopra dell'asse o sala. L'abilità del caricatore consiste nel porre il detto peso in modo che la sua gravità passi per l'asse, per cui sparisce il giuoco della leva in quanto che la resistenza trovasi per tal modo confusa col punto d'appoggio; e così non si ha più che ad applicare (come nel carretto) al suddetto veicolo la forza necessaria per vincere gli attriti.

Lo scalpello e le cesoie sono leve di primo genere, come lo è la manovella d'una tromba (*pompa*): la grammola del fornaio, e il coltello del fabbricatore di forme da scarpe, del quale si serve a tagliare il legno, sono leve di secondo genere. Le molle sono leve del terzo genere. Il più bell'esempio di tal genere di leva si trova nelle membra degli uomini e degli animali, vere leve in cui la potenza è fra l'appoggio e la resistenza. Così nel braccio dell'uomo (*fig.* 20) il gomito è l'appoggio, il muscolo attaccato all'osso presso la cavità è la potenza, e la resistenza è il peso del membro più quello che solleva. Questo muscolo chiamasi *bicipite*, e sviluppa una forza equivalente a 300 libbre per operare il moto del braccio. Si è pure calcolato che lo sforzo del muscolo, che opera il moto della mascella inferiore equivale nell'uomo a 500 libbre; e ciò avviene perchè i punti d'attacco di questi muscoli sono vicinissimi a quello d'appoggio.

Abbiamo sin qui considerato delle leve in cui la potenza e la resistenza erano in direzioni parallele fra loro e perpendicolari alla direzione rettilinea della sbarra costituente la leva; ciò che sempre non avviene. Sia infatti (*fig.* 21.) una leva *bac* coll'appoggio in *a*; e sia *bd* la direzione della potenza, *ce* quella della resistenza: se si prolungano le linee *bd*, *ce*, e dal punto d'appoggio si abbassino le perpendicolari *an*, *am* sul loro prolungamento, il momento della potenza sarà il prodotto di questa potenza per la lunghezza *an*, e il momento della resistenza sarà il prodotto di questa resistenza per la lunghezza *am*; se questi due momenti sono eguali, la potenza terrà il peso in equilibrio.

I bracci *ba*, *ac*, invece di essere rettilinei potranno avere qualunque forma curva possibile; e i momenti della leva e del suo equilibrio si determineranno esattatamente come si è fatto or ora: e non si considera nella leva che la distanza reale, che separa le sue due estremità.

§. II. — CARRUCOLA; TAGLIA; BERTA SEMPLICE.

La Carrucola è una ruota (*Tav. IV. fig.* 22.) sulla periferia della quale passa una corda: la ruota è affidata ad una staffa, mediante un asse fissato in essa, e sul quale può girare. Col mezzo di questo istrumento riesce facile non solamente di trasmettere l'azione di una forza in una qualunque direzione, ma benanche di esercitare degli effetti analoghi a quelli, che abbiamo osservato nella leva, vale a dire di vincere delle resistenze fortissime mediante deboli sforzi, ai quali s'imprime una velocità considerevolissima purchè la loro quantità di moto sia uguale a quella della resistenza da vincere moltiplicata per una velocità molto minore.

Tutte le proprietà delle carrucole di cui or ora parleremo, derivano dall'idea che devesi formare di una corda perfettamente flessibile. Quando una simil corda è tesa, *la tensione debb'essere la stessa in tutta la sua lunghezza:* tal è il principio semplice, che occorre rammentarsi, e sul quale sono basate tutte le proprietà delle carrucole e delle taglie, principio fornito dall'esperienza e di per sè evidente.

Quando la corda passa per una sola ruota fissa nella sua posizione, come nella figura 23, la macchina si chiama *carrucola fissa.* Poichè la tensione della corda è uniforme nella sua lunghezza, ne segue che lo sforzo che occorre per sollevare il peso R è eguale a questo peso. Se fosse diversamente, la corda sarebbe inegualmente tesa in una delle sue parti, il che è contrario al principio superiormente stabilito.

Il vantaggio che presenta la carrucola fissa è quello di poter applicare la potenza nella direzione più vantaggiosa a qualsiasi resistenza. Una tale proprietà può, in certi casi, essere più utile nella pratica che la facoltà di contrabbilanciare o di muovere un gran peso con una debole forza. Supponiamo, a cagion d'esempio, che si tratti d'uno degl'impieghi i più comuni della carrucola fissa, come quello d'attinger acqua da un pozzo; la carrucola permette al secchio pieno di risalire per lo mezzo del pozzo senza urtare la parete; il che non avverrebbe se si tirasse il secchio direttamente, giacchè cozzerebbe continuamente contro le pareti del pozzo: e sarebbe d'altronde una posizione estremamente incomoda per quell'uomo, che fosse destinato ad attinger acqua, e nella quale non potrebbe sviluppare che una piccola parte della sua forza; imperocchè l'uomo che tira dall'alto al basso sviluppa maggior forza ed

6

affatica meno. Finalmente, mediante la carrucola, il secchio vuoto discende mentre il primo salisce, e così i due vasi si fanno equilibrio. Quando i due secchi sono allo stesso livello, il peso della corda da un lato della carrucola si trova equilibrato dal peso che sta all'altro lato : insomma la carrucola permette che tutta la forza sviluppata dall'uomo s'applichi a far salire l'acqua, vale a dire ad esercitare soltanto un effetto utile.

Possonsi impiegare due carrucole fisse per far salire un peso, come rappresenta la figura 23. Per fare ascendere corpi pesantissimi, come pietre o metalli, un tal mezzo può essere ottimo purchè si applichi l'uomo o il cavallo alla corda che tira orizzontalmente. Di ciò daremo ragione al capitolo seguente.

Se le carrucole fisse sono particolarmente proprie a dare la direzione la più vantaggiosa alla potenza, senza menomamente modificarla, non è ciò egualmente delle *carrucole mobili*. Esse non sono proprie a cangiare la direzione della potenza, ma forniscono invece il mezzo di diminuirla d'assai, permettendo alla potenza di vincere la resistenza : di modo che una combinazione di carrucole fisse e di carrucole mobili, produce un eguale effetto diminuendo di molto la potenza, e dandole nello stesso tempo una direzione la più vantaggiosa.

Vediamo dapprima il caso d'una carrucola mobile (*fig.* 24.). Una corda partendo da un punto fisso f, ed introdotta nella staffa della carrucola b, alla quale si appende il peso r, passa per una carrucola fissa c, essendo la potenza applicata in p. Il peso r essendo sostenuto da porzioni delle corde bc e bf, e queste *essendo egualmente tese*, ognuna sostener deve la metà del peso, e la sua tensione è per conseguenza equivalente alla stessa metà di peso. Mettendo adunque in p un peso eguale alla metà di r, le due corde pc e bc saranno egualmente tese fra loro, ed egualmente avverrà delle due corde pc

e *bf*. Dunque tutto l'apparecchio sarà in equilibrio, e basterà, per equilibrare il peso *r*, un peso eguale alla sua metà. Fra tanto che questo apparecchio riceve un leggiero impulso in *p*, il peso *r* salirà con una velocità che sarà la metà di quella di *p*.

Se le corde che sostengono la carrucola mobile non sono parallele (*fig. 25.*), abbisognerà allora una potenza maggiore della metà del peso, per sostenerlo: si può determinare esattamente la potenza necessaria in questo caso, mediante il principio della composizione delle forze: a questo fine si prenderà la linea retta *ba* nel senso verticale, e contenente tanti centimetri a cagion d'esempio, quanti chilogrammi sono contenuti nel peso: poscia si tirerà dal punto *a* la retta *ad*, parallela alla corda *bc*: di poi *ac* parallela alla corda *bc*; la forza del peso rappresentata dalla retta *ab* equivalerà alle due forze rappresentate da *bd* e *bc*. Queste due tensioni essendo uguali, ne segue che le rette *bd* e *bc* debbon essere pure eguali; ed ognuna di esse esprimerà il valore della potenza *p*, che occorrerà per mantenere il peso *r* in equilibrio. — Si scorge facilmente che la potenza in questo caso è maggiore della metà del peso. Di fatto il parallelogrammo *bdac* ha i suoi lati eguali; e ciascuno di essi rappresenta la potenza: ma la linea spezzata *bda*, che equivale a due volte la potenza, è maggiore di *ba*, che equivale ad *r*; per conseguenza la metà della linea *bda*, vale a dire la potenza, è maggiore della metà di *ba* o di *r*. Nel presente caso, se il peso da sostenere è di 20 chilogr. la tensione invece di essere di 10 chilogr. sopra ciascuna corda, sarà di 14 chilogr. circa. Si vede infatti (*fig. 26.*) che la risultante *ab* comprende circa 14 delle divisioni contenute sopra una delle linee esprimenti la potenza. Così, a misura che le parti delle corde che sostengono il peso, si allontanano dal parallelismo, la carrucola mobile diventa di mano in mano meno efficace. Così nelle combinazioni di queste macchine, che si adoprano per diminuire lo sforzo necessario all'innalzamento dei pesi, si ha cura di mantenere il parallelismo delle corde.

Taglia. Si chiama generalmente *taglia* l'insieme di molte carrucole dentro una stessa staffa. Alcuna volta si dà pure questo nome a delle combinazioni di carrucole mobili e di carrucole fisse. Quest'ultima denominazione non debb'essere adottata; e diremo più innanzi quali sono quelle che l'uso più generalmente adotta.

Questi organi meccanici danno una potenza quasi indefinita, sia perchè essi dividono lo sforzo della resistenza, sia perchè forniscono il mezzo di muovere i corpi sui quali agiscono con molta lentezza: possono questi dividersi in due classi: 1.º quelli in cui non si fa uso che di una sola corda; 2.º quelli, ne' quali s'impiegano molte corde distinte. Le figure 26, e 27, forniscono un esempio del primo sistema. Esaminiamo dapprima il caso presentato dalla figura 26. Il peso è attaccato ad una staffa mobile portante un certo numero di carrucole: la staffa superiore, che è fissa, contiene un numero di carrucole eguale a quello che contiene la staffa inferiore; la corda è passata successivamente dalle carrucole inferiori alle superiori: e quando si è passata per l'ultima ruota superiore, essa può esser presa e posta in azione dal motore. La tensione di questa parte della corda alla quale è attaccata la potenza è prodotta dalla stessa potenza, e ne è perciò equivalente: e la stessa tensione deve sussistere in tutta la sua lunghezza. Il peso è sostenuto da tutte quelle parti della corda, che vanno dalla staffa inferiore alla superiore: e siccome la forza, che le tende tutte è la stessa, cioè a dire quella della resistenza, l'effetto del peso si deve distribuire egualmente fra loro, essendo la direzion loro, come supponemmo, parallela. Per conseguenza se la corda è divisa in sei parti parallele, basterà per l'equilibrio del peso attaccato alla staffa della taglia inferiore, che la potenza ne sia la sesta parte: e basterà pure in questo caso, che la corda sostener possa una tensione un po' maggiore del sesto del peso, che si vuol sollevare. Nell'esempio presentato (*Tav. IV. fig.* 28.), dove la taglia è veduta geometricamente per le sue due facce, basta una potenza d'un chilogrammo per far equilibrio ad un peso di 4 chilogrammi. Il genere di taglia quivi rappresentato è quello che comunemente viene usato nelle grandi costruzioni. Noi diamo (*fig.* 29.) il genere di taglia ordinariamente impiegato nella marina, ed applicabile pure alle costruzioni, perchè la sua leggerezza può renderla comodissima.

Studiamo ora le combinazioni delle carrucole in cui entrano molte corde; l'effetto meccanico al quale puossi giugnere con questo metodo, non trova il suo limite che nella solidità de' materiali.

Puossi duplicare a cagion d'esempio la potenza d'un sistema di due taglie, l'una fissa l'altra mobile, mediante una carrucola mobile (*fig.* 30.). Il sistema quivi rappresentato venne formato attaccando una nuova corda all'uncino della taglia inferiore, facendola poscia passare per una carrucola mobile, alla quale è attaccato il peso da sollevare, e fissandola finalmente ad un uncino stabile; e con siffatta disposizione puossi sollevare un peso con una potenza otto volte minore. Infatti la tensione della seconda corda, che sostiene la carrucola mobile è, come precedentemente dimostrammo, uguale alla metà del peso attaccato a questa carrucola; se dunque questo peso è di 8 chilogrammi, la tensione della seconda corda equivalerà al peso di 4 chilogrammi, e così il sistema delle due taglie, attorno del quale è avvoltolata la prima corda, sopporterà il peso di 4 chilogrammi; ma questa stessa corda essendo divisa in 4 parti parallele, non sopporterà che una tensione di una libbra, e per conseguenza la potenza necessaria per sostenere tutto il peso sarà di una libbra soltanto.

Nello stesso tempo, il che non sapremmo abbastanza ripetere, la potenza percorrerà un cammino 8 volte più grande del cammino percorso dal peso. Supponiamo infatti che la potenza si abbassi di 8 pollici, e vediamo di quanto essa eleverà il peso. Primieramente le 4 corde che si ravvolgono dalla taglia fissa alla mobile essendo eguali e parallele, si accorceranno ognuna della stessa quantità, e per conseguenza di due pollici; e così la taglia inferiore si alza di due pollici. Finalmente questa elevazione non alzerà il peso che di un pollice, stantechè la carrucola mobile è sostenuta da due corde parallele. Dunque la resistenza percorrerà una via otto volte più piccola di quella percorsa dalla potenza.

Il risultamento ottenuto dalla combinazione già presentata (*Tav. IV. fig.* 30.) si otterrebbe pure da quella della fig. 31. La potenza essendo 1, il peso da sollevare sarebbe 8. Nelle combinazioni delle figure 32, e 33, la potenza essendo 1, la resistenza sarebbe 3. Nella combinazioue della fig. 34, la potenza essendo 1, la resistenza sarebbe 4. Nel caso presentato (*fig.* 35.), la potenza essendo 1, la resistenza sarebbe 5. Caso presentato (*fig.* 36.), potenza 1, resistenza 7. Caso presentato (*fig.* 37.) potenza 1, resistenza 26. Caso presentato (*fig.* 38.) potenza 1, resistenza 81.

Il sistema di carrucole o di taglie (*Tav. IV. fig.* 39.) chiamato carrucola di White, tien luogo d'una serie di carrucole d'uno stesso diametro, poste parallelamente le une presso le altre, o d'una serie di carrucole di diversi diametri poste le une sotto le altre. Si tratta quivi di una serie di carrucole a gole o incavi decrescenti, le quali producono l'effetto di una taglia che contenesse tante diverse carrucole quante gole successive contiene la carrucola di Withe. Questa macchina ha il vantaggio di perdere pochissimo della sua forza, per riguardo all'attrito; ma non manca d'avere ad un tempo molti svantaggi, giacchè è difficilissimo di dare alle gole proporzioni esatte. Questa operazione esige che si tenga conto della grossezza della corda, giacchè la stessa carrucola non può servire che ad una data corda scelta per essa carrucola, e di un diametro conveniente. La minima deviazione nella proporzion necessaria delle gole, rende ineguale la tensione della corda, cosicchè in alcune parti essa tensione è quasi niente, lasciando alle altre un carico maggiore di quello, pel quale furono calcolate. La corda è d'altronde soggetta a facilmente ingarbugliarsi.

Nella fig. 39 le cifre 1, 2, 3, 4, ec. indicano i giri della corda; e supponendo la potenza 12, questa carrucola può portare 144.

L'uso ha stabilito delle speciali denominazioni per le varie combinazioni, che abbiamo or ora indicato. Così si chiama *carrucola semplice* quella di cui la staffa non contiene che una ruota; *taglia* la carrucola composta di molte ruote; le taglie di grandi dimensioni, *paranchine a tre occhi* (caliornes); e l'insieme di carrucole e di taglie, delle quali parte è mobile e parte fissa, *paranchino di straglio* (palans).

Si chiamano carrucole o taglie aggirevoli quelle, la cui staffa è ferrata, e si termina in un uncino movibile nell'armatura o staffa: esse servono ad innalzare mobili, ed hanno per oggetto d'impedire che le corde nè s'incrocino, nè si avviluppino. Quando infatti un tal caso avviene, si possono facilmente discrocicchiare le corde, girando la carrucola sul suo uncino mobile. La taglia (*Tav. IV. fig.* 27.) è ad uncino mobile; come carrucola rappresentata alla *Tav. V. fig.* 13. è mobile.

Le taglie o le carrucole con staffe di ferro occupano minore spazio di quelle, che hanno le staffe di legno. Fra tanto nelle taglie di grandi dimensioni, le staffe in legno convenientemente ferrate sembrano preferibili: imperocchè è provato dalla sperienza che il ferro è più soggetto del legno ad accidenti imprevcduti: le rotture sono più facili ad antivedersi nel legno che nel ferro. Le ruote delle piccole carrucole si fanno ordinariamente di guaiaco o legno santo, e se ne fanno pure di sorbo. L'olmo poi è inattissimo. È ottima pratica quella di tuffare le ruote nell'olio bollente, e di lasciarvele per qualche tempo. Le ruote delle carrucole robustissime si fanno di bronzo o di ferro: gli assi, di ferro o di quercia verde. Le carrucole di ferro, sostenute semplicemente da doppio appoggio, ed aventi il loro asse che si aggira in un carretto di ferro coperto da staffa (*Tav. V. fig.* 1. *e* 1. *bis*) sono comunissime e molto in uso.

Numerose esperienze fatte da Rondelet stabiliscono che una carrucola per sopportare un peso di 100 chilogrammi aver deve almeno 30 millimetri di diametro, e 135 per un peso di 500 chilogrammi; che il rapporto più vantaggioso fra la grossezza della carrucola e il suo diametro debb'essere di 5 ad 1; che il diametro della caviglia di ferro debb'essere la dodicesima parte di quello della carrucola; e in quanto poi alla distanza dei bracci paralleli esteriori della staffa, ed alla lunghezza del maschio della caviglia, conviene prendere i $7/6$ della carrucola: e finalmente è preferibile di fissar l'asse della carrucola alla carrucola stessa, di quello che farla girare sopra una caviglia fissa alla staffa. Si è pure riconosciuto che non si ha vantaggio mettendo più di 4 ruote parallele nelle taglie, giacchè producono imbarazzo, e dei forti attriti.

La carrucola non serve soltanto a sollevare dei pesi, ma a trasmettere eziandio il moto di rotazione, sia nello stesso piano, sia in piani diversi: in questo caso conviene spesso aumentare la pressione della corda o della catena sulla carrucola in modo tale che non possa girare se non in un senso. Vi si perviene, fra gli altri mezzi, col praticare prominenze alla superficie della gola o cavetto della carrucola. Tale è la carrucola mossa per mezzo

d'una catena (*Tav. V. fig. 2. e 2. bis*), comunemente impiegata ; e meglio ancora la carrucola mossa
colla catena detta alla *Vaucanson* (*fig. 3. e 3. bis*):
imperocchè devesi a questo celebre meccanico l'invenzione di tale catena, come pure la macchina
colla quale ne eseguì la costruzione economicamente.

Ci rimane un' importantissima quistione da esaminare per ciò che riguarda le taglie e le carrucole,
e generalmente i mezzi di traizione colle corde:
giacchè una quantità di forza si perde per l'*attrito*,
per l'*attorcigliamento* delle corde ed anche per lo
sfregamento di queste sugli assi. Esamineremo una
tale quistione nel capitolo ottavo, destinato specialmente a questa importante parte della meccanica
la più comune.

Un esempio importante dell' applicazione della carrucola è la *Berta semplice* (*Tav. V. fig. 4.*) impiegata per battere i pali. Essa è composta di due
antenne o travi, poste verticalmente vicino al palo
che si vuole conficcare, fra le quali scorre una *Berta*
(massa di ferro pesantissima) attaccata a due corde, che passano per due carrucole, le quali corde
si dividono in molte minori, dette tiranti, che
servono per manovrare. Ad un dato segnale gli operai tirano con forza nella corda imprimendo un movimento d'ascensione nella Berta, poi tostamente si
raddrizzano alzando le braccia; per tal modo ricade
la Berta pel proprio suo peso sulla testa del palo:
e questo aspro moto agisce come martello sulla testa d'un chiodo, e determina il conficcamento ad
una certa profondità. Nel capitolo seguente esamineremo l'effetto di questa macchina semplice.

§. III. -- PIANO INCLINATO; CUNEO.

Da tutto ciò che s'è studiato intorno alla leva
ed alla carrucola, si è veduto che tutte le volte che
si agisce sopra un corpo, trasferendo ad uno o più
punti determinati quello sforzo, che si esercita

sopra di lui, si perviene a modificazioni di moto,
che danno risultamenti quasi indefiniti. Così nell'a-
zione importantissima delle carrucole fisse e mobili,
l'addizione della forza che si ottiene da una carrucola mobile non dipende evidentemente dalla carrucola mobile stessa, ma bensì dal punto d'appoggio della corda che la sostiene.

La macchina semplice chiamata piano inclinato,
offre pure un esempio dell'utilità dei punti d'appoggio, quale modificazione della forza.

Sia una palla di ferro pesante 50 chilogrammi.
Se noi la sosteniamo in aria occorre uno sforzo di
50 chilogrammi per impedire ch'essa cada. Se noi
la mettiamo sopra una superficie piana, essa si pone
immediatamente in equilibrio, stantechè è vinta tutta
la forza di gravità; ma se noi la mettiamo sopra
un piano inclinato, essa tende a rotolare; ed è evidente che vi è sollecitata dalla sua gravità. Ma vi
è poi sollecitata da tutta la sua gravità? No certamente; imperocchè, per trattenerla, non occorre
uno sforzo di 50 chilogrammi. Lo sforzo è debolissimo se il piano è pochissimo inclinato, e cresce
a misura che il piano ha maggiore inclinazione, e
diventa uguale a 50 chilogrammi quando il piano
trovasi affatto verticale; nel qual caso la palla cade
senza più toccarlo. Cerchiamo di render ragione di
un tanto fatto meccanico, facilissimo ad effettuarsi.

Supponiamo che la palla p invece d'essere sul
piano orizzontale az (fig. 5.) sia sul piano inclinato ac; la gravità che nel piano az passava pel
punto di contatto della palla col suddetto piano, ed
era perciò in equilibrio, nel piano inclinato ac non
passa più per questo punto di contatto. Sia px la
misura della gravità; conduciamo per x una parallela ad ac, e dal punto p una perpendicolare ad
ac, che passerà per conseguenza pel punto di contatto della palla e del piano, e per tal modo co-
struiamo il parallelogrammo $prxt$. Dietro il principio della composizione delle forze, se il corpo

p, anzichè essere sollecitato dalla gravità, sia sollecitato da due forze, l'una pt, tendente a fissarlo contra il piano, l'altra pr, tendente a farlo cadere, avremo la risultante di queste due forze costruendo il parallelogrammo $prxt$, per cui px sarebbe questa risultante: e siccome pr e pt si possono comporre in px; così la suddetta px puossi decomporre in pr e pt. Tal è la *decomposizione* o la *risoluzione* delle forze, di cui dicemmo che avremmo veduto un esempio nel piano inclinato.

Risulta da tale applicazione del parallelogrammo delle forze, che la forza necessaria per impedire a p di cadere sul piano inclinato ac in virtù della gravità px, è rappresentata da pr: noi abbiam segnato su px 5 divisioni dimostranti 10 chilogrammi ognuna, e pr non contiene che una e $2/3$ di tali divisioni: dunque la forza necessaria per trattenere un peso di 50 chilogrammi sul piano inclinato ac non sarà che di 16 chilogrammi e $2/3$.

Ugualmente troveremo che la forza necessaria in ad, per rattenere la palla, sarà di 45 chilogrammi; e sarà poi uguale al suo peso quando il suddetto piano sia verticale, e più non opporrà alcun ostacolo alla sua caduta.

Tale è la proprietà del piano inclinato; una parte della gravità viene distrutta; e lo sforzo necessario per impedire ai corpi ch'essi cadano, o per farli salire su d'altri corpi, è minore della lor gravità, e tanto minore quanto più il piano si accosta ad essere orizzontale, o meno inclinato.

In un piano inclinato, l'altezza è la perpendicolare abbassata dal suo punto più elevato sul piano orizzontale. Così cz (*fig.* 5.) è l'altezza del piano inclinato ac: caz è l'angolo del piano inclinato.

Dal poco che abbiam detto risulta chiaramente, perchè riesca più difficile di portare un peso sopra una strada in pendìo di quello che sopra una strada in piano.

Quei cavalli che tirano una vettura in piano,

essendo questa a dovere caricata, vale a dire che la verticale del suo centro di gravità passi per l'asse delle ruote, non hanno a vincere che l'attrito tanto dell'asse che della strada. Ma tosto che la strada è in pendìo, i cavalli vincer debbono i medesimi attriti, e di più una parte del peso del carico. Ritorneremo su questo punto nel capitolo seguente.

Il *Cuneo* è una macchina semplice, l'effetto della quale dipende dai princìpi del piano inclinato. Nello studio fatto or ora abbiam supposto il piano inclinato fisso e il peso mobile; ma si potrebbe egualmente supporre il piano mobile e il peso fisso, o almeno che non possa essere spostato che alla sola condizione che si faccia muovere sotto di esso il piano, o si faccia muovere lo stesso peso. Sia a cagion d'esempio una trave ab (*Tav. V. fig. 6.*) mantenuta verticale da 4 bracci fissi orizzontalmente, c, d, e, f, che non le permettano se non movimento verticale: sia fra tanto un piano inclinato xyz, l'estremità del quale è sottoposta a quella della trave. Se ora, mediante una certa pressione applicata in xy, si fa muovere il piano sotto la trave, si vede che quando si sarà fatto avanzare il piano xyz per tutta l'estensione yz, si sarà alzata la trave di tutta l'altezza xy del detto piano (*fig. 7.*)

Si vede che questa macchina è precisamente utile in ragione del vantaggio che presenta il piano inclinato; una parte del peso della trave rimane distrutto; e la pressione da esercitare per farla salire è solamente uguale alla parte della gravità, che non rimane distrutta, vale a dire alla componente della gravità parallela al piano inclinato. A questa forza, necessaria per far muovere il piano inclinato sotto il suddetto peso, è d'uopo aggiugnere l'attrito dei due corpi l'uno contro dell'altro.

Questo piano inclinato mobile, che serve a sollevare una pesantissima massa, si chiama *cuneo*; e nel caso in cui si faccia muovere sotto una costante pressione, ognun vede che puossi facilmente calcolare

la sua 'azione. Ma il cuneo s'impiega ancora di
frequente in un' altra guisa. Si compone questo
di due piani inclinati, e s'impiega a spaccare dei
corpi duri urtandolo violentemente sulla testa. La
computazione pratica della forza del cuneo diviene
allora più difficile, non solamente pel fortissimo attrito che ha luogo, e che aggiugne un elemento
difficilissimo a calcolarsi; ma ancora perchè la forza
brusca ed istantanea, che risulta da una percossa
(benchè sia questa suscettiva d'essere calcolata) è
pur tuttavia differentissima in quanto agli effetti prodotti dalla forza continua di pressione. Avviene, in
virtù di un urto, uno spostamento in tutte le particelle della materia, per cui la massa viene più facilmente penetrata. Per tal modo si conficcano dei
chiodi o dei pali mediante urti ripetuti di martello
e di montone ; e questi pali o questi chiodi non si
potrebber configgere sotto la pressione d'una massa
senza velocità ; ma verranno conficcati sotto l'urto
d'una massa animata da qualsiasi piccola velocità,
benchè questa massa moltiplicata per una tale velocità non rappresenti una quantità di moto o una
forza eguale alla pressione o alla forza della massa
senza velocità.

L'azione del cuneo è potentissima, ed ha numerose applicazioni. L'esempio, che abbiam dato di
una trave sollevata per mezzo d'un cuneo, non è
che la più semplice espressione d'un'operazione usitatissima nelle costruzioni navali per alzare i vascelli
sulle loro chiglie. Si adopera pure il cuneo negli
strettoi ed in altre operazioni ove necessitano compressioni fortissime.

Gli stromenti taglienti, come i coltelli, i rasoi,
gli scalpelli sono specie di cunei: i pali, che si
vogliono conficcare in terra sono tagliati a cuneo:
negli stromenti taglienti l'angolo del cuneo è più
o meno acuto secondo ciò, che vuolsi operare. Nei
cunei per ispaccare legna, l'angolo è generalmente
di 30 gradi, per tagliare il ferro di 50, 60 gradi,

e il rame di 80 e 90 gradi. Possonsi rendere più acuti gli stromenti che agiscono per pressione, di quelli che sono destinati ad essere conficcati per percussione. Così noi vedremo in seguito che nelle cesoie per tagliare il ferro, stromento che agisce sotto una forte e lenta pressione, l'angolo del taglio è pressochè di 25 a 35 gradi.

§. IV. — MACCHINE SEMPLICI DI SECOND'ORDINE. VERRICELLO; ARGANO; TORNIO; RUOTE DENTATE; VITE.

Le tre macchine semplici, che abbiamo or ora esaminate, cioè la leva, la carrucola e il piano inclinato, hanno ognuna il lor carattere speciale e ben distinto. Abbiamo ora da studiare macchine ugualmente semplici, le cui proprietà sono d'una grande importanza, ma presentano un carattere più complicato. Abbiamo già detto che la Carriuola e il Carretto (Camion), di che abbiamo parlato nell'articolo della leva, debbono le loro proprietà tanto alla ruota o carrucola quanto alla leva; e le altre macchine semplici, come il *verricello*, l'*argano*, il *tornio* e le *ruote dentate*, derivano dalla leva e dalla ruota. Le proprietà della *vite* derivano dalla leva e dal piano inclinato.

Verricello; Argano; Tornio. — Il verricello nella sua forma più semplice si compone di un cilindro orizzontale, attraversato da un asse girante ai perni sopra due staffe, e posto in moto da una leva di braccio maggiore che non il raggio del cilindro. Le figure 8, 9 e 10 della Tav. V. rappresentano verricelli semplici, tutti impiegati allo stesso uso, cioè per estrarre pietre da una cava, e manovrati da uomini agenti su una ruota, su d'un braccio di leva, o su manovelle. Le pietre sono attaccate ad una corda, che si ravvolge sul cilindro del verricello, e salgono pel moto di rotazione impresso al cilindro.

La condizione d'equilibrio del verricello è semplicissima: basta che il prodotto del peso (da sollevarsi) pel raggio del cilindro , compresovi il raggio della corda , sia uguale al prodotto del raggio della grande ruota, o della manovella, o della leva, per la forza che vi è applicata. È questa la stessa legge della leva: il momento cioè della potenza pel maggior braccio della leva, dev'essere uguale (per l'equilibrio) al momento della resistenza pel minor braccio .

L'argano è una specie di verricello, ma avente il cilindro verticale . Ve ne sono dei *fissi* e dei *mobili* (*fig.* 11. e *fig.* 12.), e tutti e due si manovrano ugualmente . Degli uomini, appoggiandosi contra stanghe orrizzontali , fanno girare il cilindro; e il prodotto ottenuto sta alla forza impiegata nella ragione della lunghezza della leva al raggio del cilindro .

La macchina per attinger acqua di che si servono gli ortolani francesi, è una specie del suddetto argano semplicissimo, come mostra la Tav. VI. fig. 16. Nel capitolo seguente, conoscendo la forza che un cavallo applica al braccio di leva di tale meccanismo, calcoleremo la quantità d'acqua, ch'egli può innalzare ad una data altezza, e determineremo la modificazione della forza, che ha luogo in ognuna delle parti della macchina .

La figura 13. (*Tav. V.*) rappresenta un verricello, il cilindro del quale è diviso in due parti aventi diversi raggi. Questo verricello si manovra nel modo seguente: si fissa al peso una *carrucola di rimando*, e le due estremità della corda, passando per questa carrucola, sono attaccate in senso contrario su ciascuna delle parti del verricello in modo che il capo fisso sulla parte che ha il maggior diametro, si ravvolga, mentre l'altro capo si sviluppa. Si vede allora che per ogni giro del verricello il peso avanza di una quantità uguale alla metà della differenza fra le circonferenze delle sue parti, e che

lo sforzo della potenza sta a quello della resistenza
come il raggio della manovella sta alla metà della
differenza tra i raggi delle suddette due parti del
cilindro o albero del verricello. Si può dunque,
variando la differenza dei suddetti raggi, variare il
rapporto della potenza alla resistenza: e un verricello, sull'asse del quale si ponessero dei tamburi
composti di due parti, a diametri più o meno diversi, offrirebbe, con maggior semplicità e maggior
vantaggio, le stesse risorse, che offre il paranchino
composto di diversi numeri di carrucole. Conosce-
remo meglio il vantaggio di un tal genere di verricello quando tratteremo dell'attrito.

Ruote dentate o ingranaggio. Gl'ingranaggi
formano una delle parti le più essenziali e le più
importanti della meccanica pratica, e li studieremo
con tutta attenzione nel capitolo 9. Qui per ora stabiliremo soltanto i princìpi generali di questi organi
meccanici. Si sa come il moto di rotazione viene
trasmesso alla ruota del molinello per filare, od
alla macchina dell'arrotino. Una grande ruota mossa da una manovella, alla quale il piede della filatrice o dell'arrotino imprime il moto di *va* e *viene*,
comunica la sua rotazione alla ruota più piccola
mediante una corda ravvolta su tuttaddue le suddette
ruote: mezzo di trasmissione di moto, semplice ed
economico, e che non ha altra potenza che quella
dell'attrito esercitato dalla corda sulla circonferenza
delle ruote suddette. Nelle macchine questo modo
di trasmissione di moto riescirebbe insufficientissimo: e quando poi le ruote dovessero sostenere o
vincere grandi sforzi in senso inverso della trasmissione del moto, l'attrito sarebbe vinto, e la corda
girerebbe sulle ruote senza risultamento. Ciò che
ha fatto ideare di armare di denti le circonferenze
delle ruote, per mezzo de' quali *ingranano* le une
nelle altre, ed hanno per tal modo, per trasmettere
il moto, tutta la forza che risulta dalla solidità de'
materiali impiegati.

Si comprende dunque come quest'organo meccanico sia degno del più attento studio, giacchè per lui possonsi trarre grandi vantaggi pel cangiamento di direzione e per la modificazione di moto. Intanto mostreremo solamente come gl'ingranaggi modifichino la forza e il moto; e permettano (come la leva e il verricello da cui direttamente derivano) di vincere le grandi resistenze con piccoli sforzi.

Sia una serie di ruote, A, B, C (*Tav. V. fig. 14.*) portanti al loro asse altre piccole ruote dentate *a*, *b*, *c*, chiamate rocchetti, disposti in modo che il rocchetto *a* ingrani sulla ruota B, e che il rocchetto di questa *b* ingrani sopra C ec.: questa portante nel posto del rocchetto un cilindro da verricello sul quale si ravvolga la corda, cui è attaccato il peso da sollevarsi. Questa serie d'ingranaggi puossi considerare come una serie di verricelli, e il calcolo della potenza necessaria per sollevare il peso si otterrà dalla stessa regola data superiormente quando parlammo del verricello.

Immaginiamo che lo sforzo esercitato direttamente sulla circonferenza della ruota A equivalga a un chilogrammo, e che il diametro di questa ruota sia due volte più grande del diametro del suo rocchetto *a*; lo sforzo allora trasmesso su questo rocchetto sarà doppio. La ruota B avrà dunque alla sua circonferenza uno sforzo di due chilogrammi per farla girare; e se il diametro della ruota B equivale a due volte quello del rocchetto *b*, allora lo sforzo dei due chilogrammi verrà duplicato sul rocchetto; di modo che la ruota C avrà uno sforzo di quattro chilogrammi per far girare la sua circonferenza. Finalmente se il diametro della ruota C equivale a dieci volte quello del suo asse, la corda che sostiene il peso R eserciterà su quest'asse uno sforzo di 4 chilogr. moltiplicati per 10 o di 40 chilogrammi. Dunque se il peso R non oltrepassa i 40 chilogrammi, potrà essere sollevato, mediante un tal sistema di ruote, dal peso di un chilogrammo. È certamente inutile il dire che nella pratica l'attrito diminuisce il vantaggio che offrono gl'ingranaggi; ma ci riserbiamo ad esaminare più tardi siffatta questione.

Il calcolo che facemmo per determinare il rapporto tra la potenza e la resistenza, quando fra esse s'interpongono degl'ingranaggi, si riassume nella formola seguente: la potenza sta alla resistenza come il prodotto dei raggi delle ruote sta al prodotto dei raggi dei rocchetti.

Si può rappresentare la *vite* come un piano inclinato girante sempre nello stesso senso attorno di un asse o cilindro. Questa strada inclinata, girante così a spirale, si chiama l'elce *della vite*, ed è uguale dappertutto. La sua forma può essere rettangolare, come nella (*fig. 15. Tav. V.*) o triangolare (*fig. 16.*). La distanza tra due giri consecutivi dell'elce si chiama *passo della vite*. Per far uso della vite si addatta essa a ciò che chiamasi *madre-vite* o *vite concava:* ed è questa come la forma dentro la quale la vite può aggirarsi. La madre-vite è dunque costruita in incavo e la vite in rilievo. Quasi sempre la madre-vite è fissa; e vi si fa girar dentro la vite mediante una leva postavi in testa: alcuna volta la vite è fissa, ed è mossa la madre-vite da una leva. Nel primo caso la potenza è trasmessa dalla vite, nel secondo è trasmessa dalla madre-vite. Per far equilibrio alla resistenza che sostiene sia la vite sia la madre-vite, basterà che il rapporto della potenza alla resistenza sia lo stesso che il rapporto fra la lunghezza del passo della vite e la lunghezza della circonferenza, che descrive o che tende a descrivere l'estremità del braccio di leva applicata alla vite o alla sua madre-vite, e col quale si trasmette la potenza. Per dare un esempio, supponiamo che il passo della vite sia di 3 centimetri, e che la lunghezza del braccio di leva sia di 25 centimetri; allora la lunghezza della circonferenza descritta dall'estremità di questo braccio di leva sarà eguale al prodotto di 50 per 3,416, ossiano 157 centimetri circa. Supponiamo che l'effetto esercitato a quest'estremità sia di 30 chilogrammi: ammettendo la proporzione indicata pel precedente principio, si trova che la potenza di 30 chilogrammi potrà far risalire nella madre-vite la vite caricata di 1,570 chilogrammi. Notiamo che non havvi alcun attrito tra la vite e la madre-vite, supponendo la vite fissa verticalmente, la madre-vite discenderebbe lungo la vite presso a poco come sur un piano inclinato, senzachè necessitasse di applicare alla madre-vite alcuna forza. L'uso della vite non può essere vantaggioso per far discendere dei pesi, ma al contrario è assai proprio in certi casi ad innalzarli. Però il suo principale uso è nel produrre enormi pressioni, come nel torchio per ischiacciare le frutta o per ammaccare le piante oleose (fig. 15.); torchio suscettivo d'altronde di ben'altra applicazione. Il torchio a timbro secco, (fig. 16.) offre un altro esempio dell'applicazione della vite. Dietro il principio che precedentemente ponemmo si vede che con un debole sforzo puossi produrre una considerevole pressione. L'esempio da noi citato ci mostra come una pressione di 1,570 chilogrammi viene prodotta da uno sforzo di 30 mediante una vite, il cui passo sia di 3 centimetri e venga mossa da una leva lunga 25 centimetri. Insomma la vite si compone di leva e di piano inclinato, e partecipa quindi delle proprietà di queste due macchine semplici.

Così in una stessa vite l'effetto è tanto più grande quanto il braccio di leva è più lungo.

E per due viti diverse, ed aventi però un egual braccio, la forza produce un maggior effetto in quella che ha il passo più piccolo.

La figura 15 mostra una combinazione di due viti di diametri diversi, analoga pe' suoi risultamenti al verricello a due diametri, di cui tenemmo discorso. Supponiamo due viti *a*, *b* delle quali una ha un diametro maggiore che non l'altra, in modo che la maggiore sia come madrevite dell'altra, e la faccia salire mentre che essa 'discende, e viceversa. Supponiamo che la vite *a*, che passa per la madrevite fissa *c*, abbia un diametro eguale all'altezza di 10 spire, e che la vite *b* ne abbia 15, e che in un giro, *a* discenda di un decimo di decimetro. Se durante questo moto, *b* non salisse verso *a*, la tavola *d* discenderebbe pure della stessa quantità. E siccome *b* sale verso *a*, ne viene per conseguenza ch'essa descriverà pure un'intera rivoluzione, la quale è d'un quindicesimo di decimetro. Così la tavola *d* è abbassata dalla vite *a* d'un decimo di decimetro, e rialzata dalla vite *b* d'un quindicesimo, per cui rimane abbassata la detta tavola di uno spazio eguale all'eccesso di un decimo sopra un quindicesimo di decimetro, ossia $\frac{1}{30}$ di decimetro, o metri 0,0033. La potenza di una tal macchina verrà dunque espressa dal numero delle volte che la circonferenza descritta dalla potenza conterrà i metri 0,0033. Così se la leva applicata alla maggior vite è di $0^m,80$, lo sforzo applicato all'estremità di questa leva percorrerà una circonferenza di 4 metri e 93 centimetri, i quali contengono 1293 volte i metri 0,0033; se lo sforzo applicato al braccio di leva è di 15 chilogrammi, potrà dunque la detta macchina operare una pressione di 15 moltiplicato per 1493, ossia di 22,395 chilogrammi.

§. V. -- Macchine semplici di terz'ordine; Vite perpetua; Carretta alla Pascal; Codetta; Barrucola; Martinetto; Grue; Berta Capra.

Le macchine, che ora descriveremo sono composizioni di macchine semplici di primo e di second'ordine: e non sono le sole senza dubbio, ma sono però quelle cui importa conoscere principalmente, sia perchè le une faran chiaro tutto ciò che segue, sia perchè le modificazioni che apportano alla forza motrice sono sottoposte come altre a dei calcoli, e si compendiano in formole, che sono indispensabili a conoscersi.

La *vite continua o perpetua* è una porzione di vite assoggettata ad un moto di rotazione, e guidante una ruota dentata, obbligata a prendere un moto circolare. Nella figura 17 la vite perpetua è applicata a far muovere un verricello.

Il calcolo dimostra che nella vite perpetua o continua la potenza sta alla resistenza come il prodotto del raggio del cilindro o dell'asse della ruota dentata, pel passo della vite, sta al prodotto del raggio di questa ruota per la circonferenza, che descrive la potenza.

La *carretta alla Pascal* (*fig.* 18.) la quale è un mezzo comune impiegato a trasportare dei liquidi, ma che può ugualmente servire per ogni altro genere di trasporto; è un composto di verricello e di piano inclinato. Una tale vettura è infatti disposta in modo da poter fare bilico al principio delle stanghe, e di tal guisa che la sua parte anteriore, la quale per ordinario è molto lunga, formi un piano inclinato. Si presenta questa carretta davanti alle botti da caricarsi; poscia, passando ravvolta a dette botti una corda, che è fermata al verricello fisso alle stanghe, si agisce su questo verricello, e fassi così salire il carico pel piano inclinato. L'invenzione di questa specie di vettura è dovuta all'illustre Pascal, e forma per lui un titolo ulteriore di gloria. La detta carretta alla Pascal è uno de' veicoli i più comodi, i più semplici ed i più economici che conosciamo; e l'uso ne è estesissimo.

La *codetta* (*fig.* 19.) è un veicolo non meno semplice e non meno utile del precedente, quantunque meno in uso, sendochè è particolarmente destinato al trasporto di lunghissimi pezzi di legno, e molto pesanti. La codetta porta il carico sull'asse o sala delle ruote. Si comincia dal disporla in modo che i pezzi di legno si trovino fra le ruote e parallelamente alla sua stanga posteriore ed al suo timone anteriore, formati questi da due lunghi tavoloni. Si abbassa la codetta dal lato della stanga posteriore, e si attaccano i pezzi di legno in *f* senza sollevarli. Ciò fatto, una catena è passata attorno de' pezzi di legno verso il punto in cui si suppone che si trovi il lor centro di gravità, che sarà (se i pezzi sono parallelepipedi) alla metà della loro lunghezza. Poscia questa catena è passata sopra un curro posto a traverso dei due lunghi tavoloni che servono di stanga posteriore e di timone, ed abbraccia pure l'estremità di una leva lunghissima, che passa sotto il curro. All'altra estremità della leva si attacca una corda *tv*, che si fa passare molte volte sotto le travi da trasportare, e sulla leva di modo che questa corda fa l'effetto di paranchino. Allora si tira fortemente la corda, e sollevansi di tal modo le travi ad una certa altezza. Ciò fatto, si lega la catena attorno del molinello, per quanto è possibile, finchè le travi essendo attaccate in *f* vengono sollevate in *v*. Dopo di avere fermata la catena, si opera un nuovo sforzo sulla corda *tv*, e si sollevano le travi ad una nuova altezza; e puossi ancora stringere vieppiù la catena sul molinello. Se il caricatore è abile, e se ha situata la catena al centro di gravità delle travi, perverrà, dietro alcuni sforzi, ad avere le suddette travi sospese in equilibrio vicin dell'asse, e potrà allora alzare il suo timone e disporlo orizzontalmente in modo da poter attaccare i cavalli od altro alla codetta (*fig.* 20).

La codetta offre eziandio ulteriori facilità. L'asse, invece di essere stabilmente posto sotto le due stanghe, è fissato in due pezzi di legno, o ganasce, o staffe mobili che strisciano lungo le suddette stanghe; e puossi così cangiare di posto in modo che secondo la lunghezza dei pezzi di legno, le ruote vengano situate ove meglio convenga, affinchè il molinello che sostiene i pezzi di legno al loro centro di gravità si trovi costantemente presso dell'asse;

condizione essenziale perchè il cavallo timoniere non
sia nè troppo nè poco caricato. Quando i pezzi di legno
sono troppo lunghi o troppo pesanti, in luogo della
codetta s'impiega la così detta *barrucola* (*fig. 21.*)

La *barrucola* è un asse con due ruote fornite
di un timone. Si avvicina alla testa del pezzo di legno, e si solleva il timone in modo che riesca verticale: poscia si fissa da un lato dell'asse una
catena, la quale si passa sotto il pezzo di legno, e
si attacca all'opposto lato dell'asse. Allora si tira
sulla estremità del timone, come sopra un braccio
di leva; e quando il timone è orizzontale, il pezzo
di legno è sollevato da terra. Si opera ugualmente
con un'altra codetta all'altra estremità del legno,
e così rimane tutto sollevato da terra: poscia si di-
stacca il timone di una di esse barrucole, e si ha
per tal modo il pezzo di legno portato su quattro
ruote, che lo sostengono sui loro assi, e serve esso
pezzo a tener unite le barrucole. In tal modo si può
trasportare il legno ovunque abbisogni (*fig. 22*).

Il *martinetto* è una macchina semplice, usitatissima quando trattasi di levare de' pesi. Vi sono due
generi di martinetti comunemente in uso. Il primo
(*fig. 23, 24, 25*) si compone di una spranga di ferro
dentata all'uno de' suoi lati, e dove ingrana un rocchetto *b*. Sull'asse di questo rocchetto è fissata una
ruota *c*, che ingrana in un rocchetto *d* posto in moto da una manovella *e*, posta sull'asse di quest'ultimo rocchetto, e che sta al di fuori del corpo del
martinetto. Il martinetto è cinto da cerchi di ferro,
portanti degli anelli per più facilmente trasportarlo.
All'alto è guernito di piastra di ferro per dove passano gli assi dei rocchetti *b* e *d*. La spranga dentata, o sbarra, o catena *a* è mantenuta nell'interno
da pezzi di ferro incastrati sulla parte superiore del
martinetto, e precisamente dicontro agl'ingranaggi.
La parte superiore della spranga o catena chiamata
testa del martinetto, porta un pezzo di ferro fog-
giato a *frulletto* o *lunetta* mobile sopra sè stessa,

affine di dargli la posizione che meglio si addice
per adoprarlo. Alla sua estremità inferiore la catena
è ricurvata in isquadro sporgente *h*, che può facilmente discendere fin presso al piano sul quale poggia
il martinetto. Per poi far uso della testa a frulletto
secondo la posizione della massa che si vuol sollevare, basta soltanto che si possa introdurre sotto
questa massa la testa o il calcio del martinetto:
poscia si gira la manovella, cui una ruota *b* a *maz-
zeranga* o a *becchetti* impedisce di retrocedere; e
si può così con una debole forza ottenere effetti
considerevoli. Ciò che abbiam detto della leva, del
verricello, e delle ruote dentate, spiega bastante-
mente quest'effetto; ed è sempre una piccola potenza
moventesi con grande velocità, che vince una maggiore resistenza, imprimendole una velocità molto
minore della sua.

Il martinetto, che abbiamo descritto, è un *martinetto composto*. Nel martinetto semplice la manovella muove un rocchetto che ingrana direttamente
nei denti della spranga. In questo martinetto la
potenza fa muovere la resistenza quando queste sono
nell'egual proporzione che esiste fra il raggio della
manovella e quello del rocchetto. Così se si applica
alla manovella uno sforzo di 25 chilogrammi, e che
il suo raggio sia di 30 centimetri, il prodotto sarà
di 750. Se il raggio del rocchetto non è che di 5
centimetri il martinetto potrà dunque sollevare 150
chilogrammi, poichè 150 moltiplicato per 5 uguaglia
750. Per tal modo 150 chilogrammi sono sollevati
da una forza di 25 chilogrammi; ma questa avrà
presa una velocità cinque volte più grande dell'altra, e le due quantità di moto saranno uguali.

Nel martinetto composto, come quello che rappresentano le figure 26, 27, 28 la potenza sta alla resistenza come il prodotto del raggio dei rocchetti
sta al prodotto del raggio della ruota pel braccio
della manovella.

Il martinetto del secondo genere, figura 26, 27,

e 28 ha una vite a passo quadrato invece della spranga
a sega o dentata; la vite sale e discende mediante
l'azione della madre-vite *b*, che è posta in moto da
una vite continua, la quale è mossa da una manovella. Questo martinetto ha una testa ed un calcio
come quelli superiormente descritti; e solo si dà
generalmente alla testa del martinetto a vite la forma di un braccio di croce o di una traversa di ferro,
come mostrano in alzato le figure 26 e 27, e la figura 28 in pianta.

La madre-vite *b* è mantenuta fra due pezzi *e* ed
f, che impediscono che essa salga. La vite è mantenuta nella direzione verticale dal calcio *d*, che
striscia in una scanalatura uniforme, e dal pezzo *f*.

Si vede che l'azione d'un tal martinetto può essere potentissima. Calcoliamola.

Supponiamo le dimensioni seguenti:

Braccio di leva della manovella 25 centimetri.

Passo della vite perpetua . . . 2.

Raggio della madre-vite . . . . 15.

Passo della gran-vite . . . . . 5.

Supponiamo finalmente che la potenza applicata
alla manovella del martinetto dall'uomo, che lo
manovra, sia di 10 chilogrammi.

Cerchiamo dietro ciò quale sia la forza sviluppata
dalla vite continua alla estremità della ruota dentata, che fa l'ufficio nel tempo stesso di madre-vite
della vite.

Lo sforzo della manovella è di 10 chilogrammi,
moltiplicati per la circonferenza che essa descrive;
e (sia questa di 1^m e 57 centimetri) il totale sarà
di 15. 70. Quando la manovella descrive 1^m e 57
centimetri, la vite avanza di 2 centimetri: dunque
essa spinge la madre-vite con una forza eguale a
1570/2 ossia 785 chilogrammi. Per saper ora come
questa forza viene modificata dalla gran vite, basta
rammentarsi la condizione d'equilibrio, che demmo
relativamente alla vite, e stabiliremo così il calcolo.

La potenza ossiano 785 chilogrammi, sta alla

resistenza che cerchiamo, e che è la pressione che produce la gran vite, come la lunghezza del passo della vite, ossiano metri 0,05 sta alla circonferenza che descrive la madre-vite, di cui il raggio è di 0^m,15, ossia metri 0,94.

La proporzione è dunque questa:

$$785 : x :: 0,05 : 0,94 ;$$

dalla quale si trova $x = 14,758$ chilogrammi. Così, colle dimensioni che abbiamo indicate, il martinetto potrà sollevare 14,758 chilogrammi.

La *grue*, nella sua forma più semplice, ha per principali elementi un verricello ed una carrucola; tal è la grue rappresentata dalla Tav. II. fig. 17, 18 e 19. L'effetto utile di queste grue puossi facilmente calcolare dietro a tutto ciò che precede. E in quanto poi alle grue più complicate o più perfette, le descriveremo successivamente più innanzi.

La *berta-capra* si compone pure di un verricello e di una carrucola (*Tav. V. fig.* 29, 30, 31.). Ciò che distingue questa macchina dalla semplice berta si è che il montone può essere condotto più in alto, ed agire per conseguenza con molto maggior potenza in virtù della sua forza acceleratrice. Si vede che in questa berta-capra, il montone è abbracciato da una tenaglia (*fig.* 31.) della quale le due branche *ab* e *cd* s'incrociano in *p*, e tendono a ravvicinarsi nella parte inferiore dov'esse sono più pesanti, e prendono così il montone per un uncino superiormente fissatovi in testa. Quando il montone è per tal modo abbrancato dalla tenaglia, alcuni uomini manovrando il verricello lo fanno salire; e al punto in cui le tenaglie pervengono alla sommità della berta-capra, esse incontrano da ogni lato un ostacolo che ravvicina di più in più i due manichi superiori, e per conseguenza si aprono le branche inferiori, e così cade il montone o maglio. Allora si riabbassa la tenaglia per aggrappare di nuovo il montone o maglio, e per ripigliare in seguito la manovra. Nel capitolo che segue confronteremo l'effetto utile di questa berta-capra con quello della berta semplice.

CAPITOLO IV.

MOTORI ANIMATI: UOMO, CAVALLO. — DIVERSI
MODI DI APPLICAZIONE DELLE LORO FORZE.

Motore è tutto ciò che è capace di produrre forza. E se noi ci sovveniamo della definizione che demmo della forza al §. 3. del Capitolo II.; si scorgerà che un motore è tutto ciò che produce moto o pressione. Gli uomini e gli animali sono motori, e la loro forza, risultamento della loro volontà, è un immenso mezzo meccanico, al quale (in virtù dell'incivilimento, almeno per tutte le operazioni lunghe e penose) si tende a sostituire le forze di altri agenti dalla natura fornitici. La gravità e la caduta de' corpi, e spezialmente dell'acqua; la forza elastica de' metalli, e quella de' gaz e dei vapori (sia ch'essa venga prodotta dal calore, sia che risieda in essi corpi, il tutto essendo il risultamento della loro fisica composizione); finalmente l'impulso del vento: sono tutti questi motori impiegati dall'uomo nelle sue bisogne; regolati e diretti da lui in modo da ottenerne effetti, de' quali non sarebbe capace una moltitudine d'uomini; o se pur gli ottenessero, ciò sarebbe a prezzi troppo enormi, ed a condizioni dagradanti per l'uman genere.

Cionnonostante una quantità considerevole d'azioni meccaniche si opera dall'uomo e da altri animali, come nei lavori della terra e nelle costruzioni, nella manovra di quelle macchine onde gli utili effetti non sono molto importanti per applicarvi dei motori idraulici o la macchina a vapore; e in quasi tutti i trasporti, o l'uomo o il cavallo sono i motori. È dunque importante studio quello che riguarda l'applicazione delle loro forze; studio tanto più importante in quanto che per questi motori, come per tutti gli altri, l'effetto ottenuto varia secondo il modo di loro applicazione: e da questi non ottiensi il maggiore risultamento di cui sono capaci (senza esaurire le loro forze), che sotto date condizioni.

« Il corpo umano, dice Coulomb (1), composto « di diverse parti, flessibili mosse da un principio « intelligente, è suscettivo d'infinite forme e posi- « zioni. Considerato sotto questo punto di vista, è « quasi sempre la macchina la più comoda che im- « piegar si possa in que' moti composti, che richie- « dono delle combinazioni e delle variazioni continue « ne' gradi di pressione, di velocità e di direzione.

« Quantunque la forza degli uomini sia limita- « tissima, s'impiega alle volte di preferenza a quella « degli animali, come nei moti semplici ed unifor- « mi; giacchè in alcune circostanze posson supplire « col numero a ciò che manchi di forza in ogni « individuo; poich'essi occupano alcuna volta (a « parità di circostanze) minore spazio che gli altri « agenti, in quanto che possono sempre agire con « macchine più semplici e più facili a trasportarsi, « che quelle ove s'impieghino gli animali: e final- « mente perchè la loro intelligenza può economiz- « zare le loro forze, e moderare il lor lavoro se- « condo le resistenze da vincersi ».

« Vi sono due cose da distinguere nel lavoro degli « uomini e degli animali, l'effetto che può produrre « l'impiego delle loro forze applicate ad una mac- « china, e la fatica che provano producendo un tale « effetto. Per trarre tutto il vantaggio possibile « dalla forza dell'uomo, fa d'uopo aumentare l'ef- « fetto senz'aumentar la fatica ».

È senza dubbio questo problema di meccanica uno

_____

(1) La *Memoria* di Coulomb, membro dell'Istituto, *sulla forza degli uomini*, è un modello del modo col quale debbon essere conosciute e dirette le esperienze della meccanica: ne si potrebbe abbastanza raccomandarne lo studio.

de' più importanti che la scienza possa proporsi;
ed è infatti grandissimo il numero delle operazioni,
alle quali la forza dell'uomo è applicata: e le sperienze le più precise addimostrano oggigiorno che, a
seconda del modo di applicazione di questa forza,
gli effetti ottenuti possono essere differentissimi. Ciò
non era ammesso dall'antica meccanica. Daniele
Bernoulli pensava che in qualsiasi modo che l'uomo impiegasse la sua forza, sia camminando, sia
tirando, sia sopra una manovella, sia sulla corda
di una Berta, alzando il montone per battere i pali; sia finalmente in ogni altra maniera, produceva
collo stesso grado di fatica la stessa quantità di
azione e lo stesso effetto utile: ciocchè oggigiorno
è dimostrato un errore. E per farlo chiaramente conoscere, stabiliamo bene il senso delle parole *quantità di azione, o di moto* ed *effetto utile.*

Quando un uomo mette in moto, a cagion d'e-
sempio, una manovella, egli agisce tanto colla forza
muscolare delle sue braccia, quanto col peso di tutta
la parte superiore del suo corpo, imprimendo a questa un moto continuo d'impulsione in avanti e in
indietro o di *va e viene.* In conseguenza di questo
movimento dà alla manovella una certa velocità,
producendo per tal modo un certo effetto. Lo sforzo
ch'egli esercita sul braccio della manovella può essere misurato con dei mezzi che spiegheremo un poco
più lungi. Supponiamo intanto che per tali mezzi
si abbia riconosciuto, che lo sforzo medio esercitato
dall'operaio sull'impugnatura della manovella sia
eguale a quello che produrrebbe un peso di 12 chilogrammi; o, se vuolsi, supponiamo che si sia riconosciuto, che un peso di 12 chilogrammi, attaccato
all'impugnatura della manovella nel senso in cui la
sua gravità agisce, la facesse muovere in un dato
tempo con una velocità eguale a quella che l'uomo
le darebbe. Supponiamo ancora che il braccio della
manovella sia di 37 centimetri: noi avremo la lunghezza della circonferenza descritta dall'impugnatura

della manovella, duplicando 37, e moltiplicando il prodotto 74 centimetri per 3,142; il che ci darà $2^m,32$ per la circonferenza cercata. Supponiamo inoltre che esaminando l'operaio in azione, trovassimo ch'egli facesse fare dieci giri alla manovella in 39 secondi, ovvero un giro in 3 secondi e $9/_{10}$. La velocità per secondo, impressa alla manovella, si otterrà dunque dividendo 2 metri e 32 centimetri per 39; ed avremo così, per espressione della velocità della manovella in un secondo $0^m,6$.

L'operaio per tal modo agisce con uno sforzo equivalente a 12 chilogrammi, imprimendo alla manovella una velocità di $0^m,6$ per secondo: ed in altri termini equivalente a un peso di 12 chil. innalzato o mosso con una velocità di $0^m,6$ per secondo.

Se si rammemora ciò che dicemmo in sul finire del §. 4. del Capitolo II. intorno la *quantità di moto*, che si misura col prodotto della massa per la velocità, si vedrà che la quantità di moto impresso alla manovella è uguale al prodotto di 12 chilogrammi per $0^m,6$; ovvero 7 chilogrammi e 2, mossi con una velocità di un metro per secondo.

Rimarchiamo fra tanto che l'operaio di cui abbiamo or ora calcolato la forza applicata alla manovella, consuma molto di più che non è questa forza, e che allo sforzo delle sue braccia e del suo corpo, espresso quivi da 12 chilogrammi, conviene (per avere l'espressione di tutta la forza da lui impiegata, o se si vuole la quantità intera di moto) aggiugnere il moto che dà al suo corpo; moto che si otterrà pure moltiplicando il peso della parte del corpo messa in azione, per la velocità colla quale ha luogo il detto moto. Suppongo essersi trovato che questa parte d'azione dell'operaio venga rappresentata da 15 chilogrammi, mossi con una velocità di un metro: ne seguirebbe dunque per conseguenza che la quantità totale della forza impiegata da un uomo agente sulla manovella, fosse di 37 chil. per secondo, con una velocità d'un metro: e così l'effetto utile prodotto dalla manovella non sarà la metà dello sforzo reale impiegato dall'operaio che la mette in moto.

Vediamo se un'eguale differenza s'incontri in altri casi.

Si ammette generalmente che un uomo camminando in piano e senza peso, possa in una giornata proseguire quest'esercizio per 10 ore, intermediate da uno o due riposi di 2 a 3 ore in tutto; e che la sua velocità essendo di un metro e mezzo per secondo, percorra così 54,000 metri nella sua giornata. Il peso medio di un uomo essendo calcolato di 65 chil., ne consegue che si può esprimere l'effetto totale di quest'esercizio per 3,510,000 chilog. trasportati a un metro per giorno.

D'altronde, l'esperienza fa conoscere che, se in luogo di camminare in piano si tratta che l'uomo debba salire un'erta dolce od una scala ordinaria, sempre però senza peso, invece di una velocità di $1^m,05$ per secondo, non avrà più che una velocità di $0^m,15$, vale a dire il decimo della prima; e malgrado questa grande riduzione di forza, egli non può proseguire il suo cammino sull'erta o sulla scala che per otto ore, invece delle dieci che può durare il suo cammino in un piano orizzontale. Il peso del suo corpo si disse di 65 chilogrammi: se ora si moltiplica questo peso per $0^m,15$, (velocità per ogni secondo) si ha per ogni secondo una quantità d'azione di chil. 9,75 trasportati ad un metro, e quindi per 8 ore 280,800 chilogrammi portati ad un metro. Questa seconda quantità è minore del dodicesimo della prima. Un tale fatto addimostra che quando l'uomo elevar deve il suo corpo di una certa quantità e nel tempo stesso portarlo in avanti, diminuisce il prodotto delle sue forze nella proporzione di 12 ad 1.

Noi dicemmo or ora che la quantità di azione impressa sopra una manovella da un operaio era di 7 chil. e 2 per secondo, con una velocità di un metro. Tale lavoro potendo durare 8 ore, il suo effetto totale sarà dunque di 172,800 chil. innalzati ad un metro per giorno. Questa terza quantità non è più che i $2/3$ della seconda; dimodochè il prodotto utile della forza d'un uomo agente con la forza muscolare delle sue braccia, ed imprimente al suo corpo un moto di *va e viene*, gli reca una fatica minore d'un terzo dell'azione di salire una scala senza peso. Ma una tale azione, quantunque possa *utilizzarsi* in certe macchine, come vedremo più tardi, pur tuttavia non offre un termine sensibilissimo di confronto col lavoro della manovella. In luogo di supporre un uomo salente un'erta via od una scala, senza peso, supponiamolo ora salente carico di un peso. L'esperienza prova che il peso non dovrà essere che di 65 chilogrammi; e la velocità sulla scala di $0^m,04$ per secondo; l'effetto utile per secondo si esprimerà dunque per 2,6. Si è finalmente riconosciuto che l'uomo non può sopportare una tale fatica più di 6 ore, e che per conseguenza l'effetto utile non può oltrepassare i 56,160 chilogrammi innalzati ad un metro nella giornata: e ciò è minore del terzo dell'effetto utile prodotto dall'uomo sopra una manovella.

Esperienze fatte con tutto il rigore sull'effetto della forza di uomini agenti tanto colla berta semplice che colla berta-capra, pel conficcamento dei pali delle palizzate, mettono in piena evidenza la differenza di risultamenti che ottener si possono dall'impiego della forza dell'uomo. Noi abbiam detto nel capitolo precedente ciò che sono queste due macchine semplici, e come la forza dell'uomo può esservi applicata: nella prima si applica tirando delle corde con forte azione d'alto in basso e di basso in alto; nella seconda si applica sulla manovella del verricello attorno del quale si ravvolge la corda, che tiene la tenaglia destinata a stringere il montone, e portarlo dal basso in alto.

Tali sperienze furono fatte dal Vauvilliers, distinto

ingegnere di Ponti e Strade. Le Berte furono inpiegate a battere o conficcare pali nello stesso terreno, e con un eguale montone del peso di 300 chilogrammi: e si ebbe cura di dare ai pali destinati alle sperienze, uguali dimensioni in lunghezza ed in larghezza, e si conficcarono sino ad un eguale rifiuto di maglio. Dicesi che un palo è a rifiuto assoluto di maglio quando, come suol dirsi, sotto una *volata* di 30 colpi di maglio o montone, che cada dall'altezza di 10 piedi, non penetra che di quattro o cinque millimetri.

Ogni Berta semplice era manovrata da 22 uomini e da un carpentiere, direttore degli operai, e regolatore della macchina. La Berta Capra era manovrata da quattro uomini e da un carpentiere, e s'innalzava il montone o maglio a 4 metri al di sopra del palo.

Colla Berta semplice si sono impiegati, per battere 44 pali:

28	giornate	di Berta
28	«	del Direttore
616	«	degli Operai.

Così al conficcamento d'ogni palo sono occorse:

0,64	giornate	di Berta
0,64	«	del Direttore
14 —	«	degli Operai.

Con la Berta Capra si sono impiegate, per battere o conficcare 32 pali:

18	giornate	di Berta
18	«	del Direttore
72	«	degli Operai

Così pel conficcamento d'ogni palo sono occorse:

0,56	giornate	di Berta
0,56	«	del Direttore
2,25	«	degli Operai.

Se noi rappresentiamo con 1 il prezzo della giornata dell'operaio, e quello del direttore con 2, troviamo che la spesa del conficcamento di un palo, mediante la Berta semplice, è 15,3, e mediante la

Berta capra 3,4: questo numero è presso a poco 22 centesimi del primo: in altri termini costerebbe tanto il conficcare 22 pali colla Berta semplice, quanto 100 colla Berta-Capra.,

Prima di esaminare i diversi modi d'applicazione della forza dell'uomo e degli animali, vediamo come puossi misurarla.

Vi sono dei meccanismi chiamati *dinamometri* (parola composta di due vocaboli greci, di cui l'uno significa *forza* e l'altro *misura*), coi quali puossi misurare, sia il maggiore sforzo di trazione che un uomo o un cavallo possono esercitare nel momento dello sviluppo del loro massimo vigore, sia lo sforzo medio della pressione o della media traizione che si applica all'organo meccanico sul quale si agisce. Alcune sperienze hanno tratto a conchiudere che havvi un rapporto fra questo massimo di forza, che l'uomo non può sviluppare se non per brevissimi istanti, e la forza media ch'egli sviluppa durando molte ore di seguito. Si è trovato che lo sforzo medio del lavoro giornaliero varia del quarto o del quinto dalla forza assoluta. Debbo però fare osservare che *necessiterebbero* esperienze più numerose su questo argomento per addimostrarne l'importanza. Ne' grandi lavori in cui debbonsi applicare uomini ad operazioni diverse si potrebbe, se questo rapporto fosse determinato esattamente, giudicare quali uomini riescissero meglio in certe date operazioni, e così ripartire il lavoro nel modo il più conveniente per riguardo alla forza di ognuno, ed ottenere per tal mezzo il maggiore effetto utile.

Il *dinamometro* Regnier, così chiamato dal nome del suo autore (*Tav. VI. fig.* 1.) consiste in una molla di acciaio *a, b, c, d*, alla metà della quale è fissato un meccanismo, il cui pezzo principale è una leva incurvata *e, f, g*, della quale la punta *g* descrive un tratto di circolo da *g* in *h* quando la molla è tesa, vale a dire quando i due archi o bracci *ab*, e *cd* sono ravvicinati fra loro dall'azione esercitata alle due estremità. Questa leva appoggia sopra un braccio mobile ik, il quale essendo più lungo, pércorre colla sua estremità k una maggiore circonferenza, sulla quale riesce più facile di notare e distinguere le divisioni. Fra tanto se si sospende la molla per una delle sue estremità come ac, e si attaccano all'altra estremità dei pesi di 10, 20, 30, 100, 200, 500 chilogrammi, si potrà per tal modo graduare il dinamometro.

Ciò fatto, si avrà la forza assoluta di un uomo o di un cavallo, attaccando il dinamometro per une de' suoi lati ad un muro o a tutt'altro oggetto resistente, e facendolo tirare dall'altro lato dall'uomo o dal cavallo, di cui vuolsi sperimentare la forza. La fig. 2. Tav. VI. mostra quest'apparecchio disposto per misurare la forza di un cavallo. È dimostrato che il cavallo spiega tutta la sua forza, quando l'oggetto ch'ei tira è un poco più basso del centro del suo pettorale, e che la traizione fassi parallelamente al suolo: conviene dunque procurare che abbia luogo una tale condizione nelle prove di questo genere. Per la forza di traizione dell'uomo, la prova dovrà essere fatta disponendo lo strumento in quella stessa posizione, in cui dovrà l'uomo atteggiarsi per esercitar la sua forza nei diversi lavori ai quali verrà destinato. Così se trattasi di sollevare de' pesi mediante una carrucola, convien passare la corda, per la quale è tirato il dinamometro, sopra una carrucola, ed applicare l'uomo all'apparecchio così disposto. S'egli deve agire sopra un argano, conviene che operi sull'apparecchio, sia tirando delle cinghie, sia spingendo in avanti colle sue due braccia una leva, nel mezzo della quale verrà passata la corda che tira sul dinamometro.

Ora, siccome abbiamo già detto, il rapporto tra la forza assoluta dell'uomo, e lo sforzo medio ch'egli sviluppa nel suo lavoro giornaliero, non è per anco stabilito in modo abbastanza certo, ed è quindi preferibile, per conoscere questo sforzo medio, di far uso del dinamometro; per esempio, in vece che l'apparecchio sia disposto come nella figura 2, vale a dire attaccato contra un oggetto fisso e saldissimo, si può attaccare un dinamometro tra il bilancino d'un cavallo attaccato, e la parte anteriore della vettura ch'egli trascina; il grado di tensione del dinamometro farà conoscere lo sforzo esercitato dal cavallo. Egli è vero che in questo caso le piccole inflessioni della ruota fanno variare costantemente lo sforzo esercitato dal cavallo, per cui avverrà una costante oscillazione nella freccia od ago del dinamometro. Tale oscillazione non avrà luogo fra tanto che entro a certi limiti; e spetta all'osservatore il riconoscere l'oscillazione media.

Queste diverse maniere di misurare la forza spiegata dal motore, sono ancora suscettive, come si vede, di maggiore estensione o perfezionamento. Del resto non è generalmente con tali mezzi che si possa esser sicuri del lavoro d'un motore, o della bontà d'una macchina; ma si è per l'effetto utile che ne risulta; e noi ne abbiamo già mostrati superiormente molti esempi: così nella manovra della Berta semplice è fuor di dubbio che l'operaio affatica maggiormente di quel che faccia manovrando la Berta Capra. L'effetto prodotto è però molto minore.

Il termine di confronto oggigiorno generalmente adottato pel lavoro de' motori e delle macchine, è quello di un peso trasportato ad una distanza, o innalzato ad un'altezza data: e noi vedremo or ora che è sempre possibile di recare a questo confronto il lavoro di un motore e di una macchina. Il peso adottato da tutti i meccanici è di 1000 chilogrammi ovvero un metro cubico d'acqua; l'altezza è un metro; e si chiama questa misura di confronto *unità dinamica*. Noi abbiam veduto per esempio che il lavoro giornaliero di un uomo, applicato ad una manovella equivale a 172,800 chilogrammi elevati ad un metro. Questo lavoro è dunque di 172 unità dinamiche e $^8/_{10}$.

Non havvi macchina al cui asse principale non si possa attaccare una corda portante un peso; e mediante il rimando di carrucole, un tale apparecchio può essere disposto nel modo il più comodo. La *fig. 23. Tav. IV.* ne fornisce un esempio. Si può supporre che la corda, che in questa figura è tirata da una mano d'un uomo sia attaccata all'asse principale d'una macchina; quando quest'asse si metterà in moto, ravvolgerà la corda attorno di lui, e il peso salirà. Supponiamo che nella giornata la macchina abbia per tal modo elevato cinquanta volte 500 chilogrammi a 10 metri di altezza: il suo effetto utile sarà dunque stato di 250,000 chilogrammi elevati ad un metro, ovvero di 250 unità dinamiche.

Tutto ciò che abbiamo sin qui detto basterà a far conoscere quant'è relativo alla misura della forza dei motori animati. Ma noi avremo ad aggiungere molto a queste prime nozioni; e a misura che ci addentreremo vieppiù nello studio delle diverse macchine, spiegheremo meglio l'importante quistione dello studio de' loro effetti.

Esiste un'infinità di maniere d'applicare la forza dell'uomo: ma noi non le descriveremo tutte, giacchè lo scopo nostro non è di far conoscere tutto ciò che si fa o puossi fare in meccanica, ma bensì i migliori mezzi di applicare, trasmettere e modificare la forza dei diversi motori. Coloro che vorranno una completa cognizione di quanto è stato fatto o proposto nell'impiego della forza dei motori animati, potranno consultare con frutto il *Trattato della composizione delle Macchine* del Borgnis, che è in questo genere la raccolta la più completa.

Gli usi più frequenti della forza dell'uomo, lasciando i lavori d'agricoltura e gli altri lavori di terra, sono i seguenti:

Azione sopra una leva (*Tav. VI. fig. 4.*) che porti all'una delle sue estremità o un peso o una resistenza qualunque, la quale tenda costantemente a farla cadere in *b*, cosicchè l'azione consiste nel trarla d'*a* in *c* mediante una corda; e quando quest'azione è operata, la leva risale per l'azione del peso della resistenza. Per attingere acqua, a cagion d'esempio, questo sistema è semplice ed economico.

Quando la resistenza non può col suo peso far risalire la leva, o non opera quest'azione sì presto, allora invece d'una corda, laddove la forza motrice è applicata, si mette un pezzo di legno od una spranga di ferro, attaccati alla leva con una cerniera (*fig.* 3.). Così si posson far muovere gli stantuffi delle trombe (*pompe*) ed eseguire il moto di *va e viene*, trasformato, col mezzo d'una manovella, in movimento circolare ec.

Due uomini applicati alle due estremità d'una leva, la fanno salire e discendere; degli stantuffi di trombe posson venire applicati all'uno dei due bracci, o a tuttaddue, per esempio in *a* ed in *b* (*fig.* 5.).

Noi abbiamo di già descritta l'azione esercitata dall'uomo tirando un peso mediante una caruccola, ed abbiano detto che la sua forza è meglio impiegata che non è quando esso tira il peso dal basso in alto, ed è questo infatti uno de' pessimi modi d'impiegare la forza dell'uomo. In quanto all'azione poi d'alzare de' pesi mediante una carrucola, vale a dire di esercitare una forza di traizione d'alto in basso, l'esperienza prova che un tale impiego della forza dell'uomo lo affatica meno, e produce un maggiore effetto utile che non la traizione eseguita dal basso in alto.

L'uomo applicato all'argano vi può agire in molti modi, sia spingendo davanti di sè, sia tirando una cinghia sull'estremità della leva. La figura 6. mostra questi varii modi di azione. La traizione operata dalla forza delle spalle sembra la maggiore di tutte, imperocchè l'uomo può piegarsi sulla cinghia ed agire sopr'essa tanto colla forza de' suoi talloni, quanto col peso della parte superiore del suo corpo.

Coriolis nella sua eccellente opera sul *calcolo*

dell'effetto delle macchine, riassume come segue i *dati* dell'esperienza sul miglior modo d'impiegare la forza dell'uomo.

« Quando s'impiegano gli uomini come motori si osserva che secondo ch'essi agiscono coll'aiuto di tali o talaltri muscoli, producono più o meno lavoro affaticandosi ugualmente, e che agendo colle medesime membra, il lavoro prodotto con una stessa fatica, varia a seconda della rapidità di moto di queste membra, e dello sforzo che debbono sviluppare. Così ad uguale fatica, al termine della giornata, l'uomo coi muscoli delle gambe produce maggior lavoro che con quelli delle braccia, e agendo colle gambe produce il maggior possibile lavoro quando i moti non oltrepassano l'ordinario movimento, e quando lo sforzo da esercitarsi si avvicina più possibilmente a quello che i suoi muscoli esercitano abitualmente quando esso cammina.

« Se l'uomo agisce con troppa rapidità, benchè da una parte le vie descritte dai punti ch'egli spinge siano più considerevoli, la sua forza riesce molto minore, siccome viene addimostrato dall'esperienza, la quale prova non esservi compensazione, ed anzi che il lavoro riesce minore. S'egli agisce al contrario molto lentamente, benchè potesse esercitare un molto maggiore sforzo, le vie descritte diminuirebbero, e l'esperienza pure comprova che non havvi anche in questo caso compensazione, dimodochè il lavoro vieppiù diminuisce. Il massimo corrisponde al lavoro che produce l'uomo nel portare il suo corpo, camminando sopra una china dolce: e un tal lavoro ha per misura il prodotto del suo peso per l'altezza alla quale è stato alzato.

« Qualunque apparecchio destinato a raccogliere il maggior possibile lavoro dell'uomo ed a trasmetterlo ad una macchina, debb'essere adunque disposto in modo ch'egli agisca coi muscoli delle sue gambe con una velocità simile a quella del suo camminare, ed esercitante lo sforzo ch'egli produce comunemente quando trattasi di portare il suo corpo camminando. Si ottiene un tale scopo presso a poco facendo agire le gambe sopra una ruota mobile e girevole attorno, mentre la parte superiore del corpo rimane immobile. Si potrebbe ancora (come ha proposto Frimot) quando trattisi di muovere delle trombe, porre ciascun piede sopra un appoggio mobile, il quale si possa abbassare d'una piccola altezza, sottoposto alla pressione del piede, e che si rialza coll'aiuto di un volante.

« Si avrebbe ancora maggior lavoro dall'uomo, disponendo un tavolato a pendìo od una scala in cui possa montare per poter quindi discendere sopra un piano mobile, in cui il solo peso del corpo agirebbe mentr'egli potrebbe riposare: ma la difficoltà di porre ad effetto un tal metodo, deve farvi rinunciare, conosciuto soprattutto ch'egli non produrrebbe molto più di quello che abbiasi dall'uomo quando si usa la *ruota delle cave*, o *miniere* o la *ruota a tamburo* ».

Dicemmo superiormente che l'uomo camminando in piano e senza carico, produce un'azione equivalente a 3,510,000 chilogrammi trasportati ad un metro; ovvero 3,510 unità dinamiche; che è diffatto il massimo di sua azione, e questo è prodotto senza il sussidio di qualsiasi organo meccanico, e libero da ogni peso. Quando al contrario egli monta per un dolce pendìo, produce, siccome dicemmo, un'azione uguale a 280 unità dinamiche: e in questo caso, quantunque non agisca sopra alcun organo meccanico e non porti alcun peso, dà ai suoi muscoli una certa direzione, e deve far loro subire una lievissima contrazione, diversa da quella ch'egli esercita durante l'azione che opera nel camminare in piano : ed è in questa guisa che conviene intendere ciò che dice Coriolis relativamente al massimo della forza che si può ottenere dall'uomo ; e quando vuolsi render conto di sua azione in una operazione qualunque meccanica, si è a questo massimo di 280 unità dinamiche che conviene compararla, e non già al massimo 3,510 unità dinamiche, risultante quand'egli cammina in piano.

Ora, i due migliori modi d'impiegare la forza dell'uomo sono: primieramente di farlo agire coi piedi contra una leva ch'ei spinga innanzi; secondariamente di farlo agire col suo peso all'estremità d'una leva.

Le *figure* 7, 11 e 12 (*Tav. VI.*) addimostrano applicazioni del primo modo, le *figure* 8, 9, 10, 12, 13 e 13 bis danno esempi del secondo.

La *fig.* 7. mostra un uomo che spinge coi piedi una ruota posta orizzontalmente, e che comunica così il moto ad un asse verticale che puossi supporre prolungato, e che faccia girare delle macine da molino, o mediante ingranaggi a mezzi di rimando, operi qualsivoglia altra azione.

La *fig.* 12. mostra certamente la migliore applicazione della forza dell'uomo, ed è questa posta in pratica sui porti di Parigi nella grue costruita dall'Albert, e che agisce pure sul porto d'Orsay. Su questo argomento ritorneremo or ora.

La *fig.* 11. rappresenta un organo meccanico proposto dal Borgnis (Composizione delle Macchine pag. 13), e descritto da lui nel seguente modo: « Due corde continue, parallele, passano sopra due curri o cilindri *a*, *b*, e fra le due corde sono poste molte traverse di legno destinate a ricevere la pressione del motore: le traverse ingranano in tanti becchetti o denti disposti sulla superficie de' cilindri: al di sopra si trova una sedia immobile, sulla quale l'uomo è assiso quando deve operare.

« Quest'organo può divenire utile e vantaggioso in quelle circostanze nelle quali si esige un grande sforzo, ma di breve durata. Allora con un piccol numero d'operai si otterrà una pressione per la quale co' metodi ordinari vi vorrebbe un numero d'uomini assai più grande: ed è in oltre quest'organo meccanico suscettivo di ricevere simultaneamente l'azione di molti motori agenti tutti con eguale vigore ».

Egli è chiaro d'altronde che mediante ingranaggi disposti sopra uno dei cilindri o curri, si otterrebbero tutte le modificazioni di forza e di velocità che si potessero desiderare. Quest'organo meccanico che occupa inoltre poco spazio, e la costruzione del quale è semplice ed economica, merita di esser tenuto in buon conto.

Dietro ripetute sperienze, sembra che l'uomo, agendo per tal modo sopra una ruota a piuoli o su di un piano orizzontale mobile, come descrivemmo, possa produrre uno sforzo utile pressochè uguale al massimo indicato superiormente, vale a dire a 280 unità dinamiche.

In quanto all'impiego della forza dell'uomo nelle ruote a piuoli, e moventisi pel loro peso, le figure 8 e 9 addimostrano esempi liberi da ogni apparecchio meccanico all'infuori di quello della ruota. La figura 8. è una ruota a piuoli del genere di quella che fa muovere la grue rappresentata dalla figura 13 e 13 bis, e in cui il solo peso dell'uomo fa muovere la ruota. La ruota a piuoli (*Tav. V. fig. 8.*) è comunemente impiegata nelle cave presso Parigi, e si è riconosciuto ch'essa fornisce mezzo di bene applicare la forza dell'uomo. Dallo studio che s'è fatto su queste ruote, risulta che il lavoro giornaliero, il quale si ottiene da ciascuno degli uomini che vi si applicano, riesce pressochè equivalente a 259 unità dinamiche.

Nella grue rappresentata dalla figura 13 e 13 bis (*Tav. VI.*), e nella quale il motore agisce sopra una ruota a piuoli; l'effetto debb'essere un poco minore perchè la macchina è più complicata, e perchè gli attriti consumano più forza che nelle ruote a piuoli, delle miniere. Questa grue frattanto darebbe almeno 245 unità dinamiche, applicandovi la forza dell'uomo.

Nelle figure 8, 13 e 13 bis gli uomini, durante il loro lavoro, non sono al coperto ma bensì lo sono nelle figure 9 e 12, mediante una piccola tettoia che ricopre la ruota suddetta : e nello stesso tempo un tavolato fissato all'altezza dell'asse della ruota dà alla manovra maggior facilità per abbandonare e riprendere il lavoro secondo i bisogni diversi dell'operazione.

L'uomo è pure al coperto nelle ruote, in cui agisce standovi dentro, e che portano il nome di tamburi (*fig.* 10.). La circonferenza interna di tali ruote è guernita di beccatelli, sui quali l'uomo posa i piedi, e che pel suo peso fa fuggire di sotto a sè stesso. In questi generi di ruote l'uomo esercita un'azione meno forte ; ma può prendere una maggiore velocità : e in somma l'effetto utile d'un uomo, manovrando in una ruota a tamburo, si può valutare di 250 unità dinamiche.

Si può ancora far agire un uomo sopra una ruota, tanto col suo peso come colla sua forza muscolare. Ciò si otterrà se l'uomo impiegato a questo lavoro cinge alle sue spalle delle correggie, l'estremità delle quali si attaccherà al tavolato, che è al livello dell'asse della ruota (*fig.* 8.), e con tali cinghie o correggie così disposte l'uomo monta sui piuoli della ruota in modo che le sue cinghie siano tese ; e in questa guisa aggiunge al suo peso la tensione che determina sulle cinghie. La grue di Albert (*fig.* 12.) somministra l'anzidetto modo d'impiegare unitamente la forza delle spalle e quella muscolare de' piedi.

Io stesso (dice il nostro Flachat) ho verificato il lavoro di una tale grue, la quale era manovrata da cinque uomini, uno de' quali derigeva il lavoro, attaccava le pietre, e faceva girare la grue quando la pietra era giunta, dal battello in cui giaceva, all'altezza del *carretto camion* posto sulla spiaggia. Di là la pietra era caricata e trasportata, e il becco della grue veniva ricondotto al di sopra del battello. Questo moto di rotazione della grue si opera mediante cardini di ferro di un diametro di 10 centimetri circa, e di una lunghezza di 15 centimetri.

In una giornata di 8 ore i quattro uomini hanno innalzato ad un'altezza media di 3 metri e 50 centimetri 119 metri cubici di pietra da costruzione, il peso medio della quale è di 2,600 chilogrammi per metro cubico. Il peso adunque totale innalzato a metri 3,50 è stato di 309,400 metri cubici, ovvero 1,082,900 chilogrammi alzati ad un metro da quattro uomini, corrispondenti per ognuno di essi a 270,425 chilogrammi, che sono finalmente un poco più di 270 unità dinamiche.

I lavori di terra costituiscono uno degl'impieghi più abituali della forza dell'uomo: il trasporto delle terre e quello dei minuti materiali si oprano o colla carriuola o col *carretto camion* o colla biroccia; e la scelta di questi mezzi non è indifferente, giacchè ciascuno di tali mezzi è preferibile a seconda de' casi. Noi quivi riuniremo i risultamenti forniti dall'esperienza in ciò che concerne alla forza dell'uomo, e vedremo più tardi ciò che è relativo alla forza del cavallo.

Si è riconosciuto che l'uso della carriuola è preferibile quando trattasi della distanza di 100 a 130 metri: e quando una tale distanza diventa maggiore, i *carretti-camion* tirati dagli uomini, o le biroccie condotte da cavalli, riescono più vantaggiosi. Sui terreni inclinati, e soprattutto quando la china è considerevole, conviene dare la preferenza alle carriuole.

Vi hanno due specie di carriuole, particolarmente impiegate nei lavori di terra. Abbiam già fatto conoscere la prima (*Tav. IV. fig.* 16.). In questo genere di carriuola la carica che contiene la cassa è al di sopra delle stanghe: nella seconda specie di carriuola la cassa è tenuta in sospensione delle stanghe (*Tav. VI. fig.* 14), e puossi dare per tal modo maggiore dimensione alla ruota. Risulta da ciò che siccome il carico ne rimane più basso, la carriuola ha maggiore stabilità, traballa meno, e sottopone così la manovra a degli sforzi meno variati e meno faticosi. Ma la carriuola di primo genere si presta meglio al moto laterale dello scaricamento.

Quando una carriuola è caricata, l'uomo tenendo i bracci di questa carriuola ad un metro presso a poco di distanza dall'asse della ruota, sostiene una parte del carico ed una parte del peso della carriuola: e il restante del peso è sostenuto dal punto del suolo sul quale poggia la ruota della carriuola; la quale, più si tiene alzata, e più di carico è suscettiva a portare.

A parità di forza, gli uomini i più alti hanno dunque qualche vantaggio in tale lavoro. Coulomb ha trovato, sostenendo una carriuola caricata mediante una stadera, nello stesso punto in cui l'uomo tiene le braccia, che la parte del peso ch'egli reggeva, era di 18 a 20 chilogrammi, e che la carriuola, essendo vuota, non portava che 5 a 6 chilogrammi. Ora, una carriuola caricata, pesa circa 90 chilogrammi, sui quali il peso della carriuola conta per 30 chilogrammi circa. Così il suolo porta all'incirca i quattroquinti del peso: l'attrito della ruota sul suolo deve dunque essere considerevole; e conviene studiare tutti i mezzi possibili per diminuire quest'attrito. E quando puossi far girare la carriuola sopra tavolati, se ne risente un grande vantaggio; e tanto più grande quando i tavolati sono meglio e più egualmente posti.

Coulomb ha trovato che quando la carriuola è caricata, le braccia essendo sostenute mediante corde attaccate ad un punto elevatissimo, la forza necessaria per muovere la carriuola sopra un terreno asciutto ed uguale, è di 2 a 3 chilogrammi. Quest'ultima forza dipende in gran parte dai piccoli risalti che la ruota prova sul terreno, e varia secondo l'abilità del lavoratore, che non sa sempre regolare il moto della sua carriuola.

Vauban ha dato i risultamenti seguenti delle esperienze moltiplici che ha avuto occasione di fare sui lavori di terra.

« Un uomo, col suo lavoro giornaliero, può trasportare in una carriuola 14,79 metri cubici di terra a 29,226 metri di distanza: egli trasporta questa massa di terra in 500 viaggi; e così caricato percorre 14,613 chilometri, ed altrettanti riconducendo la carriuola vuota.

Gauthey nel suo trattato della costruzione dei ponti, fornisce le seguenti particolarità sui trasporti delle terre, effettuati colle carriuole e coi *carretti-camion* »:

Quando si opera il trasporto colla carriuola, conviene effettuarlo a *ricambio*.

Se il suolo è orizzontale puossi effettuare ogni ricambio a 30 metri di distanza, ed a 20 metri quando l'inclinazione della strada è di 8 centimetri per metro. Un operaio impiega a caricare nelle carriuole un metro cubico di terra vegetale sciolta, o sabbionosa . . . . 36. minuti

Di terra argillosa, terra soda, pietrosa; tufo . . . . 42.

Di melma o fanghiglia . . . . . 45.

Per trasportare a un *ricambio* un metro cubo di terra vegetale, terra sciolta o sabbionosa . . . . 27.

Di terra argillosa, terra soda, pietrosa, tufo, o terra fangosa . . . . . 33.

Si trova, aggiunge il Gauthey, vantaggio a sostituire le biroccie alle carriuole quando la distanza del trasporto oltrepassa i 150 o 200 metri: e quando una tale distanza non è di molto superiore ai 150 o 200 metri, riesce più vantaggioso l'impiego dei carretti *camion* trascinati dagli uomini, di quello che far uso delle biroccie.

Un operaio impiega, per caricare nei carretti camion un metro cubico di terra vegetale, terra sciolta o sabbiosa · . . . . 38. minuti

Di argilla, terra dolce, pietrosa; tufo . 44.

Di fanghiglia . . . . 47.

Questi carretti-camion erano generalmente trascinati

da tre uomini, di modo che i loro carichi venivano effettuati tre volte più presto, di quanto abbiam detto superiormente; e contenevano essi 0,2 metri cubici.

Nel trasporto a 100 metri di un metro cubico di terra vegetale e sciolta impiegavansi . 18. minuti

Di terra argillosa, dura, pietrosa, tufo, sabbia, melma . . . . . . 21.

Tempo dello scaricamento . . . . . 7.

Fra gli altri importanti mezzi d'impiegare la forza dell'uomo, convien citare l'*allaggio* o traizione dei battelli sui canali. La seguente osservazione sembra una di quelle che sono state fatte nelle migliori e più favorevoli circostanze. Sul canale d'Orléans un uomo tirando un battello carico di 50,000 chilogrammi, percorre il canale in 10 giorni dall'imboccatura della Loira sino a Moret, dove mette foce nella Senna.

Lo spazio percorso è di 110 mila metri; circa 22 leghe. Un sol marinaio dirige il battello; per cui il trasporto dei 50,000 chilogrammi a questa distanza si opera col lavoro di due uomini; e quello che trascina il battello, produce nella giornata uno sforzo equivalente a 55,000 unità dinamiche.

Noi presenteremo frattanto i varii risultamenti, comprovati da diversi autori, dell'impiego della forza dell'uomo, e primieramente ci varremo del riassunto seguente del Christian:

Sforzo assoluto (1) dell'uomo. . . . . . .
$$\begin{cases} \text{48 a 49 chilogr. Schulze} \\ \text{34 \quad chilogr. Bernoulli} \\ \text{50 a 60 per mez-} \\ \text{zo di cinghie. Guenyveau} \end{cases}$$

(1) Lo sforzo *assoluto* dell'uomo è il più grande sforzo di traizione ch'ei possa produrre per qualche tempo, e senza aumentare velocità. Così la velocità *assoluta* è la maggiore ch'egli possa sostenere per qualche tempo, e senza fare altro sforzo che quello dello spostamento del suo corpo. Lo sforzo *relativo* e la velocità *relativa* sono, al contrario, lo sforzo *medio* e la velocità *media*, combinati per produrre il *massimo d'effetto utile*.

Sforzo relativo	13 a 14 chilog. Schulze 15 « Bernoulli 17 chilog. peso medio, 13 con una cinghia. Guenyveau
Velocità assoluta . . .	1 metro . 637 per secondo . Schulze 2 met. « Bernoulli 2 a 3 metri . Guenyveau
Velocità relativa . . .	0,757 met. per secondo . . . Schulze 1,660 « Bernoulli 0,800 « Guenyveau
Velocità al principio della più gran corsa d'un corsiero esercitato. . . .	13 metri per secondo . . . «
Velocità ordinaria nella corsa	7 metri per secondo . . . . «
Lunghezza del passo .	0,66 metri . . «
Quantità di forza che un uomo senza fardello può spiegare, camminando sopra un suolo orizzontale un intero giorno.	3,510 chilog., trasportati a un chilome- tro. . . . . . Coulomb
La più gran carica che un uomo possa portare ad una piccola distanza .	145 a 150 chi- logrammi . . «
Effetto totale giornaliero, o quantità d'azione d'un uomo che cammini con una carica di 58 a 61 chilogram. sopra un terreno orizzontale.	2,000 chilogr. trasportati ad un chilome- tro. . . . . . «
Effetto utile o *maximum*, col carico suddetto	690 a 692 chi- logram., tra- sportati a un chilometro . «

Relazione fra il camminare senza carica, e con una carica di 58 a 61 chilogrammo	come 5 sta ad 1 . . . . Coulomb
Effetto utile giornaliero prodotto in 6 ad 8 ore da facchini caricati a schiena, di 85 chilogrammi di carbone di terra, da portare a 36 metri . .	1,020 chilogr. trasportati ad un chilometro , 892 chilogram. , termine medio . Guenyveau
Effetto utile giornaliero dello stesso trasporto a 100 metri	743 chilogrammi ad un chilometro. . . «
Effetto utile giornaliero del trasporto d'una carica di 60 a 75 chilogrammi a 1,000 metri, sopra un suolo ineguale .	200 a 300 chilogrammi ad un chilometro. . . . . «
Effetto utile giornaliero di due uomini, che portino sopra una barella un peso di 80 a 100 chilogrammi, e camminino sopra un suolo ineguale .	250 a 300 chilogrammi ad un chilometro . . . . «
Effetto totale giornaliero d'un uomo che ascenda una scala con 68 chilogrammi di carico .	109 chilogrammi ad un chilogrammo. . Coulomb
Carico che porta l'effetto al *maximum*, montando una scala	53 chilogram. «
Effetto utile giornaliero collo stesso carico . .	50 chilogr. ad un chilomet. «
Effetto utile giornaliero d'un uomo che trasporti a 1,000 metri un peso sopra una carretta a piccole ruote, condotta sopra un piano di tavole .	900 a 1,000 chilogrammi ad un chilometro . . . . Guenyveau

Idem con un simile carretto mosso sopra un suolo ineguale	600 chilogram. ad un chilometro . . . . Guenyveau
Idem col mezzo di un traino scivolante sopra un suolo ineguale e scabro, e caricato di 90 chilogrammi da trasportarsi a 290 metri	627 chilogrammi a un chilometro . . . Coulomb
Effetto utile d'un uomo lavorante colla vanga	100 chilogrammi ad un chilometro . . . «

I diversi risultamenti che abbiam sin qui enumerati si ottengono sotto tali condizioni di sforzi e di velocità, che non sono a trascurarsi. Un uomo girante una manovella con una velocità di due metri, a cagion d'esempio, per secondo, non potrebbe in questo caso sviluppare che uno sforzo debolissimo, e il quantitativo del suo lavoro sarebbe definitivamente molto inferiore a quello che demmo più sopra. Ora presenteremo quivi i dati che l'esperienza fornisce a questo riguardo, e la relazione ch'essa stabilisce fra la velocità e lo sforzo del motore per giugnere al maggiore possibile risultamento. La maggior parte di questi dati sono presi dal bel lavoro del Navier ad illustrazione del Belidor: e questi differiscono in alcuni punti da quelli esposti qui sopra. Pur tuttavia reputiamo che meritar debbono la preferenza le quantità alle quali il Navier si è tenuto.

Noi continuiamo a chiamare *unità dinamica*, 1,000 chilogrammi, o un metro cubico d'acqua innalzato o trasportato ad un metro, ovvero un chilogrammo innalzato o trasportato a 1,000 metri.

Dicemmo che la maggior quantità di azione che il moto dell'uomo possa rappresentare, si è quella che risulta quand'egli si muove in piano. In questo caso si hanno i dati seguenti:

Peso medio del corpo dell'uomo .. 65 chilogrammi

Velocità per secondo, la più convenevole . . . .   1^m,5

Con questa velocità un uomo di
forza ordinaria può camminare . . 10 ore

La quantità di peso totale spostato
è di . . . . 3510 unità.

Un uomo viaggiando, carico di pesi sul dorso:

In questo caso il peso del corpo non è considerato, in quanto che l'effetto utile non è più calcolato
in ragione della distanza che il corpo ha percorso,
ma dello spostamento del peso ch'egli sopporta.

Il peso il più convenevole, come l'esperienza dei
merciaiuoli addimostra, è di . . . 40 chilogrammi

La velocità per secondo, la più
convenevole è di . . . . 0^m,75

Questo lavoro può essere sostenuto
durante. . . . . 7 ore.

L'effetto utile è dunque di . . . 756 unità.

Un uomo montante una china dolce o una scala,
senza peso:

Quest'azione dell'uomo, come dicemmo antecedentemente è quella alla quale si rapportano tutte
le altre sue azioni meccaniche; e di ciò spiegammo
la ragione, per cui non ci restano ad esporre che
le condizioni sotto le quali, in quest'azione in discorso, l'uomo produce il maggiore effetto utile.
Quivi l'effetto utile si è il trasporto del suo corpo
alla maggior distanza possibile.

Peso medio del corpo dell'uomo. . 65 chilogrammi

Velocità la più convenevole per
secondo . . . . 0^m,15

Il lavoro può così durare . . . . 8 ore.

E il numero delle unità è di . . 280

Un uomo che muova co' suoi piedi una ruota a
piuoli:

Sforzo esercitato . . . . 62 chilogr. $\frac{1}{2}$

Velocità 0,15

Durata del lavoro . . . . 8 ore

Numero delle unità 270

Un uomo agente co' suoi piedi sopra una ruota a piuoli o a tamburo, e situato al livello dell'asse della ruota:

Sforzo esercitato . . . . 60 chilogrammi
Velocità . . . . 0 ^{m},15
Durata del lavoro . . . . 8 ore
Numero delle unità. 259

Un uomo agente co' suoi piedi sopra una ruota a tamburo o a piuoli, al basso della ruota:

Sforzo esercitato . . . . 12 chilogrammi
Velocità . . . . 0^{m},7
Durata del lavoro . . . . 8 ore
Numero delle unità . . . . . . 251.

Un uomo che cammini, spingendo o tirando in una direzione orizzontale:

Sforzo esercitato . . . . 12 chilogrammi
Velocità . . . . 0^{m},6
Durata del lavoro. . . . . 8 ore
Numero delle unità . . . . . . 208.

Questo genere di lavoro rappresenta quello dell'uomo applicato all'argano.

Noi abbiam detto che il miglior modo di applicar l'uomo a una tal macchina, è quello di fargli tirare una cinghia; giacchè così esercita maggior forza che quando spinga in avanti.

Un uomo attaccato ad una piccola carretta, chiamata carretta a braccia, tira pur egli in una direzione orizzontale; ma la macchina sulla quale egli agisce permette che con uno sforzo di 8 a 20 chilogrammi, sposti un peso di 100 a 300 chilogrammi. In questo caso il risultamento ottenuto può essere nove volte più grande di quello indicato superiormente, tutte le volte che il peso e la velocità siano convenientemente regolati.

Il peso il più convenevole è . . 100 chilogrammi
La migliore velocità . . . . 0^{m},5
Il lavoro può così durare . . . . 10 ore
E il numero delle unità è di . 1810.

Ecco adunque un effetto nove volte maggiore

ottenuto collo stesso impiego di forza, col mezzo d'un organo meccanico, del quale abbiamo più sopra spiegato i vantaggi con bastevoli particolarità per non tornarne ora in discorso. Un tale esempio mostra ad evidenza l'immenso vantaggio che può l'uomo ritrarre dall'applicazione delle leggi fisiche. In questo caso, in luogo di tirare un corpo pesante sul suolo, egli lo pone in equilibrio sopra una leva, che una minima forza può fare muovere, e sostituisce all'azione intera della gravità del corpo, il solo attrito di quella serie di leve, che si chiama *ruota*, attorno del suo punto d'appoggio che chiamasi *asse* o *sala*. Insomma egli non impiega maggior forza per ottenere di tale guisa un effetto utile di 1,810 unità dinamiche, di quello impieghi nell'argano per ottenere un effetto di 208 unità. Così l'appaltatore che lo paga non gli debbe un maggior prezzo per questo genere di lavoro di quello che gli dà quando manovra nell'argano; e l'unità dinamica non gli costa per conseguenza che la *nona parte*. Così pure, quando si tratta di trasportare delle masse, il peso delle quali non oltrepassi i 100 chilogrammi, costa nove volte meno l'unirne un certo numero e tirarlo tutto d'un tratto, mediante un argano sul suolo, di quello che trasportandole separatamente colla carretta a braccia.

Noi abbiam pure superiormente veduto, dietro le sperienze del Coulomb, qual fosse lo sforzo esercitato spingendo innanzi una carriuola. Il peso sostenuto è di 18 a 20 chilogrammi, e lo sforzo per ispingerlo innanzi è di 2 a 3 chilogrammi.

Il carico ordinario di una carriuola è di . . . . 60 chilogr.

La migliore velocità . . . . 0^m,5

Il lavoro può durare . . . . 10 ore

Il numero delle unità è di . . . . 1,080.

Un uomo agente sopra una manovella:

Sforzo esercitato . . . . 8 chilogr.

Velocità . . . . 0^m,75

Durata del lavoro . . . . 8 ore
Numero delle unità . . . . 173.

Un uomo innalzante pesi, tirando in una corda accavalciata ad una carrucola:
Sforzo esercitato . . . . 18 chilogr.
Velocità. . . . . $0^m,2$
Durata del lavoro . . . . 6 ore
Numero delle unità . . . . 78.

Un uomo innalzante pesi a mano:
Peso sollevato . . . . 20 chilogr.
Velocità. . . . . $0^m,17$
Durata del lavoro . . . . 6 ore
Numero delle unità . . . . 73.

Un uomo innalzante pesi, portandoli sul dorso, e montando una china dolce od una scala:
Peso portato . . . . 65 chilogr.
Velocità. . . . . $0^m,04$
Durata del lavoro . . . . 6 ore
Numero delle unità . . . . 56.

L'uomo tirando un battello, produce un effetto utile di 55,000 unità dinamiche. Prova l'esperienza che l'impiego di sua forza non è maggiore in questo caso di quella che impiega sull'argano: è anzi la stessa cosa; e solo in questo caso pone ad effetto una legge idraulica. Egli fa *galleggiare* il corpo, e non ha quindi a vincere, per ispostarlo, se non la resistenza dell'acqua contra le pareti del battello: e tale resistenza, quando la velocità è piccolissima, è minore di quella della ruota sul suo asse, come vedremo altrove, perchè il peso d'un corpo immerso nell'acqua è considerevolmente diminuito.

Quivi pure non vi ha adunque creazione di forza ma impiego di leggi naturali, dalle quali può risultare un economia di forza considerevole.

Christian nella sua *Meccanica Industriale* finisce come segue le sue osservazioni sulla forza motrice dell'uomo. E qui noi dichiariamo che alcune delle cifre adottate dal suddetto Christian differiscono un poco da quelle che noi abbiamo già date.

Dopo aver fatto osservare che non puossi determinare in un modo assoluto, e per tutti i casi, il massimo effetto utile che l'uomo può ottenere, egli conchiude così:

« Noi conosciamo almeno i limiti che non bisogna oltrepassare nell'impiego degli uomini come forza motrice.

« Noi sappiamo: 1.º che il maggior peso o il maggior carico, che un uomo di forza media possa portare ad una piccola distanza è di circa 145 chilogrammi.

« 2.º Che tutto ciò che un uomo abitualmente può fare camminando sopra un terreno orizzontale, si è di portare un carico di circa 60 chilogrammi, e di trasportare, in una giornata di lavoro, il valore di 690 chilogrammi a 1,000 metri ». Noi abbiamo adottato per espressione di questo stesso lavoro 756 chilogrammi trasportati ad un metro, o 756 chilogrammi trasportati a 1,000 metri.

« 3.º Che montando una scala, tutto ciò cui può reggere si è di portare un carico di 53 chilogrammi e d'innalzare nella sua giornata il valore di 56 chilogrammi a 1,000 metri d'altezza ». Noi abbiamo adottato un simile risultamento, ma supponendo un po' maggiore il peso trasportato, e supponendo pure per conseguenza una minore velocità.

« In quanto allo sforzo ed alla velocità che l'uomo può produrre tirando o spingendo colle sue braccia, noi sappiamo che nelle circostanze le più favorevoli, non s'ha ad aspettare, in un continuato lavoro, più di 12 a 15 chilogrammi di sforzo, e più di 60 a 70 centimetri di velocità per secondo, vale a dire che il maggior lavoro che l'uomo può fare di questa guisa equivale da 12 a 15 chilogrammi innalzati in un secondo a 60 o 70 centimetri di altezza ». Un tale risultamento è maggiore di quello che abbiamo adottato come espressione della forza media degli uomini impiegati alla manovella o ad altri analoghi organi meccanici. Un uomo vigoroso, usato a questo genere di lavoro, può solo pervenire al risultamento ammesso dal Christian; ma non è superiore a quello che si può ottenere dall'uomo agente co' suoi piedi: solamente la velocità è minore, ma l'effetto è più considerevole.

« E siccome una macchina qualunque » (continua il succitato autore) cognita o incognita, trovata o da trovarsi, non può certamente trasmettere maggior forza di quella che le è stata comunicata; perchè se ne perde nella comunicazione alla macchina del moto ond'ella agisce; e perchè l'effetto meccanico è sempre proporzionato alla forza motrice che lo produce: ne segue evidentemente che il limite di ciò che puossi ottenere in un lavoro continuo dall'impiego di un uomo in una macchina qualunque è di circa 12 a 15 chilogr. innalzati a 60 o 70 centimetri per secondo, e che *i progetti di macchine mosse da un uomo, che sembrassero promettere un effetto meccanico continuo, maggiore dell'esposto, sono assolutamente chimerici* ».

A questa conclusiome preghiamo che pongano tutta la mente i leggitori nostri: così avranno essi un sicuro mezzo di porsi in guardia contro i progetti, che l'ignoranza e il ciarlatanismo scìorinano di leggieri in fatto di meccanica. — 280,000 chilogrammi innalzati a un metro in 10 ore di lavoro, se l'uomo agisce co' suoi piedi; 170,000 a 220,000 chilogrammi innalzati ad un metro in otto ore di lavoro, se egli agisce colle sue braccia: tali sono i due limiti che l'esperienza fornisce, e che nissuna macchina può in alcun modo oltrepassare.

Così gli uomini dati alla meccanica, e che ne fanno quotidiana applicazione, non s'occupano di cercare nuove macchine o di ottenere risultamenti maggiori di quelli che abbiamo indicati. Ma ogni loro attenzione si dirige verso quelle combinazioni che in ogni dato caso, permettono di ritrarre dalla forza dell'uomo quei risultamenti che più s'appressino ai limiti succitati. Havvi d'altronde nella scelta da farsi della

macchina col mezzo della quale si otterrà il maggior
possibile effetto (tenendo conto di tutte le altre circostanze del lavoro da operarsi) un oggetto continuo
di studii e di perfezionamenti. A cagion d'esempio
nel lavoro dello *scarico* delle navi piene di mercanzie, s'impiegano quasi sempre delle grue mosse mediante ruote a piuoli messe in moto da uomini agenti
coi piedi. Infatti noi abbiam veduto che in questo
genere di lavoro il massimo effetto non può ottenersi
se non a condizione che gli uomini lavorino molto
lentamente. Ora, nello scaricare un battello carico
di pietre, ciò non presenta difficoltà veruna, soprattutto se si può disporre di spiaggia spaziosa, nella
quale i carretti-camions che trasportano le pietre,
possano restarvi fermi qualche tempo senza apportare inconveniente. Ma non è altrettanto delle spiag-
gie dove abbondino mercanzie, e le quali sono sempre
ingombre: per cui fa d'uopo che le mercanzie siano
sollecitamente condotte mediante carriuole o carretti-camions, nei magazzini, o trasportate nell'interno
della città. Ed è perciò che tutte le grue, nelle rade
o nei porti di mare, sono mosse da uomini agenti
alla manovella. Non è questo il miglior impiego
della forza del motore; ma si agisce con maggiore
sollecitudine.

I risultamenti dati dai diversi modi d'impiego della
forza dell'uomo sono sufficienti per addimostrare che
nelle operazioni meccaniche dov'egli serve di motore,
havvi continuamente necessità di fare lo studio che
abbiam di sopra indicato, affine di ottenere il maggior possibile risultamento non solo per riguardo
all'applicazione della forza, ma per riguardo altresì
all'impiego del tempo.

Saper giovarsi d'ogni migliore circostanza, che le
località possano fornire; stabilire costantemente e per
ognuna delle compiute operazioni la miglior relazione fra lo sforzo e la velocità; ecco tuttoquanto distingue il buon meccanico o l'abile ingegnere. E
convien conoscere appieno che se in questo genere

si sono ottenuti grandi risultamenti, di rado sono stati conservati e pubblicati dai loro autori; per cui il frutto di loro sperienza è spesso andato perduto. Un tale rimprovero si può a buon dritto dirigere agl'ingegneri francesi: ed oggigiorno pure una poca parte soltanto dei lor lavori riceve pubblicità; e trovansi del continuo in istato di fare numerose ed interessanti osservazioni sui diversi impieghi della forza dell'uomo.

Gl'ingegneri inglesi hanno generalmente meglio inteso ciò che l'interesse sociale e della scienza esigono da loro, pubblicando con tutte le necessarie particolarità i loro più importanti lavori. La costruzione del Faro di Eddystone venne descritta dallo Stevenson (incaricato alla direzione di questo bel lavoro) in un'opera estesissima. — Un analogo lavoro, la costruzione del Faro di Bella Rôcca, venne pure descritta dallo Stevenson in una grand'opera, dalla quale noi già ricavammo ciò che forma argomento della nostra prima tavola, siccome pure le figure 1 all' 8 (*Tav. VII.*) di questa nostr'opera.

La figura 1. mostra la formazione dei primi strati del Faro. Due grue che si sostengon reciprocamente in un senso, e negli altri sensi lo sono da corde raccomandate ad anelli fissi nella rôcca, distribuiscono le pietre che s'incastrano le une nelle altre. I bracci ab di queste grue sono a cerniera in b, e salgono e discendono secondochè la catena acd si raccoglie o si svolge sui verricelli ff. La catena che fa salire la pietra, e che passa sotto la carrucola gg, si ravvolge sull'altro verricello; e per tal modo puossi avvicinare od allontanare, salire e discendere il peso: e siccome d'altronde la grue gira sopra il suo asse, le pietre si pongono dove, e come conviene, con molta facilità.

In quanto alla grue, rappresentata nelle figure 2 a 8, e che ha servito alla costruzione dello stesso Faro quando incominciò ad erigersi, la fig. 2. la mostra qual era al principiare la costruzione d'un piano.

Il Faro, come lo dimostra la Tav. I., è composto di molti piani separati da vôlte in pietra, come indica la figura 2. della Tavola VII. La robusta base di legno *pq*, e il piede di ferro *rs* (*fig.* 2. e 4.) mantengono la grua verticale. Il pezzo principale di detta grua (*fig.* 4.) è un albero vuoto, di ferro, diviso in due parti, che si addattano l'nna contra l'altra in *ef*, e possono girare l'una sull'altra mediante palle soprapposte, sulle quali poggia la parte superiore, come si vede in pianta alla figura 5. Le rimanenti parti della grua facilmente si comprendono osservando le figure 2, 5, 4, 6, 7 e 8; e una tal grua, come vedesi, non porta le pietre che da un lato. La catena che le innalza si ravvolge sul verricello *m*, e passa sopra la poleggia o carrucola *l* (*fig.* 2. e 7.), la posizione della quale è determinata da una catena, che va, all'estremità del braccio sinistro della grua, a ravvolgersi sulla carrucola *c*, e si raccoglie sul verricello *d*; un'altra catena ravvolta sul verricello *e* (*fig.* 7.), passa sulla carrucola *f* e di là sulla carrucola *g* che sostiene un peso *b*. I due verricelli *d* ed *e* sono uniti fra loro mediante un organo diretore *xyz*, che serve a comunicare o sospendere o variare periodicamente e regolarmente il moto (1) e possono essere per tal modo manovrati separatamente o congiuntamente.

L'oggetto del peso situato alla destra della grua si è di fare equilibrio al peso della pietra ch'essa porta dall'altro lato: e siccome il peso della pietra può essere più o meno grande, si vede, dietro a quanto abbiam detto delle leggi della leva, che occorre che il peso possa essere riavvicinato o allontanato a piacimento: ed è perciò che i due verricelli *d* ed *e* sono disposti in modo da essere manovrati isolatamente. Una volta che l'equilibrio si sia ottenuto, si ristabiliscono le relazioni fra i suddetti

(1) Vedremo nel Capitolo IX. ciò che intendesi per quest'organo meccanico.

due verricelli, poscia, quando la pietra è pervenuta all'altezza necessaria, si agisce sulle manovelle che fanno muovere nello stesso tempo i verricelli *d* ed *e*, e la pietra si ravvicina nello stesso tempo che il peso.

Si vede come una tale disposizione sia ingegnosa: oltrechè essa può ricevere molte applicazioni, offre pure, nel caso pel quale fu immaginata, un impiego vantaggioso della forza dell'uomo, ed una grande economia di mezzi di costruzione. La figura 3. indica una disposizione che assicura vieppiù la solidità alla grua, di quella indicata alla figura 2.

Questi esempi bastano a mostrare, come nell'applicazione della forza dell'uomo, il campo delle scoperte e dei perfezionamenti sia inesauribile, siccome lo è senza dubbio per tutti gli altri motori e per tutti gli altri rami della meccanica: ma mentre nelle applicazioni de' motori inanimati ogni miglioramento dev'essere definitivamente considerato sotto il punto di vista dell'economia, ciò che riducesi a una *quistione di costo*; nell'impiego dei motori animati la *quistione d'umanità* è sempre a lato di quella dell'interesse. Ed è cosa dispiacentissima di essere stretti a riconoscere che nello stato attuale di *organizzazione del lavoro* la quistione di costo si trovi prevalere quasi sempre.

Impiego della forza degli animali. — Tutte le riflessioni generali che sin qui abbiamo fatto sulla forza dell'uomo e sulle cagioni, onde l'effetto se ne varia non che il modo d'impiego, si applicano alla forza degli animali: ed è pure evidente che secondo il modo col quale si faranno agire, e soprattutto secondo la relazione che si stabilirà fra lo sforzo e la velocità da loro voluti, si otterrà maggiore o minore effetto utile.

Le osservazioni fatte sugli animali sono per anche poco numerose: pur tuttavia puossi dedurne questo principio generale, che è pure d'altronde vero nell'uomo impiegato come motore, che il miglior mezzo di ottenere il maggior vantaggio possibile dagli animali in un lavoro continuato si è quello di allungare la giornata di lavoro e di moltiplicare gl'intervalli del riposo. Gli è poi indispensabile, per conservare la salute dell'animale impiegato come motore, d'abituarlo poco a poco al lavoro cui si destina; vale a dire breve dapprima, e grado grado di maggiore durata.

Gli animali adoperati comunemente come motori pel trasporto, pel lavoro delle terre, e per le meccaniche operazioni sono, il cavallo, il bue, il mulo e l'asino. Non si sono per anco fatte esperienze dirette per valutare le forze relative di tali animali: non puossi quindi stabilire con certezza quale sia quello, il cui impiego riesca più economico; pur tuttavolta l'uso comune sembra tenere pel cavallo.

Per un lavoro che non debba occupare più di due o tre ore interpolate da uno o più riposi, havvi luogo di credere che l'impiego de' buoi presenterebbe maggior vantaggio; imperocchè un lavoro ristretto a questi limiti e a queste condizioni non impedirebbe loro d'impinguarsi.

Del resto, qualunque sia l'animale che s'impieghi, e qualunque la macchina cui si applichi, è giuoco forza tenerlo sempre in un passo di media celerità; sendochè un passo troppo lento lo addormenta ed affatica ben presto, e quando troppo è sollecito gli nuoce rapidamente, soprattutto se il lavoro giornaliero è di molte ore.

Hannovi tre principali modi d'impiegare la forza degli animali. Il primo che è il più comune, è la traizione orizzontale; il secondo è l'azione dei piedi anteriori o dei posteriori degli animali; il terzo è principalmente il loro peso. Noi non verremo esaminando nè il secondo nè il terzo modo, i quali non sono quasi più adoperati, e sono di molto inferiori, per riguardo all'effetto utile, al primo. D'altronde, in ciò che segue, ci occuperemo soltanto del cavallo, il quale nelle vetture, e soprattutto

nelle operazioni meccaniche viene quasi sempre preferito.

Impiego della forza del cavallo. — Navier nelle
sue *Note al Bélidor*, compendia, come segue, gli
effetti che si ottengono dai vari modi d'applicazione
della forza del cavallo.

1.° Cavallo trasportante pesi sopra una carretta,
e che cammina al passo, continuamente caricato:

Peso trasportato. . . . . 700 chilogr.
Velocità . . . . 1^m,1
Durata del lavoro. . . . . 10 ore
Numero d'unità dinamiche . . . 27,720.

2.° Cavallo attaccato ad una vettura, e che cammina al trotto, continuamente caricato:

Peso trasportato. . . . . 350 chilogr.
Velocità . . . . 2^m,2
Durata del lavoro. . . . . 4 ore $^1/_2$
Numero d'unità dinamiche. . . . 12,474.

3.° Cavallo trasportante pesi sopra una carretta,
al passo, e ritornando vuoto per essere ricaricato:

Peso trasportato. . . . . 700 chilogr.
Velocità . . . . 0^m,6
Durata del lavoro. . . . . 10 ore
Numero d'unità dinamiche. . . . 15,120.

4.° Cavallo caricato sul dorso, camminante al passo:

Peso portato. . . . . 120 chilogr,
Velocità . . . . 1^m,1
Durata del lavoro. . . . . 10 ore
Numero d'unità dinamiche. . . . . 4,752.

5.° Cavallo caricato sul dorso, e che cammina al
trotto :

Peso portato. . . . . 80 chilogr.
Velocità . . . . 2^m,2
Durata del lavoro. . . . . 7 ore
Numero d'unità dinamiche. . . . . 4,435.

6.° Cavallo attaccato ad un travaglio o maneggio
o ad un vette, e camminante al passo:

Sforzo esercitato . . . . 45 chilogr.
Velocità . . . . 0 ^{m},1

Durata del lavoro. . . . . 8 ore
Numero d'unità dinamiche. . . . . 1,166.

7.° Cavallo attaccato ad un maneggio, ec.: e che cammini al trotto :

Sforzo esercitato . . . . 30 chilogr.
Velocità . . . . 2^m
Durata del lavoro. . . . . 4 ore $^1/_2$
Numero d'unità dinamiche . . . . . . 972.

Il Minard deduce da nuove sperienze fatte su diversi meccanismi mossi da cavalli , i risultamenti che seguono:

Velocità per secondo 0^m,578 ad un metro ; la media. . . . . 0^m,933
Sforzo, 20 a 83 chilogr., medio . . 40 chilogr.
Tempo di lavoro nelle 24 ore, da 6 a 12 ore ; medio. . . . . 9 ore $^1/_3$
Numero di unità dinamiche, dalle 729 alle 1,810 ; medio. 1,148

Questo medio risultamento, come ognun vede, si avvicina di molto a quello del Navier.

I meccanismi ai quali si attaccano i cavalli, possono presentare diverse combinazioni.

Le figure 9, 10, 11 e 12 della Tavola VII., tolte dal Cristian, presentano i migliori meccanismi pei casi i più usitati.

Nella figura 9. il cavallo attaccato ad una leva orizzontale comunica il moto ad un albero verticale, portante una carrucola orizzontale di un diametro grandissimo. La corda si ravvolge sopra questa carrucola *a*, passa sopra due carruccole proiettate in *b*, le quali sono verticali, e di là passa sulla carrucola *c*, la quale chiamasi *carrucola di tensione*, poich'essa può appressarsi ed allontanarsi, affinchè la corda riesca ben tesa sulle due carrucole *b*, e per tal modo una di esse possa così trasmettere il moto.

Nella figura 10. una grande ruota dentata *a* è messa in moto da una leva all'estremità della quale i cavalli sono attaccati: la ruota imprime il suo moto ad un *rocchetto* o *lanterna b*, che lo comunica esso stesso all'*albero orizzontale c*, pel quale il moto è trasmesso nell'officina laddove occorre.

La figura 11. rappresenta la disposizione che conviene adottare quando l'albero orizzontale dev'essere bassissimo. Allora l'albero si fa muovere dentro un chiuso che si copre affinchè il cavallo vi possa girare di sopra: così viene alzato il piano del maneggio, e così il cavallo si trova sempre superiore al detto albero orizzontale. Del resto si è, come nell'altra figura, una ruota dentata, che imprime il moto ad una lanterna portata dall'altro orizzontale.

Il meccanismo rappresentato nella figura 12. è chiamato *maneggio svedese*.

Un fuso conico *h* di ferro è sostenuto da quattro puntoni di ferro *a a*, fusi iusieme alla piastra *bb*, che serve di base, fermata con cavicchie di ferro sopra una croce di legno *cc* a foggia di quella di Sant'Andrea, murata nel suolo: il fuso conico regge con una delle sue estremità l'albero orizzontale *gg*, il quale è posto in moto dal rocchetto *e* che ingrana i denti della corona *d*. Al dissotto di detta corona è accomodato il vette o stanga onde si attacca il cavallo.

Il vette del meccanismo è generalmente disposto in modo che il cavallo si trovi attaccato a sei metri di distanza dall'albero verticale dell'anzidetto meccanismo; e questa distanza è stata in generale riconosciuta la più conveniente. Quando vogliasi costruire in gran dimensione il detto meccanismo, aumenta di molto la spesa, perchè conviene aumentare le dimensioni de' materiali che lo compongono, come pure le spese del carpentiere per coprire la fabbrica. Con un braccio di leva di sei metri il cavallo tira presso a poco perpendicolarmente a detta leva, il tutto descrivendo un circolo; ma se il braccio di leva è più corto, allora l'angolo che deve fare il cavallo per descrivere il circolo diventa più sensibile, e la posizione è forzata: la traizione si opera nel di dentro del circolo, ed una parte dello sforzo si decompone secondo i princìpi che abbiamo dato superiormente, e rimane annientata contra i punti fissi del meccanismo.

Oltre le quattro specie di meccanismi (riguardanti il maneggio) le quali abbiamo descritte, dicemmo ancora del *maneggio o meccanismo dell'ortolano*, macchina usitatissima nei contorni di Parigi per l'inaffiamento degli orti che circondano la città (*Tav. VI. fig. 16.*).

Ad un albero verticale che può girare sul suo asse, si accomoda presso l'estremità superiore un tamburo, che consiste in due ruote poste in contrasto, e alla circonferenza delle quali s'inchiodano doghe da botte. Inchiodando tali doghe obbliquamente, si produce una superficie concava simile a quella della carrucola, ma molto meno incavata; ed è questa una superficie del genere di quelle che la geometria descrittiva chiama *iperboloidi di rivoluzione*. Una corda è ravvolta all'anzidetto tamburo, ed alle due estremità vi sono appesi due secchi che calano ad attinger acqua nel pozzo, presso del quale è costruito il meccanismo. Quando il cavallo gira in un senso, uno dei secchi discende e l'altro sale; e quando il secchio pieno è arrivato al disopra della sponda del pozzo, si arresta il cavallo e si vuota il secchio in un serbatoio vicino al pozzo: si fa poscia girare il cavallo nell'altro senso, e così il secchio vuoto discende mentre il pieno sale.

Si vede che questa macchina è semplicissima, e la sua costruzione è pure molta economica: ciononostante, siccome conviene costantemente cangiare la direzione del cavallo, havvi perdita di molto tempo e di forza. Noi vedremo altrove come, mediante ingranaggi ed organi direttori, si possa ottenere il moto di *va* e *viene* dei due secchi, lasciando sempre girare il cavallo nello stesso senso.

Hachette nel suo *Trattato delle macchine* riferisce un'osservazione fatta da lui stesso sopra un meccanismo per l'inaffiamento degli orti vicin di Parigi.

10

Il pozzo da cui si attingeva l'acqua aveva 32^m,5 di profondità, e ciascun secchio conteneva 90 litri di acqua, e ne saliva uno per minuto. L'effetto utile d'un tale meccanismo era dunque di 90 chilogrammi innalzati a 32^m,5 per minuto, ovvero 2,925 chilogrammi innalzati ad un metro per minuto: il lavoro poteva durare 6 a 7 ore effettive, e per conseguenza il prodotto medio era di 1,145 unità dinamiche.

Dietro i diversi risultamenti, che superiormente abbiam dato sull'effetto utile prodotto da un cavallo agente in uno dei meccanismi anzidetti, si vede che un tale effetto varia comunemente fra 1,100 a 1,300 unità dinamiche. L'effetto utile dell'uomo agente sopra una manovella varia d'altra parte tra 150 a 200 unità dinamiche. I due termini medii sono 1,166 da un lato e 172 dall'altro: di maniera che i due modi di applicazione dell'uomo e del cavallo sono tra loro nel rapporto di 1 a 6 $^4/_5$. Così un cavallo produrrebbe maggior effetto di sei uomini. Si ammette generalmente in meccanica che la forza d'un cavallo rappresenta quella di sette uomini.

Del resto una tale relazione non ugualmente si rinviene in tutte le azioni comparate dell'uomo e del cavallo. Così noi abbiam veduto che l'effetto utile prodotto da un cavallo trasportante pesi sopra una carretta al passo, e ritornante a vuoto per essere ricaricato, è di 15,120 unità dinamiche, mentre lo stesso lavoro eseguito da un uomo con una piccola carretta a braccia, viene rappresentato soltanto da 1,800 unità dinamiche. In questo caso il rapporto è quello di 1 ad 8 $^2/_5$; mentre vi sono altri casi ne' quali il rapporto aumenta di molto in favore dell'uomo. Così Lahire (1) ha osservato che quando trattisi di portare sul dorso un peso camminando sopra ripida china, tre uomini carichi ognuno di 100 libbre ascendono con più facilità e più celerità di quello che un cavallo caricato di 300 libbre.

(1) Memorie dell'Accademia delle Scienze del 1799.

Noi abbiam veduto antecedentemente che il Navier nelle valutazioni degli effetti dinamici prodotti dai diversi impieghi della forza dell'uomo o degli animali , e le quali sono il riassunto delle ricerche fatte dall'autore e di quelle de' principali autori di meccanica ; ritiene per la valutazione dell'effetto utile del cavallo attaccato ad una carretta e camminante al passo , che sia di 27,720 unità dinamiche . Un tale risultamento si ottiene , supponendo che il medio carico del cavallo , non compreso la vettura , sia di 700 chilogrammi , e che la sua velocità sia di $1^m,1$ per secondo , ovvero 4,000 metri all'ora , che in dieci ore di lavoro danno una corsa di 40,000 metri .

Questo medio *dato* non ci sembra suscettivo di contestazione ; ed è chiaramente stabilito dall'esperienza che i vetturini che hanno cavalli d'inegual forza , e che debbono percorrere strade a fermate molto varie , lastricate o no , aventi salite e discese variabili , caricano comunemente 3,000 a 3,500 chilogrammi soltanto , sopra una vettura o barra trascinata da cinque cavalli ; per cui aggiuntovi il peso della vettura , la carica totale d'ogni cavallo è di 900 a 1,000 chilogrammi .

In Parigi i carretti ordinarii caricati di pietra da taglio , ai quali siano attaccati tre cavalli , conducono generalmente sul lastricato due metri cubici di pietra , e il peso medio d'ogni metro cubico di essa pietra è di 2,600 chilogrammi : onde i due metri cubici pesano totalmente 5,200 , e per conseguenza 1,733 chilogrammi per cavallo ; e siccome la vettura pesa circa 1,000 chilogrammi , così la carica per ogni cavallo riescirà di 2,000 chilogrammi . Lo sforzo di trazione sul lastricato , quando è piano ed orizzontale , può essere valutato in questo caso da 111 chilogrammi , il che è considerevole : ma tali cavalli non lavorano comunemente oltre le cinque ore effettive , e in breve tempo si acciaccano .

Lo sforzo che il cavallo deve esercitare , nonchè l'effetto ch'egli può produrre , variano colla natura

della strada, dipendente questa, e dalla sua costruzione, e dal suo modo di mantenimento e dalla stagione. Così il Navier stima che sopra una strada
inghiaiata e mantenuta in istato ordinario, la carica
del cavallo di vettura sia di 1,000 chilogrammi, tutto
compreso, e di 1,600 sul lastricato.

Lo Schwilgué in un notevole lavoro inserito negli
Annali di Ponti e Strade, nell'undecim'anno e
nel 5.° quaderno, produce il risultamento, secondo
le fatte osservazioni sulla vettura che da Parigi andava all'Havre durante l'intero anno 1825, affine
di determinare le differenze esistenti per fatto dello
stato della strada e della stagione, nelle cariche
medie del cavallo di vettura in ogni mese.

Gennaio	725	chilogr.	Luglio	836	chilogr.
Febbraio	689	«	Agosto	877	«
Marzo	657	«	Settembre	917	«
Aprile	835	«	Ottobre	848	«
Maggio	803	«	Novembre	713	«
Giugno	847	«	Dicembre	704	«

Lo stesso ingegnere, confrontando il carico medio
d'ogni cavallo nelle mute composte di 1 ad 8 cavalli, presenta i risultamenti seguenti:

Mute	Carico medio, compresovi il peso della vettura
1 cavallo	1,441 chilogram.
2 cavalli	1,438 «
3 «	1,311 «
4 «	1,275 «
5 «	1,085 «
6 «	907 «
7 «	783 «
8 «	685 «

Risulta adunque da questa tabella che il carico
trascinato da ogni cavallo diminuisce progressivamente a misura che il numero de' cavalli aumenta.
Tuttavolta un tale risultamento non deve trarre a
conchiudere che fra l'effetto utile prodotto da mute
di diverso numero di cavalli vi siano differenze

notevoli, imperocchè la distanza percorsa da queste diverse mute non è indicata : e converrebbe sapere il numero de' cavalli di rinforzo preso per ogni muta in ognuna delle salite difficili.

Non si è per anco studiato abbastanza un tale argomento ; e sono pure da studiare i rapporti esistenti fra la carica e il trasporto per le varie nature delle strade, e per le diverse andature del cavallo. Rumford ha fatto a quest'effetto alcune sperienze importanti.

Ha impiegato per tali sperienze la sua vettura, le ruote posteriori della quale avevano $1^m,62$, e le anteriori $1^m,06$ di diametro. La grossezza dei quarti delle ruote era di $0^m,07$: il carico sopra ciascuna ruota era di 500 chilogrammi; la velocità era quella del passo del cavallo; l'esperienza in discorso fu fatta tra Parigi e Versailles.

Sul selciato tra il ponte di Sèvres e Passy lo sforzo variava dai 28 ai 30 chilogrammi; il rapporto dell'attrito al carico era dunque di $1/18$. Sopra una parte di strada sabbiosa lo sforzo variava da 56 a 66 chilogrammi, e il rapporto dell'attrito al carico era di $1/12$ ad $1/8$.

Sopra una parte di strada molto sabbiosa lo sforzo era da 90 a 100 chilogrammi : il rapporto dell'attrito al carico $1/5$.

Nelle sabbie le più mobili del bosco di Boulogne lo sforzo era di 125, il rapporto di $1/4$.

Sopra una strada inghiaiata tra Saint-Cloud e Versailles, lo sforzo era 40 a 42, il rapporto $1/13$.

Sopra ciottoli posti di fresco sulla strada : sforzo 130 a 140, rapporto $1/4$ a $1/3$.

Sopra una strada di ferro il rapporto dell'attrito al carico varia da 180 a 240 ; termine medio 210 (1).

(1) Abbiamo detto al §. 1.º del Capitolo 1.º, che il rapporto poteva essere ancora molto minore se si fossero usate le necessarie esattezze nella costruzione de' carri o *waggons*, e della strada di ferro.

Segue da ciò che collo stesso sforzo un cavallo può trascinare un peso dieci o dodici volte maggiore in una strada di ferro che non sopra un'ordinaria, in cui il rapporto dell'attrito al carico varia da 15 a 20. Può infatti un cavallo in una strada di ferro tirare un peso lordo di 10 a 12 mila chilogrammi, ed un peso utile di 7 ad 8 mila chilogrammi, e far loro percorrere una distanza di 40,000 metri. In questo caso il medio effetto utile è di 300,000 unità dinamiche.

Sui canali del settentrione due cavalli tiranti un battello carico di 150 tonellate, lo fanno percorrere in ogni giorno 26 chilometri: l'effetto utile in questo caso è per cavallo di 1,875,000 unità dinamiche.

Questa cifra è considerevole, e sembra che attribuir si debba alla gran lentezza colla quale i cavalli di alaggio tirano le navi sui canali del settentrione: e siccome generalmente lavorano pel corso di dieci ore, nel qual tempo fanno 25,000 metri ovvero 2,500 metri per ora, o $0^m,70$ per secondo; e quando aumentasi la velocità dell'*alaggio* (1) l'effetto diminuisce. Così sui canali inglesi i cavalli percorrono una media strada di 42 chilometri per giorno, e i battelli ch'essi trascinano non portano che 24 tonellate: il numero delle unità dinamiche è dunque di 1,008. Così in questi due casi le velocità sono circa come 5 ad 8, e gli effetti utili sono presso a poco come 9 a 5.

Un tale risultamento è conforme a quello che viene indicato dalle teoriche dell'idraulica, e dalle quali risulta che lo sforzo necessario per ispostare un corpo immerso nell'acqua cresce come il quadrato della velocità; per cui abbisogna uno sforzo quattro volte più grande per ispostare con una velocità doppia un corpo immerso nell'acqua.

---

(1) *Alaggio* è l'azione di *alare* o tirare con una corda un bastimento o una barca ec., per un fiume o canale con la forza d'uomini o cavalli.

Si è rimasto lungo tempo col pensiero che una tal legge si potesse applicare senza modificazione all' *alaggio* de' battelli ; ma questa opinione ha dovuto cedere ai fatti contrari, e che non adempiono per nulla, come puossi vedere, alle teoriche che or ora esponemmo. Noi prendiamo da una pubblicazione inglese del 1833 il racconto seguente delle esperienze fatte su tale argomento.

« Alcune esperienze sono state fatte di recente sul canale denominato della Grande-Congiunzione (*Grande-Ionction*), per determinare il grado di velocità al quale può giungere un battello trascinato da cavalli. Queste esperienze furon di poi ripetute dal Rennie, e i risultamenti che si ottennero giustificarono appieno le asserzioni di Houston, e Grahame, inventori di questo nuovo modo di alaggio. Martedì e Mercoledì il battello — lo Swallow — (Rondinella) costruito di ferro, e condotto dalla Scozia per servire alle sperienze sul canale sunnominato, fu misurato con esattezza, e caricato d'un peso equivalente a quello del numero dei passaggieri, che può contenere un tal battello di 21 metro di lunghezza sopra $1^m,80$ di larghezza. Venne condotto il battello nella parte destra del canale a cinque miglia da Paddington, e i cavalli furono mossi con una velocità che si fece variare tra 4 e 11 miglia e $^1/_4$ (6,400 a 18,000 metri) all'ora. Si notò che la velocità di 4 ad 8 miglia cagionava nell'acqua un aggiramento e delle ondulazioni considerevoli, ma al di là di 8 miglia ($12,000^m$) quest'effetto diminuiva progressivamente. La forza indicata dal dinamometro diminuiva essa pure a misura che la velocità aumentava, e non v'ha dubbio che se la velocità si fosse potuta ulteriormente aumentare, quasi del tutto sarebbe scomparsa l'agitazione dell'acqua.

« Un fatto sì notevole, e, a prima giunta, sì contrario alla teorica ammessa sulla resistenza dei fluidi, aveva ingenerato dei dubbi nella mente dei dotti, sulle asserzioni del Grahame; ma il Rennie

(la cui opinione è stata sancita dall'esperienza) pensò che questa diminuzione di resistenza s'avesse a ripetere dallo stare il battello a fior d'acqua per l'estrema sua velocità. Da nuove sperienze è derivato un fatto importante, la possibilità cioè d'ottenere con tali battelli di ferro perfezionati, una velocità di 10 o 11 miglia (16,000 a 17,600) all'ora, velocità eguale a quella delle migliori diligenze.

« Un servigio regolare di battelli è ancora stabilito sul canale d'Edimburgo e di Glascow, e su quello di Lancastre, per trasportare viaggiatori e merci con una velocità di dieci miglia all'ora, e a metà prezzo di quello che si pagava dapprima ».

Questo risultamento è di grande importanza, e merita l'attenzione degl'ingegneri, perchè porge modo di trarre dai canali un genere di servizio che non si sarebbe mai pensato per l'addietro.

Fra gl'impieghi più usuali della forza del cavallo, s'hanno a tenere i lavori ed i trasporti dei materiali.

Il Cordier, nella sua *descrizione della Fiandra Francese*, ci dà le seguenti particolarità sull'effetto prodotto dal cavallo da aratro in tale paese.

In sette ore e mezzo, il cavallo da aratro in un terreno generalmente piano, ed eguale, con pochi ciottoli, e morbido per ingrassi, lavora un rettangolo di 100 metri per lungo e 50 per largo, ossia un mezzo ettaro, percorrendo la lunghezza del campo in due minuti, ciò che ne dà, per sua celerità, ad ogni secondo $0^m,8$. La larghezza del solco è di $0^m,27$, e la sua profondità media di $0^m,19$. Il mezzo ettaro si trova così diviso in 185 solchi, ed ogni solco è fatto in due minuti, ai quali bisogna aggiugnere il tempo per dar volta al cavallo ed all'aratro, il qual tempo si valuta di 25 secondi. Lo spazio percorso dal cavallo è dunque di 18,500 metri, non compreso le curvature che fa in ciascun solco, e che portano tale spazio a 20,000 metri circa. Lo sforzo della bestia sull'aratro è di 80 chilogrammi, sicchè lo sforzo totale prodotto dal cavallo è di 1,600 unità dinamiche.

Qual effetto utile risulta egli da questo sforzo? Ciò è più difficile a determinarsi, e non si può stabilire che approssimativamente.

Un lavoro a $0^m,19$ di profondità solleva ogni zolla di terra e la rivolge, portandola ad una mediá distanza di $0^m,36$. La superficie del campo è di 5,000 metri quadrati, che moltiplicati per $0^m,19$, danno un totale di 950 metri cubici di terra, alzati a $0^m,36$, ossia 342 metri cubici alzati ad un metro. Il metro cubico di terra può valutarsi di 1,500 chilogrammi; e così il numero di unità dinamiche rappresentante l'effetto utile del cavallo da lavoro in Fiandra sarà di 513, mentre lo sforzo che produce quest'effetto sarà di 1,600 unità. Questo risultamento parrà ammissibile quando si rifletta che il lavoro non consiste solamente nello spostare la terra, ma che bisogna fenderla in due sensi, e ch'egli è così che s'impiega evidentemente la maggior parte dello sforzo del cavallo.

Questo risultamento basta per mostrare quant'attenzione debba porsi, di bene costruire quei pezzi dell'aratro che sono destinati ad aprire il suolo nel davanti e dissotto. Se tali pezzi sono bene disposti, e convenevolmente armati d'acciaio, riescono bene congegnati e ben taglienti, e molta parte dello sforzo del cavallo può essere risparmiata, o piuttosto impiegata al lavoro di maggior superficie di terra.

Abbiamo detto più indietro in questo capitolo, che nei lavori di costruzioni dove s'abbiano ad eseguire dei trasporti di terre e di materiali, la carriuola mossa dall'uomo è preferibile alla biroccia od al carretto camion mosso dal cavallo, quando i trasporti s'abbiano a fare a una distanza di 100 a 300 metri al più. Abbiamo dato ancora le cifre relative al trasporto delle terre di diverse nature per mezzo delle carriuole o dei camion mossi dagli uomini. I risultamenti seguenti, dati dal Ganthey sul trasporto di terre e di materiali o col camion o colla biroccia tirata da cavalli, completeranno i *dati* necessari per questa parte importante dei lavori agricoli e delle opere dell'ingegnere.

Quando si fa uso di camion e di birocce, è vantaggioso aumentare il numero dei caricatori, ma non bisogna che s'impediscano scambievolmente: il prezzo del trasporto varia col numero dei cavalli attaccati alla biroccia, e siccome i cavalli rimangono oziosi mentre si carica, ne segue che questa perdita di forza si fa sensibile, se le birocce sono troppo grandi, o troppo brevi le distanze. Così bisogna adoperare tanto più piccole birocce, quanto più breve è la distanza.

Il Gauthey, calcolando sul prezzo di mano d'opera e di nolo de' cavalli adoperati a Parigi, stabilisce, dietro l'esperienza de' suoi lavori, che debbonsi impiegare birocce ad un cavallo quando la distanza dove convien portare le terre non oltrepassa i 300 metri; a due cavalli quando trattasi di una distanza di 1,100 metri; a 3 cavalli per la distanza di 2,000 metri; a 4 cavalli per la distanza di 4,000 metri. Ciò posto, ritenendo che il peso d'un mezzo metro cubico di terra sia di 750 chilogrammi, e formi per conseguenza il carico usuale d'un cavallo, il Gauthey dà i seguenti risultamenti.

Per una distanza minore di 300 metri s'impiegheranno birocce ad un cavallo, contenenti per conseguenza un mezzo metro cubico di terra; per una distanza di 300 metri a 1,100 birocce a due cavalli, con un metro cubico ec., e così di seguito, aumentando il carico d'un mezzo metro per cavallo, a percorrere le distanze precedentemente indicate.

Le birocce ad un cavallo debbon essere caricate in tre minuti, il che farassi mediante cinque uomini: la biroccia percorre i 300 metri, e ritorna in 11 minuti.

Per le birocce a due cavalli, il carico di un metro cubico ch'esse contengono deve farsi in 13 minuti, il qual lavoro si opera da tre a quattro uomini. La distanza massima di 1,100 metri cui le dette birocce debbono giungere, viene percorsa in 40 minuti, compresovi il ritorno.

Quando la biroccia è tirata da tre cavalli e contiene un metro e mezzo cubico di terra, il carico viene fatto in 25 minuti da 3 uomini: la distanza massima di 2,000 metri, alla quale le anzidette birocce possono pervenire, è percorsa in un'ora e un quarto, compresovi il ritorno.

Quando la biroccia è tirata da quattro cavalli e contiene due metri cubici, il carico si fa in 50 minuti, e viene operato da due uomini. La distanza massima di 4,000 metri, alla quale debbono pervenire le suddette birocce, è percorsa in due ore e mezzo, compresovi il ritorno.

Il tempo dello scaricamento è il medesimo per tutte e quattro le specie di birocce, ed è questo di tre minuti.

I tempi del carico che abbiamo or ora indicati, sono quelli della terra vegetale, terra sciolta e sabbiosa; per caricare dell'argilla, della terra dura o pietrosa e del tufo occorre un quinto di tempo di più, ed un quarto ove trattisi di fanghiglia.

I risultamenti che abbiamo dato sui tempi percorsi dalle diverse birocce, sono stabiliti su questo *dato* comune, che per percorrere una distanza di 100 metri andando e ritornando, conviene contare 3 metri in 10 secondi.

Il maggiore sforzo che un cavallo di forza media può sostenere nel tirare per alcuni istanti, è di 360 chilogrammi.

La maggior velocità dei cavalli corsieri è di 13 a 14 metri per secondo: la velocità media del galloppo è di 10 metri, quella del gran trotto è di 4 metri, del trotto ordinario di 3 metri, del piccolo trotto di $2^m,2$, e del passo ordinario di $1^m,1$.

Il nutrimento del cavallo che lavora, non dev'essere minore d'un mezzo fascio di fieno, di due di

paglia, e d'uno staio d'avena. Il prezzo del forag-
gio pei cavalli d'armata è nella Francia di 1 a 2
franchi secondo le località. La paglia sminuzzata in
modo che gli animali non possano inghiottirla senza
masticarla e mescolata con del fieno, del trifoglio,
dell'erba medica, della cedrangola, sminuzzate separatamente o con dell'avena, e nelle proporzioni
che la sola esperienza può determinare per ogni
cavallo, ed in ragione del lavoro da farsi, riesce
un ottimo pasto.

In quanto al pane meccanico, molto vantato in
questi ultimi tempi, e che si è ritenuto come ottimo nudrimento pei cavalli e superiore a quello del-
l'avena, noi abbiam dato la nostra opinione altrove. (*Esposizione dei prodotti dell'Industria del
1834 pag.* 101). Noi rammenteremo quivi soltanto
che il pane composto di farina d'avena, d'orzo, di
fava, di frumento di quarta qualità, e d'un poco di
sale, analizzato, dà i seguenti risultamenti.

Acqua   41
Residuo insolubile   35
Parte solubile e nutritiva . . .   24
                                    ────
                                    100

Questo pane adunque non contiene che una quarta
parte nutritiva. L'avena non contiene di acqua che
un nono del suo peso, e si ammette che un quarto
dell'avena mangiata dal cavallo non sia da lui di-
gerita. Insomma i $2/3$ dell'avena sono nutritivi o
digeriti dal cavallo; e nel pane meccanico vi è soltanto di nutritivo il quarto del peso. L'inferiorità
del prezzo di questo pane non è adunque che apparente, cosicchè non può offerire vantaggio che pe'
soli cavalli i cui denti sono logori, e pei cavalli
giovani, la dentazione de' quali è dolorosa.

Noi abbiam detto quali siano i limiti dell'effetto
utile che si può ottenere dall'uomo agente come

motore. Noi termineremo ciò che dir dobbiamo pel
cavallo, con un analogo *dato*. Tralasciando l'applicazione del cavallo alla vettura che in certi casi, come abbiamo veduto, produce effetti che possono valutarsi da 3,000 a 4000 unità dinamiche, noi
pensiamo col Navier che lo sforzo medio del cavallo
applicato al maneggio, e quando il tiro si opera
orizzontalmente ed all'altezza del suo pettorale, può
essere valutato di 45 chilogrammi, e la sua velocità
di $1^m,1$; d'onde risultano 1,164 unità dinamiche per
un lavoro di 8 ore. Questo dato medio, inferiore a
quello che molti autori e spezialmente il Christian
hanno fornito, ci sembra il più vero: e noi reputiamo che si possa senz'inconveniente riguardarlo come il limite degli sforzi, che un cavallo di forza
media può produrre nelle operazioni meccaniche.

CAPITOLO V.

Motori Fisici. Vento; Molini.

§ I. -- Considerazioni generali sull'aria.

L'aria atmosferica, benchè invisibile all'occhio,
è un corpo pesante, e per conseguenza suscettivo
d'un'azione meccanica. Essa agisce come l'acqua,
a cagion d'esempio, per pressione e per impulso.

L'azione meccanica dell'aria per pressione è una
delle leggi naturali più importanti nell'organizzazione del globo. Così quando pe' mezzi che la fisica
somministra all'uomo, si perviene a fare il vuoto,
vale a dire ad estrarre l'aria nell'interno d'un vaso
pieno di acqua, questa si evaporizza come se fosse
sottoposta ad un forte calore; e rimane per tal modo
dimostrato, che se alla temperatura ordinaria l'a-
cqua che circola alla superficie della terra conserva
la forma liquida, ciò devesi alla pressione che l'aria
esercita sulla sua superficie, e che le toglie di

spandersi per l'atmosfera da essa aria occupata.

Se s'immerge un tubo di vetro chiuso ad una delle estremità, in un bacino pieno di mercurio (metallo liquido) e tengasi l'estremità aperta immersa nel mercurio, drizzando il tubo verticalmente, si osserva che il mercurio si sostiene sino ad un'altezza di 27 a 28 pollici, e che tutto il resto del tubo, qualunque sia la sua lunghezza, rimane vuoto. Se si rompe l'estremità superiore del tubo, all'istante il mercurio discende, e prende nel tubo lo stesso livello del mercurio esterno. Un tal fatto dipende da quella stessa legge naturale, che abbiamo or ora esposto, e serve pure a farla meglio conoscere. Se il mercurio si sostiene ad un'altezza di 28 pollici in un tubo di maggiore lunghezza, del quale occupava dapprima tutto lo spazio, e per cui l'aria non ha potuto penetrare, si è che la pressione esercitata dall'aria sul mercurio attorno del tubo, è uguale al peso d'una colonna di mercurio di 28 pollici. Fra tanto, quando questa pressione si esercita pure nell'interno del tubo per l'apertura praticata alla sua estremità superiore, egli è evidente che tanto al di dentro quanto al di fuori del tubo, il liquido sottoposto alla stessa pressione prende lo stesso livello.

Il mercurio ha una gravità specifica di 13,59 essendo 1 quella dell'acqua (pag. 45) se la pressione dell'aria è equivalente ad una colonna di 28 pollici di mercurio, equivarrà essa dunque ad una colonna di acqua di 28 pollici moltiplicati per 13,59, ossiano circa 32 piedi, che è infatti ciò che l'esperienza ha verificato. La pressione dell'atmosfera è uguale al peso d'una colonna di acqua di $10^m,39$ di altezza. Dietro di ciò, la pressione dell'atmosfera è facile a calcolarsi. Supponiamo che si voglia conoscere quale sia la pressione esercitata dall'atmosfera sopra una superficie di un metro quadrato, al disotto della quale il *vuoto* sia stato fatto. Questa pressione equivarrà a metri cubici 10 e 39 di acqua, ossiano 10,390 chilogrammi. La cifra generalmente adottata nella pratica è di 104 chilogrammi per decimetro quadrato.

Noi avremo occasione di ritornare su queste leggi naturali per le applicazioni che ne può fare la *Meccanica industriale*; ma è nella *fisica industriale* e nello studio *della macchina a vapore*, ch'esse dovranno ricevere tutto il loro sviluppo.

Tuttavolta, e affine di non lasciare di troppo incomplete le nozioni sulla gravità e la resistenza dell'aria, noi faremo quivi alcune parole sugli aereostati e sui paracadute.

Rammenteremo dapprima ciò che abbiam detto su questo argomento (pag. 42) quando esponemmo i princìpi generali della gravità.

« Riempiendo un pallone di gaz, che chiamasi idrogene, e che è molto più leggero dell'aria, si compone una certa massa, che nel suo insieme è più leggera dell'aria atmosferica. Allora una tal massa è ripulsa dall'aria in cui essa nuota; e che tende a passare sotto di essa come più pesante: e ciò che chiamasi sua *forza d'ascensione* si è la forza di ripulsione del mezzo in cui essa massa è immersa. »

Alcuni sviluppamenti aggiunti a tali princìpi generali renderanno chiarissima l'idea della gravità e della pressione dell'atmosfera; ma vediamo dapprima ciò che è un pallone.

Un pallone è un inviluppo fatto di pellicola d'intestini di bue, materia leggera, flessibile ed impermeabile all'aria, e colla quale si possono comporre superficie estesissime, i pezzi di pellicola, sovrapposti gli uni agli altri in modo da coprirsi mutuamente per una certa quantità, s'incollano fra loro ed aderiscono ermeticamente. Sopra una forma emisferica si possono costruire delle semisfere di ogni grandezza, e che si riuniscono fra loro mediante côlla. Si raffila l'imboccatura che trovasi all'èstremità inferiore della sfera, e si guernisce poscia d'un cordoncino di seta, e quindi si procede al gonfiamento del pallone (*Tav. VIII. fig. 2.*).

Quando si fa in una data proporzione un miscuglio

di limatura di ferro o di zinco, d'acido solforico e di acqua, si produce un gaz che è uno degli elementi costitutivi dell'acqua, e che per questa ragione si è chiamato gaz idrogene: questo gaz è 13 volte più leggero dell'aria. La figura 2. mostra un certo numero di tini, nei quali si sono poste le suindicate materie, e questi tini portano nella lor parte superiore un tubo, pel quale il gaz va a riempire l'inviluppo. Il gaz vi prende a poco a poco il posto dell'aria, e gonfia finalmente il pallone, come noi gonfiamo col nostro soffio un inviluppo di carta o di tutt'altro. Allora il pallone è in istato di essere innalzato. Si chiude con cura la sua estremità inferiore, la quale si trova fornita di rubinetto in modo che la persona che fa l'ascensione nella navicella posta sotto il pallone, e sostenuta da cordoni che lo inviluppano (*fig.* 1.) possa lasciare a volontà del gaz, e discendere quand'essa lo giudica conveniente. Si conosce in fatti che quanto meno il pallone contiene di gaz più il suo peso si avvicina a quello dell'atmosfera, e per conseguenza tende vieppiù a cadere.

L'altezza alla quale un pallone può elevarsi, non è indefinita. Il pallone si leva fino a tanto che la sua gravità è minore di quella d'un volume d'aria eguale a quello del pallone; ma viene il punto in cui la sua gravità è uguale a quella d'un egual volume di aria. Allora non può più innalzarsi. Gli strati inferiori dell'aria atmosferisca essendo sopraccaricati del peso degli strati superiori, hanno maggior densità di questi. Una tal densità diminuisce dunque progressivamente a misura che s'innalza. Noi vedremo nella *Fisica industriale* importanti applicazioni di questa proprietà come a cagion d'esempio nella misura delle altezze mediante il barometro.

Checchessia, nessun esempio è più proprio a far conoscere la gravità dell'aria e la pressione ch'essa esercita su tutti i corpi, dei fatti relativi all'aereostato.

Il paracadute, invenzione più recente dell'arte ancora
sì poco avanzata dell'aereonautica, offre pure un
ottimo mezzo per far conoscere la resistenza che
l'aria oppone ai corpi che vi si muovono, e per
conseguenza la sua propria forza d'impulsione quando è agitata.

Un paracadute (*Tav. VIII. fig.* 3. e 4.) è una
specie di ombrello al quale è sospesa una navicella.
L'oggetto del paracadute è di riparare al pericolo
che porta la rottura d'un pallone, fornendo alle
persone, che sperimentano, un mezzo per diminuire
la velocità della loro caduta. Se si suppone infatti
il paracadute accomodato tra il pallone e la navicella, ed attaccato a quest'ultima, e che il pallone
venga a scoppiare, la caduta della navicella, che
il pallone teneva sospesa nell'aria, si opera dapprima con una grande rapidità: ma questa stessa
rapidità fa aprire il paracadute (*fig.* 3.), ed allora
la superficie ch'egli offre all'aria, presenta una resistenza, che diminuisce la caduta in modo da non
soffrire più alcun pericolo. Ne' primi paracadute si
producevano considerevoli oscillazioni; e ciò avveniva per l'aria che sfuggiva ora da un lato ora da
un altro, per cui correva pericolo la vita della persona, sospesa al paracadute. Si è riparato a un tale
inconveniente formando al centro del paracadute un
orificio calcolato in modo che l'aria possa sfuggire
senza diminuire sensibilmente; sendochè il paracadute deve produrre una resistenza nell'aria per ritardare soltanto la velocità della caduta.

Dopo l'invenzione degli aereostati, il pensiero di
dirigerli ha occupato costantemente alcuni meccanici, per cui crediamo bene di dir quivi alcune parole
su questo problema, che forma ancora l'oggetto di
tentativi infruttuosi, come furono quelli che li precedettero.

La prima difficoltà da vincere per dirigere gli aereostati, è la resistenza dell'aria; resistenza che per
una massa leggera e di un gran volume è importante,

poichè si è su questo fatto che si fonda l'uso dei
paracadute, e lo è molto di più nel momento che
l'aria trovasi agitata; giacchè allora convien vincere
una forza impulsiva che è considerevole, siccome or
ora vedremo: e a pervenirvi occorre armare il pallone d'ali o di remi di volume grandissimo, e agi-
tarli con una velocità, che è fuori di qualsiasi proporzione colla forza che gli uomini posti nella navicella
possono produrre, qualunque sia il loro numero.
In quanto poi all'impiego della macchina a vapore
per tale oggetto, essendo il peso d'una macchina di
questo genere considerevole, pel solo suo innalzamento converrebbe aumentare di molto le dimensioni
del pallone, e per conseguenza ritenere maggiore la
resistenza dell'atmosfera.

Se si esamina come si produce il fenomeno del volo
negli animali, si vede che per riguardo al volume
ch'essi occupano, il peso del loro corpo è lievissi-
mo. Le loro piume offrono una materia in pari tempo solidissima, molto resistente e molto leggiera,
siccome pure i muscoli pettorali, che servono al moto
delle ali, sono di una forza che sorpassa relativamente quella di ognuna delle membra dell'uomo. Si
è per tal modo che possono sostenersi e dirigersi nel-
l'aria, e lottare pure contra il vento; lotta che la maggior parte degli uccelli non opera che bordeggiando.
Si sa d'altronde che nell'alte regioni dell'atmosfera, regnano correnti e contro-correnti, delle quali
sanno giovarsi gli uccelli nelle lunghe loro traversate.

L'esempio degli uccelli, dal quale gli uomini hanno dedotto l'idea ch'essi potrebbero dirigere degli
aereostati, insegna loro in pari tempo a quali condizioni vi potranno pervenire. Occorre scoprire dei
motori, che sotto un piccolo volume ed un piccolo
peso racchiudano una considerevole forza, e conviene pure trovare delle materie che riuniscano una
grande solidità ad una grande leggerezza, e che re-
sister possano soprattutto all'effetto meccanico, che
dovranno poi sostenere.

Il *Christian* nella sua *Meccanica* riassume con altrettanta semplicità che chiarezza le osservazioni, di cui il vento e la sua forza d'impulsione furono l'oggetto.

» Il moto di traslazione più o meno rapido, dice egli, che diverse porzioni dell'atmosfera subiscono, e che si chiama vento, sembra provenire principalmente dal riscaldamento o dal raffreddamento delle masse atmosferiche parziali.

» Quando l'aria è riscaldata, il suo volume aumenta : per conseguenza un volume d'aria calda pesa meno d'un volume d'aria fredda. Quando dunque una certa massa d'aria è stata riscaldata, essa tende a salire per dar luogo all'aria più fredda. Così havvi luogo di credere che l'atmosfera che circonda la terra, e che è inegualmente riscaldata da questa in ragione dell'ora e della stagione, sia assoggettata ad una cagione continua di variazioni e di agitazioni, donde risultano o le correnti costanti e periodiche, che si osservano in alcuni mari, sotto il nome di *venti regolari*, o le correnti variabili, che si distinguono col nome generale di *vento*.

» La conformazione della superficie delle varie regioni della terra influiscono potentemente sulla direzione dei venti : le catene delle montagne, le foreste, i bacini dei fiumi, le colline stesse, che attraversano un paese su diversi punti, rompono le correnti atmosferiche, le rimuovono e le rimandano in tutti i sensi, tanto variabilmente quanti sono gli accidenti e gli ostacoli ch'esse incontrano sul loro passaggio.

» Egli è da questo stato di variazione che l'industria deve in generale prendere il vento per farlo servire di motore ; e per ciò ottenere conviene che l'industria acconci le sue disposizioni meccaniche ai numerosi cangiamenti non solo di direzione, ma ancora di potenza d'azione : imperocchè le cagioni, che rompono l'equilibrio delle colonne atmosferiche e le mettono in moto, essendo esse stesse variabili, egli è evidente che gli effetti ne sono essi pure variabili, vale a dire la velocità del moto di traslazione dell'aria, da cui dipende la forza motrice dei venti.

» I luoghi in cui questo motore si presenta con maggiore vantaggio sono le pianure e i punti culminanti d'una contrada; qualche volta pure in certe posizioni all'entrata o all'uscita di una gola di montagne. Là i venti seguono il loro moto naturale senza incontrare ostacoli che li rompano o li disviino: quivi la disposizione dei luoghi può esser tale, che rimandi il vento derivato da molti punti dell'orizzonte verso un altro che conviene scegliere per istabilire l'uso di questo motore.

» Checchè ne sia di tutti i motori inanimati, il vento è l'ultimo al quale si deve in generale aver ricorso per la maggior parte delle operazioni industriali; e non è ordinariamente impiegato che in quei paesi ove i corsi d'acqua mancano, e dove il vento regna abitualmente con maggiore forza, vale a dire nelle aperte pianure. In difetto d'altri motori occorre qualche volta di farne uso.

» Non puossi negare fra tanto che un tal motore non sia molto economico, senz'esserlo però più dell'acqua; ma egli ha sopra questa un vantaggio tutto suo proprio, quello cioè di presentare moto sopra una superficie maggiore tanto in lunghezza che in larghezza. In fatti in estesa pianura il numero dei punti in che possonsi formarsi degli opifici mossi dalla forza del vento è considerevole; ciocchè non potrebbesi ottenere con un corso di acqua: ma questa si riunisce, si dirige, e può registrarsi nella sua forza, per ottenerne degli effetti molto regolari. L'azione del vento conviene prenderla com'essa è, e quando ha luogo, senza potere influire nè sulla sua forza assoluta nè sulla sua direzione: e il lavoro che fa questo motore è pure irregolare come lo è egli stesso ».

Tutte le operazioni meccaniche, che esigono una potenza motrice costante e regolare, tutte quelle che si compongono d'una serie di lavori dipendenti gli uni dagli altri, ed ai quali è applicata molta mano d'opera, non possono dunque essere raccomandati a questo motore, che solo conviene a certe operazioni le quali non vogliono che il concorso di poche braccia, e di cui il lavoro può aumentare o diminuire, ed interrompersi senza inconvenienti. Tali sono, a cagion d'esempio, quelle dei molini ordinari per la polverizzazione delle galle, dei grani, e dei semi per trarne olio; quelle delle seghe ordinarie, e principalmente quelle delle irrigazioni e dei prosciugamenti.

Malgrado gl'inconvenienti che trovansi inerenti all'impiego del vento come motore, esso è in uso dappertutto e da molto tempo, ed è tradizione che fosse conosciuto in Oriente prima delle Crociate, e in Francia prima ancora di questo tempo. Oggigiorno s'impiega il vento in quello stesso modo con cui l'impiegavano gli antichi, vale a dire in operazioni della natura di quelle onde abbiamo parlato.

Un tal motore presenta un fatto curioso, che non è sfuggito a chi scrisse su questo argomento; ed è che il modo comune com'è in generale adottato, di ricevere cioè l'azione di questo motore per trasmetterlo al lavoro, s'accosta di molto a quella perfezione, che potrebbesi sperare d'ottenere con le ricerche scientifiche le più felici.

Gli uomini che hanno approfondito questa materia e con esperienze dirette e colle loro osservazioni sull'uso ordinario della forza motrice del vento, s'accordano a dire che non si può sperare di portarvi innovazioni vantaggiose di qualche importanza: noi poi siam d'avviso essere più utile di studiar perfezionamento nel modo di applicazione in generale adottato, di quello che intraprendere di cangiarne il sistema e le forme principali.

La potenza del vento dipende dalla massa d'aria

agente e dalla velocità di questa massa: Tuttavolta questa potenza non può misurarsi direttamente pel prodotto del peso dell'aria agente moltiplicato per la sua velocità: la natura di questo corpo, la sua elasticità, il modo secondo il quale la sua azione può esser ricevuta, non permettono evidentemente di supporre che la sua forza impulsiva possa essere assoggettata a questo genere di calcolo. Non puossi più oltre sottoporla a que' metodi, dietro i quali la forza impulsiva de' liquidi è calcolata: ciò facilmente verrà compreso quando esporremo le leggi che regolano questa parte dell'idraulica.

Con esperienze dirette, la forza motrice dell'aria si è calcolata. Queste sperienze hanno dato i risultamenti seguenti:

Velocità del Vento	Pressione esercitata sopra una superficie di un piede quadrato (10,5 dec. quad.) grammi	Nomi volgari dati a questi generi di venti.
0,45	2,2	Vento appena sensibile.
0,90	9.	Venticello leggiero regolare.
1,34	19,9	«
1,38	35,8	Vento fresco.
2,23	55,7	«
4,47	223.	Vento disteso.
6,70	502.	«
8,94	892,3	Forte venticello regolare.
11,17	1,394,3	«
13,41	2,008,3	Vento impetuoso.
15,65	2,733.	«
17,88	3,570.	Vento impetuoso di terra.
20,11	4,517.	«
22,35	5,577.	Tempesta.

26,82	8,032.	Gran tempesta.
35,77	14,278.	Oragano.
44,71	22,309.	Oragano che schianta gli alberi ed abbatte le case.

L'esperienza venne fatta disponendo la superficie perpendicolarmente all'azione del vento. Quest'esperienza non può dunque dare che risultamenti relativi a ciò che concerne ai molini de' quali le superficie destinate a ricevere l'azion del vento ed a trasmetterla, non sono disposte perpendicolarmente a quest'azione, ma la ricevono al contrario sotto un certo angolo, e per conseguenza non ne trasmettono che una piccola parte, siccome or ora spiegheremo.

Del resto, l'uso insegna che ad una velocità di quattro metri per secondo, (quella che esercita contro una superficie d'un piede quadrato, disposta perpendicolarmente per riceverla, un'azione circa di $\frac{1}{5}$ di chil.) l'azione contra le vele è troppo debole per la macinazione del grano, e quando al contrario la velocità è di otto metri, occorre di raccogliere le vele per evitare la rottura delle ali.

La tabella superiormente data addimostra che la pressione del vento cresce come il quadrato della velocità, vale a dire che in una velocità doppia la pressione è quadrupla. L'esperienza pure ha fatto conoscere che le pressioni crescono in un maggior rapporto che le superficie esposte al vento. Così la pressione in una velocità di $6^m,7$ è di un mezzo chilogrammo sopra un piede quadrato, e sarebbe essa, colla stessa velocità, poco più di un chilogrammo sopra una superficie di due piedi quadrati.

L'applicazione di questi diversi princìpi all'arte di costruire de' molini, non puossi fare direttamente. Noi abbiam detto infatti che la superficie sulla quale le anzidette esperienze furono fatte, era disposta perpendicolarmente all'azione del vento; ora nei molini le superficie che rimandano l'azione del vento, non possono evidentemente essere così disposte. Egli è chiaro che per far servire il vento di motore senza soccorso d'alcuna forza straniera, conviene che molte superficie siano disposte in modo, che l'una essendo mossa e strascinata dal vento, ne conduca un'altra sotto la sua azione, e che così esse si presentino successivamente per ricevere un tale impulso; ovvero (ed è il caso il più generale) debbono essere disposte in modo, per riguardo al vento, che possano contemporaneamente riceverne l'impulso e muoversi attorno d'un punto fisso mediante il quale la forza motrice verrà trasmessa. Così a cagion d'esempio se, avendo disposto due grandi pezzi di legno in croce attorno d'una ruota, noi aggiugniamo sopra ciascuno dei quattro bracci una tela stirata sopra un telaio leggiero, affinchè queste tele vengano investite dal vento; e se queste vele sono disposte nello stesso piano, vale a dire, se non compongano che una stessa superficie piana coi quattro bracci, egli è chiaro ch'esse non gireranno: e se d'altronde sono esposte perpendicolarmente all'azione del vento, questo non produrrà altro effetto che uno sforzo generale e simile d'impulso contra tutte le vele in uno stesso tempo, e contra l'apparecchio che le sostiene; e per conseguenza tenderà a rovesciarlo.

Se al contrario ognuno de' telai, cui sono affidate le vele è inclinato attorno del braccio che lo sorregge, e nel medesimo senso, ed in modo da presentarsi obbliquamente al vento quando l'asse cui sono raccomandati trovisi nella stessa direzione del vento (come nel precedente caso) allora l'apparecchio dovrà girare.

Quando una palla elastica poggiata contra un ostacolo resistente, è colpita in modo che la forza impulsiva passi pel suo diametro e sia perpendicolare all'oggetto resistente, come la sponda d'un bigliardo, si sa che la palla, qualunque sia d'altronde la forza motrice, non si muove, e tutta la forza dell'urto si annienta nella sponda del bigliardo, purchè l'oggetto che ha colpito la palla rimanga fermo contr'essa ; imperocchè senza di ciò l'elasticità della sponda rimanderebbe la palla nel senso contrario alla linea dell'urto che l'ha colpita. E se al contrario l'urto è dato obbliquamente, la palla di necessità sfugge, e si muove seguendo una linea obbliqua alla sponda, e con una velocità, che la legge di composizione e di decomposizione delle forze, permette di calcolare.

Accade lo stesso del principio che abbiamo or ora esposto dell'azione del vento contra le ali, del molino a vento. Se le superficie che ricevono la sua azione, gli sono perpendicolari, tutto lo sforzo si annienta nell'asse : se esse gli sono obblique, una parte dello sforzo è perduta, e l'altra fa costantemente sfuggire la superficie colpita. Così si produce e si mantiene il moto di rotazione.

Si vede d'altronde che siccome un tal movimento non ha luogo che in sequela di una decomposizione di forze, i calcoli che precedentemente abbiam dati, non possono offerire che delle indicazioni relative. In quanto alla valutazione della forza che agisce effettivamente sulle ali del molino secondo la loro superficie, la loro inclinazione e la velocità del vento, essa si è sin qui sottratta ai calcoli della scienza, e si è, come dicemmo, potuto soltanto verificare coll'uso (in materia di costruzione di molini) che sembra essersi avvicinata a molto perfezionamento, quasi fosse stata diretta dalla scienza.

Tuttavolta i molini potrebbero fornire materia ad osservazioni utili tanto alla scienza quanto a coloro che impiegano questo genere di macchine. Coulomb, di cui citammo le belle ricerche per ciò che concerne alla forza dell'uomo, ha molto studiato i molini, e ne ha dedotto alcuni interessanti risultamenti, ma ch'egli non ha potuto recare tant'oltre come sarebbe stato necessario. « Nelle mie osservazioni, dic'egli, non faceva che seguire in silenzio il lavoro del mugnaio, ed io non influiva in nulla sulle sue operazioni. Avrei voluto in seguito disporre del molino e variarne i moti. Con ciò mi sarei procurato una serie di esperienze per istabilire la teorica di queste macchine sopra un maggior numero di *dati*: ma quando i proprietarii di questi molini seppero l'uso ch'io ne voleva fare, non potei mai riuscire a persuaderli di affittarmene uno per pochi mesi. In tutte le arti, dove chi opera è poco istruito, o per meglio dire ove non si tratta, come quivi, che d'un semplice lavoro, egli s'immagina che la pubblicità delle sue manipolazioni possa nuocere a' suoi interessi, e vede con dispiacere il curioso che interroga, che osserva, e che dopo alcuni istanti di esami può calcolare i prodotti della macchina, e i profitti del proprietario ». Questa riflessione di Coulomb è giusta; ed è fuor di dubbio che tale timore degl'industriosi è una delle cagioni che impediscono più fortemente i progressi delle arti meccaniche: nè tale diffidenza esiste soltanto fra quelli che agiscono nelle arti di poca importanza, ma spesso ancora fra quegli stessi che dirigono industrie di prim'ordine, e i quali privi di una sviluppata istruzione industriale, non conoscono la necessità delle investigazioni della scienza, e in conseguente del profitto che ne potrebbero ritrarre. Questa inerzia e questa diffidenza sono adunque le cagioni principali del ritardimento della nostra industria: e non saranno mai troppi que' molti sforzi che si faranno per isradicarle.

Checchè ne sia di tali difficoltà, le ricerche del Coulomb non sono state del tutto sterili; e di queste noi prenderemo le principali particolarità. Ciò che si leggerà in seguito non merita solamente attenzione pei risultamenti che vi sono stabiliti, ma eziandio pel modo con cui essi lo sono, e che servir debbono di modello quando si vogliano studiare macchine e rendersi ragione dei loro effetti.

« Nei molini, dice Coulomb, destinati a segare

il legno, a macinare il grano, o a produrre degli
effetti, la misura dei quali non può esser ridotta in
peso che mediante sperienze complicate, riescirebbe
forse difficilissimo il misurare la quantità dell'effetto
di un dato vento; ma ne' molini in cui i pestelli
(pile) innalzati, ricadono da una data altezza, siccome si può misurare il peso d'ognuno di essi pestelli, il numero di questi innalzato in un minuto,
ed inoltre la velocità del vento, si otterrà facilmente
la quantità di effetto che tali macchine producono
in un dato tempo: poichè la quantità d'effetto di
una macchina, ha per misura il prodotto dell'altezza pel peso innalzato.

« In tutta la Fiandra e principalmente presso la
città di Lilla havvi una grandissima quantità di molini a vento, che innalzano pestelli per triturare il
seme di colzà (cavolo rapa) ed estrarne l'olio. Tali
molini, in quanto alle dimensioni e alla lunghezza
delle ali, sono simili a quelli che servono in quella
stessa provincia per la macinazione del grano (*Tav.
VIII. fig. 5. e* 6.); ed ecco minutamente le misure
medie delle principali parti di queste macchine.

« 1, volanti hanno da un'estremità di un'ala all'ala
opposta una lunghezza di 76 piedi; la larghezza
dell'ala è poco più di piedi 6, di cui cinque sono
formati da una tela attaccata sopra un telaio, e
l'altro piede da una tavola leggerissima. La linea
di congiunzione di detta tavola e della tela forma
dalla parte urtata dal vento un angolo sensibilmente
concavo al principio dell'ala, e che andando sempre
diminuendo, svanisce all'estremità dell'ala stessa.
Il pezzo di legno che forma il braccio e sostiene il
telaio, è situato a tergo di detto angolo. La superficie della tela è curva; ma i costruttori dei molini
non hanno alcuna regola fissa per tracciarla, quantunque la considerino come il secreto dell'arte. Mi
è sembrato generalmente che si allontani di poco
dalla verità supponendo la superficie dell'ala composta di linee rette perpendicolari al braccio dell'ala

stessa, e corrispondenti con un'estremità all'angolo concavo formato dalla congiunzione della tela e della tavola, e l'altra estremità situata in modo che al principiare dell'ala a sei piedi dall'albero, le linee rette formino coll'asse dell'albero un angolo di 60 gradi, dimodochè all'estremità dell'ala quest'angolo sarebbe di 78 a 84 gradi, e quest'aumento di 78 a 84 avviene a misura che l'asse di rotazione è più inclinato all'orizzonte. Frattanto il lato sinistro che formerebbe l'ala, in seguito di tale descrizione, non è bene stabilito, e in vece di essere terminato da una linea retta, e ciò ordinariamente dalla parte sotto vento, lo è da una curva, la cui maggiore concavità è di 2 o 3 pollici.

« L'albero girante, e al quale le ali sono attaccate, inclina all'orizzonte di 8 a 15 gradi. Esso è guernito di sette travi di 42 pollici di lunghezza, che passandolo da parte a parte trasversalmente, formano 14 piuoli o leve, ciocchè gli dà la forma e il nome di *ricciaia posticcia*. Queste leve corrispondono a quelle di sette pestelli, che possono essere innalzati ognuno due volte nel tempo che l'albero fa un intero giro.

« Di questi sette pestelli cinque sono di pezzi di legno di quercia ordinariamente di 20 a 22 piedi di lunghezza, sopra 9 a 11 pollici di riquadratura, armati con puntazza di ferro di 50 a 60 libbre: e servono a sminuzzare il seme. Tali pestelli pesano presso a poco 1,020 libbre ognuno; e i due altri pestelli hanno la stessa lunghezza, ma non hanno che 6 a 7 pollici di riquadratura, e sono destinati a chiudere e dischiudere de' cunei per estrarre l'olio mediante una forte compressione. Questi due ultimi pestelli sono circa del peso di 500 libbre, e non havvene generalmente che uno solo in azione: i cinque primi agiscono insieme quando il vento è bastante.

« Esaminando l'effetto di questi molini, la prima osservazione importante che si presentò, fu questa, che con un vento medio che puossi stimare da 18 a 20 piedi per secondo, più di 50 molini posti ad un quarto di lega da Lilla nella stessa posizione, producevano presso a poco la stessa quantità d'effetto, benchè vi fossero molte piccole differenze nella costruzione di detti molini, sia relativamente all'asse di rotazione, sia relativamente alla disposizione delle ali. Da questa osservazione puossi, come sembrami, trarne un'interessantissima conclusione; essere cioè possibile che a forza di andar tentoni, la pratica si sia di molto ravvicinata al grado di perfezionamento.

« Ed ecco ora le sperienze, dietro le quali si è valutato l'effetto dei molini in discorso in una media annata.

« Si misurò e si osservò la velocità del vento, con piume leggerissime, che questo vento trascinava: due uomini posti sopra un luogo di piccola elevazione e nella direzione del vento, osservavano il tempo che una di dette piume impiegava a percorrere 150 piedi.

« 1.ª *Esperienza*. Il vento percorre 7 piedi per secondo. Quando il molino è libero, e quando ognuno dei pestelli non si trova elevato, le ali del molino fanno cinque giri e mezzo per minuto; ma mettendo in azione un solo pestello di 1,020 libbre, ed elevandolo due volte per 18 pollici d'altezza in ogni giro dell'ala, il molino fa appena tre giri per minuto.

« 2.ª *Esperienza*. Il vento percorrendo 12 a 13 piedi per secondo, le ali fanno 7 a 8 giri per minuto; e non vi sono che due pestelli di 1,020 ed uno di 500 libbre che siano in azione. Con tale grado di moto il molino perviene a dare una botte di 200 libbre d'olio in 24 ore.

« 3.ª *Esperienza*. Il vento percorrendo 20 piedi per secondo, le ali fanno 13 giri in un minuto; cinque pestelli di 1,020 libbre ognuno sono posti in azione unitamente ad un altro di 500 libbre; le quattro ali del molino portano tutte le loro vele, e si fabbricano tre botti e mezzo d'olio in 24 ore. Questo grado di velocità è quello che sembra meglio convenire alla macchina in discorso, ed è almeno quello che il fabbricatore preferisce, non trovandosi menomamente angustiato dal lavoro: un tale vento soffia ordinariamente con una velocità molto uniforme; il molino porta tutte le sue vele senza tema d'inconvenienti, e senza che le commettiture dell'armatura ne soffrano.

« 4.ª *Esperienza*. Il vento soffia con forza, e percorre 28 piedi per secondo. I molinari sono obbligati di raccogliere per sei piedi la vela all'estremità d'ogni ala: questa fa 17 a 18 giri in un minuto: e il molino fabbrica circa 5 botti d'olio in 24 ore, essendo in azione cinque pestelli di 1,020 libbre, ed un altro di 500.

. 5.ª *Esperienza*. I molini da grano, l'ingranaggio de' quali è disposto in modo che la macina fa cinque giri nel tempo che l'ala non ne fa che un solo, non cominciano a girare che quando la velocità del vento è di 10 a 12 piedi per secondo; e allorchè la velocità del vento è di 18 piedi per secondo, le ali del molino fanno 11 a 12 giri per minuto: e questi molini possono macinare, senza abburattare, da 800 a 900 libbre di grano per ora; e qui convien notare che con uno stesso grado di vento i molini ad olio fanno essi pure da 11 a 12 giri per minuto; dimodochè quando si avrà calcolato per un vento di 18 piedi per secondo la quantità di effetto che produce il molino da olio, facilmente si valuterà la quantità di resistenza della macina che sminuzza il seme per olio.

« Quando il vento ha 28 piedi di velocità per secondo, le ali del molino da grano, spiegate che siano tutte le loro vele, fanno spesso sino a 22 giri per minuto, e macinar possono sino a 1800 libbre di farina per ora. Qualche volta i mugnai fanno agire i lor molini coll'anzidetto grado di velocità, malgrado l'enorme riscaldamento che la farina contrae uscendo per di sotto della macina; e sono obbligati allora di cangiare di tempo in tempo la specie di grano che sottomettono alla macinatura per rinfrescare, dicon essi, la loro macina.

« Noi ora determineremo, dietro le sperienze che precedono, qual è l'effetto annuale che i molini producono. Dal notato lavoro di questi molini, per una serie di anni, ho trovato che danno in un'annata media 400 botti d'olio: ora siccome la fabbricazione d'una botte d'olio esige presso a poco la stessa quantità di colpi di pestello per ridurre il seme in pasta, dedurremo facilmente dalle nostre sperienze la quantità di colpi di pestello necessari alla fabbricazione di 400 botti; o (ciò che torna lo stesso) il numero dei colpi di pestello dati in una media annata.

« Abbiam trovato nella terza nostra esperienza che con la velocità media del vento, che è di 20 piedi per secondo, le ali del molino a vento fanno 13 giri in un minuto; e vi erano allora cinque pestelli pesante ognuno 1,020 libbre ed un altro 500, innalzati due volte a 18 pollici di altezza in un giro d'ala; così, siccome l'effetto di una macchina si misura in un dato tempo dal peso innalzato e dall'altezza alla quale perviene; si avrà per l'effetto ottenuto in un minuto il prodotto di 1,020 libbre per 5, numero de' pestelli, poscia per 13, numero dei giri delle ali in un minuto, e per 2, poichè ad ogni giro d'ala i pestelli sono due volte sollevati; ed il piccolo pestello di 500 libbre, per 13 e per 2, il tutto moltiplicato per un piede e mezzo, ciocchè darà per 24 ore 1,000 libbre innalzate a 313,920 piedi o 313,920 libbre ad un piede. Troviamo pure nella stessa sperienza che quando un tal molino, avente l'anzidetto grado di azione produce tre botti e mezzo d'olio per giorno, poichè produce in un'annata media 400 botti, e che per produrne una occorre lo stesso numero di colpi di pestello, il detto molino lavora con l'azione dovuta ad un vento, la velocità media del quale è di 20 piedi per secondo pel corso di 114 giorni d'ogni anno: e siccome i molini rimangono in riposo le domeniche e gli altri giorni festivi, puossi valutare il lor lavoro continuo nell'istesso modo che trovammo, al terzo dell'annata, o, ciò che torna lo stesso, si può supporre che questi molini lavorino tutta l'annata 8 ore per giorno innalzando un peso di 1,000 libbre a 218 piedi per minuto ».

Chi avrà posto attenzione al fin qui detto, sarà rimasto sorpreso senza dubbio della chiarezza e della rettitudine di mente, che rifulge dalle citate sperienze, dall'esposizione che n'è stata fatta, dai risultamenti che se ne sono dedotti. Paragoniamo frattanto questi risultamenti a quelli che ci sono cogniti.

Il risultamento a cui perviene il Coulomb, esprimendo il lavoro giornaliero dei molini, e supponendo che agiscano tutto l'anno, è di 1,000 libbre innalzate a 218 piedi per minuto, ossia 489 chil., 50 alzati $70^m,80$, ossia 34,556 chilog. elevati a 1 metro in un minuto, ossia 2,063,360 chilogrammi ad 1 metro in un'ora, o finalmente in 8 ore 16,506,880 chilogrammi ad un metro. Noi abbiamo detto altrove che il lavoro giornaliero dell'uomo manovrante alla manovella era di 173,000 chil. innalzati ad 1 metro; i molini descritti da Coulomb, e colle dimensioni più sopra indicate, fanno dunque il lavoro di 95 uomini agenti alla manovella. Un'altra sperienza descritta da Coulomb mostra inoltre che l'attrito assorbisce un sesto della forza impressa dal vento; così la forza motrice della quale può disporsi in un molino della Fiandra sarebbe esattamente rappresentata dal lavoro di 79 uomini.

Si vede pertanto come tali ricerche siano utili e necessarie. Per mezzo del risultamento onde noi siamo pervenuti, è cosa possibile lo stabilire una comparazione esatta fra i differenti processi che potrebbero usarsi per la fabbricazione dell'olio, o per triturare le galle, o segare i legnami, o finalmente macinare le biade.

Nel Trattato delle Macchine dell'Hachette, noi troviamo un esempio importantissimo di questo genere di confronto. Istituendo sulle cifre date dal Coulomb un calcolo analogo a quello che or ora abbiam fatto, Hachette trova che la fabbricazione d'ogni botte d'olio (la botte è di 100 chilogrammi) impiega 14 a 15 mila unità dinamiche, dalle quali bisogna detrarre un sesto per la forza consumata dall'attrito, sicchè la fabbricazione di 100 botti d'olio consumerà 12,500 unità dinamiche.

« Dietro una nota, prosegue l'Hachette, che m'è stata comunicata dal Clement, il signor Hall deve stabilire a Lilla una macchina a fuoco della potenza di 10 cavalli, la quale fabbricherà 500 botti d'olio. L'effetto del vapore, corrispondente in un giorno a quello del cavallo, e che viene teoricamente denominato *Cavallo-vapore*, è di 6,000 unità; la forza di 10 cavalli in 24 ore è di 60,000 unità; e dividendo questo numero per 5, si hanno, per la forza impiegata nella fabbricazione di una botte d'olio 12,000 unità.

« A Lilla l'ectolitro di carbone di terra costa un franco e venticinque centesimi (1), e pesa, a misura colma, 100 chilogrammi, mentre a misura rasa pesa solamente 80 chilogrammi. La macchina di Hall consumar deve 500 a 600 chilogrammi di carbone in 24 ore, la spesa del carbone sarà tutto al più di 7 ad 8 franchi in pari tempo. Quantunque la forza motrice del vento nulla costi, e che la formazione d'un molino a vento non esiga che una piccolissima parte de' capitali necessarii per la costruzione

_____

(1) Hachette s'inganna sul prezzo dell'ectolitro del carbone di terra a Lilla, che vi costa per lo meno 2 franchi e 50 cent.; la spesa per giorno sarebbe adunque di 15 a 16 franchi; ma malgrado una tale differenza, havvi ancora vantaggio per la macchina a vapore.

delle macchine a fuoco, nulladimeno egli è probabile che i molini a vento della Fiandra, i quali, secondo Coulomb, non lavorano che un terzo dell'anno, verranno quanto prima rimpiazzati da macchine, i prodotti delle quali saranno pure costanti, come la forza motrice applicata a queste macchine.

Lo stesso autore pensa che il Coulomb faccia errore quando valuta ad 800 o 900 libbre la quantità di grano che un molino può macinare grossolanamente in un'ora di tempo, con una velocità del vento di 20 piedi per secondo.

« Un molino da grano, dic'egli, la macina girante del quale abbia 2 metri di diametro e faccia per minuto 67 rivoluzioni, ha dato due quintali metrici di farina grezza (crusca e farina unite) in un'ora e quindici minuti, ovvero un quintale in trentasette minuti e mezzo. L'ectolitro di grano pesava 75 chilogrammi e tre decimi; e una tale esperienza fu fatta in uno de' molini del Corbeil. Questo molino era posto in moto da una ruota idraulica ad ale o pale; ed avendo misurato la resistenza applicata all'albero girante della ruota, e conosciuto il numero delle sue rivoluzioni in un tempo dato, ho determinato (facendo variare la resistenza) qual fosse la velocità di rotazione, che corrispondeva al *maximum* di effetto dinamico, ed ho trovato, pel valore di questo effetto in un'ora 1,321 unità dinamiche, ognuna di 1,000 chilogrammi innalzati ad un metro, da cui ne segue che la macinatura grossolana di un quintale di grano, ha consumato 825 unità dinamiche.

« Ne' molini da grano di costruzione inglese, come quelli che sono stabiliti a Saint Deny vicino a Parigi, nella casa di Benôit, la macinazione costante di un quintale consuma circa 1,200 unità dinamiche, ed ogni copia di macine converte in farina 20 quintali metrici di grano in 24 ore ».

Riprendiamo frattanto il risultamento dato dal molino del Corbeil, e cioè 825 unità dinamiche per la

grossolana macinatura di un quintale di grano, e
paragoniamolo al risultamento dato dal Coulomb,
cioè 800 o 900 libbre di grano macinato all'ingrosso
in un'ora da un molino moventesi sotto una velocità
del vento di 20 piedi per secondo. Riportandoci al-
l'effetto prodotto di questo molino, i nostri calcoli
ci fornirono 2,063,360 chilogrammi innalzati ad un
metro per ora, ovvero 2,063 unità dinamiche per
4 quintali metrici e mezzo; di modo che il quintale
metrico non consumava quivi che 485 unità dinamiche. Un tale risultamento è adunque un poco
più della metà di quello trovato dall'Hachette, e per
cui egli conchiude che havvi errore nella valutazione
del Coulomb. E qui convien notare che il numero
delle unità dinamiche indicate dalle ricerche del
Coulomb non si è ottenuto direttamente come nell'e-
sperienza dell'Hachette; ma deriva invece dal confronto di due fatti: l'uno, il tempo necessario per
la triturazione del grano, l'altro la forza prodotta
in un meccanismo diverso da quello, che serve a
questa triturazione. Da un altro lato un assetta-
mento delle macine più o meno ben fatto, un migliore mantenimento del meccanismo, una differenza
nella qualità del grano, possono di molto far variare la quantità della forza necessaria alla stessa
operazione meccanica eseguita da diverse macchine.
L'esattezza delle osservazioni del Coulomb non è
dubbia; e sembra per conseguenza che dal punto
che esse comprovano una sì grande superiorità di
azione dei molini fiamminghi, sia giuoco forza conchiudere che il meccanismo di tali molini sia senza
dubbio superiore a quello dei molini del Corbeil:
ed è questa la conclusione che (almeno per noi) ne
ricaviamo, anzichè quella erronea tratta da uno degli uomini, che hanno meglio osservato le operazioni meccaniche.

Le sperienze del Coulomb conducono ad un interessante risultamento; infatti se noi prendiamo in
queste sperienze, da una parte la velocità del vento

espressa in metri per secondo, e dall'altra il numero
de' giri fatti dall'albero del molino in un minuto,
e che noi confrontiamo questi due risultamenti, for-
meremo la tavola seguente:

Velocità del vento per secondo	Numero de' giri dell'albero per minuto	Rapporto
$2^m,27$	3	0,75
$4^m,06$	7	0,75
$5^m,8$	11	0,53
$6^m,5$	13	0,50
$9^m,1$	17	0,54

Dietro le ultime sperienze, le quali sono maggiormente da considerarsi, poichè la velocità del
vento che vi serve di termine di confronto è la più
usuale quando i molini agiscono, si conosce che il
rapporto della velocità del vento in un secondo, e
il numero de' giri dell'albero in un minuto, è presso
a poco costante ed eguale a 0,52: ed è questo un
fatto di pratica che si riproduce in tutti i molini
ne' quali i mugnai hanno qualche poco di esperienza. Un molino ben regolato dà adunque il mezzo
di calcolare la velocità del vento in un secondo: e
basta sapere il numero de' giri che fanno le ali in un
minuto, e moltiplicare questo numero per 0,52.

Noi non ci addentreremo quivi minutamente nella
costruzione de' molini; e basta per lo scopo che ci
siamo proposto, quanto riferimmo dietro il Coulomb
intorno le dimensioni e le particolarità della costruzione delle ali dei molini della Fiandra, detti *molini olandesi*, e i quali sono ritenuti i più perfetti;
cioè di far conoscere la forza motrice che può produrre il vento, e i mezzi generali coi quali si ottiene.

Ma ci restano a dire alcune parole sulla maniera
di *orientare* i molini. Perchè il vento possa agire
sopra di essi ed esercitare il suo *maximum* di effetto, conviene che l'asse del molino sia nella direzione
del vento: e siccome questa direzione è variabile;

così occorre di poter girare il molino dal lato in cui esso s'ingenera. Ne' molini i più ordinarii questo effetto si ottiene affidando tutto il corpo del molino sopra un asse di legno, che ha generalmente 18 piedi di lunghezza e 20 pollici di grossezza, e appoggia in un telaio in cui egli può girare. Questo telaio è murato al suolo. Un albero è fissato nel molino, il quale, mosso superiormente, fa girare il molino nel suo asse. Vi sono altri molini che vengono composti d'una torre di pietra, la copertura della quale è mobile, e riceve pure l'impulso necessario da un albero, il quale vi è fermato e discende verso il suolo, di dove si fa girare, mediante il suo intermediario, la copertura del molino nella conveniente direzione. I molini olandesi (*Tav. VIII. fig. 5. e 6.*) sono composti di un fondamento in pietra sul quale il molino gira obbedendo all'impulso che riceve un albero orizzontale. Quest'albero è fermato al di sopra d'un palco, che appoggia egli stesso sopra perni, mediante i quali può girare circolarmente sulla piattaforma di mattoni: un piccolo asse di legno, che è formato al centro di tale piattaforma e del molino, mantiene il suo moto. Tutta la costruzione è d'altronde leggiera, e fatta di tavole che si ricoprono come le ardesie, d'un tetto, e che sono mantenute con gran cura dopo di essere state dipinte e calafattate. Intorno poi all'inclinazione dell'asse principale, ed alla dimensione delle ali, dicemmo già superiormente.

Le figure 7 e 7 *bis* mostrano un molino che può orientarsi e spogliarsi da sè stesso. Si dice che *si spoglia* un molino, quando se ne raccoglie la tela delle ali in modo che il vento non possa più investirle. Noi abbiam veduto nelle sperienze riferite dal Coulomb, che il mugnaio è obbligato di raccogliere una parte delle tele, quando il vento ha una velocità di 28 piedi per secondo.

Vediamo ora come si orienta il molino del quale noi ci occupiamo.

Dal lato opposto all'asse delle ali, porta una grande banderuola a, o molino orientatore. Quando questo molino, il piano del quale è perpendicolare a quello delle ale, è investito dal vento, egli gira e comunica il moto, mediante una ruota di ingranaggio, ad un rocchetto b, che ingrana una grande ruota a corona, la quale porta la piattaforma di mattoni sulla quale è poggiata la calotta del molino. Questa calotta gira pure sino a che il molino orientatore è investito dal vento, e cessa questa dall'esserlo quando è nella precisa direzione del vento: e in questo istante l'asse che porta le ali si trova pure in questa stessa direzione, e per conseguenza le ali sono in un piano perpendicolare alla direzione suddetta: e in altri termini esse ali sono poste in quella posizione onde il vento produce sopra di esse il suo *maximum* d'effetto.

Vediamo ora come il molino si spogli. Ogni ala si compone di un insieme di due leggiere stanghe, attaccate per mezzo d'alcune staffe trasversali a delle travi ff (*fig.* 7.) le quali formano la parte solida dell'ala. Su queste stanghe laterali sono disposti de' cilindri di legno, che una stessa sbarra di ferro gh gira nello stesso tempo, e che portando tutti una certa quantità di tela, coprono l'ala di tela o la spogliano secondochè la sbarra di ferro sale o discende. Ora, se si esamina il modo onde le sbarre di ferro che muovono i cilindri sono accomodate all'estremità dell'asse cd, si vuole ch'esse siano a doppie cerniere; quando il vento si fa fortissimo e comunica un moto molto rapido alle ali, la forza centrifuga fa distendere la parte piegata delle sbarre gh, e fa per conseguenza retrocedere i cilindri, che in questo moto ravvoltolano la loro tela attorno di essi, e spogliano per tal modo le ali più o meno secondo la forza d'impulso del vento. Così il vento fa egli stesso in questo caso le veci di moderatore.

In tale moto di stendimento della parte piegata delle sbarre gh, e di traslazione dei cilindri ch'esse conducono, il punto di riunione delle sbarre si riavvicina all'asse, e la sbarra di ferro che porta questa cerniera comune è per tal modo respinta nell'interno dell'asse nel quale essa è mobile. In questo moto retrogrado, essa fa camminare una catena, che mediante un rocchetto agisce sopra una ruota dentata *i*, la quale, per mezzo d'una ruota obbliqua, comunica il suo moto di rotazione ad una carrucola *k*, la quale porta una corda, che sostiene un contrappeso. Così questo contrappeso è sollevato da quella stessa forza che spoglia il molino, e dal punto che l'azione del contrappeso la vince su quella del vento, le ali sono rimesse in istato d'azione, e il vento riprende ad agire su di esse. Tutto consiste adunque nel calcolare la forza del contrappeso sì che cessi d'agire quando il vento ha la velocità conveniente a muovere il molino.

In quanto alla grande ruota dentata *cc*, per essa il moto si trasmette nell'interno del molino a compiere le operazioni meccaniche cui è destinato.

Il meccanismo che abbiamo or ora descritto, è uno de' più semplici e dei più ingegnosi che sia stato inventato per orientare un molino e spogliarlo, mediante l'impiego della sua propria forza motrice. Pur tuttavia non crediamo che una tale combinazione debb'esser raccomandatissima. Per la semplicità de' mezzi coi quali puossi orientare un molino agendo sopra di lui a braccia d'uomo, o attaccando un cavallo alla leva conduttrice, sembra doversi dare la preferenza a questi mezzi sì generalmente impiegati sopra quelli in cui il meccanismo è più complicato. Intorno poi al mezzo indicato per ispogliare le vele, egli è più utile, poichè la sorveglianza dello stato del vento durante il tempo del lavoro può apportare delle cure che a questo nuocano; e posto il caso di subito oragano che sorprenda un molino in azione, il danno allora è reale.

Non parleremo quivi de' molini detti *orizzontali*. le cui ali cioè sono disposte in un piano orizzontale attorno di un asse verticale. Questi molini hanno un vantaggio sui verticali, ed è che costantemente sono orientati, giacchè il vento, da qualunque lato esso spiri ha sempre un'azione costante sopra di loro: ma l'esperienza ha provato che la loro azione, paragonata a quella de' molini verticali, è molto più debole; per la qual cosa vengono generalmente negletti.

Nè porremo fine a questo capitolo senza fare menzione del molino ad ali verticali inventato dal Durand, e del quale il Bollettino della Società d'incoraggiamento rende conto nella sua memoria di ottobre 1829. Questo molino che si pone all'estremità d'un albero, si orienta da sè stesso, riceve l'azione del vento in ogni direzione, muovesi con un vento debolissimo, ed è molto utile per far salire acqua e mantener pieni de' serbatoi per l'inaffiamento de' giardini.

CAPITOLO VI.

SEGUITO DE' MOTORI FISICI. — CALORE; ELASTICITÀ; MOLLA; PENDOLO.

Lo studio profondo e completo dei vari motori ai quali questo capitolo è destinato, e particolarmente del calore, fa parte della *Fisica Industriale*, e riceverà in questa parte di nostro insegnamento tutti i necessarii sviluppi. Noi dobbiam qui limitarci ad alcune generali considerazioni.

§. I. — CONSIDERAZIONI GENERALI SUL CALORE E SULLA SUA POTENZA MOTRICE.

Nessuno ignora (1) che il calore può essere cagione

---

(1) Una parte di ciò che segue è presa dall'eccellente opera del Sig. Sidi Carnot sulla *Potenza motrice del Fuoco*.

di moto, e che possiede pure una grande potenza motrice, siccome lo comprovano le macchine a vapore, oggi sì universalmente sparse.

È al calore che debbonsi attribuire i grandi movimenti, i quali colpiscono i nostri sguardi sulla terra: è ad esso che debbesi l'agitazione dell'atmosfera, l'ascensione delle nubi, la caduta delle piogge e delle altre meteore, le correnti d'acqua che solcano la superficie del globo, e delle quali l'uomo è pervenuto ad impiegare per suo uso una piccolissima parte: finalmente i terremoti e le eruzioni vulcaniche, riconoscono pure per loro cagione il calore.

In questo immenso serbatoio noi attingiamo la forza necessaria a' nostri bisogni; la natura, offrendoci da ogni parte il combustibile, ci ha dato la facoltà di far nascere in ogni tempo e in tutti i luoghi il calore, e la potenza motrice che n'è la conseguenza. Sviluppare questa potenza, appropriarla al nostro uso, tale è l'obbietto delle *macchine a fuoco*; e con questa espressione bisogna intendere non solamente la macchina in cui l'acqua, ridotta allo stato di vapore riceve dal calore una forza sì considerevole di espansione, e si presta sì bene a tutte le operazioni meccaniche; ma a quelle pure ove l'aria o gli altri gaz possono egualmente essere sottomessi a delle dilatazioni e a delle compressioni successive dalla presenza alternativa del calore e del freddo.

Lo studio di queste macchine è del maggiore interesse; la loro importanza è immensa; il loro impiego si accresce del continuo: ed esse sembrano destinate a produrre un gran mutamento nel mondo incivilito. Di già la macchina a vapore dà la forza motrice necessaria a trarre il maggior profitto dalle miniere, a porre in cammino le nostre navi, a scavare i nostri porti o i nostri fiumi, a lavorare il ferro ed il legno, a macinare il grano, a filare e tessere le stoffe, a trasportare i pesi più enormi:

E forse verrà tempo in cui sarà essa l'universale motore, ed otterrà la preferenza sulla forza degli animali, sulle cadute d'acqua, sulle correnti di aria: ed ha infatti sul primo di questi motori il vantaggio dell'economia, e sugli altri due l'inapprezzabile vantaggio di poter essere impiegata in tutti i tempi e in tutti i luoghi, e di non soffrire menomamente interruzione nel suo lavoro.

Il più importante servigio che la macchina a fuoco abbia reso all'Inghilterra è certamente quello di avere rianimato i lavori delle sue miniere di carbon fossile, i quali già venivan meno, e minacciavano di totalmente estinguersi, a cagione della difficoltà sempre crescente di estrarre l'acqua contenuta nel seno delle miniere, e di aver quindi un sì utile combustibile. L'altro servigio, non meno importante del primo, si è quello della lavoragione del ferro, tanto pel carbon fossile somministrato in abbondanza e sostituito al legno nel punto in cui questo cominciava a mancare, quanto per le potenti macchine d'ogni specie, onde l'impiego della macchina a vapore ha reso più facile l'uso (1).

In qualunque luogo dove esiste una differenza di temperatura, o in cui sia passaggio alternativo d'un corpo o d'una parte di questo corpo a diversi gradi di calore, vi sarà pure produzione di forza motrice. Il vapore dell'acqua è uno de' mezzi per *realizzare* una tale potenza; ma esso non è il solo, giacchè tutti i corpi della natura possono essere impiegati a quest'uso, e tutti sono suscettivi di cangiamento di volume, di contrazioni e di dilatazioni successive in conseguenza delle alternative di calore e di freddo, tutti sono capaci di vincere nei loro cangiamenti di volume, certe resistenze, e di sviluppare per tal modo potenza motrice.

Un corpo solido, una sbarra metallica, a cagion

(1) Nel trattato che destineremo alla *Macchina a vapore*, tutte queste idee riceveranno i necessarii sviluppamenti.

d'esempio, alternativamente riscaldata e raffredda-
ta, aumenta e diminuisce di lunghezza, e può muovere de' corpi attaccati alle sue estremità.

La contrazione del metallo che risulta dall'abbassamento di temperatura, fu impiegata a Parigi, or
sono alcuni anni per raddrizzare i muri del Conservatorio. Una parte di detti muri era deviata dal
perpendicolo a cagione del peso del tetto, e ciascuno
dei muri opposti piegava al di fuori. Molard a que'
giorni direttore del conservatorio, concepì l'idea
d'impiegare la forza sì potente colla quale i metalli
si contraggono pel raffreddamento, affine di raddrizzare i detti muri. Pose delle sbarre di ferro parallele fra loro e perpendicolari alla direzione de' muri
da ravvicinarsi, e furono passate dette sbarre a traverso i muri, fissando alla loro estremità de' dadi
o galletti d'una superficie molto estesa, esternamente alla fabbrica. Ciò fatto, si riscaldarono le sbarre
mediante lampade nell'interno dell'edifizio; e a misura che le sbarre si riscaldavano, esse si allunga-
vano, e s'invitavano intanto i galletti stringendoli
al muro. Poscia fu tolto il fuoco, e si lasciarono
raffreddarsi le sbarre, riprendendo queste la loro
prima temperatura, ritornavano alla primitiva lunghezza, ed agivano così sui muri stretti dai galletti,
con una considerevole potenza. Si pervenne per tal
modo a ricondurre tutti gli anzidetti muri alla posizione perpendicolare.

Un liquido alternativamente riscaldato, o raffred-
dato, aumenta o diminuisce di volume, è può vincere gli ostacoli più o meno grandi, opposti alla
sua dilatazione.

I fluidi aereiformi, l'acqua, l'acido carbonico, il gaz
idrogene ec. sono suscettivi di considerevoli cangiamenti di volume in conseguenza delle variazioni di
temperatura; se si sono racchiusi in una capacità
estensiva, e a cagion d'esempio in un cilindro munito di uno stantuffo, possono essi produrre de' movimenti di una grande estensione ove siano sottoposti

a delle alternative di temperatura di gradi differentissimi.

I corpi solidi o liquidi suscettivi di passare, per mezzo del calore, allo stato gazoso, e di ritornare, per un abbassamento di temperatura, al loro primitivo stato, potrebbero servire d'intermediari della potenza motrice del calore, come il vapore dell'acqua, la quale è generalmente preferita, tanto per l'economia, quanto per la facilità e rapidità onde l'abbassamento di temperatura la fa passare dallo stato di vapore allo stato liquido.

Però il vapore potrebbe produrre potenza motrice senza ritornare allo stato liquido: basterebbe sottoporlo soltanto a dei gradi di calore gli uni differenti dagli altri, ma tutti superiori al grado pel quale si condensa in acqua. Il vapore infatti, siccome tutti gli altri gaz, è suscettivo di dilatazione e di contrazione, quand'è sottoposto a differenti gradi di calore.

La produzione del movimento nelle macchine a fuoco è sempre accompagnata da una circostanza intorno la quale è necessario fissare l'attenzione, perchè ne porge un'idea chiarissima e semplicissima della potenza motrice del calore. Questa circostanza è *il ristabilimento d'equilibrio del calorico*, vale a dire il suo passaggio da un corpo dove la temperatura è elevatissima, ad un altro di minore temperatura. E che avviene diffatto in una macchina a vapore in azione? Il calore sviluppato nel focolaio per la combustione, passa le pareti della caldaia, che contiene l'acqua, e quivi, incorporandosi di qualche guisa con essa, la converte in vapore. Questo vapore, per la forza di espansione propria di tutti i gaz, si slancia in un cilindro dov'è uno stantuffo, che viene posto in moto, e questo moto è pur trasmesso dallo stantuffo al bilanciere, e di là agli altri assi conduttori degli strumenti, che si tratta di far muovere, come trombe, cose meccaniche, trafile ec.; poscia dopo avere compiuta quest'azione, trova aperto un passaggio verso un altro recipiente ove zampilla dell'acqua fredda: quest'acqua riconduce immediatamente il vapore allo stato liquido; ma una tale operazione non si opera che quando spogliasi il calore contenuto nel vapore, a profitto dell'acqua che serve a condensarlo: sicchè per ultimo tutto riducesi a riscaldare dell'acqua contenuta in un recipiente lontano dal focolare per mezzo del vapore di altr'acqua contenuta in un recipiente posto direttamente sul focolare. Il vapore adunque è stato quivi il veicolo del calore: esso adempie lo stesso uffizio pel riscaldamento dei Bagni o delle abitazioni mediante il vapore, con questa differenza che nel presente caso il suo moto, la sua proprietà espansiva, e il suo cangiamento di volume a motivo della condensazione, si utilizzano. e concorrono tutti allo stesso scopo: l'azione sullo stantuffo, il suo spostamento, la trasmissione della forza.

In tutta questa operazione vi è adunque passaggio di calore da un corpo caldo ad un corpo freddo, e. ristabilimento d'equilibrio di calore fra loro. Nella macchina a fuoco, i due corpi tra' quali si opera questo giuoco di calore, sono l'aria e l'acqua. L'aria che attraversa il focolare, e si riscalda determinando la combustione, poi s'innalza pel camminetto dopo di avere comunicato una parte del suo calore all'acqua della caldaia; mentre l'altra parte del suo calore le serve per muoversi ne' condotti dei fornelli, e nel camminetto. Il secondo corpo, come abbiamo detto, è l'acqua di condensazione, che dopo avere liquefatto il vapore, si allontana dalla macchina con una temperatura superiore a quella ch'essa aveva nel recipiente, in cui la condensazione si operava.

In una parola la produzione della potenza motrice nelle macchine a vapore è dovuta non ad una consumazione reale del calore, ma al suo passaggio da un corpo caldo ad un corpo freddo, ed alle variazioni di volume che ne risultano. Se le cose sono

in guisa disposte che non avvengano nè cotali variazioni di volume nè i moti anzidetti, non avrà luogo
potenza motrice.

Vi sono delle macchine nelle quali non si condensa
il vapore, ma si disperde nell'atmosfera; e in questo
caso ove si ponga attenzione, si vedrà che l'atmosfera adempie l'ufficio di condensatore, imperocchè
essa si trova ad una temperatura più bassa di quella
del vapore prima di riceverlo. Così il ristabilimento
d'equilibrio del calore ha luogo, non tra due corpi
diversi, l'aria e l'acqua, come superiormente; ma
tra una porzione d'aria tolta all'atmosfera per at-
traversare il focolare, ed un'altra porzione dell'atmosfera, quella cioè dove vien gettato il vapore.

Ciò che abbiam detto intorno le macchine a vapore, ha pur luogo per tutte quelle macchine a fuoco
delle quali il calore sarà il motore. Il calore non
può essere evidentemente una cagione di moto, che
in conseguenza del cangiamento di volume o di forma
ch'egli fa subire ai corpi, questi cangiamenti non
sono dovuti ad una costante temperatura, ma a delle
alternative di calore e di freddo: ora per riscaldare
una sostanza qualunque occorre un corpo più caldo
di essa, come per raffreddarla abbisogna un corpo più
freddo. Si toglie del calore al primo di questi corpi
per trasmetterlo al secondo col mezzo della sostanza
intermediaria; ed è con ciò che si opera o in tutto
o in parte il ristabilimento dell'equilibrio del calore.

Noi non ci estenderemo più oltre su queste idee
e su questi princìpi. Il calore, per le sue diverse
applicazioni, è l'agente il più essenziale, il più
importante dell'industria; ma il prospetto che noi
abbiamo tracciato, ci fa ricorrere per lo sviluppo
di queste applicazioni in ciò che concerne alla meccanica, al *Trattato della macchina a vapore*; e
per ciò che concerne alla teorica del calore e sue
applicazioni al riscaldamento de' fornelli o degli
appartamenti, alla fisica industriale. Se ciò che si è
detto precedentemente è stato letto con attenzione,

si sarà concepita un'idea nettissima e semplicissima della potenza motrice del calore, e avremo quindi toccato lo scopo nostro.

§. 2. — ELASTICITÀ.

Noi abbiamo superiormente (nel capitolo 2. paragrafo 3.) dato della *forza* la definizione seguente: « Ogni *impulso* dal quale risulta o *può risultare* lo spostamento d'un corpo, si chiama *forza*; come la forza muscolare dell'uomo, la forza elastica del vapore, la forza della gravità, la *forza di pressione*: La forza non si manifesta solamente col moto. Le *molle* con le quali si tiene un corpo immobile contro d'un altro corpo, spiegano una forza, che puossi calcolare, per quanto ci apparisce dal moto che ne risulta. »

Più innanzi, quando descrivemmo gli effetti dell'urto, dimostrammo che certi corpi, in virtù di una proprietà fisica, che chiamammo elasticità, si comprimevano sotto l'urto; poscia, riprendendo il loro primitivo volume, restituivano un impulso equivalente a quello che avevano ricevuto. Come la gravità, e la trasmissione del calore, così l'elasticità è pure un motore. Tutti i fluidi aeriformi sono elastici, per cui esercitano sempre una pressione contra le pareti de' vasi nei quali sono chiusi, tanto più grande quanto più si cerca di restringere il loro volume. Il fucile a vento è basato sopra questa proprietà. Mediante trombe da comprimere l'aria (trombe prementi) se ne confina una certa quantità nel fondo o culatta del fucile, per cui essa esercita una pressione che può eguagliare quella che la polvere da cannone esercita contra la palla nel momento in cui essa polvere viene accesa, e in cui passa dallo stato solido allo stato gazoso. Si formerà un'idea di questa enorme potenza dell'elasticità con un solo fatto. Si sa che un chilogrammo d'acqua ha un volume di un decimetro cubico: lo stesso chilogrammo d'acqua,

ridotto in vapore, occupa uno spazio di 1,700 decimetri cubici sotto la stessa pressione atmosferica.
Lo sviluppo gazoso della polvere è anche più considerevole per rispetto al volume ch'essa occupa allo
stato solido.

I liquidi non sono elastici.

Fra i corpi solidi ve ne sono che godono di questa proprietà ad un grado eminente, come a cagion
d'esempio l'acciaio. Le molle fatte con questo metallo, sono quelle che costituiscono la potenza motrice degli orologi, dei cronometri ec.

La fig. 8. della Tav. 8. dà un'idea succinta del
modo con cui quest'effetto si eseguisce. Essa rappresenta un orologio non tal quale sono realmente
costruiti, ma in modo da potere concepire tutti i
diversi moti: perciò è stato giuocoforza di stabilire
delle distanze nell'altezza tra ciascuno de' pezzi, e
a cagion d'esempio tra le ruote e i loro rocchetti:
distanze che non esistono.

a è la molla di acciaio dell'orologio cavata dal
tamburo, od inviluppo mettalico nel quale è racchiusa, e che la difende dall'aria nello stesso tempo
ch'essa preserva gli altri pezzi dell'orologio dagli
urti della molla quando si rompesse. L'asse sul
quale è fissata la molla nella parte interna della
spirale che forma, comunica ad una ruota dentata
b, la quale porta una ruota minore dentata *c*, e
mediante un rocchetto trasmette il moto alla ruota
e, detta ruota *centrale*. Si vede infatti che l'asse
di questa ruota è lo stesso che porta l'indice dei
minuti al centro del quadrante. La ruota *c*, mediante un rocchetto *g* trasmette il moto ad un'altra
ruota, e questa pure, mediante un rocchetto, ad una
ruota *h*, detta ruota di rincontro, la quale per mezzo
d'un altro rocchetto fa muovere un'altra ruota di
rincontro, di cui i denti urtano sulle palette del
bilanciere *k*. Questo bilanciere *k* è il pezzo principale dell'orologio: e il giuoco che si stabilisce fra
lui e la molla, opera tutto il moto. Tale giuoco

consiste in una serie di sforzi trasmessi dalla molla al bilanciere, che, lanciato in un senso, per la pressione della molla, reagisce e la rimanda in senso contrario. In questa serie di sforzi contrarii il bilanciere, per le sue palette che presenta successivamente ai denti della ruota di rincontro *i*, conta i secondi o i mezzi secondi ; le dimensioni delle ruote e dei rocchetti interposti fra lui e la molla, sono calcolate, affinchè batta 3,600 o 7,200 volte per ora, e perchè la ruota centrale operi una rivoluzione in un'ora.

Se noi consideriamo frattanto la seconda parte dell'orologio, vedremo che l'asse della ruota centrale porta in questa seconda parte un rocchetto che, mediante una ruota laterale ed un altro rocchetto, trasmette il moto ad una ruota, che poggia pure sull'asse centrale. Questa ruota ha un asse che circonda l'asse centrale, e che è l'asse delle ore. Così l'asse dei minuti e quello delle ore sono concentrici, ma indipendenti l'uno dall'altro, e le dimensioni delle due ruote e dei due rocchetti sono calcolate in modo che la ruota delle ore non faccia che un dodicesimo di rivoluzione, mentre quella dei minuti nè fa un'intera, cosicchè gl'indici percorrono l'uno la strada espressa da 5 minuti, e l'altro la strada espressa da 60 minuti ossia un'ora, o un dodicesimo di quadrante per l'indice delle ore, ed un'ora, o il quadrante intero per quello dei minuti.

Fra i varii importanti usi delle molle, convien notare l'impiego che se ne fa nelle vetture. Quantunque questa parte della meccanica non sia peranco studiata che imperfettamente, è fuor di dubbio tuttavia che non solamente le molle rendono i mezzi di trasporto molto più comodi, ed annientano le scosse che dipendono dalle ineguaglianze della strada, ma ancora diminuiscono la fatica del cavallo, permettendogli di portare un peso più grande con lo stesso dispendio di forza che farebbe portando un peso minore non sospeso.

Quando una vettura non sospesa cade in una rotaia, il cavallo riceve una scossa ed impiega una certa quantità di forza per resistervi. Di più l'urto istantaneo che riceve la vettura, tende a lanciarla nel senso della caduta, e le comunica una direzione contraria a quella che aveva dapprima. Una parte della forza acquistata si trova per tal modo distrutta, e conviene che il cavallo impieghi una certa quantità di forza per cederla al peso ch'egli trasporta. E qui cade in acconcio di ripetere ciò che dicemmo intorno alla forza d'inerzia.

« Quando una vettura molto carica (pag. 56) parte, sono i cavalli obbligati ad uno sforzo vigorosissimo e molto superiore a quello che è necessario quando la vettura è già in moto. Egualmente quando conviene arrestarla, se il vetturino non ha preso cura di rallentare dapprima la velocità, occorre pure uno sforzo grandissimo per annientare il moto. Si nell'uno che nell'altro caso è d'uopo vincere la forza d'inerzia ».

L'effetto dell'urto che una vettura riceve da uno scoscendimento, può esser ora chiaramente compreso: la scossa toglie alla vettura una parte della sua velocità acquistata, ed occorre che il cavallo ricominci gli sforzi mediante i quali aveva vinto tutta o parte della forza d'inerzia del carico che trasporta. Quando le molle stanno fra le stanghe e la parte della vettura ove trovasi il carico, e che ha luogo una scossa, invece che una parte della forza acquistata dal carico nel suo moto di traslazione si annienti nei punti fissi del suolo, essa passa dapprima per le molle e le comprime. Un momento dopo le molle reagiscono e rendono al carico una parte della forza che ricevettero, e trasmettono la restante parte alle stanghe ed al suolo: e questa parte è totalmente perduta.

Si può dunque dire, e ciò si verifica evidentemente coll'esempio dell'orologio, che le molle sono *magazzini di forza*, i quali a poco a poco, come nell'orologio, o istantaneamente, come nelle vetture, rendono la forza che hanno ricevuta.

Alcune sperienze fatte da Edgeworth hanno comprovato l'esattezza di siffatte indicazioni della teorica. Risulta da queste esperienze: 1.º che le molle contribuiscono a diminuire lo sforzo, e che si aumenta il loro vantaggio colla velocità del mezzo di trasporto, vale a dire che se una vettura percorre due miglia per ora, questo vantaggio è nella proporzione di 4 a 3; tre miglia e mezzo per ora, come 3 sta a 2; e cinque miglia e mezzo per ora come 2 sta ad 1.

Le molle della vettura sono generalmente composte di molte lamine sovrapposte l'una all'altra, e formate ognuna di lamine di ferro e d'acciaio battute insieme, e questo è ciò che dicesi formare una *stoffa* o *lamellaggio*. Queste stoffe ben lavorate sono superiori all'acciaio puro, come ancora a quello che chiamasi acciaio da molle o da sellaio, che è un acciaio comune, fibroso, partecipante della natura del ferro, e che ben temprato è usitatissimo per la sua molta economia. Ma le *stoffe* sono senza dubbio superiori: esse conservano molto meglio sia la qualità nervosa o fibrosa del ferro e la sua solidità, sia l'elasticità dell'acciaio.

§. 3. — DEL PENDOLO.

Se un corpo di non piccolo peso viene sospeso, mediante funicella od altro in modo che possa muoversi attorno del punto di sospensione, e che così disposto riceva un urto, si vede tosto prendere un moto di va e viene, cedendo dapprima nel senso dell'urto, e percorrere un certo arco di cerchio, di cui una parte discende e l'altra sale; poscia si vede ritornare sopra sè stesso percorrendo il medesimo arco di cerchio, e così di seguito, durante un lunghissimo tempo. Una tale potenza motrice è utilmente applicata agli orologi, e generalmente a tutti

gli istromenti che marcano il tempo, oltre ai cronometri ed istromenti portatili, come gli orologi ta-
scabili. Se ne sono pur fatte alcune applicazioni
meccaniche, che indicheremo più avanti.

La teorica di questo motore si lega alle più grandi
leggi naturali. L'estensione ed il numero di queste
oscillazioni sono, per esempio, in ragione diretta
della potenza della gravitazione. Alcune parole su
quest'argomento basteranno per dare una nuova idea
della grandezza e della semplicità di tali leggi.

Quando si pone in moto un pendolo, la resistenza
dell'aria gli oppone una certa forza, e diminuisce
per conseguenza l'estensione delle sue oscillazioni.
Nullameno siffatte oscillazioni si compiono nello stesso tempo. Così se un pendolo è di una data lunghezza, e riceva un impulso tale che in un minuto
batta 100 colpi, e che l'estensione della sua prima
oscillazione sia un arco di 8 gradi, se si contano
le oscillazioni nel punto in cui l'arco descritto non
ha più che 4 gradi, se ne conteranno ancora 100 in
uh minuto: ed è ciò che chiamasi *isocronismo* del
pendolo.

Come l'oscillazione del pendolo è prodotta dalla
legge di gravità, una volta questa proprietà d'isocronismo riconosciuta, si sono cercate necessariamente le altre relazioni che esistono tra le leggi del
pendolo e quelle della gravità, e si trovarono iden-
tiche. Così si sa che due corpi che cadano obbedendo
alla sola legge della gravità, percorrono uno spazio
che è in ragione inversa del quadrato delle distanze
che esistono tra il centro della terra e questi corpi
al principio della loro caduta. Se si suppongono due
corpi, onde l'uno sia più dell'altro due volte distante dalla terra, lo spazio percorso dal più lontano
nella sua caduta, durante un'ora, sarà la quarta
parte dello spazio percorso dal più vicino.

Una tal legge si rinviene nel pendolo. Il tempo
nel quale compie le sue oscillazioni dipende appunto
dal rapporto che esiste tra la sua lunghezza e la

sua distanza dal centro della terra. Due pendoli la
cui lunghezza sia in ragione inversa del quadrato
della loro distanza da questo punto centrale, eseguiscono le loro oscillazioni nello stesso tempo.

Egli è dimostrato che la terra è schiacciata verso
i poli; e per conseguenza gli abitanti del polo sono
molto più vicini al centro della terra che gli abitanti dell'equatore. Dunque un pendolo dev'essere
più lungo ai poli che all'equatore per fare le sue
oscillazioni nello stesso tempo.

D'altronde noi abbiam detto che la forza centrifuga, il cui massimo è all'equatore (pag. 71) e
per conseguenza il minimo ai poli, distrugge una
parte della gravità dei corpi.

Combinando queste due cagioni di variazione,
Borda, uno de' più celebri astronomi, ha costruito
dei pendoli pei quali si possono determinare, con
rigorosa esattezza, i gradi di latitudine; vale a dire
le diverse distanze dal centro della terra.

Si è determinata esattissimamente la lunghezza del
pendolo che batte i secondi sessagesimali all'Osser-
vatorio di Parigi. Questa lunghezza è di $0^m,9938267$.
Così se per imprevisto avvenimento i tipi delle nostre
misure metriche andassero perduti, si rinverrebbe
all'istante la lunghezza del metro mediante la sola
osservazione d'un pendolo battente i secondi a Parigi.

Quando il sistema metrico fu stabilito, alcuni dotti
vollero che il pendolo fosse preso per base dell'unità
metrica, ma si diede la preferenza alla misura dedotta dal meridiano terrestre in quanto che si veniva
a dare così al sistema metrico un carattere d'uni-
versalità più proprio a farlo adottare dalle altre nazioni. Gl'inconvenienti che risultano per la geografia,
adottando un meridiano particolare per ogni popolo;
la Francia avendo il suo a Parigi, l'Inghilterra a
Greenwich, altri popoli all'Isola del Ferro o nelle
loro Metropoli, dimostrano chiaramente la necessità
di una idea più generale e più filosofica in un sistema

di misura, alla formazione del quale debbono servire
gli ottenuti progressi di tutte le nazioni nelle scienze
matematiche ed astronomiche. Ma i dotti francesi
stabilirono il sistema metrico, dando la preferenza
all'unità dedotta dal meridiano terreste anzichè trarla dal pendolo battente i secondi a Parigi, e fonda-
rono per tal modo il sistema metrico sopra una
misura di un carattere universale, evidentemente
preferibile ad una misura di un carattere puramente
nazionale per determinarne l'adozione presso gli
altri popoli.

CAPITOLO VII.

SEGUITO DEI MOTORI FISICI. ACQUA.

Considerazioni generali sull'acqua. — Leggi generali dell'Idrostatica e dell'Idrodinamica. — Dell'a-
cqua come motore. — Delle ruote idrauliche. —
Ruote a pale o a percussione. — Ruote a cassette o
a pressione. — Ruote di fianco. — Ruota Poncelet
o ad ale curve. — Chiocciola. — Danaide. — Macchina a colonna d'acqua. — Soppressa idraulica. —
Ariete idraulico. — Trombe. — Vite d'Archimé-
de. — Noria. — Cappelletti a dischi. — Ruota a
tazze o ciotole. —

§. I. CONSIDERAZIONI GENERALI SULL'ACQUA.

La Scienza Idraulica si divide in tre parti: l'*Idrostatica* o la cognizione delle leggi di equilibrio del-
l'acqua; l'*Idrodinamica* o la cognizione delle leggi
del moto dell'acqua, l'*Idraulica* propriamente detta,
o la cognizione degli effetti dell'acqua come potenza
motrice e delle macchine che sono mosse da essa o
servono a muoverla.

L'acqua è uno dei fluidi più universalmente sparsi
nella natura, ed è uno dei pochissimi che sotto i

nostri occhi e per l'azione delle leggi naturali che ci sono famigliarissime, passa allo stato solido o allo stato gazoso, sotto i nomi di ghiaccio o di vapore dell'acqua.

In queste due modificazioni del suo stato liquido l'acqua aumenta di volume: questo aumento non è sensibilissimo quando l'acqua si congela, ma nullameno ne risulta una considerevole forza meccanica. Così i tubi di ferro pieni d'acqua e turati solidamente alle loro estremità ed esposti quindi all'azione del freddo, si trovarono rotti in conseguenza dello sforzo della dilatazione del ghiaccio; ed è ad una pari cagione che deve attribuirsi la rottura delle pietre sottoposte all'azione del freddo. Tale rottura dipende da ciò, che essendo penetrato l'acqua nell'interno di tali pietre, e per le fibre naturali dei loro strati, e per le piccole fenditure accidentali, questa le aggrandisce per tutta la lunghezza della pietra in conseguenza dello sforzo interno della dilatazione ch'essa vi esercita congelandosi.

Poichè l'acqua passando allo stato di ghiaccio aumenta di volume, il ghiaccio adunque, a volume eguale, è più leggiero dell'acqua liquida: ed è perciò che i ghiacci si portano alla superficie dell'acqua; e questa legge naturale toglie così alla navigazione i danni ai quali sarebbe esposta in inverno se il ghiaccio si trovasse sott'acqua. È pure in virtù di questa legge, che i nostri corsi d'acque si trovano rapidamente sbarazzati dai ghiacci che gl'ingombravano, e che sono portati fino al mare, ove si compie la lor fusione senza danno della navigazione.

In quanto all'aumento di volume che prende l'acqua passando allo stato di vapore, noi abbiam detto qualche cosa nel capitolo precedente; a peso eguale il volume di vapore è 1,700 volte più considerevole di quello dell'acqua. Ciò solo dà idea della potenza meccanica che risulta dal passaggio dell'acqua allo stato di vapore a condizione, bene intesa, come l'abbiamo spiegato all'articolo del *calore*, che dopo di

avere prodotto questo considerevole aumento di volume pel calore, produr si possa una contrazione o
condensazione eguale pel freddo.

L'acqua ha il suo massimo di densità, vale a dire
il suo massimo di peso sotto il minimo di volume,
a quattro gradi centigradi al di sopra dello zero. Si
sa che, per la misura usuale dei gradi di calore
dell'acqua e degli altri liquidi, si prende comunemente per termine di confronto la temperatura del
ghiaccio che si fonde, e quella dell'acqua bollente
sotto l'ordinaria pressione atmosferica, vale a dire
di una colonna di misura di $0^m,76$. La temperatura
del ghiaccio fondentesi è zero, quella dell'acqua
bollente è 80 o 100, secondo il numero delle divisioni che si adotta. Preso un cannello di vetro, terminante in un globetto pieno di mercurio, e fattovi
il vuoto, s'immerge quindi il globetto nel ghiaccio
fondentesi, e si segna sul tubo di vetro l'altezza
cui è giunto il mercurio, poscia s'immerge detto
globo nell'acqua bollente; ed il calore fa aumentare
il volume del mercurio, il quale sale nel tubo. Allora si segna il punto in cui egli si arresta. Tra
questi due punti estremi gli antichi fisici segnavano
80 divisioni o gradi, la moderna fisica ne segna 100;
e l'istrumento così graduato si chiama termometro
centigrado, mentre l'altro chiamasi generalmente
termometro di Réaumur. I termometri servono ad
indicare la temperatura dell'aria, come quella del-
l'acqua o degli altri fluidi; la loro utilità si estende
dal punto in cui il mercurio si congela, vale a dire
da 33 gradi sotto zero sino a 150 al di sopra. Oltre
questo limite il calore si misura con altri istrumenti.

A 4 gradi sotto zero il metro cubico di acqua
pesa, come dicemmo, 1,000 chilogrammi. Il chilogrammo d'acqua ha un volume di un decimetro
cubico, a questa temperatura; a 50 gradi il metro
cubico d'acqua pesa 987 chilogr., e a 100 gradi,
957.

L'incompressibilità de' liquidi, e particolarmente

dell'acqua, mediante un'azione qualunque meccanica, è stata riguardata lungo tempo come una proprietà distintiva dagli altri corpi solidi o gazosi; però in oggi è dimostrato che l'acqua e gli altri liquidi sono compressibili, ma in una piccolissima proporzione. Sotto la pressione di un'atmosfera o di un'azione meccanica rappresentante la stessa pressione di una colonna di mercurio di $0^m,76$ di altezza, l'acqua prova, senza cangiare di temperatura, una contrazione di 45 milionesimi del suo volume. La compressibilità del mercurio sotto la stessa pressione è di 1 milionesimo del suo volume.

§. 2. — LEGGI GENERALI DELL'IDROSTATICA E DELL'IDRODINAMICA.

Princìpi generali d'Idrostatica. — L'Idrostatica, nel suo stato attuale, basa sui tre princìpi seguenti:

1.° Le parti di un liquido le meno compresse vengono cacciate da quelle che lo sono di più, ed ogni parte è sempre compressa dal peso della colonna che le corrisponde verticalmente.

2.° Tutto ciò che è compresso da un liquido o da un fluido, lo è sempre secondo la verticale che passa pel suo centro di gravità.

3.° Ogni pressione applicata in un punto della superficie di un liquido, si trasmette egualmente a tutti gli altri punti del liquido.

I due primi princìpi sono conosciuti da 2,000 anni; Archimede gli ha notati nelle sue opere, e spiegava con essi il galeggiamento de' corpi alla superficie dell'acqua, e la diminuzione del peso che provano quando s'immergono in questo liquido.

Il carattere essenziale di un corpo fluido è la facilità onde le sue molecole possono spostarsi e prendere la posizione d'equilibrio, vale a dire quella in cui tutte le forze alle quali esse molecole vengono sottoposte, sono eguali. Così si osserva che per tutto ove una massa d'acqua si trova libera, prende immediatamente alla sua superficie la linea di livello o la linea orizzontale. Questo fenomeno basta solo a manifestare le leggi fondamentali dell'idrostatica, se l'acqua non è allo stato d'equilibrio che quando la sua superficie, per tutti i punti in cui essa è libera si pone a livello; in questo stato nessuna delle sue molecole potrebbe oltrepassare la linea di livello senza sottoporre tutte quelle che la circondano ad una certa pressione, che cagionerebbe un dato moto. Alcun'altra spiegazione non può esser data di questa proprietà essenziale de' liquidi, vale a dire di *cercare costantemente il livello*: e il principio dell'*eguaglianza di pressione in tutti i sensi*, può solo spiegare sì importante fenomeno.

« Se un vaso pieno di acqua, chiuso da tutte parti, dice Pascal nel suo *trattato dell'equilibrio dei liquidi*, ha due aperture, l'una centupla dell'altra; fornita ognuna di uno stantuffo che la chiuda esattamente, un uomo spingendo il piccolo stantuffo uguaglierà la forza di cento uomini che spingessero il maggiore, e ne supererà novantanove.

« E qualunque proporzione abbiano tali aperture, se le forze che si applicheranno agli anzidetti stantuffi sono come le aperture, quelle saranno in equilibrio.

« Devesi ammirare che si rinviene in questa macchina nuova l'ordine costante che s'incontra in tutte le antiche, come la leva, il tornio, la vite continua ec., e cioè che il cammino si aumenta nella stessa proporzione della forza: imperocchè gli è chiaro che come una di quelle aperture è centupla dell'altra; se l'uomo che spinge il piccolo stantuffo lo addentra d'un pollice, egli non ispingerebbe l'altro che della centesima parte soltanto; giacchè come questo impulso o pressione si fa a cagione della continuità dell'acqua dall'uno degli stantuffi all'altro, ciocchè fa che non si possa muoverne uno senza premer l'altro, egli è chiaro che quando il piccolo stantuffo si è mosso d'un pollice, l'acqua ch'egli ha compresso spingendo l'altro stantuffo, com'essa trova la sua apertura 100 *volte più larga*, non vi occupa che la *centesima parte dell'altezza*: di modo che il cammino del minore stantuffo sta al cammino del maggiore, come la larghezza di questo sta alla larghezza di quello, come la forza del secondo sta a quella del primo: il che puossi prendere egualmente per la stessa cagione di quest'effetto: essendo chiaro che è la stessa cosa di far fare un pollice di cammino a 100 libbre di acqua, che di far percorrere 100 pollici di cammino ad una libbra di acqua: e così quando una libbra d'acqua è talmente accomodata con 100 libbre d'acqua che le 100 libbre non possano muoversi d'un pollice, e ch'esse non facciano muovere la libbra di 100 pollici, conviene che restino in equilibrio, avendo una libbra tanta forza per far percorrere un pollice di cammino a 100 libbre, quanto 100 libbre per fare scorrere 100 pollici ad una libbra.

« Puossi aggiungere per maggiore schiarimento che l'acqua è ugualmente premuta sotto questi due stantuffi, giacchè se l'uno pesa 100 volte più dell'altro, in contraccambio tocca 100 volte più di parti, e così ognuna lo è egualmente: dunque tutte debbono essere in quiete, poichè non havvi ragione che una ceda all'altra: per la qual cosa se un vaso pieno d'acqua non ha che una sola apertura larga, a cagion d'esempio, un pollice, e alla quale si ponga uno stantuffo carico d'un peso d'una libbra, questo peso esercita uno sforzo generalmente contra tutte le pareti del vaso, a cagione della continuità e della fluidità dell'acqua; ma per determinare come ogni parte sopporti un tale sforzo, eccone la regola. Ogni parte larga un pollice, come l'apertura, risentesi tanto come se fosse premuta dal peso d'una libbra, (senza contare il peso dell'acqua di cui qui non parlo, perchè non dico che del peso dello stantuffo) perchè il peso d'una libbra preme lo stantuffo che è all'apertura, e ogni parte del vaso che può essere

più o meno grande, sopporta precisamente più o
meno in ragione della grandezza, sia che questa
porzione si trovi rimpetto all'apertura, o ad un lato, o lontana o vicina: giacchè la continuità e la
fluidità dell'acqua rendono tutte queste cose eguali
ed indifferenti; per la qual cosa conviene che la
materia di cui è formato il vaso sia molto resistente
in tutte le sue parti per sostenere tutti gli anzidetti
sforzi: se la resistenza è piccola in alcune di esse,
questa parte si rompe; se è maggiore, fornisce ciò
che è necessario, ed il restante rimane inutile in
questa circostanza; talmentechè se si opera un'apertura nuova in questo vaso, converrà, per arrestar
l'acqua che ne scaturirebbe, una forza uguale alla
resistenza che questa parte dovrebbe avere; vale a
dire una forza che stia a quella d'una libbra, come
l'apertura fatta per la rottura del vaso, in quanto
alla sua superficie, sta alla superficie dello stantuffo,
che è di un pollice ».

Noi vedremo più innanzi la bella applicazione che
il Pascal ha fatto di questi princìpi, i quali da lui
sono esposti con una chiarezza ed un metodo assai
rimarchevoli, siccome apparisce dal brano or ora
riportato.

In luogo di supporre che la pressione sia esercitata sul liquido racchiuso in un vaso, da uno stantuffo agente sopra una superficie d'un pollice quadrato, supponiamo la pressione esercitata da una
colonna d'acqua racchiusa in un tubo. In questo
caso si produce un fenomeno di particolare attenzione; la pressione esercitata sul fondo del vaso, e
quella che è esercitata sulle pareti non dipendono
dalla grandezza di superficie del tubo ma dall'altezza del medesimo. Se la colonna d'acqua abbia
in superficie due pollici quadrati, o dieci, o uno solo, ed abbia in questi diversi casi l'acqua un'eguale
altezza, la pressione sul fondo o sulle pareti sarà
la stessa; ma se nel tubo il più stretto, si pone una
colonna d'acqua più alta, eserciterà essa una pressione

superiore a quella del tubo il più largo, nel quale la colonna d'acqua fosse meno alta, ed avesse un volume molto più considerevole.

Questo fenomeno si spiega combinando il principio di uguaglianza di pressione in tutti i sensi, col primo principio da noi superiormente enunciato, cioè che in un liquido ogni sua parte è pressata dal peso della colonna che gli corrisponde verticalmente.

Questo principio risulta dall'azione della gravità. Ogni molecola d'acqua è sottoposta a quest'azione, la quale si esercita, siccome abbiam detto, verticalmente: così una molecola d'acqua pesa sopra quella che le sta presso in direzione verticale, questa sopra un'altra, e così di seguito. E ciò, in questo senso, non è solo dell'acqua, poichè in tutti i corpi ogni molecola pesa sopra quella che le è subordinata in direzione verticale. Ma nei corpi solidi, questo fenomeno non è apparente, e non se n'ha a tener calcolo (1); nell'acqua al contrario, la sua fluidità e, ad un tempo, la sua continuità, lasciano al fenomeno della gravità l'azione più libera, sicchè diviene sensibile; ed i pratici, scontrandosi del continuo in questa proprietà, la pongono ad elemento dei loro calcoli.

Ecco le leggi principali o i fatti più essenziali a conoscersi, i quali risultano da queste proprietà fondamentali dei fluidi, e che verranno compresi senza difficoltà, se si è bene fitto in mente ciò che abbiam fatto precedere.

La pressione esercitata sul fondo d'un vaso riempito d'acqua ed orizzontale è uguale alla superficie d'esso fondo moltiplicata per l'altezza dell'acqua.

Supponiamo tre vasi di forme analoghe a quelle dei solidi A B, CD, EF (*Tav. III. fig.* 11.) la cui

_____

(1) Nei corpi solidi l'azione della gravità si esercita, per così dire, in comune, a motivo della forza di coesione che riunisce le molecole. Di qui deriva l'importanza del centro di gravità nei corpi solidi, poichè in questo punto tutte le molecole riuniscono la loro forza di gravità.

superficie inferiore è eguale, ma l'uno de' quali ha la sua superficie superiore più grande che il fondo, l'altro la sua superficie superiore uguale al fondo, il terzo, la sua superficie superiore ridotta ad un punto: l'altezza poi dei tre vasi sia la stessa. Nella posizione come sono rappresentati, riempiamoli d'acqua: la quantità d'acqua contenuta in ogni vaso sarà differentissima, e frattanto i tre fondi proveranno la stessa pressione, perchè la pressione è uguale alle superficie dei fondi moltiplicate per le altezze, e nei tre vasi queste due quantità sono le stesse.

La pressione che risente il fondo d'un vaso non dipendendo che dalla superficie di questo fondo e dall'altezza dell'acqua, si conosce come, con una piccolissima quantità di acqua, sia possibile di esercitare una grande pressione sull'anzidetto fondo. Nel vaso EF la pressione sul fondo di lui è di già grandissima per riguardo al volume d'acqua.

Supponiamo una cassa cubica avente internamente un metro di lato; essa conterrà un metro cubico di acqua, e il fondo del vaso sopporterà una pressione eguale a 1,000 chilogrammi. Ora, sulla parte superiore della cassa, accomodiamo un tubo quadrilatero avente internamente un centimetro quadrato, e supponiamo che questo tubo abbia $0^m,50$ di altezza: egli avrà una capacità di 500 centimetri cubici: e se lo riempiamo di acqua, il peso di questa sarà di 500 grammi o un mezzo chilogrammo. Così il vaso intero conterrà 1,000 chilogrammi, 5 di acqua; e per la forma data al vaso, la pressione sarà uguale ad un metro quadrato moltiplicato per $1^m,50$, ossia 1^m cubico, 50, ovvero 1,500 chilogrammi. In una parola l'altezza è stata aumentata della metà siccome la pressione, mentre il peso totale non lo è stato che di $1/_{2,000}$.

Si dimostra col calcolo, come pure coll'esperienza, che la pressione sulle pareti verticali è la metà di quella che si esercita sul fondo nei vasi cubici, e che in generale moltiplicando la superficie della parete verticale per la metà dell'altezza dell'acqua nel vaso, si ha l'espressione della pressione esercitata contro questa parete. In quanto poi alla pressione su pareti inclinate, essa si ottiene moltiplicando la loro superficie per la distanza del loro centro di gravità dalla superficie superiore dell'acqua.

La pressione di ogni porzione di liquido contra le pareti verticali si fa sempre in una direzione orizzontale e perpendicolare ad ogni punto delle pareti; imperocchè si è in questa direzione che il liquido esce quando si è praticato una qualunque apertura laterale.

Le leggi d'Idrostatica che abbiam fatto conoscere, possonsi riassumere come segue:

La pressione di ciascuna porzione di liquido contra la parete è proporzionale alla estensione della superficie sulla quale essa si esercita, ed alla media distanza dal livello dell'acqua.

La pressione delle parti inferiori del liquido è maggiore di quella delle parti superiori. Questa pressione è proporzionale all'altezza dell'acqua che corrisponde sulla parte che si considera. Così quando un liquido contenuto in un vaso chiuso da tutte parti è sottomesso inoltre a una pressione derivante da uno stantuffo o da tutt'altra cagione, si esercitano contra le sue pareti due specie di pressioni: l'una è dovuta alla gravità delle molecole del liquido, e varia da un punto a un altro del vaso, e cresce nel senso verticale; l'altra costante su tutti i punti, proviene dalla pressione esercitata alla superficie, e che è trasmessa ugualmente a tutte le pareti. Queste due pressioni si uniscono ad ogni punto per formare la pressione totale, che riesce facile di calcolare, dietro quanto dicemmo superiormente. Importa distinguer bene queste due specie di pressione, di cui l'una esiste in tutti i casi, siccome risultamento della legge universale di gravità,

e di cui l'altra varia, come le forze applicabili a
superficie liquide.

Un corpo più leggero dell'acqua, immerso in questo
liquido, risale e si porta galleggiante alla sua superficie. Una parte di detto corpo rimane frattanto
ad un livello inferiore a quello dell'acqua, e tosto
l'equilibrio per tal modo si stabilisce. Ora le colonne verticali dell'acqua che sono al di sotto del
corpo galleggiante, sono più basse delle colonne
verticali dell'acqua, le quali lo circondano, e con
tutto ciò tutte queste colonne sono in equilibrio. In
virtù del principio dell'uguaglianza di pressione in
tutti i sensi, conviene dunque conchiudere che il
corpo che rimane sull'acqua in equilibrio, dopo a-
verne spostata una certa porzione, non fa altra cosa
che sostituire al di sopra delle colonne inferiori un
peso precisamente uguale a quello ch'esse dapprima
sopportavano ; e per conseguenza questa quantità
d'acqua spostata dà esattamente la misura del peso
di questo corpo.

Un corpo più pesante dell'acqua, vi s'immerge
e ne sposta una quantità uguale al suo volume ;
per conseguenza la forza che lo spinge dal basso
all'alto è precisamente eguale al peso d'un volume
d'acqua eguale al volume di questo corpo. Egli è
su questo principio che è fondata la ricerca della
gravità specifica de' corpi, di cui abbiamo parlato
alla pagina 45.

Christian dà un esempio molto istruttivo di questa spinta dall'alto al basso.

« Si può trovare, dic'egli, in questa spinta il
mezzo di tenere un tubo, che sarebbe immerso verticalmente nell'acqua, chiuso con una piastra bene
assettata su questo tubo, ma non fermatavi in guisa
alcuna. Per questo fare si applicherebbe la piastra
semplicemente sull'orifizio inferiore del tubo : s'im-
mergerebbe questo nell'acqua, sostenendo la piastra
sino ad una certa profondità, e dopo ciò resterebbe
la piastra applicata a quest'orifizio per la sola azione

dell'acqua, e la forza che agirebbe su questa piastra sarebbe tanto maggiore quanto più il tubo fosse maggiormente immerso. Convien notare che la piastra non resterebbe applicata all'orifizio che ad una certa profondità: imperocchè alla superficie dell'acqua non vi si manterrebbe, se l'acqua fosse d'una gravità specifica maggiore di essa; ma quando la piastra è posta ad una profondità tale, che il peso della colonna che la preme dal basso in alto sia maggiore o almeno uguale a quello della piastra, essa chiude esattamente l'orificio del tubo. La densità della materia di cui è composta la piastra, determina dunque il grado d'immersione al quale devesi portare il tubo: così quando un metallo è, sotto un pari volume, circa sette volte più pesante dell'acqua, converrebbe immergere l'estremità del tubo e la piastra (se fosse di metallo) ad una profondità almeno sette in otto volte più grande della sua densità.

Leggi generali dell' Idrodinamica. — L'Idrodinamica è, come dicemmo, la scienza che fa conoscere i fenomeni che presentano i fluidi in moto.

Il più importante di tali fenomeni per noi è quello dello scorrere dell'acqua per le aperture d'un recipiente, poichè è per questo modo che la forza motrice dell'acqua viene trasmessa alla maggior parte delle macchine idrauliche, e particolarmente alle ruote.

Il principio teorico di una tale fluenza è questo:

La velocità dell'acqua all'uscire da un orifizio praticato nelle pareti d'un serbatoio è quella che avrebbe acquistato un grave cadendo liberamente dall'altezza compresa tra il livello della superficie fluida nel serbatoio, e il centro dell'anzidetto orifizio.

Questa legge d'idrodinamica è conosciuta sotto il nome di teorema di Torricelli, discepolo del Galileo, e fu dimostrata da lui nel 1643. Al Torricelli pure devesi la spiegazione del come l'acqua si sostenga al di sopra del suo livello in un tubo privo

14

d'aria chiuso alla sua estremità superiore; e il perchè essa potrebbe elevarvisi sino a' 32 piedi di altezza senza poterla oltrepassare.

Rammentiamoci ora ciò che dicemmo sulla caduta dei corpi. Due leggi presiedono a questo fenomeno fisico:

1.° Le velocità acquistate sono come i tempi impiegati a percorrerle. Se la velocità al finire del primo secondo è espressa da 1, alla fine del successivo secondo sarà 2, alla fine del terzo 3 ec.

2.° Gli spazii percorsi sono fra loro come i quadrati de' tempi impiegati a percorrerli; così se alla fine di un secondo lo spazio percorso è di 1 metro, alla fine del successivo secondo è di 4 metri, alla fine del terzo di 9 metri.

Di più l'esperienza prova che a Parigi, e presso a poco in tutta Francia, lo spazio percorso da un corpo che cade nel primo secondo della sua caduta, è di $4^m,9045$.

3.° Alla fine del primo secondo la velocità acquistata è di $9^m,809$, vale a dire doppia dello spazio percorso o dell'altezza della caduta.

Da ciò risulta che se l'acqua d'un serbatoio è costantemente di $4^m,9$ al disopra dell'orifizio, durante l'afflusso, l'acqua fluente avrà allora una velocità di $9^m,8$ per secondo, e per conseguenza si avrà la quantità d'acqua uscita in un secondo moltiplicando la superficie dell'orifizio per $9^m,8$.

Ora, quale sarà la velocità per altezze d'acqua inferiori o superiori a $4^m,9$? Noi dicemmo che gli spazi percorsi o le altezze delle cadute sono tra loro come i quadrati de' tempi impiegati a percorrerli; noi pure dicemmo che le velocità sono proporzionali ai tempi: dunque esse sono pure proporzionali alle radici quadrate delle altezze (1); avremo dunque la proporzione seguente:

(1) Crediamo utile per coloro che hanno qualche nozione di algebra, di riportare qui la formola generale della caduta

La radice quadrata dell'altezza dalla quale cade un corpo in 1 secondo, o di $4^m,9$, sta alla radice quadrata dell'altezza dell'acqua nel serbatoio, come $9^m,8$, velocità

de' corpi, e i ragionamenti algebrici pei quali si ottiene.

Dietro il primo principio della caduta pe' corpi, e del moto uniformemente accelerato in generale, le velocità acquistate sono come i tempi impiegati a percorrerle; così essendo v la velocità acquistata da un corpo alla fine d'un tempo che noi chiameremo t, e se noi rappresenteremo d'altronde con g la velocità acquistata da un corpo alla fine d'un secondo di caduta, e che dicemmo essere di $9^m,8$, avremo la proporzione.

$$v : g :: t : 1; \text{ onde } v = gt.$$

Dietro il secondo principio, gli spazii percorsi o le altezze delle cadute sono come i quadrati de' tempi impiegati a percorrerle; dunque se h è l'altezza da cui questo stesso corpo è caduto nel tempo t, $1/2 g$ essendo la caduta corrispondente ad 1 secondo, noi avremo:

$$h : 1/2 g :: t^2 : 1^2; \text{ onde } h = \frac{gt^2}{2};$$

dove si ricava:

$$t^2 = \frac{2h}{g}, \text{ e } t = \sqrt{\frac{2h}{g}}.$$

Se noi sotituiremo questo valore di t nell'equazione $v = gt$, avremo:

$$v = \sqrt{2gh}, \text{ ed } h = \frac{v^2}{2g}.$$

Tali sono le due equazioni generali della caduta de' corpi, e colle quali, conoscendo l'altezza, si deduce la velocità, e reciprocamente.

Poichè:

$$g = 9^m,8083.$$

Noi avremo dunque:

$$\sqrt{2g} = 4^m,43 \text{ ed } \frac{1}{2g} = 0,51.$$

Così, siccome trovammo superiormente ci risulterà:

$$v = 4^m,43 \sqrt{h}, \text{ ed } h = 0,051 v^2.$$

acquistata da un corpo che cade alla fine di 1 secondo, sta alla velocità cercata. Se noi chiamiamo questa velocità v e l'altezza dell'acqua nel serbatoio al di sopra del centro dell'orifizio di uscita h, questa proporzione potrà dunque scriversi così.

$$\sqrt{4^m,9} : \sqrt{h} :: 9^m,8 : v;$$

d'onde ricaveremo:

$$v = \frac{9^m,8}{\sqrt{4^m,9}} \times \sqrt{h} = 4^m,43 \times \sqrt{h}.$$

Così si ha la velocità dell'acqua che esce da un serbatoio moltiplicando per $4^m,43$ la radice quadrata dell'altezza dell'acqua nel serbatoio al di sopra del centro dell'orifizio di scolo. Tale è il risultamento dato dalla teorica; noi vedremo quale modificazione la pratica vi apporta.

Noi possiamo dedurre un altro risultamento dalla proporzione poc'anzi detta. Possonsi presentare dei casi in cui conoscendo la velocità della caduta, dedur si voglia l'altezza dell'acqua nel serbatoio, la quale può essere incognita. Noi ricaveremo il valore di h dall'anzidetta proporzione:

$$\sqrt{h} = \frac{\sqrt{4^m,9}}{9^m,8} \times v,$$

ovvero, moltiplicando tutti i termini di questa proporzione per sè stessi:

$$h = \frac{4^m,9}{96,04} v^2 = 0,051 \, v^2.$$

Per tal modo l'altezza del carico d'acqua, al di sopra dell'orifizio di scolo, si ottiene, quando si conosca la velocità, moltiplicando il quadrato di questa velocità per 0,051.

In tutto ciò che si è detto sin qui, noi abbiamo supposto un serbatoio nel quale l'acqua esce da un orifizio di una grandezza qualunque, ma che riceve d'altronde dell'acqua in modo che il suo livello rimane costante. Se a questa supposizione si aggiugnesse quella che il serbatoio fosse nello stesso tempo sottomesso ad una pressione esterna, la legge della velocità di flusso resterebbe la stessa; converrebbe soltanto introdurre un altro valore per l'altezza dell'acqua al di sopra dell'orifizio; vale a dire converrebbe aggiungere all'altezza esistente quella di una colonna d'acqua, il peso della quale equivalesse a quello della pressione esterna.

La velocità dell'acqua essendo conosciuta al suo uscire da un orifizio, la dispensa d'acqua, o la quantità che ne esce, dev'essere il prodotto di questa velocità per la superficie dell'orifizio di scolo in un secondo. Così, se si è trovato per la velocità 11^m, e che l'orifizio di scolo sia di un metro quadrato, il prodotto dell'acqua uscita in un secondo sarà di 11 metri cubici. Per altro, quando si verifica questa ipotesi coll'esperienza, si trova pel risultamento della dispensa dell'acqua, una quantità inferiore a quella che indicano que' primi dati teoretici.

L'afflusso dell'acqua per le sottili pareti d'un serbatoio, presenta infatti un fenomeno particolare dal quale risulta, non già una diminuzione nella velocità dell'uscita, ma una specie di restringimento nel getto dell'acqua, e che fa lo stesso effetto come se l'orifizio di scolo fosse più piccolo.

Se in un vaso trasparente e che porti ad una delle sue pareti un orifizio per ove possa aver luogo l'afflusso dell'acqua, si mescolano al liquido delle particelle leggere, come della segatura di legno, ovvero se si producono dei piccoli depositi galeggianti nel liquido, come accade, a cagion d'esempio, salando un poco l'acqua, e gettandovi alcune gocce di nitrato d'argento (1); si scorgono ad una piccola

---

(1) Il miscuglio dell'acqua salata con una soluzione di nitrato d'argento, produce ciò che chiamasi in chimica un *precipitato*, vale a dire una combinazione chimica dalla quale

distanza dall'orifizio, a due o tre centimetri, per un'apertura d'un centimetro di diametro, delle molecole dirigersi da tutte parti del fondo, come dai lati e dalla parte superiore verso l'orifizio, descrivendo delle linee curve e tendenti tutte al centro di quello. Poscia quando vi sono vicine, vi si precipitano con moto acceleratissimo.

Questa convergenza di direzione che hanno le molecole al loro avvicinarsi all'orifizio, continuano pure ad averla quand'esse l'hanno oltrepassato, e ad una distanza facilmente visibile all'occhio: e ne risulta un restringimento sensibile nel getto. Basta il far uscire dell'acqua sotto un carico piuttosto sensibile, e per un piccolo orifizio, per iscorgere questo restringimento del getto fluido a qualche distanza dall'orifizio. Il getto forma una specie di cono o di piramide troncata, la gran base della quale è l'orifizio, e la piccola è al di fuori del vaso: ed è ciò che chiamasi in Idrodinamica: la *contrazione della vena fluida*.

Così nello sgorgo dell'acqua d'un serbatoio per un orifizio praticato nella parete, havvi un punto nel getto fluido in cui la sezione dello sgorgo è più piccola che quella dell'orifizio stesso. Ricerche fatte con una pazienza ed una sagacità meravigliosa da Poncelet e Lesbros han fatto conoscere, con esattezza matematica, le leggi della contrazione della vena fluida per tutti i casi i più importanti. Ma pel fine che ci siamo proposti, ci basta il pratico risultamento, a cui ci limitiamo, e cioè che lo stringimento della vena fluida equivale presso a poco al terzo della superficie dell'orifizio. In altri termini, sempre nella pratica, dopo aver calcolato la dispensa dell'acqua, come superiormente indicammo, vale a

risulta un corpo solido che cade al fondo dell'acqua. Nel nostro caso il corpo solido è cloruro d'argento formato di cloro, una delle parti costituenti il sale comune, e di argento, proveniente dal nitrato d'argento.

dire moltiplicando la superficie dell'orifizio pel prodotto di $4^m,43$ per la radice quadrata dell'altezza dell'acqua nel serbatoio al di sopra del centro dell'orifizio, si moltiplica il prodotto per $0^m,62$, e si ha la dispensa reale dell'acqua nell'unità di tempo, vale a dire in un minuto secondo.

La considerevole diminuzione che la contrazione della vena fluida cagiona nello sgorgo dell'acqua pegli orifizi praticati nelle pareti d'un serbatoio, puossi rendere meno considerevole, accomodando a questi orifizi dei piccoli tubi addizionali.

Se il tubo addizionale è cilindrico, e che l'acqua esca a *piena bocca*, vale a dire riempiendo interamente l'orifizio di sgorgo, il che avviene abitualmente quando la lunghezza del tubo è due o tre volte il suo diametro, e che il carico è eguale a più diametri dell'orifizio d'uscita; allora invece d'una differenza d'un terzo tra la dispensa teorica e la reale, come superiormente, non si ha che una differenza minore d'un quinto. Nella pratica, e per valutare lo sgorgo dell'acqua per tubi cilindrici addizionali, nelle circostanze che menzionammo, si calcola la dispensa teorica, e si moltiplica il prodotto per $0^m,82$.

I tubi addizionali conici convergenti, vale a dire più larghi dell'orifizio del serbatoio, e che vanno diminuendo verso l'esterno, aumentano vieppiù la dispensa di sgorgo. I loro effetti d'altronde variano col variare della loro inclinazione, ma non si hanno per anco dati positivi sulle differenze che ne risultano. L'angolo di convergenza il più favorevole, sembra essere quello di 12 a 13 gradi. In questo caso sembra non aver luogo che una diminuzione al più del 5 al 6 per 100 sulla dispensa teorica. In altri termini, nel caso di uno sgorgo così praticato, si avrà la dispensa reale calcolando la dispensa teorica, e moltiplicando il prodotto per $0^m,95$.

Se s'impiegano tubi conici nel senso opposto, vale a dire accomodando la loro base minore al serbatoio e la maggiore per conseguenza esteriormente, tali tubi che, in questo caso, si chiamano tubi conici divergenti, presentano un fenomeno singolare. La dispensa dell'acqua che per essi avviene, è maggiore della dispensa teorica.

Sembra che una tale proprietà fosse conosciuta dai Romani. Alcuni cittadini autorizzati di prendere dell'acqua da pubblici serbatoi, accomodavano all'orifizio de' tubi conici divergenti, ed aumentavano per tal modo fraudolosamente la loro concessione. Una legge proibiva l'uso di tali tubi addizionali, a meno che non fossero situati a 50 piedi dal serbatoio.

Un tubo addizionale conico divergente, avendo in lunghezza nove volte il diametro della base minore, ed un dilatamento di 5 gradi circa, può dare una dispensa d'acqua presso a poco due volte e mezzo più grande di quella che somministrerebbe l'orifizio semplice praticato nelle pàreti del serbatoio, ed una volta e mezzo più grande della dispensa teorica.

Nell'esame che abbiam fatto or ora dei diversi casi di sgorgo per orifizi praticati nelle parti inferiori d'un serbatoio, abbiam detto che l'altezza, dietro la quale la velocità debb'essere calcolata, era quella del livello dell'acqua, supposto costante al di sopra del centro dell'orifizio; e ciò suppone che la velocità che prende il filo d'acqua che passa per questo centro, rappresenti la velocità media, vale a dire una velocità un poco più grande di quella del filo d'acqua che esce al lembo superiore dell'orifizio, ed un poco più piccola (e nella stessa proporzione) della velocità del filo d'acqua che esce al lembo inferiore.

Questa ipotesi, confermata dall'esperienza in tutti i casi in cui gli orifizii sono piccoli per rispetto all'altezza d'acqua che loro è superiore, si modifica quando l'orifizio è in una maggior proporzione per rispetto al carico d'acqua.

Se il carico d'acqua è uguale all'altezza dell'orifizio,

la velocità media è minore di un centesimo di quella, che, moltiplicata per l'area dell'orifizio, dà la dispensa dell'uscita; e non differisce che d'un millimetro quando il carico dell'acqua sia tre volte più grande dell'altezza dell'orifizio.

Se il carico è nullo, vale a dire se lo sgorgo ha luogo per un'incavatura praticata a sommo la parete, fino ad un certo punto della superficie, la velocità media non è che i $2/3$ di quella del filo inferiore.

Il caso che passiam ora ad esaminare, è uno de' casi pratici i più ordinarii, e cioè lo sgorgamento per un così detto *sfioratoio*. Si chiama sfioratoio un incavo rettangolare praticato superiormente in una delle pareti d'un bacino, e la cui base, chiamata soglia, è orizzontale.

Supporremo, tanto in ciò che seguirà, come ne' casi precedentemente esaminati, che il serbatoio rimanga costantemente pieno.

Quando si esamina il modo onde lo sgorgo avviene per uno sfioratoio, si scorge che ad una certa distanza dal punto dello sgorgo il livello dell'acqua comincia ad abbassarsi, e si abbassa vieppiù per una curva sensibile sino al di sopra della soglia, di maniera che la curva che l'acqua descrive alla sua uscita, (e che la scienza dimostra essere una parabola) non è che il seguito della curva cominciata internamente nella soglia.

L'esperienza e il calcolo provano che quando si vuol misurare la dispensa dell'acqua che si opera per uno sfioratoio, non convien prendere per questo calcolo l'altezza esistente tra la soglia e la superficie dell'acqua al di sopra della soglia stessa, ma quella che esiste tra la soglia e la linea di livello del serbatoio. In una parola non conviene tener conto della curva descritta dall'acqua alla sua uscita; se risulta infatti da questa curva un'altezza minore nell'orifizio di scolo, ne risulta pure una maggiore, velocità, poichè le molecole dell'acqua, quand'esse giungono al di sopra della soglia, sono di già animate da una certa velocità in quanto che hanno percorso una certa altezza. La diminuzione dell'altezza al di sopra della soglia è dunque composta della maggiore velocità dell'acqua che vi sgorga, e che si fa entrare nel calcolo, prendendo per altezza quella che esiste tra la soglia dello sfioratoio e la linea di livello dell'acqua nel serbatoio.

Avviene spesso che l'acqua entri nel serbatoio animata da una certa velocità, e che così la linea dell'acqua del serbatoio abbia una certa pendenza verso lo sfioratoio. Vedremo or ora come si valuti la velocità di un'acqua corrente. Questa velocità essendo cognita, ci rammenteremo che l'altezza della caduta che determina una certa velocità v è uguale al quadrato di questa velocità moltiplicato per 0,51. Se la velocità dell'acqua nel serbatoio è 2^m, l'altezza della caduta che produce questa velocità è uguale a $4^m \times 0,51 = 2^m,04$. Così, dopo di aver tradotto in espressione dell'altezza di caduta la velocità di cui l'acqua trovavasi animata arrivando al serbatoio, si avrebbe la velocità di uscita aggiugnendo all'altezza al di sopra della soglia i $2^m,04$ trovati superiormente, e che rappresentano l'altezza di caduta necessaria a comunicarle la velocità colla quale essa giugne nel serbatoio.

Se l'altezza dell'acqua al di sopra della soglia dello sfioratoio (altezza che convien sempre misurare nel punto che precede la curva, descritta dall'acqua prima di uscire dallo sfioratoio) è di 1^m50; si avrà dunque come cifra dell'altezza della caduta generatrice della velocità colla quale l'acqua sgorga, $2^m,04$, più $1^m,50$ ossia $3^m,54$; ed è questa la cifra dell'altezza, che converrà far entrare nella formola di cui ora parleremo.

Colle trasformazioni algebriche si perviene ad una espressione semplicissima pel calcolo della dispensa dell'acqua per gli sfioratoi: formola che comprende tutti i coefficienti di riduzione. Se noi chiamiamo la dispensa dell'acqua D, la larghezza dello sfioratoio

l e l'altezza della caduta h, ossia la sola altezza tra la soglia dello sfioratoio e la linea di livello del serbatoio, ovvero che questa quantità sia aumentata con calcolo simile a quello che abbiamo or ora fatto, e col quale si esprime l'altezza generatrice della velocità dell'acqua nel serbatoio; si ha la formola seguente per tutti i casi pratici:

$$D = 1,80 \times l \times h \times \sqrt{h}.$$

Supponiamo che la larghezza dello sfioratoio sia di 3^m, che l'altezza dell'acqua al di sopra della soglia sia di $1^m,50$, e la velocità dell'acqua nel serbatoio 2^m. Noi avremo:

$$h = 1^m,50 + 2^m,04 = 3,54.$$

E la dispensa dell'acqua sarà:

$$1,80 \times 3 \times 3^m,54 \times \sqrt{3,54} = 35^{m.c},91$$

per ogni secondo.

Noi abbiam supposto in tutto il sin qui detto, che il carico d'acqua sulle luci dello sfioratoio rimanga costante. Se noi ora supponiamo che la quantità d'acqua del serbatoio sia limitata, e che per conseguenza si vuoti a misura che la sua acqua sgorga, senz'esser rimpiazzata dall'acqua fluente d'un vaso comunicante col serbatoio; se d'altronde supponiamo il serbatoio prismatico, avremo subitamente questa prima legge dimostrata col calcolo e colla sperienza.

Il tempo che impiega l'acqua, contenuta in un bacino prismatico ad uscirne e vuotarlo, è doppio di quello che impiegherebbe tutta la massa d'acqua contenuta nel serbatoio prismatico, se il carico fosse rimasto quello che era al principio dello sgorgo.

E ciò può ancora esprimersi ne' termini seguenti:

Il volume d'acqua uscito da una luce di un vaso prismatico che si vuoti, non è che metà di quello che si sarebbe avuto durante il tempo che avrebbe impiegato il vaso a vuotarsi, se lo sgorgo si fosse operato costantemente sotto il carico che avea luogo al principio.

Tuttavolta convien notare che questa formola non si applica sempre al caso in cui si faccia vuotare interamente un bacino per una luce inferiore. Quando l'acqua non è più che ad alcuni centimetri dal fondo, vi si forma un imbuto del quale l'aria occupa il mezzo. La luce di uscita si trova per tal modo ristretta, e la dispensa dell'acqua è d'assai diminuita: poscia, quando non vi sono più che 5 a 6 millimetri di acqua sul fondo del vaso, l'attrazione delle pareti diminuisce notabilmente la velocità dello sgorgo, e allora non avviene più che a goccia a goccia.

Le trasformazioni algebriche danno una formola molto semplice per calcolare il tempo durante il quale l'acqua di un bacino prismatico si vuota per una luce. Se si chiama S la superficie orizzontale di questo bacino, h l'altezza dell'acqua ch'esso contiene; s l'area della luce, e t il tempo durante il quale si vuota, si avrà:

$$t = 2 \frac{S \times \sqrt{h}}{2,75 \times s}.$$

Se vuolsi sapere il tempo in che un bacino si vuoterebbe d'una certa quantità, e chiamando h' l'altezza dell'acqua che rimarrà dopo che essa si sarà abbassata nel bacino della quantità voluta; avremo la formola:

$$t = 2 \frac{S}{2,75 \times s} \times (\sqrt{h} - \sqrt{h'}).$$

Supponiamo un bacino quadrato, e del quale ogni lato sia uguale a $0^m,975$, pertugiato nel basso con luce circolare di $0^m,0271$ di diametro; e pieno di acqua sino a $3^m,79$ al di sopra del centro della luce. Quanto tempo metterà l'acqua ad abbassarsi di $1^m,80$?

La sezione orizzontale del bacino è $= 0^m,975$ innalzato al quadrato, ovvero 0^m q,9506; onde S $= 0^m$ q,9506.

L'area della luce è uguale a $0^m,0271$ innalzato al quadrato e moltiplicato per 3,1416, ovvero $0^m q000577$: dunque $s = 0^m q,000577$.

$h = 3^m,76$, ed $h' = 3^m,79 - 1^m,30 = 2^m.49$.

Per cui avremo l'equazione:

$$t = 2 \times \frac{0,9506}{2,75 \times 0,000577} \times (\sqrt{3,79} - \sqrt{2,49}) = 7,50.$$

Per cui il bacino impiegherà adunque 7 ore e mezzo a vuotarsi.

Si presenta spesso il caso in cui il bacino, vuotandosi tutto, riceve una corrente, che fornisce meno acqua di quella che esca dal bacino stesso. In questo caso se vuolsi sapere il tempo che impiegherà il bacino a vuotarsi d'una certa altezza, si comincerà dal misurare la quantità d'acqua che fornisce per secondo la corrente che entra nel bacino. Noi indicheremo ora i mezzi che s'impiegano per operare questo calcolo. Chiamiamo questo volume d'acqua V. Si cercherà dapprima qual cifra dà la formola seguente:

$$\left(\text{logaritmo di } \frac{2,75\,s\sqrt{h} - V}{2,75\,s\sqrt{h'} - V} \right) \times V \times 2,3.$$

Questa cifra trovata, noi la chiameremo C, e si farà il calcolo sulla forma seguente:

$$t = 2 \times \frac{S}{(2,75 \times s)^2} \times (2,75 \times s (\sqrt{h} - \sqrt{h'}) \times C).$$

Nella pratica avviene spessissimo che i bacini dai quali si deriva l'acqua non abbiano forme prismatiche, vale a dire pareti verticali sopra un fondo orizzontale. Così gli stagni, a cagion d'esempio, non hanno tale forma, imperciocchè le loro sponde sono inclinate irregolarmente. In questo caso convien fare rilevate con cura da geometri i profili degli stagni o serbatoi; poscia su questi profili si suppone lo stagno diviso orizzontalmente in un certo numero di strati paralleli d'un'altezza non più d'un mezzo metro; si prende la lor larghezza media sui profili; e moltiplicando questa larghezza per l'altezza che si è presa, e della quale il massimo debb'essere $0^m,50$, si ha per tal modo un certo numero di bacini prismatici sovrapposti, ai quali si applicano i calcoli sucitati, e dei quali si riuniscono poscia i risultamenti; essendo la somma dell'addizione la cifra cercata.

La cifra numerica $2^m,75$ che abbiamo posto in ogni formola, è il prodotto di $\sqrt{2g}$, ossia $\sqrt{19^m,618}$, ovvero $4^m,43$ per $0^m,62$. Questo numero $0^m,62$ è il coefficente della riduzione risultante dalla contrazione che prova l'acqua al suo uscire dalle luci praticate nelle pareti piane. Noi abbiam veduto che quando si sostituiscono a questa specie di luce dei tubi addizionali cilindrici o conici, il coefficente è maggiore in questo caso la cifra $2^m,75$ dovrebb'essere rimpiazzata nelle sucitate forme da una nuova cifra risultante dalla moltiplicazione di $4^m,43$ pel coefficente indicato superiormente da quello dei tubi addizionali per ove si opera lo sgorgo.

Quando l'acqua sgorga da un serbatoio in un altro per una luce che si apre sotto il livello dell'acqua contenuta in questo secondo serbatoio, il carico effettivo su questa luce, o l'altezza dovuta alla velocità di uscita in un istante qualunque, è la differenza del livello dei due serbatoi in questo medesimo istante.

Si hanno ne' canali frequenti occasioni di applicare questo principio. L'afflusso delle acque della botte di un canale in una chiusa, si calcola con formole simili a quelle che abbiamo dato superiormente, o con formole dedotte da quelle.

Convien notare primieramente che la quantità d'acqua contenuta nella botte di un canale, essendo generalmente maggiore di quella che contiene la chiusa, si può considerare la botte del canale come un serbatoio a livello costante. Frattanto il riempimento di una chiusa debbe dividersi in due parti per il calcolo. Dapprima l'acqua si scarica per cateratte a mano a mano che si aprono, senza incontrare alcuna resistenza, e va a riempiere la parte del bacino formato dalla sua caduta. Poscia, quando questa parte è riempita, l'acqua continuando a scaricarsi, sale a poco a poco contra le cateratte, e al di sopra di essa, fino a che sia pervenuta al livello dell'acqua contenuta nella botte. Queste due parti del calcolo si stabiliranno nel modo seguente, notando dapprima che la cifra $2^m,75$ debb'essere cangiata, stantechè l'esperienza prova che nel caso di sgorgo ad un tempo per due cateratte delle chiuse, il coefficente di contrazione non è $0^m,62$, ma $0^m,54$. Così la cifra $2^m,75$ diverrà $2^m,39$.

In questo caso la formola per la prima parte del riempimento del bacino, sarà, chiamando la sua altezza di caduta h':

$$t = \frac{S \times h'}{2,29 \times 2 \times s \times \sqrt{h}}.$$

La formola, nel momento in cui l'acqua comincia ad arrivare al livello della soglia della cateratta, sino a quello in cui essa trovasi al livello del serbatoio è:

$$t = 2 \times \frac{S \times \sqrt{h}}{2,39 \times 2 \times s}.$$

Andréossy nella sua Storia del Canale di Linguadocca fornisce un'applicazione di queste formole al riempimento d'un bacino di chiusa di questo canale.

I *dati* sono i seguenti:

Sezione orizzontale del bacino $325^m q,6$; così $S = 325^m q,6$.

Sezione d'ogni cateratta $0^m q,6286$; così $s = 0^m q,6286$.

Livello della botte superiore al di sopra del centro della cateratta $1^m,949$; così $h = 1^m,949$.

Altezza dello stesso centro dal fondo della chiusa:
0^m325; così $h' = 0^m,325$.

Avremo dunque per la prima parte del calcolo:

$$t = \frac{325,6 \times 0,325}{2,39 \times 2 \times 0^m\text{q},6286 \sqrt{1,949}} = 24^{\text{secondi}},85.$$

E per la seconda parte:

$$t = 2 \times \frac{325,6 \times \sqrt{1,949}}{2,39 \times 2 \times 0,6286} = 298 \text{ secondi}.$$

Così il tempo totale del riempimento d'un bacino nel Canale di Linguadocca sarebbe di 24 secondi 85 più 298 secondi, ovvero 5 minuti e 23 secondi. Tal è il risultamento dato dalla formola. Nella pratica quest'operazione si effettua in 5 o 6 minuti.

Ora, occupandoci solamente quivi dei casi i più comuni nella pratica, cercheremo il modo di misurare la velocità delle piccole e grandi correnti d'acqua.

Tuttavolta non ci occuperemo della misura delle acque de' fiumi, le formole che esistono per tali misurazioni sono complicatissime; e d'altronde non trattasi che di misurare corsi d'acqua poco importanti.

Nel caso di sfioratoi che ricevano un'acqua animata nel serbatoio da una certa velocità, noi abbiam fornito i mezzi di calcolare la dispensa d'acqua quando si conosca la velocità dell'acqua affluente, che mantiene questo serbatoio. Un mezzo molto semplice di misurare questa velocità, si è quello di mettere un corpo leggero e piccolo, una pallottolina di legno, a cagion d'esempio senza scabrosità, in mezzo della corrente, e di esaminare la via che percorre in più secondi. Se ne deduce la velocità della superficie dell'acqua per secondo; e conviene diminuire la cifra trovata di un quinto per esprimere più esattamente la velocità media dell'afflusso.

Converrà avere cura, facendo una tale operazione, di scegliere un momento in cui l'aria sia calma; giacchè se la corrente e il galeggiante fossero investiti dal vento, la velocità sarebbe notabilmente alterata.

In quanto ai corsi di acqua, il miglior modo di misurarli si è di chiuderli, e di far passare le loro acque per uno sfioratoio. Ecco le precauzioni raccomandate da uno de' nostri migliori idraulici per effettuare quest'operazione.

« Si sceglierà un luogo in cui l'operazione possa essere convenientemente eseguita, a cagion d'esempio un luogo in cui il letto sia ristretto, e gli argini o le sponde poco inclinate. Si determineranno in antecedenza le dimensioni dell'assito di chiusa e dello sfioratoio da praticarvisi. La soglia dello sfioratoio dovrà essere al di sopra del fondo del letto, ad un'altezza un poco superiore a quella della corrente in questa parte, e prima della chiusa, affinchè l'acqua dopo il versamento, esca senza rifluire contra la soglia. Tra le pareti dello sfioratoio e gli argini o le sponde, converrà lasciare da ogni lato una porzione di assito, larga due o tre decimetri.

« Composto l'assito, e formato il letto per riceverlo, cotale assito si fisserà. Si chiuderanno diligentemente le commessure con catrame, sevo o stoppa. Si chiuderanno pure le fenditure per le quali l'acqua può passare sul fondo o sui lati, con terreno erboso o piote, con argilla, con zolle di terra, in modo che l'assito della chiusa sia bene stagnato durante l'operazione della misura, e durante il poco tempo necessario perchè il corso d'acqua prenda una velocità regolare, risultante dal nuovo stato di cose, al quale esso corso è sottoposto,,.

Quando la chiusa non trapelerà, e che il corso d'acqua sembrerà avere un afflusso regolare, si determinerà l'altezza della superficie della corrente al di sopra della soglia. A questo scopo si osserverà che l'acqua vicino alle parti della chiusa, comprese

15

fra l'argine o sponda. e le pareti verticali dello sfioratoio, si mantiene presso a poco a quello stesso livello che perviene allo sfioratoio, prima però che cominci essa ad inclinarsi verso il suddetto sfioratoio, come più sopra abbiamo spiegato. In conseguenza sopra ognuna di queste due parti della chiusa si pianterà un piccolo chiodo alla linea di fior d'acqua, e dall'uno all'altro di essi chiodi si tirerà una funicella, e si misurerà l'altezza compresa tra il punto di mezzo di essa funicella, e la soglia dello sfioratoio.

Chiamando quest'altezza h come in precedenza, noi avremo pel risultamento del corso d'acqua per secondo in metri cubici, la formola seguente, nella quale indicheremo un tale risultamento con P e la larghezza dello sfioratoio con l:

$$P = 1,80 \times l \times h \times \sqrt{h}.$$

E questa appunto è la formola, che abbiamo dato per gli sfioratoi.

Abbiamo esposto rapidamente le leggi generali dell'Idrostatica e dell'Idrodinamica; e le formole che abbiamo date si applicano ai casi i più comuni.

Ma vi è un'infinità di casi particolari, de' quali non si può avere la soluzione con queste formole, e che non puossi trovare che ne' soli trattati speciali d'idraulica: e invero non esistono opere su quest'argomento che lo trattino in maniera elementare, ma chiunque è abituato nel calcolo, e debba specialmente trattare le più difficili quistioni dell'idraulica, troverà nelle opere di Prony, Navier (nelle sue Note al Belidor) Dubuat, Fabre, e nell'eccellente lavoro di D'Aubuisson tutto che importi sapere per risolvere le difficoltà che spesso presenta la pratica, e particolarmente nell'Idrodinamica.

§. 3. — DELL'ACQUA COME MOTORE.

Noi prendiamo dal Cristian le riflessioni, colle

quali egli dà principio al suo esame sulla potenza
motrice dell'acqua. Queste riflessioni non solamente
sono di una giustatezza a tutte prove, ma con notabile chiarezza rintuzzano pregiudizi generalmente
sparsi, e sui quali il ciarlatanismo specola purtroppo
anche in oggi.

« L'acqua, dic'egli, non agisce come motore che
quand'essa è spinta pel suo peso da un punto elevato ad un punto più basso. È dunque la gravità
che costituisce il suo principio d'azione. Non per-
diamo giammai di vista ch'ella in sè non ha forza,
e che presenta quello stesso fenomeno di una pietra, di una massa inerte qualunque innalzata ad una
certa altezza, quello cioè di cadere, per l'effetto
della gravità, fino al punto il più basso, se non è
sostenuta o arrestata da qualche ostacolo.

« Così una massa d'acqua, per quanto possa essere considerevole, non può servire di motore sino
a che non cede all'azione della gravità, cioè a dire
sino a che non si muove, per cadere o per iscorrere
da un punto elevato in cui si trova ad un punto
più basso. Così un gran lago situato nella parte
più bassa di una regione, non potrebbe giammai
servire di motore, a meno che non fosse possibile,
scavando la terra, di crearvi una caduta, affinchè
si potesse inabissare tutta l'acqua che poi scorrerebbe
nelle viscere della terra.

« Egli è adunque, come abbiam detto, che l'acqua
ingenera forza motrice, quando cedendo alle leggi
della gravità passa da un punto ad un altro; e in
questo passaggio si può essa osservare ed esplorare:
e s'impieghino pure tutte le combinazioni meccaniche, tutte le ispirazioni del genio, l'acqua in riposo non sarà mai una forza meccanica.

« Si potrà fare quanto si voglia: potrassi solle-
citarla mediante una forza straniera, innalzarla e
lasciarla ricadere mediante alcune disposizioni meccaniche, essa non sarà un motore, ma bensì un
intermediario pel quale passerà l'azione della forza

straniera; essa non sarà che una massa inerte, e non potrà rendere tutto al più che il moto ricevuto da questa strania potenza.

« Noi crediamo importante di fermarci dapprima su questa verità incontrastabile; imperocchè molti, per non conoscerla, perdono il loro tempo e qualche volta i loro averi in isforzi ed in ricerche affatto inutili.

« Quante volte si voglia fare agir l'acqua come motore, conviene che la gravità sia il principio immediato d'azione: innalzata l'acqua mediante un altro motore qualunque, per trarne poscia partito dalla caduta che le avrete procurato, la forza prima che voi avrete per tal modo trasformata, produrrà in generale minore effetto di quello che se fosse stata impiegata direttamente, ed in modo convenevole, senza l'intermediario dell'acqua. Ed hassi ragione d'affermare che ogni combinazione di questo genere è inevitabilmente una cattiva combinazione.

« L'acqua ha tanto più di forza assoluta quanto più agisce in maggior quantità ad un tempo; e il peso della massa agente è più grande quant'è maggiore l'altezza da cui essa discende; imperciocchè più la caduta è grande, più l'azione della gravità viene esercitata sull'acqua motrice.

« Una quantità d'acqua fluente con una caduta qualunque è capace di produrre un effetto meccanico, di fare un lavoro tanto più considerevole, quanto è migliore il modo di applicazione. Ma per quanto sia vantaggioso il modo che s'impiega, sembra fisicamente impossibile di tutta raccogliere la forza assoluta dell'acqua, e trasmetterla al momento di sua azione; poichè da un lato essa perde, durante la sua azione, una parte più o meno grande della sua forza assoluta, e da un altro lato conviene che le rimanga, dopo l'effetto prodotto in un istante, abbastanza forza per isfuggire e dar luogo a quella che l'incalza, e che agir deve com'essa.

« Ora, ecco le due indicazioni generali che possiamo

ricavare pel momento da questa osservazione preliminare :

« 1.° Se il modo di applicazione impiegato è il migliore e che dia il massimo effetto ; se per supposizione è una ruota idraulica e questa ruota sia fatta secondo le regole, e che riceva convenientemente l'azione dell'acqua, e che faccia il numero dei giri richiesti in un dato tempo, non resta più a far nulla, in questo caso, per l'economia del motore; nulla si deve più oltre pretendere, e più non havvi a cercare ulteriore miglioramento. Se, per esempio, si vuol far risalire una parte dell'acqua dopo la sua azione, mediante l'effetto stesso della ruota, egli è certo che si perderebbe una porzione più o meno notevole dell'effetto meccanico.

« 2.° Con una quantità data d'acqua, per quanto grande essa sia, per qualsiasi e l'altezza della caduta e il modo d'applicazione che si possa immaginare, egli è impossibile, dopo l'effetto prodotto, di farla risalire totalmente per la sua propria azione. Non puossi adunque indefinitamente servire di una quantità data di acqua come motore: conviene ch'essa si rinuovi del continuo; conviene in una parola che sia un corso d'acqua; foss'egli intermittente, ma che almeno sia alimentato (per intervallo se vuolsi) da nuova acqua affluente ».

Queste osservazioni preliminari all'esame al quale ci accingeremo sulle applicazioni della forza motrice dell'acqua, hanno per iscopo di avvertire le false vie per le quali si vedono troppo spesso errare uomini d'uno spirito portato alle combinazioni meccaniche. Rigettando dapprima tutto quello che non può essere mai subbietto di ricerche, perchè opposto alle leggi fondamentali della meccanica, studieremo il miglior mezzo di aprire alle menti quelle sole vie che conducono a questioni realmente utili, e che sono di già state risolute in diversi modi, o per le quali si potrebbero ragionevolmente cercare nuove soluzioni.

L'acqua agisce: 1.º per percussione; 2.º per pressione; 3.º per percussione e pressione ad un tempo. Ognuno di questi tre modi di azione può aver luogo con continuità o intermittentemente.

L'acqua agisce per impulso o percussione quand'essa viene a percuotere con una certa velocità un ostacolo che incontra, e che è disposto in modo da trasmettere il suo urto. L'acqua dopo avere così agito, passa, ed è rimpiazzata da altr'acqua che incontra un nuovo ostacolo ed egualmente lo percuote. Tal è, a cagion d'esempio, una ruota a pale posta sulla corrente d'un fiume (*Tav. IX. fig.* 5 *e* 6).

Essa agisce per pressione quando non avendo alcuna sensibile velocità, o non avendo che una velocità presso a poco uguale a quella del punto sul quale deve agire, essa si accumula su questo punto che forma come un serbatoio: ed agendo su lui colla sua gravità, lo trascina seco cadendo. Tali sono le ruote a pale (*Tav. X. fig.* 1, 2, 3. e seguenti e *Tav. XI. fig.* 1 *e* 2). L'acqua agisce ancora per semplice pressione nella macchina a colonna d'acqua (*Tav. XII. fig.* 1, 2, 3 *e* 4.).

Finalmente l'acqua agisce per percussione e pressione ad un tempo, quando il primo pezzo, destinato a ricevere il moto è urtato primieramente dall'acqua che cade da una certa altezza, e ritiene poscia una porzione di quest'acqua; l'acqua agisce allora pel suo urto e pel suo peso. Nelle ruote a pale, ad acqua *incanalata*, (*Tav. IX. fig.* 1, 2, 3, 7, 8, 9 *e* 10.) nella ruota Poncelet (*Tav. X. fig.* 8.); nella chiocciola (*Tav. XII. fig.* 5 *e* 6.); nell'ariete idraulico (*Tav. XIII. fig.* 1 *e* 2.) l'acqua agisce di questa guisa.

Produce essa effetti eguali in queste diverse macchine; o, in altri termini, l'effetto utile di questo motore è egli lo stesso secondo i diversi modi di applicazione? No; e quivi, come per ciò che già studiammo, l'effetto varia notabilmente secondo l'applicazione del motore.

A questo studio frattanto noi passeremo ad accingerci.

§. 4. — RUOTA A PALE O A PERCUSSIONE E PRESSIONE.

La più semplice delle ruote a pale, quella in cui l'acqua non agisce che pel suo urto, è la ruota chiamata *a pendolo*, e che è principalmente impiegata ne' molini sopra barche o sopra battelli legati con canapo nel mezzo de' fiumi (*Tav. IX. fig. 5 e 6*). Le ruote *bb* sono applicate ad ognuno de' lati del battello: esse poggiano sopra un asse *ee*, cui imprimono un moto di rotazione nel senso opposto al corso del fiume: l'asse, mediante una ruota d'ingranaggio *cc*, comunica moto al restante del meccanismo del molino. Il battello è coperto da una tettoia *aa*.

Nella pratica il diametro delle ruote *a pendolo* non oltrepassa quasi mai i 4 a 5 metri. Si varia molto sul numero delle pale o ale delle ruote; le ruote *bb* (*fig. 5 e 6*) non hanno che sei pale, e sembra certo che un tal numero non sia bastevole: e il doppio o il triplo di pale produrrebbe un miglior effetto o *utilizzerebbe* meglio l'urto della corrente. Un ingegnere che ha molto studiato questo genere di macchine, Fabre, pensa che l'altezza delle ale debb'essere al più di 28 centesimi del raggio della ruota, contando dal centro dell'asse sino al centro dell'ala, ciò che non rappresenterebbe che la quarta parte del total raggio. Questo autore pensa pure che le pale debbano interamente immergersi nell'acqua, siccome noi le abbiamo considerate; tuttavolta convien notare che se ciò sembra preferibile ne' fiumi profondi, in cui la velocità della corrente è maggiore al di sotto della superficie che alla superficie stessa, non pare poi essere lo stesso per i fiumi la profondità de' quali non è molto grande: allora la migliore disposizione consiste in

ciò che la metà soltanto della pala sia immersa
nell'acqua quand'ella si trova nella posizione verticale.

La larghezza di queste pale varia da $2^m,50$ a 5
metri. Noi le abbiamo rappresentate piane; ed è
infatti così ch'esse sono quasi sempre costruite. Si
è tuttavolta riconosciuto che produrrebbero maggior
effetto se presentassero all'acqua una certa concavità, che dovrebb'essere insensibile al principio della
pala, ed aumentare a misura che si avvicina al lembo
esterno della ruota. Sembra pur certo che si aumenterebbe l'effetto di queste ruote se si armassero
i loro lembi di orli sporgenti dal lato da cui giunge
l'acqua. Si conosce infatti che per una tale disposizione, l'acqua che urta sulla pala sfuggirebbe
meno facilmente dai lati. In una parola ciò sarebbe
un principio d'*incanalamento* o *direzione*, come le
ruote che esamineremo prima di finire quanto debbiam dire sulle ruote a pendolo.

Le ruote a pale, le più semplici dopo le ruote
de' molini fermati ne' fiumi, sono quelle che ricevono nella loro parte inferiore l'impulso d'un'acqua
che sfugge orizzontalmente da una chiusa o cateratta
sotto il carico del serbatoio, e che viene a battere
quelle pale, le quali si trovano nel punto il più
basso. La Tav. IX. fig. 2. mostra una di queste
ruote costruita sopra un piccolo modello per servire
ad esperienze di cui parleremo più oltre. Queste
ruote che possono essere o non essere racchiuse in
un condotto, ricevono unicamente l'impulso dell'acqua, e non obbediscono a nessuna altra forza.
Queste ruote sono ancora frequentissimamente impiegate, e dovunque l'arte delle costruzioni idrauliche è poco progredita, sono disposte nel modo che
dicemmo, o in maniera analoga ed ugualmente poco
vantaggiosa. La teorica e la pratica insegnano ugualmente che un tal modo d'impiego dell'acqua è cattivo, perchè vi si perde una gran parte della sua
forza motrice. Qualche volta per altro le cadute

d'acqua delle quali si può disporre sono piccolissime, e tuttavolta le operazioni da compiersi esigono un moto rapido nell'asse principale; perciò non puossi ottenere questa rapidità che mediante ingranaggi comunicanti con un asse che muovesi più lentamente, e trasmittenti ai pezzi della macchina che la fanno muovere, una maggiore rapidità. In questo caso i buoni costruttori non possono a meno di non usare il modo d'applicazione dell'acqua che già abbiamo rapidamente indicato. In questo caso pure convien meglio inclinare la cateratta di quello che tenerla verticale, come si è rappresentato nella figura 2; e ne vedremo ora la ragione.

Fermiamoci bene dapprima sulle diverse condizioni fondamentali delle ruote a pale (*Tav. IX. fig. 7, 8, 9 e 10*).

Le ruote *aa* hanno per pezzi principali: 1.° un asse o *albero girevole b, b*; 2.° due o tre *quarte* o archi che formano la circonferenza solida della ruota; 3.° delle *braccia* disposte in diversi modi, fra i quali raccomandiamo i due sistemi 7 e 9: queste braccia uniscono l'albero girevole alle quarte; 4.° alcune *traverse* e forti piuoli di legno, fermati e ritenuti sulle quarte; 5.° delle *pale* inchiodate o incavigliate sulle traverse; 6.° finalmente qualche volta delle *contropale* o tavole fissate di piano contra le quarte, e chiudenti una parte dell'intervallo da una pala all'altra, dimodochè l'acqua non zampilli per entro della ruota dopo avere percossa una pala.

La figura 7. rappresenta il miglior modo di percussione dell'acqua sulle pale. Spesso pure si cerca in ogni modo d'avvicinare ancora molto di più il punto di uscita dell'acqua alla estremità delle pale. Si vede che quivi la cateratta è inclinata in modo che l'acqua esce per un orifizio che ha dell'analogia coi tubi addizionali conici convergenti, i quali, come dicemmo, danno una dispensa d'acqua maggiore di quella degli orifizi praticati nelle pareti piane; come per esempio apparisce dalla disposizione indicata dalla fig. 2. Tav. 9. Poncelet ha stabilito, mediante sperienze fatte con grandissima cura su tale disposizione, che mentre con una cateratta verticale la dispensa d'acqua teorica è del 30 per 100, o che, in altri termini, il coefficente di contrazione è di $0^m,70$; esso coefficente non è più che di $0^m,75$ per una cateratta inclinata a 63 gradi, avente 2 di altezza sopra 1 di base; e di $0^m,80$ per una cateratta inclinata a 45 gradi, avente 1 di altezza sopra 1 di base.

Giova d'altronde notare che la diminuzione della velocità è tanto minore quanto l'apertura della cateratta è maggiore.

Per quanto sia possibile, il condotto si avvicini al punto in cui la cateratta dà uscita all'acqua, dirigendolo verso la ruota: se si vuole far agire l'acqua pel solo urto, si fa battere sulla seconda o la terza pala, a partire dal diametro verticale; perchè quantunque l'acqua sia racchiusa in un condotto dai lati ed al fondo, non agisce guari che pel suo urto: ed è questo il caso in cui si ha bisogno di grandissima velocità, e nel quale la caduta è piccola.

La ruota rappresentata (fig. 3.) si trova in condizioni presso a poco analoghe, poichè il condotto è disposto in modo che l'acqua, quantunque cominci a battere la settima pala, a partire dal diametro verticale, percuote pure con gran forza la quarta pala. Su questa pala, e sulla quinta, la sesta, e la settima, l'acqua agisce quasi unicamente pel suo urto; sulla terza, la seconda e la prima, agisce quasi unicamente pel suo peso.

La ruota rappresentata dalla figura 7, e della quale la figura 8. rappresenta l'alzato di fronte, ha il suo condotto disposto concentricamente alla ruota, e quasi tangente alle pale, tanto per riguardo al fondo quanto a' suoi lati, dimodochè in questa ruota l'acqua agisce altrettanto pel suo peso che pel suo urto. Questa disposizione che è intermedia fra le ruote a pale e quelle a cassette, s'impiega nei casi

in cui si ha bisogno di una velocità intermediaria
tra la grande velocità che procurar possono le ruote
a pale percosse affatto al di sotto, e la piccola velocità che conviene mantenere nelle ruote a cassette.

A qualunque altezza che si faccia percuotere l'a-
cqua sopra una ruota a pale (altezza che non può
in ogni caso oltrepassare il terzo dell'altezza della
ruota, poichè più alta l'acqua non farebbe salire
che pale pressochè orizzontali, sulle quali la sua
azione non sarebbe quasi nulla; e se più grande
fosse ancora tale altezza, l'acqua percuoterebbe le
pale in modo da far girare la ruota in senso contrario), la miglior disposizione per la cateratta è
quella che rappresenta la figura 7, e che consiste
in un rocchetto c, il quale ingrana sopra una spranga
dentata d, che conduce la cateratta contenuta da
un apparecchio di legno ee, e da due travi trasversali ff. La figura 8. mostra d'altronde la disposizione delle traverse che sono quivi sopra triplice
fila; il che indica che la ruota ha tre quarte, a
cagione della sua larghezza; le ruote d'ingranaggio
cc, portate dall'albero girevole bb della stessa figura, sono uno de' mezzi impiegati per trasmettere
il moto di rotazione alle diverse parti delle macchine
destinate a riceverlo.

La ruota rappresentata dalle figure 9 e 10 è una
ruota ad urto per di sotto puramente e semplicemente, e presso a poco senza condotto laterale, o almeno a condotto molto largo per riguardo alla ruota,
e per conseguenza di poco effetto. Questa ruota è
disposta in modo da poter seguire le variazioni del
livello del fiume, o del braccio di fiume sul quale
è posta. A questo fine essa poggia sopra un albero
cd, l'estremità c del quale gira attorno d'un punto
fisso, e di cui l'altra estremità è tenuta ad una
catena che si ravvolge sopra un verricello e, e può
abbassarsi od elevarsi secondo che gira il verricello
in un senso o nell'altro. Per tal modo la ruota può
sempre esser posta ad un'altezza tale, che la pala

del diametro verticale inferiore peschi interamente nella corrente. Questa ruota porta d'altronde de' fusi, che comunicano il suo moto ad una ruota *b*, l'asse della quale è il centro del punto fisso, attorno di cui si aggira la leva *cd*. In questa guisa la ruota mobile *a* si trova sempre ad una distanza uguale dalla ruota fissa *b*; per conseguenza essa ingrana sempre ugualmente su questa ruota, e trasmette il suo moto a qualunque altezza ch'essa si trovi. Non è inutile a conoscere questa disposizione, perchè essa è semplice ed ingegnosa e può ricevere altre applicazioni. Del resto essa non deve, come impiego della forza motrice dell'acqua, venire adoprata che in mancanza di ogni altro mezzo.

Ritorniamo frattanto alle ruote a pale dove il condotto e la cateratta sono disposti in modo da percuotere la seconda pala dopo il diametro verticale inferiore; ruote dove l'urto dell'acqua è solo impiegato come forza motrice. Una parte di ciò che in seguito esporremo su quest'argomento è tratto appieno dall'eccellente opera del d'Aubuisson sull'*Idraulica degl'Ingegneri*. Noi ci limiteremo ad adoperare un linguaggio più accomodato all'intelligenza de' nostri lettori.

La larghezza del condotto sotto la ruota, si determina dal volume d'acqua ch'egli deve condurre. L'altezza dell'acqua nel condotto (supponendo per un istante che sia levata la ruota) non dev'essere nè al di sopra di $0^m,25$, nè al di sotto di $0^m,15$. Se fosse minore, la quantità d'acqua che sfugge tra il condotto e il lembo inferiore delle pale, senza esercitare alcuna azione sopra le medesime, sarebbe, in proporzione, troppo grande, e la forza della corrente verrebbe notabilmente diminuita.

Per fare che una tale diminuzione riesca, quant'esser possa, minore, l'intervallo che convien lasciare tra le pareti del condotto e il lembo delle pale sarà tra metri 0,015 e $0^m,02$. Non è possibile che sia minore un tale intervallo, poichè nelle ruote le meglio fatte e le meglio sospese, in quelle che, secondo la espressione ordinaria sono le *meglio circolari*, alla fine d'un certo tempo alcune parti cedono, alcune giunte si sconnettono, e se l'intervallo fosse assai ristretto, le pale cozzerebbero contro le pareti del condotto.

La larghezza delle pale viene stabilita da quella del condotto, e dall'ampiezza degl'intervalli che esistono fra esse. La loro altezza o dimensione nel senso del raggio della ruota, debb'esser tale che nel più grande rialzamento dell'acqua contra la prima pala percossa, una porzione del fluido che tende ad oltrapassare il suo lembo superiore, quantunque ritenuto dalla contrapala, non perda una parte della sua azione. Si previene una tale perdita dando all'altezza delle pale circa tre volte la grossezza dell'onda di acqua nel condotto, senza mai oltrepassare 0^{m},65. Si prende presso a poco per intervallo da una pala all'altra una distanza uguale alla loro altezza.

Il numero delle pale dipende dunque dal diametro della ruota. Questo diametro non è minore di 4 metri nè maggiore di 8. Secondo il diametro adottato si dà il numero seguente di pale:

Diametro, 4 metri. — Numero delle Pale, 24
«   5   «   «   28
«   6   «   «   32
«   7   «   «   36
«   8   «   «   40

Si vede che il numero delle pale è divisibile per 4; e ciò si usa perchè la costruzione delle ruote si fa per quarte, ed è cosa comodissima in pratica il mettere un numero intero di pale in ogni porzione delle ruote medesime. Del resto i numeri precedenti potrebbero, per ogni caso aumentarsi di quattro senza inconveniente alcuno.

In quanto alle ragioni pratiche che determinano di dare tale o tal diametro, esse sono facili a comprendersi. L'effetto utile d'una ruota non dipende dal diametro ma dalla velocità delle pale. Ciò che dunque convien sapere determinare si è il numero de' giri che la ruota deve fare in un certo tempo perchè la trasmissione del moto alla parte della macchina che opera il lavoro utile, e che deve avere in conseguenza una certa velocità, si effettui colla massima semplicità e col minimo d'ingranaggi e d'intermediarii possibili, quando non puossi farne a meno. Si fa pure in modo che la ruota abbia una tale velocità, e dimensioni proprie a poter fare inoltre l'ufficio di volante, affinchè sia mantenuta convenientemente l'uniformità del moto.

Il calcolo indica come si possa soddisfare a queste diverse condizioni. Il numero de' giri che la ruota deve fare *in un minuto* essendo cognito, si divide il numero 32 per questo numero di giri; si moltiplica il quoziente di questa divisione per la radice quadrata dell'altezza della caduta dell'acqua, ed il prodotto è il diametro. Non conviene dimenticare che l'altezza non è soltanto uguale alla differenza di livello che esiste tra la linea dell'acqua nel serbatoio e il basso della ruota, giacchè se arriva l'acqua nel serbatoio animata da una certa velocità, e che questa si comunichi sopra tutta la sua superficie, conviene aggiugnere all'altezza che dicemmo, l'altezza generatrice di quest'ultima velocità.

Alcuni meccanici pensarono che aumenterebbesi notabilmente l'effetto dinamico inclinando le pale sulla direzione del raggio; ma si è riconosciuto che una tale disposizione è poco utile.

Vediamo ora qual effetto utile derivi dall'applicazione della forza motrice dell'acqua, come l'abbiamo or ora descritta.

Quivi, e collo stesso D'Aubuisson, noi rammenteremo dapprima alcune generali considerazioni proprie a bene stabilire le idee.

Quando si mette in moto una ruota idraulica che era in quiete, e che a tal fine si apre la cateratta, il fluido si precipita con forza contro la pala che gli è opposta. S'innalza allora e si spande da tutte parti: continuamente incalzato da quello che giunge senza interruzione, egli esercita uno sforzo maggiore che quando il moto è stabilito. Una porzione di questo sforzo si equilibra con quello delle resistenze da vincere: la porzione eccedente agisce nel primo momento per rompere l'aderenza contratta durante il riposo dalle parti della macchina che debbono muoversi le une sulle altre; poscia, lottando contro l'inerzia delle masse, essa accelera di più in più il moto. A misura che la velocità della ruota si accresce, la sua azione s'indebolisce mano a mano (poichè in ogni azione la forza diminuisce a misura che la velocità aumenta; secondo i princìpi generali che abbiamo superiormente stabiliti); bentosto l'accelerazione del moto, diminuendo gradatamente, diventa insensibile, e come nulla; e la ruota, dopo qualche tempo, in conseguenza della velocità impressa ed in virtù della sua inerzia, continua a muoversi come per sè stessa, sia con un moto interamente uniforme, sia con una velocità che, restando tra limiti vicinissimi, può ridursi ad una velocità media e continua.

Prima di andar più oltre notiamo che la descrizione che abbiam dato del primo momento di azione d'una ruota a pale non si applica solamente a questo genere di macchine, ma ad ogni organo meccanico, semplice o composto, quando comincia ad obbedire all'azione d'un motore. Sempre havvi in questo primo momento necessità di accumulare forza per vincere l'aderenza delle diverse parti della macchina, e la forza d'inerzia (nella quiete) dei pezzi che la compongono, egualmente che quando trattasi di arrestare una macchina, non è possibile di farlo bruscamente, che spiegando una forza molto superiore a quella che è impiegata per mantener la macchina in moto. Si tratta infatti allora di superare con un sol colpo la forza d'inerzia (nel moto) dei pezzi della macchina, animati da una certa velocità, e che hanno accumulato una certa forza; vale a dire che, privati istantaneamente della loro comunicazione

col motore, continuerebbero a muoversi durante
qualche tempo; in virtù della legge d'inerzia o della
forza acquisita, cose tutte delle quali abbiamo spiegato le leggi (pag. 53 al 56), e di cui abbiamo
dato un esempio importante (pag. 8).

Risulta ancora da queste osservazioni che quando
vuolsi studiare una macchina in moto, non conviene
mai giudicarla e calcolarne gli effetti dietro i primi
momenti ne' quali si muove. In questi primi momenti, deve superare delle resistenze quasi impos-
sibili a sottomettersi ad un esatto calcolo, per quanto
poco sia la macchina complicata.

Lo studio di una macchina non è possibile che
quand'essa ha preso una velocità uniforme, vale a
dire quando tutti i suoi pezzi sono messi in moto,
ed hanno vinto tutte le resistenze che, vicine o lon-
tane, gli sono opposte, e per la loro azione, contraria a quella del motore, impediscono che la velocità
del motore stesso si acceleri al di là di un certo
limite. A questo limite infatti le resistenze diver-
rebbero preponderanti.

Risulta adunque da ciò questa legge generale e
semplice per lo studio della dinamica, vale a dire
dei corpi in moto, che una macchina che agisca
può essere continuamente considerata come in istato
d'equilibrio, essendo le resistenze ch'essa sormonta,
presso a poco uguali, nell'unità di tempo, alla potenza che la fa muovere. Spesa una volta questa
prima quantità di forza che costituisce il moto di
tutti i pezzi ai quali si trasmette, ricevono essi ed
assorbono la forza motrice, ed è esatto il dire che,
come nel caso d'equilibrio, la potenza è uguale alla
resistenza; questa puossi rappresentare con un corpo
alzato, quella con un corpo che cade; il prodotto
della massa dell'uno per la sua velocità è uguale
al prodotto della massa dell'altro per la sua velocità, meno la forza perduta negli attriti dei pezzi
intermediarii, meno ancora quella che assorbe mettendola in azione, meno ancora finalmente quella

che è necessaria per passare dall'azione alla quiete.

Ciò compreso, resterà chiaro, per tutto ciò che segue, che cosa sia una macchina avente la sua velocità uniforme, risultante dal giuoco del motore e della resistenza, e della quale noi studieremo gli effetti. In teorica come in pratica è il solo studio, che presentar possa qualche importanza; in teorica, perchè, come dicemmo, le resistenze accessorie si sottraggono ad un calcolo mattematico; in pratica, perchè il costruttore e l'ingegnere danno sempre alla loro macchina una forza superiore a quella che è necessaria affinch'essa vinca le resistenze ordinarie, e perchè la forza motrice è sempre trasmessa a degli organi in cui ella può accumularsi fino ad un certo punto; l'ingegnere o il costruttore sono dunque sempre sicuri che i mezzi de' quali dispongono saranno bastevoli, salve le *precauzioni del porla in azione*, per superare le prime resistenze provenienti dall'aderenza e dalla forza d'inerzia; resistenze sempre sussidiarie di poca importanza per rispetto all'effetto generale da ottenersi.

Per *precauzione di porre in azione* una macchina, noi intendiamo le diligenze che si hanno mettendola in comunicazione del motore con gli organi meccanici, ai quali deve successivamente, e agli uni pegli altri, trasmettere il moto. Così se si tratta di una ruota idraulica che debba comunicare il moto ad una filanda, ecco in che potranno, e sarebbe meglio dire, dovranno consistere le precauzioni di porla in azione. Ne' grandi stabilimenti di questo genere, ognuna delle arti mosse dall'organo motore può rendersi indipendente da quest'organo mediante meccanismi, che noi spiegheremo più lungi. Allora dunque che si tratterà al mattino, a cagion d'esempio, di mettere in azione le macchine dell'officina, non si lascierà nella dipendenza dell'organo motore che una piccola parte delle arti dello stabilimento: poscia si aprirà pian piano la cateratta per la quale l'acqua dirompe sulla ruota motrice; si lascierà passare così un istante: indi, quando si vedrà la macchina a scuotersi si aumenterà un poco l'apertura della cateratta. Allora la ruota comincerà a prendere il suo moto, e se le lascierà fare alcuni giri: indi se le darà ancora maggior acqua, e si farà nello stesso tempo comunicare il moto a qualche arte di più. Per le diverse operazioni, che abbiamo indicate, bastano alcuni minuti. Così un quarto d'ora di tre o quattro operai, basta per assicurare di aver posto in perfetta azione tutto il meccanismo in ogni grande stabilimento. Adunque, da una spesa insensibile risulta un'economia considerevole nella durata e nel mantenimento di tutte le parti attive dello stabilimento. I fabbricatori, per questo rispetto, non avranno mai bastevole sorveglianza.

Riprendiamo ora, e dietro le idee generali esposte superiormente, lo studio degli effetti delle ruote a pale.

In queste, e in generale in tutte le ruote idrauliche, vi sono due cose principali da considerarsi per aver ragione del loro valore meccanico.

1.º *La forza intera della corrente*. Questa forza è uguale al peso dell'acqua che la corrente dispensa in un secondo, moltiplicato per l'altezza della caduta. La caduta, come abbiamo già detto, nelle correnti idrauliche si conta dal livello del serbatoio al punto più basso della ruota. Noi abbiamo d'altronde imparato nel §. 2.º di questo capitolo, come la dispensa dell'acqua si calcoli. Conosciuta questa, lo è pure il peso; un metro cubico d'acqua pesa 1000 chilogrammi; un decimetro cubico, o un litro, pesa 1 chilogrammo.

Se noi chiamiamo il peso dell'acqua dispensata in un secondo P e la caduta totale H, la forza intera della corrente sarà dunque rappresentata da P $\times$ H.

2.º *L'effetto utile della macchina*. Quest'effetto

ha per misura il peso rappresentante la somma di tutte le resistenze che la macchina ha da vincere, e che equivale ad un peso innalzato ad una certa altezza. Se noi chiamiamo questo peso P e la velocità V, l'effetto utile sarà dunque $P \times V$.

Egli è essenziale di non obbliare che P non comprende le resistenze provenienti dall'attrito, e che, assorbendo *inutilmente* una certa forza, non può necessariamente essere compreso nell'*effetto utile* della macchina. Noi troviamo così ciò che vedemmo altrove, e cioè una differenza tra l'*effetto utile* della macchina, vale a dire la forza effettiva colla quale essa agisce sulle diverse materie sottoposte alla sua azione, e il suo *effetto dinamico*, o l'effetto totale risultante dalla intera azione della macchina, e che si compone di tutte le resistenze, che la macchina deve vincere: resistenza di attrito, resistenza d'inerzia, resistenza delle materie da trasformarsi.

Ciò posto, ecco i principi dimostrati dalla teorica, e confermati dalla pratica per ciò che concerne alle ruote a pale, di cui ci occupiamo quivi, vale a dire quelle che agiscono per la sola forza impulsiva dell'acqua, o ancora che ricevono solamente il suo urto al partire soltanto dalla seconda pala contando dal diametro verticale inferiore.

1.° *Una ruota a pale produce il suo più grande effetto, quando la sua velocità è la metà di quella della corrente.*

La velocità d'una ruota idraulica si valuta dal cammino descritto in un secondo dal punto centrale di una delle sue pale. Se il punto centrale d'una pala è a $3^m,50$ dal centro dell'asse della ruota, e che questa percorra dieci giri in un minuto, s'instituirà il calcolo come segue:

La circonferenza descritta dal punto centrale delle pale è uguale a $3^m,50 \times 2 \times 3,1416 = 22^m$ circa.

La ruota fa dieci giri per minuto, ossia 220^m per minuto, e per secondo, $3^m,67$ circa.

Perchè la ruota produca il suo massimo effetto, bisognerà che la velocità della corrente sia di 7^m,34.

Si scorge che in generale è più facile far prendere una data velocità a una ruota idraulica, che ad una corrente. I limiti ne' quali può farsi variare l'altezza d'un serbatoio sono quasi sempre ristrettissimi; e siccome la velocità risulta dalla radice quadrata dell'altezza, si vede che la velocità d'una corrente d'acqua è un fatto sul quale il pratico ha generalmente poche modificazioni importanti da fare. Quanto poi alla velocità della ruota, sotto un dato carico d'acqua, da cui risulta una certa velocità, essa è ciò che si vuole, dappoichè tutto dipende dal diametro di questa ruota. I limiti ne' quali può farsi variare il diametro d'una ruota idraulica sono evidentemente più larghi, che quelli fra' quali può farsi variare l'altezza del serbatoio. Così gli studi dei costruttori mirano quasi sempre a questi calcoli del diametro della ruota, secondo le circostanze naturali ond'essi possono disporre.

2.º *Il maggiore effetto che possa produrre una corrente d'acqua agente per urto sopra una ruota a pale, e sopra una ruota idraulica in generale, non è che la metà del maggiore effetto di cui sarebbe capace.*

Notiamo che questo è il limite massimo del più grande effetto dinamico, di cui la teorica ci mostra suscettiva una corrente, che investa una ruota a pale. Nella pratica questo limite è ben lontano dall'esser raggiunto.

Le osservazioni più proprie a far conoscere la differenza che havvi fra i risultamenti pratici e il limite fissato dalla teorica, sono state condotte dallo Smeaton, celebre ingegnere inglese. Egli ha sperimentato sopra una ruota obbediente alla sola forza impulsiva dell'acqua (*Tav. IX. fig. 1. e 2.*). Tale ruota a dir vero era d'un modello piccolissimo, poichè non aveva che 0^m,61 di diametro: ma Smeaton, dice il d'Aubuisson, aveva in sè, come direbbesi il sentimento di questa materia quasi affatto allora ignorata; e le sue sperienze attestano una rara abilità.

Una ruota a pale c (fig. 1. e 2.) chiusa in un condotto b, riceveva l'urto d'una corrente d'acqua contenuta in un vaso a, il cui livello era costantemente mantenuto al livello della scala e, per mezzo d'una tromba d, la quale assorbisce l'acqua di sotto il condotto in cui la ruota si moveva. All'asse della ruota s'avvolgeva una corda, la quale passava sopra una carrucola fissa, e andava a sospendersi ad un altro punto fisso in modo da sostenere una carrucola mobile, alla quale era sospeso un piatto di bilancia f.

Ecco come si condussero le esperienze! Esse si divisero in serie nelle quali si fece variare l'apertura della cateratta sotto uno stesso carico d'acqua, o il carico d'acqua sotto una stessa apertura di cateratta.

Si pose, per ogni sperienza, un piccolo peso nel piatto; quando il moto fu bene stabilito e divenuto uniforme, si contava il numero de' giri che la ruota faceva in un minuto, e se ne stabiliva la velocità d'elevazione del peso. Quest'era la prima sperienza d'una serie. Poscia si ridiscendeva il piatto, e vi si poneva un peso un poco maggiore, e si contava il tempo del suo innalzamento; e così di seguito per un terzo, un quarto peso ec., sino a che il peso, divenuto troppo grande, si arrestò il moto; per cui la serie delle esperienze allora ebbe fine. Quello de' suoi termini, in cui il prodotto del peso innalzato, per la velocità rispettiva colla quale ascendeva, si trovava il più grande, era preso come esprimente l'*effetto massimo* prodotto, ed era scelto per conseguenza come l'espressione di questa serie, vale a dire come rappresentante l'effetto utile della ruota, sotto tale apertura della cateratta e tal carico d'acqua.

Risulta dalle esperienze dello Smeaton che il più grande effetto utile, che si possa ottenere dalle ruote a pale, varia del quarto al sesto della forza intera della corrente.

Christian ha fatto pure delle sperienze sullo stesso oggetto; il suo apparecchio differiva da quello dello Smeaton, tanto perchè la sua ruota a pale non obbediva alla sola forza dell'urto, quanto perchè il mezzo scelto per mantenere costante livello, era più esatto. (*Tav. IX. fig. 3.*). Questo mezzo consisteva in una botte *b*, immersa in un primo serbatoio, e che, sostenuta mediante una corda ravvolta sopra un verricello *e*, discendeva nel primo recipiente a misura che si lasciava il verricello, e manteneva per conseguenza il livello dell'acqua in questo serbatoio e nel secondo; e questa divisione in due serbatoi fu fatta per diminuire le piccole oscillazioni che risultar potevano dalla discesa della botte.

Christian presenta il riassunto seguente del risultamento delle sue esperienze sulle ruote a pale, e di quelle dello Smeaton, e di altre fatte dal Bossut.

Rapporto della velocità fra la ruota e la corrente per ottenere il massimo effetto.

	Velocità della ruota	Velocità della corrente
Secondo lo Smeaton	0,45	1
« il Bossut	0,40	1
« il Christian:		
Piccola ruota	0,47	1
Grande ruota di 60 pale	0,45	1
Piccola ruota di 30 pale	0,44	1

Effetto utile massimo comparato colla potenza impiegata:

	effetto utile	Forza della corrente
Secondo lo Smeaton	0,25	1
« il Christian:		
Piccola ruota	0,22	1
Grande ruota	0,23	1

Per la combinazione dei fatti rivelati dalla sperienza e dei limiti stabiliti dalla teorica, le trasformazioni algebriche danno due formole semplicissime e molto preziose per i calcoli più importanti delle ruote a pale.

Se si chiama E il più grande effetto che possa promettersi da una ruota a pale in una data circonferenza, Q il volume d'acqua, in metri cubici, uscita per secondo, H l'altezza della caduta; queste due formole sono le seguenti:

$$E = 276 \times Q \times (H - 0,2).$$

$$Q = 0,00362 \times \frac{E}{H - 0,2}.$$

Colla prima di queste, la quantità d'acqua, e la caduta disponibile essendo conosciute, si può conoscere il più grande *effetto dinamico* che ottener si possa dalla ruota, vale a dire tutto lo sforzo di cui essa è capace per vincere tanto le resistenze d'inerzia e d'attrito di tutti i pezzi ch'essa pone in moto, quanto quelle delle materie sottoposte a questi organi: la somma di queste ultime resistenze compone solo l'effetto utile.

Colla seconda formola, essendo conosciuta la caduta d'acqua, si calcolerà il volume d'acqua necessario alla produzione d'un effetto dinamico cercato.

Noi prendiamo dal d'Aubuisson il seguente esempio d'applicazione di queste due formole; e le raccomandiamo ai leggitori, come attissime a fissare le loro idee su quanto verrà.

Abbiasi a porre una macchina soffiante, destinata a cacciare in una fornace per fondervi del ferro di miniera mediante *cohe* (carbone di terra purificato), tre quarti di metro cubico d'aria per secondo, con una velocità di 130 metri; e si abbia in una piccola riviera una caduta di $1^m,55$. Si vuole determinare il volume d'acqua da derivarsi per muovere la macchina.

Affine d'avere tre quarti di metro cubico d'aria nella fornace, tenendo ragione delle perdite inevitabili, bisogna calcolare sopra un metro cubico. Al livello del mare, e a zero di temperatura termometrica, peserebbe 1$^{chil.}$,30; nel luogo dov'è l'officina, si può ritenere che pesi 1$^{chil.}$,25. L'altezza dovuta ad una velocità di 130 metri, si trova moltiplicando 130 per 130, e moltiplicandone il prodotto per 0^{m},51. Se ne ha per risultamento in numero intero, 860 metri. Così l'*effetto utile* della macchina sarà di 1$^{chil.}$,25, elevato ad 860 metri in un secondo, ossia per secondo 1075 chil. ad 1 metro, o 1 chil. a 1075 metri.

A cagione delle resistenze d'inerzia e dell'attrito della ruota della macchina soffiante e del porta-vento, bisognerà, perchè quest'effetto utile si produca, una forza almeno superiore d'un terzo: dunque l'*effetto dinamico* della ruota a pale dovrà essere eguale a 1433 chil. Così E = 1433.

Noi avremo dunque:

$$Q = 0,00362 \frac{1433}{1,55 - 0,20} = 3^{m.\,cub.},843.$$

Bisognerà contare sopra 4 metri cubici; e questo sarà il volume d'acqua da derivarsi dal fiume.

Per determinare la velocità da dare alla ruota, si farà il calcolo seguente:

Sulla caduta di 1^{m},55, si prenderà 0^{m},40 per la semi-apertura della cateratta, e per la curvatura da dare al condotto, e più non resterà che 1^{m},15 per la carica sul *centro* della cateratta. La velocità risultante da quest'altezza è uguale al prodotto di 4^{m},43 per la radice quadrata di 1^{m},15, ossiano 4^{m},75. La velocità massima da dare alla ruota sarà dunque la metà di 4^{m},75, ossiano 2^{m},375. I costruttori non prendon nemmeno i 0,50 della velocità della corrente per quella da dare alla ruota, ma solamente i 0,45. Così la velocità sarà di 4^{m}75 × 0^{m},45 = 2^{m},14.

Frattanto i 4 metri cubici d'acqua necessari a

produrre movimento, sopra qual larghezza di condotto dovranno scorrere?

Notiamo dapprima che quest'acqua, scorrendo sotto un carico di $1^m,35$ circa, diffalcandone la perdita d'altezza risultante dalla curvatura del condotto, la sua velocità sarà uguale alla radice quadrata di $1^m,35$ moltiplicata per $4^m,43$, ossia $5^m,15$. Se si suppone d'altronde che la cateratta sia bene costruita, il coefficente di riduzione per la velocità sarà $0^m,95$. Così la velocità sarà $5^m,15 \times 0^m,95 = 4^m,89$. La sezione della vena fluida dovrà dunque essere di $8^m \cdot q \cdot,18$, giacchè $4^m,89 \times 8^m \cdot q \cdot,18$ producono 4 metri cubici. Ora, nei condotti delle ruote a pale, la grossezza della vena fluida, abbiam già detto non dovere oltrepassare $0^m,20$; dunque la larghezza del condotto dovrà essere di $4^m,09$, o $4^m,10$. Lasciando $0^m,015$ d'intervallo da ogni lato fra le pareti e la ruota, la larghezza delle pale di questa dovrà dunque essere di $4^m,17$. La loro altezza sarà portata a $0^m,65$, perchè, sotto il carico e colle disposizioni qui sopra notate, l'acqua dopo aver percorso nelle pale, si eleverà contro di esse a $0^m,60$ almeno; e così occorreranno delle contropale. Ogni pala sarà formata di 4 tavole o doghe di $0^m,175$ di larghezza, e lunghe $4^m,09$. A cagione dell'altezza di queste pale, non si faranno piane, ma ognuna sarà inclinata mano mano sul raggio di 10, 20 e 30 gradi, essendo la prima perpendicolare alla circonferenza; i tre bracci di ferro, destinati a sostenere ogni pala, avranno così tre code o angoli di 170 gradi per ciascheduno.

Rispetto al diametro della ruota, la velocità, siccome abbiamo veduto, dovendo essere di $2^m,14$ per secondo alla circonferenza, si determinerà il diametro a seconda che si vorrà che comunichi il suo movimento con ingranaggi o senza. Se si vorrà, per esempio, che gli stantuffi dei cilindri soffianti siano mossi direttamente dalla ruota idraulica, sia coll'aiuto di manovelle, vetti, e bilancieri, sia con quello di chiavelli o ruote eccentriche, che gli accompagnino nell'alzarsi e discendere, si trova che bisogna dare alla ruota 6^m,20 di diametro, e bisogna che percorra 7 giri per minuto.

Questa ruota a pale, eccedendo 4 metri in larghezza, dispensando 4 metri cubici d'acqua per secondo con una caduta di 1,^{m}55, sarebbe una ruota molto considerevole. Di tali dimensioni se ne sono costruite ben poche; ed esse avrebbero una forza uguale a quella di 83 cavalli di macchina a vapore. Noi vedremo nel *trattato della macchina a vapore*, ciò che rappresenta l'unità di forza *cavallo-vapore*.

Se si fosse trattato di una fornace da fondervi il ferro di miniera con del carbone di legna, non sarebbe occorso più di un mezzo metro cubico d'aria per secondo, con una velocità di 100 metri. Un volume d'acqua di 1 metro cubico e un quarto, sarebbe stato allora sufficiente: la ruota a pale avrebbe avuto 1^m,50 di larghezza; le sue pale avrebbero avuto 0^m,60 di altezza: e una tale ruota a pale ordinarie sarebbe stata robusta anzichè no.

In tutto ciò che precede noi non abbiamo parlato di facce o risalti da unirsi alle ruote ordinarie, come indicammo nelle ruote a pendolo. Christian, nelle esperienze fatte per verificare l'utilità di tali risalti laterali, ha trovato che il loro effetto diminuiva a misura che la larghezza delle pale si avvicinava di più ad uguagliare quella del condotto; ed in fatti in questo caso il condotto stesso fa l'ufficio dei risalti. Egli impedisce all'acqua di sfuggire troppo sollecitamente dai lati della pala dopo d'averla percossa, e per conseguenza d'impiegarvi una maggior quantità della sua forza e della sua velocità. Si è dunque nelle ruote a pendolo che può riescir utile l'applicazione dei risalti, e poscia nelle ruote i cui condotti sono larghissimi. Ma torna meglio ancora di restringere i condotti.

L'apparecchio di cui Christian si serviva è rappresentato nella figura 4. Tav. IX.

L'acqua, venendo dal serbatoio *a*, e mantenuta ad un costante livello dall'apparecchio *b*, *e*, percuote contro una paletta, la larghezza della quale può variare, e che si può, sulle differenti larghezze, armare di risalti laterali nello stesso modo che si vede in *f*. La forza d'impulso è misurata dal peso *d*, che la paletta può sostenere in un'estremità d'uno de' suoi bracci di leva, mentre che dall'altra riceve l'urto dell'acqua.

In quanto alle ruote a pale, nelle quali l'acqua non agisce solamente per impulso, finiremo ciò che ci resta a dire, quando avremo parlato delle ruote a cassette, colle quali esse hanno alcuni rapporti, come quelle ne hanno pure colle semplici ruote a pale.

Intorno alle ruote a pendolo, sembra che il loro massimo effetto si ottenga quando la loro velocità sta a quella della corrente nella ragione di 0,4 ad 1.

La velocità della corrente essendo conosciuta, se chiamasi questa velocità V, la superficie della pala S; il più grande sforzo dinamico possibile della ruota si valuterà colla formola seguente, ove questo sforzo si chiama E.

$$E = 20 \times S \times V^3.$$

Ruote a pale orizzontali — Queste ruote orizzontali, girando attorno ad un asse verticale, sono usitatissime ne' molini al mezzogiorno della Francia. Esse sono comodissime per questo genere di lavoro. Lo stesso albero, che nella sua parte inferiore porta la ruota idraulica, nella sua parte superiore porta la macina, e le trasmette il moto ricevuto dalla ruota. Quest'albero gira sopra un perno situato in una *lucerna* o incavo, la qual lucerna è incassata in una *piattaforma* o pezzo di legno, che s'innalza e si abbassa a piacimento secondochè si vuol aumentare o diminuire l'intervallo fra le due macine in cui si opera la triturazione del grano.

La forma di queste ruote è molto varia. Belidor nella sua *Architettura idraulica* ne dà numerosi esempi; generalmente le ruote, di cui egli parla, non portano palette piane; ma invece sono spedie di cucchiai, chiamati *catini*, nel centro de' quali il gettito dell'acqua viene a percuotere. Nel sud-ovest della Francia, dice d'Aubuisson, il diametro di queste ruote è generalmente di 1^m,60, e la loro grossezza di 0^m,20. Le pale, in numero di 18 o di 20, hanno 0^m,40 di lunghezza nel senso del raggio, e sono a doppia curvatura. La loro parte superiore è verticale mentre l'inferiore è tanto più inclinata quanto più si allontana dal centro della ruota: e l'estremità della pala, che è quasi orizzontale, ha presso a poco la forma d'un quarto di cerchio.

L'acqua è lanciata su queste ruote da doccie o canali piramidali. Nei paesi di montagna, e, a cagion d'esempio, nei molini de' Pirenei e dei Dipartimenti adiacenti, queste doccie sono molto inclinate, e portano il nome di *canaletti* o *tromboni*. La caduta è generalmente di 3 metri e più. Questi molini dispensano per ruota, e per conseguenza per macina un quinto di metro cubico d'acqua per secondo, ciocchè, con una caduta di 3 metri, equivale alla forza di otto *cavalli-vapore*. Essa pone la macina in istato di fare da 75 a 90 chilogrammi di bella farina per ogni ora. Si hanno dei molini di maggior effetto, per esempio sul canale di Linguadocca; i quali dispensano un quarto di metro cubico d'acqua per secondo, con una caduta di circa 4 metri, e fanno da 100 a 150 chil. di farina da fornai per ogni ora.

Si valuta generalmente l'effetto dinamico di queste ruote dal terzo della forza intera della corrente. Applicando le annotazioni stabilite superiormente, la formola del loro effetto dinamico è dunque: $E = 0,35 \times P \times H$. La macchina essendo semplicissima, l'effetto utile è presso a poco quivi quello dell'effetto dinamico.

Queste ruote impiegano meglio la forza motrice dell'acqua di quello che lo facciano le ruote a pale verticali; ma esse non sono applicabili che a piccole macchine. Così non si vedono particolarmente usate se non ne' paesi, i quali, siccome i Dipartimenti vicini de' Pirenei, hanno un terreno molto ineguale e molto bagnato, vale a dire tagliato da molti torrentelli a grandi cadute.

§. 5. — Ruote a cassette o a pressione.

Continueremo ancora in questo paragrafo ad attenerci al d'Aubuisson, il quale ha epilogato le altre opere d'idraulica che precedettero la sua, e che, aggiugnendovi i risultamenti delle sue proprie ricerche, poco ha lasciato desiderare, sopra tale argomento.

Le ruote a cassette sono le più potenti fra le idrauliche. Di tutti gli organi meccanici mossi dall'acqua, sono quelli che meglio riuniscono la forza all'economia nelle spese d'impianto e di manutenzione; così tali ruote sono di frequente impiegate, e salve particolari esigenze nelle operazioni meccaniche da compiere, debbono essere usate esclusivamente per tutte le cadute da 3 sino a 12 e 13 metri. Al di là di questo limite, ciò che ancora resterà a farsi di meglio, sarà di stabilire due o tre ruote a cassette, l'una al dissotto dell'altra, a meno che la forza non debb'essere concentrata sopra un solo punto, nel qual caso convien preferire le macchine a colonna d'acqua, delle quali terremo discorso più innanzi.

Vi sono molte specie di ruote a cassette: 1.° ruote riceventi l'acqua alla sommità, e sono quelle che generalmente vengono chiamate, ruote ad impulso dall'alto; 2.° ruote riceventi l'acqua al dissotto della sommità, ossiano ruote per impulso posteriore; 3.° ruote riceventi l'acqua davanti e di costa, ossiano ruote in indietro e al dissotto dell'asse, tali sono le ruote mosse di costa. Queste ultime sono quelle che più si avvicinano alle ruote a pale, e nelle quali l'acqua agisce quasi sempre nello stesso tempo per percussione e per pressione. — Studiamo ognuna di tali specie.

Ruote a cassetta, riceventi l'acqua dalla loro sommità, o ruote con impulso dall'alto.

La ruota *a a* (*Tav. X. fig.* 6 *e* 7) è una ruota doppia mossa dall'alto, vale a dire costruita in modo da girare in due sensi opposti se le cassette sono disposte sopra l'una parte della ruota in senso inverso di quello che il sono nell'altra. Così quando la leva *f*, che fa agire due cateratte *c c* all'estremità di un condotto *b* è tenuta orizzontale, le due cateratte sono chiuse, e la ruota è orizzontale. Se si alza la leva, la cateratta destra si abbassa, e mantiene sempre l'apertura chiusa; ma quella della sinistra dà adito all'acqua, e allora la ruota *a a* gira nel senso della caduta dell'acqua. Le cassette si riempiono, s'abbassano, trascinando la ruota, pel peso dell'acqua che contengono, e che cominciano a versare quando arrivano all'altezza dell'asse. Se vuolsi far girare la ruota in senso opposto, si abbassa la leva; la cateratta sinistra si chiude, e la destra si apre, e cade l'acqua nell'altra porzione della ruota, spingendola innanzi di sè, vale a dire in senso inverso del precedente. Le due cateratte non sono adunque precisamente in faccia l'una dell'altra nel condotto, ma l'una comincia sopra una faccia dove l'altra finisce sull'altra faccia, e così ognuna di esse fornisce la sua acqua ad una parte differente della ruota.

Nella ruota a cassetta, a semplice impulso dall'alto, il meccanismo è il medesimo, ma la ruota non è divisa in due parti: l'acqua non le è data che per una cateratta larga quant'è grossa la ruota, la quale non può girare che in un senso solo.

Le ruote a cassette sono di legno o di ferro fuso; ma le prime sono generalmente più economiche.

I pezzi principali d'una ruota a cassetta sono: 1.º l'albero girevole, coi suoi orecchioni, *ff* (*fig.* 1 e 2 *Tav. X.*), *ss* (*fig.* 4 e 5), *dd* (*fig.* 6 e 7); 2.º la sua corona e le sue cassette, *aaa* (*fig.* 3, 4, 5, 6, 7); 3.º i suoi bracci, in numero di otto (*fig.* 1, 3, 4, 5), o di sedici (*fig.* 7.)

L'albero debb'essere d'un solo pezzo, e di buon legno di quercia. La sua lunghezza dipende dalla larghezza della ruota; la sua riquadratura varia da $0^m,50$ a $0^m,80$. Alle due estremità rotondeggiate sono posti forti archi di ferro destinati a rendere più solide queste parti dell'asse indebolite dagli orecchioni. Questi sono generalmente di ferro fuso, e girano sopra guancialetti pure di ferro fuso o di bronzo. Il diametro dell'orecchione debb'essere eguale al prodotto della radice quadrata del peso della ruota che egli deve sopportare per $0^m,002$. La lunghezza dell'orecchione debb'essere di cinque sesti del suo diametro.

Nei mezzi d'unione indicati dalle *fig.* 1 e 7, i bracci non attraversano l'albero per non indebolirlo: essi l'abbracciano, essendo prima uniti a due a due; e venendo disposti in croce, se ne mettono due paia.

Il modo d'unione indicato dalla *fig.* 3, e dalle 4 e 5 è più moderno. I bracci sono disposti come tanti raggi terminanti al centro dell'asse; e vi sono tenuti per le loro estremità opposte alla corona per mezzo di grosse anella di ferro fuso, antecedentemente fermati sull'albero girevole mediante cunei.

La corona è formata di due piani in forma d'anello, composti di due tavole grosse fra 6 ed 8 centimetri, unite come le quarte d'un cerchio di ruota. Sulla faccia esterna si raddoppiano con tavole grosse la metà delle prime: alcuna volta questa raddoppiatura non copre che le giunte delle quarte, e la parte della corona dove i bracci s'infiggono.

La larghezza della corona varia da $0^m,20$ a $0^m,40$. La dimensione di $0^m,30$ sembra convenientissima qualunque sia il volume d'acqua da ricevere, perchè si fa variare la larghezza della ruota secondo il bisogno, come vedremo più innanzi.

Quando è stabilita questa larghezza, si forma il fondo della corona fissando dall'uno all'altro dritto o ganascia delle tavole trasversali di 3 a 4 centimetri di grossezza, e che si congiungono diligentissimamente.

Poscia, fra i due piani, e in certi incavi formati a bella posta, si pongono le tavole o palette, che, insieme col fondo, costituiscono la cassetta. Le *fig.* 3, 4, 4 *bis*, 7 (*Tav. X.*) e 1 (*Tav. XI.*) indicano le diverse forme di cassette adottate dai costruttori. Le ultime sono di latta. La loro forma e la materia onde sono composte, ci sembrano più specialmente preferibili.

Ecco il rapporto da stabilire fra il diametro della ruota e il numero delle sue cassette:

Diametro	Numero delle cassette
3	24
4	36
5	44
6	56
8	76
10	96
12	108

Spessissimo si perfora la piccola paletta delle cassette con due o tre pertugi di circa $0^m,04$ di diametro; e tale precauzione è utilissima. Infatti quando la cassetta ha ricevuto l'acqua, ed è discesa fino al punto in cui la lascia per intero, cioè a dire sino al condotto onde l'acqua si scola, essa cassetta s'immerge nell'acqua e così si trova intieramente priva d'aria; il moto seguita, la cassetta rimonta fuori dell'acqua, e se l'aria non vi potesse entrare dall'esterno, prima che ne fosse uscita intieramente, la cassetta trascinerebbe seco una massa d'acqua uguale al suo volume interno, fino al punto in cui il suo bordo esteriore sarebbe fuori dell'acqua del condotto; allora tutta l'acqua che contenesse, ripiomberebbe ad un tratto; e da questi diversi movimenti e da tali resistenze risulterebbe una perdita di forza sensibile. Si comprenderà meglio ciò che or ora abbiam detto, immergendo un bicchiere nell'acqua, sicchè non contenga più aria, e levandolo poscia pel fondo: si proverà, pel salire ed uscire dall'acqua, molto maggiore difficoltà, che sollevandolo a modo di farvi entrare l'aria poco a poco, a misura che il bicchiere uscirà dal liquido.

I piccoli fori praticati nella piccola paletta della cassetta prevengono un tale inconveniente, facilitando l'entrata dell'aria esterna tosto che la cassetta comincia ad uscire dall'acqua del condotto. Quando si arresta la ruota, le cassette si vuotano pure per questi piccoli fori.

Secondo che il livello dell'acqua del serbatoio o della corrente che porta l'acqua alla sommità delle ruote a cassette, è costante o variabile, la maniera di dar acqua alle cassette è differente.

Se il livello è costante, l'acqua si dispensa come vedesi alle *fig. 6 e 7 (Tav. X.)*; il condotto è stabilito a un decimetro circa dal basso in alto del livello, e vi si dà una larghezza eguale presso a poco a quella della ruota. Alla sua origine è dilatato in modo che l'acqua vi entra senza contrazione. All'estremità dell'allargamento, si pone una valvola mediante la quale si regola la quantità d'acqua da dare alla macchina. Indi, con un leggier pendio, si dirige il condotto verso la ruota, e si fa giungere a 2 o 3 centimetri sopra la sua sommità, ch'egli oltrepassa di 60 centimetri circa, e si restringe un poco, sicchè sia largo alquanto meno che l'interno delle cassette. La vena d'acqua cade così con debolissima velocità nella seconda o terza cassetta computando dalla sommità.

Quando il livello del serbatoio è variabile, si fa

uscirne l'acqua pel fondo, e per una appendice conica divergente, inclinata di tale guisa da metter
l'acqua altresì nella seconda o nella terza cassetta.
Questo caso è più sfavorevole; l'acqua arriva sulla
ruota con una velocità molto superiore a quella d'essa
ruota, e tale forza si trova per siffatta guisa quasi
appieno perduta. Questi condotti, armati di docce,
sono usitatissimi nelle ferriere della Dordogna e di
Lot, ed hanno il nome di *becchi di canna*.

In quanto alla larghezza delle cassette, e per conseguenza della ruota, essa è determinata dal volume
d'acqua che la ruota deve ricevere e portare. Noi
vedremo fra poco su quali *dati* stabilire questo calcolo; ma dapprima teniam ragione della forza impressa alla ruota a cassette dall'acqua ch'essa riceve.

La forza intera della corrente noi abbiam detto
essere il prodotto del peso del suo volume d'acqua
per l'altezza della caduta, cioè P $\times$ H. Quale porzione di questa forza motrice produce l'effetto dinamico della ruota a cassette? Siccome in tali ruote,
tutta l'acqua piomba nelle cassette, e vi agisce pel
proprio peso, non è dunque di quest'elemento della
forza motrice che avvenga perdita, ma bensì sull'altezza della caduta, e ciò è cosa evidente. Infatti l'a-
cqua non è versata immediatamente alla sommità, e
soprattutto essa abbandona le cassette molto prima
che siano al basso della caduta (*Tav. X. fig. 3*,
6, 7, e *Tav. XI. fig. 1.*); una sola parte della
ruota è dunque in realtà caricata d'acqua. Ed ecco
due cagioni di perdita della forza motrice nelle ruote
a cassette, dove l'acqua è versata per di sopra:
1.º la perdita di altezza risultante dallo spazio compreso tra il punto in cui giugne l'acqua e quello
onde si versa nella ruota; 2.º lo spazio compreso fra
il basso della caduta, e quello dove la ruota comincia a lasciar l'acqua, che ha ricevuto.

Il calcolo prova che, in una ruota a cassette, più
della metà dell'altezza compresa fra il livello del
serbatoio e il punto dove il fluido tocca la ruota, è

perduta per l'effetto da prodursi. Così, stabilendo una ruota di questo genere, perch'essa riceva dalla corrente motrice tutta la forza che le può essere impressa, bisogna fare di guisa che la distanza fra la sua sommità ed il livello del serbatoio sia la minima possibile. E non s'avrà d'altronde alcuna utilità a diminuire la velocità al punto che il fluido investa la ruota con minore velocità che quella delle cassette: il meglio è di fare in guisa che vi giunga con una velocità uguale alla loro.

Relativamente alla valutazione della perdita di forza motrice risultante dal versamento successivo dell'acqua contenuta nelle cassette prima ch'esse giungano alla fine della caduta, egli è evidente che tale perdita può essere più o meno grande secondo la costruzione delle cassette: e perchè queste possono prestarsi più o meno a un versamento più o meno rapido, noi non possiamo che rimandare, per questo rispetto, a ciò che abbiam detto poc'anzi sulla forma delle cassette.

Vi ha pure un'altra cagione della perdita di forza motrice nelle ruote a cassette, ed è quella che proviene dalla forza centrifuga. Quest'organo meccanico consiste in una certa massa, girante con una tal quale velocità attorno d'un asse, e per conseguenza obbediente a due forze: l'una che tende a far cadere, ed è la gravità; l'altra che tende a scagliare la massa posta in moto, tanto più lungi dal centro di rotazione quanto la velocità è maggiore; ed è questa la forza centrifuga. Profondissime considerazioni meccaniche permettono solo di valutare questa cagione di perdita. Nella pratica abbiamo soltanto a constatare questo risultamento, cioè che la velocità delle ruote a cassette non deve essere grandissima, e che più essa è grande, più la cagione di perdita per l'azione della forza centrifuga aumenta.

Checchè ne sia, ecco le condizioni generali per ottenere il massimo effetto dinamico nelle ruote a cassette:

1.ª Buona costruzione della cateratta, di cui già conosciamo le condizioni.

2.ª Piccola velocità della ruota: noi vedremo presto quali limiti stabilisca l'esperienza a questo riguardo.

3.ª Velocità del fluido che investe la ruota, pochissimo maggiore di quella della ruota.

4.ª Forma data alle cassette, la più favorevole alla conservazione dell'acqua per riguardo alla maggior altezza possibile.

5.ª Finalmente, la maggior dimensione possibile della ruota, che le località possono permettere.

Ecco il riassunto delle sperienze dello Smeaton e del Christian sulle ruote a cassette.

Rapporto dell' effetto utile colla potenza motrice.

	Effetto utile della ruota	Potenza motrice
Secondo Bossut	0,66	1
» Smeaton	0,66	1
» Christian	0,79	1

Velocità della ruota alla circonferenza, corrispondente al massimo effetto.

Secondo Bossut	0,422	per secondo
» Smeaton	0,912	»
» Christian	0,886	»

Su quest'ultimo punto è cosa essenzialissima di bene stabilire le idee. Le sperienze di Smeaton stabiliscono infatti che il massimo effetto esiste con una velocità di $0^m,912$ per secondo quando trattisi di piccole ruote a cassette. Altre sperienze dello stesso autore stabiliscono che, nelle grandi ruote, il massimo effetto ha luogo con 2 metri di velocità. In generale si insiste molto sul gran vantaggio che si ha facendo muovere lentamente le ruote a cassette. Questo vantaggio è relativo, siccome ora vedremo.

Se il pertugio pel quale l'acqua arriva, è bene stabilito, come lo è la ruota, ed abbiansi a determinare le condizioni della formazione dei meccanismi, che questa ruota deve far muovere, la velocità colla quale l'acqua motrice giugne a tale ruota, essendo un fatto stabilito e il quale non vuolsi modificare menomamente, allora il calcolo e la pratica provano che il *massimo effetto si ottiene combinando le resistenze in modo che le cassette abbiano una velocità uguale alla metà di quella dell' acqua che le riempie.*

Spesso, al contrario, per considerazioni particolari relative alla velocità necessaria pei bisogni dell' opificio, si stabilisce la velocità che dovrebbe avere la ruota; in questo caso, che è il contrario del precedente, la teorica e la pratica dimostrano che conviene stabilire il pertugio e le cateratte in modo che la *velocità dell'acqua, che investe le cassette sia uguale alla loro velocità.*

Se noi chiamiamo, come precedentemente, l'effetto dinamico E, il volume d'acqua dispensata Q, e l'altezza della caduta H, le due formole pel calcolo delle ruote a cassette saranno:

$$E = 750 \times Q \times H, \ e$$

$$Q = \frac{E}{750 \times H}$$

Noi abbiam dato l'esempio dell'applicazione dei valori di E e di Q per le ruote a pale; ne daremo ora un altro, seguendo lo stesso autore, per le ruote a cassette.

Si ha, vicino ad una miniera di carbon fossile, una caduta d'acqua di 7 metri. Vi si vuole stabilire una ruota, mossa al di sopra, per innalzare 1000 ectolitri di carbon fossile o di terra da una profondità di 300 metri, in 24 ore; qual è il volume d'acqua che occorrerà per muoverla, e quali sono le principali dimensioni da darle?

L' ectolitro di carbon fossile, uscendo dalla miniera, ha un peso medio di 90 chilogrammi: le 24 ore di lavoro, notato il tempo che perdesi per vuotare e riempiere le botti portanti il carbone, si ridurranno a 18 ore, ossia 64,800 secondi. Così l' effetto che si dovrà produrre debb' essere capace d' innalzare a 300 metri 90,000 chilogrammi in 64,800 secondi; ovvero 417 chil. a un metro in un secondo. Ed ecco l' *effetto utile* che deve produrre una macchina. Aumentiamolo di un quarto, per tutte le resistenze passive, e allora l' effetto dinamico sarà di 540 chil. da elevarsi ad un metro; per cui E = 540; e per conseguenza avremo:

$$Q = \frac{540}{750 \times 7} = 0^{m. c},1028.$$

Si potrà prendere: $Q = 0^{m. c},11$.

La caduta essendo di 7 metri, l' altezza della ruota sarà di 6^m,60. Il numero delle cassette sarà di 64, per cui si trova, dando alle palette delle ali una grossezza di 0^m,1, che la distanza fra ciascun ala sarà di 0^m,31: e se si calcola l' area della sezione trasversale della cassetta, supponendo quest' area terminata, dalla parte aperta, con una linea orizzontale poggiante sul lembo esterno della cassetta, si troverà questa sezione uguale a 0$^{m. q}$,071.

Noi abbiam quivi, dietro una formola che indicheremo or ora, tutti gli elementi necessari per determinare la velocità della ruota, meno uno; quale sarà adunque la sua velocità?

L' altezza della caduta essendo di 7 metri, il diametro della ruota può dunque essere di 6^m,60. Così l' acqua cadrà nella terza cassetta da un' altezza presso a poco di 0^m,40. Il calcolo dimostra che, per questo caso particolare delle ruote a cassette conviene diminuire di $^1/_5$ l' altezza; per cui l' altezza generatrice della velocità dell' acqua al suo giugnere nelle cassette sarà di 0^m,56, e tale velocità sarà di

$3^m,314$: e prendendone la metà, si trova $1^m,65$ per la velocità da darsi alla ruota per secondo. D'altronde si trova che una ruota di $6^m,60$, facendo cinque giri per minuto avrebbe una velocità di $1^m,62$: e tale velocità fornirà di che verificare il moto della ruota, la quale verificazione riescirà più facile a stabilirsi quando si venga operando sopra un certo numero di giri per minuto.

Ritorniamo alla formola della larghezza della ruota. Continuando a chiamare Q il volume d'acqua, che la ruota dispensa; la distanza delle cassette tra loro d, l'area delle medesime S, e la velocità della ruota v, questa formola è (chiamando la larghezza L):

$$L = 3 \times \frac{Q \times d}{S \times v}.$$

Pel nostro caso avremo dunque:

$$L = 3 \times \frac{0,11 \times 0,31}{0,071 \times 0,62} = 0,88.$$

Si prenderà per larghezza interna $0^m,90$, e per larghezza esterna 1 metro.

Ruote a cassette, mosse posteriormente. Noi abbiam veduto che nelle ruote a cassette in cui l'acqua giugne al di sopra dell'alto della ruota, l'impulso comunicato a questa è tale che il suo moto è precisamente contrario a quello dell'acqua nel canale inferiore, vale a dire nel canale per ove l'acqua sfugge dopo d'avere esercitata la sua azione. Quando (e ciò avviene di frequente negli opifici) le acque si gonfiano, allora il livello si alza nel canale inferiore, e la ruota pesca per tal modo in un fluido, il cui moto è contrario al suo; e da ciò può risultare un notevole ritardamento di velocità, e perciò di effetto utile.

Le ruote mosse posteriormente, vale a dire che ricevono l'acqua motrice al di sotto della loro sommità, ciò che dà loro un moto opposto alla corrente del condotto, sono dunque scevre dall' inconveniente che abbiamo or ora notato : la direzione del loro moto è la stessa che quella dell'acqua nel canale inferiore ; e vi possono pescare per 2 o 3 decimetri, senza che la velocità sia alterata in modo sensibile. Da ciò risulta un vantaggio ; ed è quello di poter abbassare la ruota, e per conseguenza aumentare la caduta.

Vi ha ancora un altro vantaggio nelle ruote mosse posteriormente, ed è che si può dar loro un diametro maggiore dell' altezza della caduta, poichè l'acqua è loro versata al di sotto della loro sommità. Non conviene però ingigantire l'encomio di tale vantaggio, come fanno alcuni costruttori, che versano l'acqua al livello dell'asse della ruota, o anche più basso. È fuor di dubbio che questo sistema è cattivo. La parte della ruota caricata d'acqua è per tal modo molto diminuita ; e la perdita che si fa sull' altezza del carico d'acqua è ben lontana dall'essere compensata per l'aumento che si ottiene nel braccio di leva, vale a dire nel diametro della ruota. A questo rispetto il calcolo e l'esperienza non lasciano dubbio alcuno.

Nelle piccole cadute di $2^m,50$ a 5 metri, questa facoltà d'aumentare il diametro riesce favorevole, se si limita a profittarne per far ruote di $1/3$ ad $1/5$ più grandi di quello che sarebbe nello stesso luogo una ruota mossa con impulso dall'alto. Ma non conviene oltrepassare un tale limite.

Una delle più utili ruote, mosse per impulso posteriore, esistente in Francia, è quella della magnifica fabbrica di Wesserling (Alto-Reno), appartenente ai signori Gros, Davilliers, Roman e Compagni. Il costruttore, del quale non ci è cognito il nome, avendo portato in questa ruota tutti i processi i più nuovi, noi la descriveremo minutamente (*Tav. XI. fig.* 1 e 2) seguendo il *Trattato delle Macchine di Hachette*, opera indispensabile a coloro che approfondare si vogliano nello studio delle macchine.

Il corso d'acqua motrice di Wesserling ha una caduta totale di 6^m,33, e dispensa per secondo 0$^{m. c}$,315.

L'acqua è condotta per un canale in un serbatoio di ferro fuso, di dove essa passa nelle cassette, quando la cateratta è aperta. Questa cateratta, messa in moto da tre rocchetti c, (fig. 1 e 2) mossi tutti con un medesimo asse saliente esteriormente dal serbatoio, si abbassa per lasciare scorrere l'acqua, e scopre, abbassandosi, una rastrelliera le cui lame sono inclinate, e fanno discender l'acqua verticalmente nelle cassette. Un contrappeso d, attaccato alla cateratta mediante una catena che passa sulle carrucole b, b, b, l, l, l, facilita l'uso della cateratta; una robusta traversa di ferro fuso a a mantiene le carrucole l, l, come pure, con lunghe chiavarde, la rastrelliera della cateratta. La cateratta ha la stessa lunghezza orizzontale che la cisterna e le cassette.

La ruota è composta di due cerchi e di due corone circolari di ferro fuso, tra le quali le trammezze, che formano le cassette, sono ferme; e il numero di queste cassette è di 70. La lunghezza di ognuna di esse, che è di 5^m,3, misura la distanza delle due corone circolari, la larghezza delle quali è di 0^m,4. Il diametro esterno di ognuna di queste corone è di 7^m,2; e siccome la caduta totale è di 6^m,33 solamente, l'introduzione dell'acqua non comincia che dall'undecima cassetta a contare dal raggio verticale superiore. La velocità dell'acqua alla sua uscita, e quella della ruota, sono tali che le cassette riescono per metà riempiute, e che l'acqua non comincia a vuotarsi dalle cassette che a contare dalla ventesima partendo dal suddetto raggio verticale superiore.

Le trammezze delle cassette, comprese tra le due corone parallele e verticali, tagliano le circonferenze esteriori delle anzidette corone sotto un angolo di 52 gradi e 45 minuti; le lamine della rastrelliera della cateratta fanno lo stesso angolo con queste circonferenze, in modo che l'acqua, lasciando il serbatoio, cade liberamente, e col minor urto possibile nelle cassette.

I due cerchi della ruota sono composti di quarte parziali unite in testa ad incassatura. Queste quarte sono affidate all'albero *h h* mediante bracci o raggi commessi su dischi di ferro fuso *e*, poggiati su ciascun dei capi dell'albero. Ciascuna delle corone porta un ingranaggio interno, che fa muovere il rocchetto *i*, sostenuto da un albero *m*, pel quale il moto è trasmesso nell'officina.

Le estremità o colli dell'albero girano su due cuscinetti, le cui basi o piani sono stabiliti sopra i muri, che formano i lati del condotto della ruota.

I dischi di ferro fuso non portano solamente i raggi verticali, pe' quali le corone o cerchi della ruota sono congiunti coll'albero girevole; ma eziandio dei bracci inclinati *g g*, che sostengono il mezzo della ruota.

L'effetto dinamico delle ruote, che abbiamo ora descritte, è presso a poco uguale a quello delle ruote ad impulso superiore. Tal è almeno il risultamento dato dalla teorica. Alcuni autori e soprattutto molti pratici negano quest'uguaglianza, ed attribuiscono maggiori vantaggi alle ruote mosse per impulso posteriore. Nessuna esatta esperienza convalida tale asserzione. Dietro i calcoli teorici, e l'analisi stabilita sugli elementi onde si compone l'effetto dinamico delle ruote mosse dall'alto e di quelle mosse posteriormente, sembra evidente che in queste ultime l'effetto dinamico sia tanto più grande quante volte l'acqua verrà versata nelle cassette ad una minore distanza dalla sommità della ruota. Nella maggior parte dei casi, questa distanza misurata sulla circonferenza esterna potrà essere del dodicesimo della circonferenza o di 30 gradi ed anche meno per le ruote di 6 metri e più di diametro: nelle piccole converrà aumentare tale distanza fino ai 40 gradi.

I costruttori inglesi la portano a 52 gradi e 45 minuti; ed è in questo modo che è costruita la ruota di Wesserling. » A gran fatica mi posso render ragione, dice d'Aubuisson, di questa regola adottata dagli inglesi. Una tal regola sarebbe essa comandata dalla condizione di tener verticali le trammezze della rastrelliera della cateratta? Ma una tale condizione farebbe variar l'arco d'allontanamento secondo la grandezza del diametro, il numero e la forma delle cassette. Seguendo adunque questa norma si avrebbe piuttosto perdita nell'effetto che vantaggio.

» Io ho paragonato, sotto il rapporto di questo vantaggio, le diverse specie di ruote a cassette, ruote mosse per impulso dall'alto; ruote riceventi l'acqua inferiormente alla loro sommità; ruote inglesi, ed ebbi sensibilmente i medesimi risultamenti; di modo che per la scelta da farsi in uno stabilimento, si deciderà dietro le circostanze locali, come pure secondo l'economia nella costruzione e nella manutenzione. Sotto quest'ultimo rispetto noi noteremo che una ruota di legno, posta ancora al coperto, non dura che una quindicina d'anni, per cui in molti casi potrebbe riescire più economico il preferire una ruota di ferro quantunque costasse tre o quattro volte di più.

» Se, dando l'acqua alle cassette a 52 gradi dalla sommità della ruota, si diminuisce l'effetto, si diminuirà molto più ancora quando si porterà il punto in cui l'acqua entra nelle cassette, a 90 gradi, vale a dire sul mezzo della ruota, come si fa di sovente. Avverrà di peggio ancora dando l'acqua al di sotto di questo limite, come si pratica qualche volta. Appena il fluido sarà entrato nelle cassette, e subito le abbandonerà. L'altezza dell'asse, caricato di acqua, e da cui dipende gran parte dell'effetto, sarà troppo piccola, e converrà meglio in questo caso avere una ruota d'un minor diametro. Finalmente quando la caduta sarà al di sotto di $2^m,50$, e che si vorrà ancora profittare del vantaggio, che si ha facendo agire l'acqua pel suo peso, invece di versarla nelle cassette si verserà in un condotto che abbracci presso a poco la parte della ruota che sta sotto il livello del serbatoio, e si verrà al caso delle *ruote contenute in un condotto curvo* » o ruote di costa.

· *Ruote di costa*. Queste ruote, come abbiam detto superiormente, sono di due specie: 1.º quelle riceventi l'acqua anteriormente e al di sopra o al di sotto dell'asse; 2.º le ruote riceventi l'acqua posteriormente ed al di sotto dell'asse. Nel primo caso l'acqua agisce soltanto per pressione; nel secondo agisce in pari tempo per pressione e per impulsione. Occupiamoci intanto di quelle della prima specie.

Ruota del De Thiville. Questa ruota, che porta il nome del suo inventore, è descritta nel *Bollettino della Società d'incoraggiamento* Numeri 282 — dicembre 1827 — e 290 — agosto 1828.

Questa ruota *a a* (*Tav. X. fig. 4, 4 bis e 5*) sembra· particolarmente destinata a trar profitto dalle piccole cadute. Essa non riceve l'acqua che al sesto della sua altezza al di sopra dell'asse; e noi vedemmo or ora quale svantaggio risulti da questa disposizione, dietro il d'Aubuisson, del quale citammo le parole. L'autore della ruota, volendo riparare a quest'inconveniente, ha ideato una forma di cassette *ff* (*fig. 4, 4 bis*) propria a contener l'acqua sino al punto il più basso possibile di caduta. Vedremo or qual è il risultamento di questa disposizione.

Un condotto *b* conduce l'acqua sulla ruota, e mediante una piccola cateratta *c, d, e* si regola la quantità d'acqua che si vuol lasciare sgorgare. Il condotto si divide in due, ed abbracciando la ruota posteriormente, viene ad unirsi nel didietro delle cassette sul davanti della ruota, e vi versa l'acqua in modo che la ruota giri nel senso della corrente. Una costruzione particolare della ruota può solo permettere una tale disposizione; si vede infatti che i bracci della ruota non sono perpendicolari al suo asse, ma s'inclinano sul mezzo delle cassette che sporgono da ogni lato del punto d'attacco, e ricevono l'acqua per questi due spazi liberi. La *fig* 5. non rappresenta che due dei bracci pel loro intero; gli altri *u*, *u*, *u* sono supposti rotti, il che fa meglio conoscere la loro inclinazione.

Noi non ci occuperemo quivi di certe disposizioni accessorie indicate nelle *fig.* 4 e 5, e che sono relative alle sperienze fatte dai Commissarii della Società d'incoraggiamento per verificare l'effetto utile di questa ruota. Tali ragguagli troveranno il loro posto nel Capitolo XI. Noi ne comproveremo soltanto quivi i risultamenti.

La velocità dell'acqua affluente sulla ruota era presso a poco di 1^m,80, quella della ruota era di 1^m. L'effetto utile stabilito, si rinvenne di $^2/_3$ della forza motrice.

Un tale risultamento è senza dubbio bellissimo, e i Commissarii pensano che potesse venir portato fino a 0^m,70. Noi non siamo assolutamente di questo avviso, e ne diremo i motivi nel Capitolo XI; e riteniamo che l'effetto utile della ruota del signor De Thiville non possa essere valutato più dei $^3/_5$ della forza motrice, cioè 0^m,60 $\times$ P $\times$ H.

Ruote di fianco a pressione ed a percussione. Queste ruote sono oggigiorno usitatissime, e stanno, come dicemmo, fra quelle a pale e quelle a cassette. Le *fig.* 3, 7, *ed* 8 (*Tav. IX.*) e la *fig.* 1. (*Tav. X.*) mostrano ruote a pale od a cassette obbedienti all'urto e alla pressione dell'acqua.

In queste ruote la corona è generalmente più larga da 0^m,40 a 0^m,50 che non quella delle ruote a cassette.

La *fig.* 1. (*Tav. X.*) è quella d'una ruota a cassette, le cui facce laterali sonosi elevate per mostrare la disposizione delle cassette. Quivi la cassetta è formata d'una sola paletta, non compreso il suo fondo: quando vuolsi comporla di due palette inclinate fra loro, come nelle ruote a semplice pressione, si lascia la piccola nel senso del raggio, e si inclina la maggiore in modo che quando giunge al punto in cui il fluido tocca la ruota; essa non sia percossa sotto la sua faccia inferiore. In queste ruote le cassette sono più distanti che non lo sono nelle ruote a semplice pressione.

Quando le località permettono di stabilire delle costruzioni solidissime, un condotto cioè e dei portaruote di buon legno, e che il moto si debba effettuare senza forti scosse, si sopprimono allora le facce laterali, o piani arcuati della corona, e si ha una ruota a pale racchiusa in un condotto curvo (*Tav. IX. fig. 7 e 8*). Ciò presenta due vantaggi; il primo (ed è il principale) proviene da ciò che l'acqua agisce sulla ruota sino al punto più basso della caduta; il secondo è che il peso dell'acqua, essendo in gran parte sostenuto dal condotto, minori sforzi ne risente la macchina. Questi due vantaggi sono accompagnati da due inconvenienti: il primo è la perdita di forza risultante dall'acqua, che sfugge tra le pale e le pareti del condotto; il secondo è che generalmente il basso della ruota, immergendosi nell'acqua del condotto, vi perde una parte del suo peso, e così una piccola parte di sua forza, impiegata a vincere la resistenza che quest'acqua le oppone.

In somma queste ruote, quando di esse abbiasi avuto ogni cura, presentano effetti analoghi a quelli delle ruote a cassette, e si possono tali effetti valutare da $0,60 \times P \times H$ a $0,70 \times P \times H$.

Noi abbiamo indicato (*Tav. X. fig. 3*) un mezzo che spesso è utilissimo per iscaricare quelle acque che affluiscono qualche volta nel condotto superiore, e che danneggerebbero il meccanismo intero della ruota e dell'opificio, imprimendo una forza ed una velocità maggiori di quelle che si sono calcolate. Questo mezzo, che consiste in una doccia di scaricamento *e e*, la quale passa di dietro alla ruota, ha il vantaggio di poter essere adoperata senza obbligare ad arrestare il moto della ruota e dell'opificio.

§. 6. ∽ Ruota Poncelet.

Prima di dare la descrizione di questa ruota, noi lascieremo parlare il valente ingegnere cui è dovuta, e che nella prefazione della Memoria colla quale fa aperta la sua invenzione, espone i motivi che glie ne fecero sentire la necessità. È questo un eccellente riassunto pratico delle cognizioni acquistate sulle ruote idrauliche.

» Le ruote idrauliche, sino al presente, le più generalmente in uso sono le verticali mosse *dall'alto* o a *cassette*, e le ruote a *pale*, percosse *inferiormente*. Le une e le altre hanno la proprietà di non esigere che poco spazio, di essere facilmente guardate e riparate, affine di trasmettere immediatamente il moto in un piano verticale, come richiede il maggior numero de' meccanismi adoprati nelle arti.

» In quanto alle ruote orizzontali immaginate o perfezionate da ultimo, come la *Danaide*, la ruota a *forza centrifuga*, la ruota a *reazione*, e tutte quelle a pale corte, che l'ingegnere Burdin ha designato con l'espressione generale di *chiocciole*, sembrano meglio convenire a quegli opifici che esigono un moto di rotazione diretta nel piano orizzontale con una grande velocità, come sono, a cagion d'esempio, i molini da farina ed altri. Le difficoltà, che presentano, tanto la costruzione e la manutenzione di queste ruote, quanto il largo spazio di che abbisognano perchè orizzontali (spazio di gran lunga più costoso che se fosse preso nel senso dell'altezza degli opifizi) restringono di molto il loro uso, indipendentemente ancora da questo, che cioè la pratica non conosce per anche bastevolmente la quantità di azione o di effetto, ch'esse possono trasmettere. E in vero la teorica assegna per massimo effetto di queste ruote una quantità d'azione uguale a quella che possiede il motore: ma veduta l'incertezza dei *dati* sui quali si fonda il problema, è giuoco forza il dubitare che un tale effetto riesca inferiore a quello delle ruote a cassette o di quelle mosse per impulso dall'alto, ben regolate e ben costruite.

» Queste sono probabilmente le ragioni onde si è dato finora la preferenza alle ruote verticali, delle quali tenemmo discorso superiormente, e per cui si è cercato continuamente di perfezionarle e di studiarne gli effetti; ed è pure a questo spirito di perfezionamento, che si debbono le ruote verticali dette *di costa*, introdotte da alcuni anni negli opifici, e che diversificano dalle ruote a pale ed a cassette in questo, che l'acqua si muove in un condotto curvo, abbracciando una parte della ruota, e non vi è ricevuta che in un punto intermedio tra la sommità e il punto il più basso.

» I vantaggi delle ruote di costa consistono essenzialmente in ciò, che da una parte l'acqua vi agisce per pressione, come nelle ruote a cassette, producendo per conseguenza un migliore effetto che nelle ruote a pale, mosse dall'urto, e dall'altra parte in quanto che sono suscettive d'utilizzare, come queste, la più che minima caduta d'acqua, ciò che non fanno le ruote mosse dall'alto, il cui uso è quasi unicamente limitato alle cadute, che oltrepassano i tre metri, e non dispensano un soverchio volume d'acqua.

» D'altronde le ruote comuni a pale hanno in sè il vantaggio di una grande semplicità; di potersi applicare dovunque; e principalmente di essere suscettive di muoversi con una grande velocità senz'allontanarsi dal *massimo effetto* che è loro proprio; ciocchè non avrebbe luogo per le altre, senza che perdessero la proprietà che hanno di economizzare una porzione considerevole di forza motrice.

» La condizione di una velocità molto grande, per esempio di una velocità che sorpassi due o tre metri, è fondata su questo: 1.º che le ruote che sono animate, e i diversi altri pezzi del meccanismo formino allora tanti *volanti*, o siano dotati d'una quantità di forza viva, capace di mantenere l'uniformità del moto del sistema malgrado le scosse, i cangiamenti bruschi di velocità di certi pezzi, e le variazioni periodiche degli sforzi della resistenza; 2.° che gli *operatori* o pezzi agenti delle macchine, che quasi sempre esigono una velocità molto considerevole per produrre un buon effetto industriale siano obbligati di porre tra la resistenza e la potenza degl' ingranaggi più o meno moltiplicati per ottenere questa velocità finale, in caso che la forza motrice camminasse lentamente; di modo che oltre l' aumento di spesa ne risulterebbe un aumento notevole nelle resistenze, come pure s'incontrerebbero imbarazzi e difficoltà spesse volte insormontabili in certe date località.

» E avviene pure che si veggano di rado ruote a cassette muoversi con una velocità minore d' un metro per secondo; quasi sempre al contrario si dà loro una velocità che sorpassa i 2 metri, senza che si sia perciò in diritto di tacciare d' ignoranza i costruttori che le hanno stabilite; imperocché le cadute d' acqua avendo allora almeno tre metri, queste ruote producono un effetto, che è ancora superiore a quello delle ruote mosse inferiormente, e le meglio regolate. In quanto alle ruote di costa si sa che a cagione del giuoco nel condotto, e della velocità colla quale l' acqua tende a fuggire, non si fa loro così di sovente percorrere meno di due a tre metri per secondo, il che assorbe in gran parte i vantaggi che offrono sulle ruote a pale ordinarie quando la caduta è piccola, a cagion d'esempio, al di sotto di due metri.

» Queste diverse circostanze fanno sì che le ruote a pale ordinarie mosse per di sotto, malgrado il lor difetto ben noto di non trasmettere che una debole porzione della forza che le sollecita, continuano ad essere impiegate nella pratica, soprattutto ne' paesi di pianura, ove i declivi sono naturalmente debolissimi e le masse d' acqua considerevoli, e dove per conseguenza non si potrebbero procurare cadute al di sopra di due metri senza costruzioni preparatorie estremamente costose, e spesso impraticabili. A meno adunque di essere esclusivo e di voler rigettare interamente i dettami della pratica, che per sè stessa è cotanto interessata di trarre il maggior profitto nel miglior modo possibile dalle forze della natura, si è necessitati di riconoscere che le ruote mosse da impulso inferiore sono, in moltissime circostanze, le sole che si possano usare con buon successo ed economia.

» I vantaggi delle ruote, che sono mosse per di sotto, essendo molto bene comprovati, e queste ruote dando al più, ne' casi i meglio favorevoli della pratica, il terzo della quantità d'azione del motore, e spesso ancora, per la disposizione delle cateratte e de' condotti non rendendo che il quarto o il quinto di questa quantità, riguardar si debbono come ricerche utilissime quelle che furono intraprese da diversi dotti, particolarmente Parent, Déparsieux, Smeaton, Borda, Bossut, il Cav. Morosi ecc., collo scopo di schiarire la teorica delle ruote mosse per di sotto, come pure di apportare alla loro costruzione perfezionamenti, o cangiamenti utili.

» Questi perfezionamenti, come si sa, consistono principalmente 1.° a dare alle ruote almeno 24 pale o palette; 2.° ad inclinare queste pale di un angolo di 20 a 30 gradi sui diversi raggi; 3.° ad immergere queste pale nell'acqua di un quarto o d'un terzo al più della loro altezza; 4.° finalmente, a porre su ciascuno de' loro lati, non orizzontali, de' risalti o regoli di circa 2 a 3 pollici di sporto.

» Alcuni autori hanno pure proposto di usare pale leggermente concave nel senso trasversale o parallelo all'asse; altri hanno dato alle ruote mosse per di sotto la forma delle ruote a cassetta, rompendo le pale. Fabre ha prescritto di praticare una soglia ed un allargamento al condotto sotto l'asse della ruota, affine di facilitare lo sgombramento dell'acqua ed aumentare la sua azione impulsiva. Finalmente,

dopo qualche tempo si è proposto di dare alle luci
praticate nelle pareti, la forma della vena fluida,
cioè ad imbuto, e d'inclinare la cateratta per quanto
si possa sotto la ruota per diminuire la lunghezza
del condotto percorso dall'acqua, e quindi la perdita di velocità cagionata dal suo attrito sulle pareti: ma questi differenti mezzi, tranne i due ultimi
e quello proposto dal Morosi, non hanno condotto
mai ad aumenti d'effetto molto sensibili per la pratica. In quanto a quelli che abbiamo eccettuati, è
cosa facile apprezzarli ed assegnare il limite della
loro utilità rispettiva.

» E primieramente si vede che l'effetto il più vantaggioso che puossi ottenere inclinando la cateratta,
e dando al foro la forma della vena fluida, affinchè
la velocità dell'acqua sia quasi la stessa tanto al-
l'uscire del serbatoio che presso la ruota, dimanie-
rachè la sua forza viva o la quantità d'azione della
caduta non venga alterata: in questo stato di cose
la quantità di azione trasmessa dalla ruota alle pale
in luogo di essere il quarto o il quinto di quella
della caduta, sarà, come si sa, gli otto decimi: il
che senza dubbio è un grand'aumento di effetto. In
secondo luogo, risulta dalle esperienze dirette del
Christian (Meccanica Industriale Tom. 1. pag. 257
e segg.) che l'aumento di pressione, dovuta ai risalti o regoli laterali del Morosi, non guari perviene
che al decimo della pressione esercitata sulle pale
ordinarie, almeno quando queste pale sono immo-
bili e racchiuse in un condotto. Ed è pur dubbio
che l'aumento pervenga sino a quel punto con ruote
ben costruite e che avessero poco giuoco nel condotto; soprattutto quando invece di supporle immo-
bili si considerino in moto.

» Sarebbe un molto accordare se si ammettesse
che i risalti del Cav. Morosi potessero aumentare la
quantità massima d'azione della ruota a pale di 0,2
del suo valore, e come quest'ultima è minore di 0,3
della quantità di azione totale posseduta dall'acqua

all' uscire del foro, si vede che l' effetto dei risalti
sarà di produrre in queste ruote tutto al più i
0,36 di questa quantità.

» Ora, se in luogo di paragonare l' azione trasmessa a quella che possiede effettivamente l' acqua
all' uscire del foro, si paragona alla quantità di a-
zione relativa alla caduta dell' acqua dopo il suo livello nel serbatoio sino al punto il più basso nella
ruota, allora la quantità, che è veramente quella
che si considera nella pratica, si troverà che quasi
sempre è tutto al più i 32 o 33 centesimi.

» In questo stato d' imperfezione delle ruote verticali mosse per impulso di sotto, e dietro i vantaggi
notissimi, che loro d' altronde appartengono e che
superiormente furono discussi, ho cercato, mettendo
totalmente a profitto i principali perfezionamenti di
già apportati a queste ruote, di modificarne la forma, in modo di far loro produrre un effetto utile,
che si accostasse al *massimo* assoluto, e non si al-
lontanasse molto da quello delle migliori ruote in
uso; e ciò senza far loro perdere il vantaggio che
le distingue, d' essere cioè suscettive di una grande
velocità. Tutta la quistione, come si sa, dietro il
principio delle forze vive, consiste a far in modo
che l' acqua non eserciti alcun urto al suo entrar
nella ruota nè dentro di questa, e l' abbandoni u-
gualmente senza conservare alcuna sensibile velocità.

» Dopo avervi riflettuto mi è sembrato che si perverrebbe ad adempiere a questa duplice condizione,
sostituendo alle pale dritte nelle ruote ordinarie, pale
curve o cilindriche, che presentassero la loro concavità alla corrente, e di cui gli elementi, a partire dal primo, che si unirebbe tangenzialmente con
l' elemento che corrispondevi nella circonferenza e-
sterna della ruota, sarebbero di più in più inclinati
al raggio, e formerebbero così una curva o superficie continua. Egli è chiaro, dietro i noti principi,
che l' acqua arrivando sulle curve con una direzione
presso a poco tangente al loro primo elemento, vi

s' innalzerà senza urtarle, sino ad un altezza dovuta
alla velocità relativa ch' essa possiede, e ricadrà poscia, acquistando di nuovo, ma in senso contrario al
moto della ruota, una velocità relativa uguale a quella ch' essa aveva salendo. Notando adunque che la
velocità assoluta conservata dall' acqua uscendo dalla
ruota è nulla, si trova che le condizioni del problema saranno tutte soddisfatte se si dà o si lascia
prendere alla circonferenza di questa ruota una velocità, che sia la metà di quella della corrente, vale
a dire precisamente uguale a quella che conviene
(secondo la teorica) alle ruote a palette ordinarie
per la produzione del *massimo* effetto: d'onde ne
segue che le ruote a pale curve, di cui quivi si tratta, oltre il vantaggio di produrre il maggiore di
tutti gli effetti possibili, avrebbero pur quello di
poter essere sostituite immediatamente alle ruote del-
l' antico sistema, senza verun cambiamento.

» Avendo cura di disporre la cateratta, come sopra fu detto, praticando d'altronde un risalto ed un
allargamento nel condotto nel punto in cui le curve
cominciano a vuotarsi, affine di facilitare lo sgombramento delle acque; mettendo finalmente risalti su
ciascun lato delle pale curve, secondo il metodo del
Morosi; o, ciò che val meglio, chiudendo due di
tali pale fra le quarte o piani anulari, piani ai quali
la teorica assegna d'altronde una larghezza che è
il quarto circa dell' altezza della caduta; mediante
tutte queste disposizioni si renderà la nuova ruota
capace di dare vantaggiosissimi risultamenti, e superiori a quelli che presentano i primi perfezionamenti ».

Ecco frattanto l' *istruzione pratica* data dall' autore sulla *formazione delle ruote a pale curve*.
Questa istruzione riassume tutta la sua Memoria su
questo nuovo organo idraulico che l' industria a lui
deve; e benchè noi la riportiamo quasi intieramente, pur tuttavolta non possiamo a meno di raccomandare, a coloro che vorranno approfondarsi in

questo studio, la lettura dell'intera Memoria del Poncelet, di cui nuovamente qui riferiamo le parole.

» Si presentano per ordinario due casi principali da esaminarsi: nel primo si vuole stabilire, economizzando quanto mai si possa la forza del motore, una ruota d'una potenza determinata sopra un corso d'acqua, onde l'effetto è più che sufficiente per far muovere la macchina, e di cui si conosce d'altronde la caduta totale, o l'altezza della chiusa; nel secondo si conosce, oltre questa caduta, il volume d'acqua fornito dalla corrente in ogni secondo, e trattasi di stabilire una ruota a pale curve, che trasmetta ad una macchina la massima parte possibile della quantità d'azione totale posseduta dalla caduta. Ora questi due casi hanno tra loro molta analogia per ciò che forma l'oggetto de' calcoli. Infatti l'esperienza ha insegnato che la quantità d'azione trasmessa alla ruota a pale curve è (termine medio) $0^m,60$ della quantità d'azione totale dispensata dal fluido. Quivi d'altronde una semplice approssimazione è sufficiente per regolare le dimensioni principali della ruota e della luce.

» Noi crediamo inoltre che sarà in generale conveniente di fondare i calcoli su ciò che ha luogo nelle basse acque ordinarie se la macchina è suscettiva di agire in questo caso in modo continuo e durevole: se no si dovrà regolare su ciò che ha luogo all'epoca delle acque medie, perchè è soprattutto in questi istanti che importa di economizzare il fluido con buone disposizioni.

» L'osservazione attenta del governo delle acque, sia superiormente, sia inferiormente alla chiusa, unita alla cognizione che si è potuto acquistare della forza che occorre applicare alla macchina, pone ordinariamente in istato di prendere una determinazione a questo riguardo; imperocchè da una parte si saprà approssimativamente qual è l'altezza della caduta disponibile e l'effetto del corso d'acqua nelle diverse stagioni dell'anno, d'onde risulterà immediatamente la cognizione della forza o della quantità d'azione assoluta del motore, e dall'altra si saprà qual è la porzione di questa forza che verrà trasmessa utilmente alla macchina o alla ruota che la fa muovere. Per caduta disponibile a un tempo qualunque, noi intendiamo d'altronde l'altezza totale compresa tra il livello dell'acqua nel serbatoio superiore, e quello delle acque nel canale di scarico dell'opificio, preso nel punto stesso della chiusa o della ruota, ed all'istante in cui il canale di scarico riceve tutta la massa, che affluisce da questa ruota.

» Supponiamo a cagion d'esempio che nelle basse acque ordinarie il fiume somministri un metro cubico o 1,000 chil. d'acqua per secondo, e che la caduta totale sia allora di $1^m,8$; la forza disponibile sarà misurata dal prodotto di queste due quantità, vale a dire che equivalerà a 1,800 chil. innalzati ad un metro di altezza per secondo, ovvero a 24 *cavalli-vapore*, essendo la forza del *cavallo-vapore* valutata di 75 chil. innalzati ad un metro per secondo.. Dando la ruota per medio risultamento i $0^m,60$ di questa forza, se ne ritrarrà dunque una quantità equivalente a 1,080 chil. innalzati ad un metro, ovvero 14,4 *cavalli-vapore*, e converrà assicurarsi se una tal potenza può bastare per far agire convenientemente la macchina: vi si perverrà osservando ciò che questa macchina dispensa di forza col motore idraulico, che si tratta di sostituirvi, e tenendo conto d'altronde delle perdite risultanti dal suo stato d'imperfezione.

» Così se si trattasse di rimpiazzare un'antica ruota a palette mossa per di sotto, si saprà ch'essa rendeva tutto al più un quarto della forza totale dispensata, e che, se essa si moveva in una porzione circolare del condotto, l'altezza verticale del quale fosse solamente il quarto o la metà della caduta totale, come si rinviene spesso nella pratica, essa poteva rendere i 0,30 a 0,40 della forza dispensata, secondo il suo stato più o meno grande di perfezione, e l'altezza più o meno piccola del condotto circolare.

» Nel caso in cui la macchina non fosse per anco stabilita, egli è chiaro che converrebbe, per fare i calcoli, ricorrere all'osservazione di qualche altra macchina di già esistente, sia sullo stesso corso d'acqua od altrove, e che avesse un analogo scopo; il che esigerebbe da una parte che si apprezzasse la forza assoluta, che la pone in azione, e dall'altra la forza che le è trasmessa realmente. La prima si ottiene, come dicemmo, moltiplicando il peso dell'acqua dispensata per l'altezza della caduta disponibile; la seconda valutando, dietro il risultamento delle sperienze e de' calcoli conosciuti, la frazione di forza trasmessa dal motore alla macchina.

» Noi abbiam detto ciò che producono le antiche ruote a palette; in quanto a quelle di costa, a condotto circolare, che ricevono l'acqua dall'esterno del serbatoio, noi pensiamo che per le cadute al di sopra di 2^m esse diano tra la metà e i 0,60 della forza dispensata, quand'esse sono convenientemente stabilite, e portino ancora vantaggio a misura che la caduta e il volume d'acqua aumentano. Finalmente si ammetterà che le ruote a tazze o a cassette diano circa 0,67 quando ricevano l'acqua dalla sommità, e 0,50 a 0,60 circa quand'esse non la ricevono che all'altezza dell'asse. Questi numeri aumentano un poco ne' casi in cui la ruota cammini con una debole velocità, e con poco carico di acqua; e diminuiscono al contrario quando la velocità e l'altezza dell'acqua sono grandissime; quando, a cagion d'esempio, la prima sorpassi $2^m,5$, e la seconda il quarto della caduta totale ».

Dopo tali osservazioni preliminari, e che noi abbiamo testualmente riportate, poichè riferiscono in compendio l'opinione d'uno dei nostri più chiari scrittori sui principali organi idraulici, Poncelet richiama sommariamente come tali organi si debbano considerare, per calcolare approssimativamente il volume d'acqua sgorgato in un secondo. Noi abbiamo fornito tutti gli elementi necessari per tali operazioni; nè più vi ritorneremo: solamente raccomandiamo la lettura di questa parte della Memoria di Poncelet, ed aggiungiamo, come lui, a questo nostro lavoro, una Tavola delle velocità corrispondenti ad altezze successive. Queste Tavole valgono per le velocità da $0^m,01$ per secondo sino a 9^m, e per le altezze, da $0^m,00001$ sino a $4^m,3145$. Si hanno per tal modo i limiti delle velocità e dei carichi d'acqua delle ruote a pale, delle ruote a condotto curvo, e delle ruote a pale curve. In quanto alle ruote a cassette, il carico d'acqua nel condotto che la somministra, non perviene mai a questo limite superiore.

Ecco frattanto le indicazioni fornite dall'autore per costruire la ruota e i suoi accessori.

« Io supporrò in ciò che segue, dice il Poncelet, che si conosca la caduta disponibile, e che si sia stabilito approssimativamente il volume d'acqua da dispensarsi ad una ruota idraulica in ogni secondo, al tempo in cui si è stabilito l'erezione della macchina. Ciò essendo si comincerà dal determinare il diametro della ruota che vuolsi impiegare secondo le località, l'interna disposizione dell'opificio, e il più o meno di velocità di cui si abbisogna, giacchè è da notarsi che l'effetto utile della ruota dipende pochissimo dalla grandezza assoluta di questo diametro. Non credo frattanto che sia conveniente, sotto alcun rispetto, di situare l'asse della ruota molto al di sotto del livello medio delle acque nel serbatoio. Così per una caduta media di $1^m,5$ non si darà meno di 3^m di altezza o di diametro alla ruota.

Questo diametro essendo così determinato, si fisserà il numero delle pale cilindriche, regolandosi generalmente secondo i princìpi seguiti per le ruote ordinarie mosse per di sotto: così per ruote, che avessero da 4 a 5 metri di diametro, nulla si arrischierà adottando 36 pale ed anche più, se la grossezza del velo d'acqua introdotta nel condotto è piccola, a cagion d'esempio da 10 a 15 centimetri; o se la ruota abbia un diametro ancora più grande. In un'esperienza fatta a Metz su d'una ruota a pale curve, e di cui Poncelet rende conto, la ruota avendo 30 pale, si volle sapere qual differenza produrrebbe la riduzione alla metà del numero delle pale. I pesi innalzati dalla ruota armata di 15 pale, solamente diminuirono, in confronto di quelli che innalzava la ruota di 30 pale, nella ragione di 5 a 3.

Risulta dalla moltiplicazione delle pale questo prezioso vantaggio che, sotto grandi vene d'acqua e grandi carichi, ognuna di esse, sopportando una minor pressione, risentirà minori sforzi, si difformerà meno, e sarà di più lunga durata. Egli è evidente che il principale inconveniente accagionato da una tale moltiplicazione di pale, è quello di diminuire la capacità di ognuna delle cassette, come la grossezza del velo fluido, che vi è introdotto; ma, siccome si costruiranno più comunemente le curve di latta sottile, la somma dei vacui, che danno accesso all'acqua sulla ruota in un tempo determinato, non sarà sensibilmente diminuita. A cagion d'esempio, duplicando il numero delle pale, avverrà soltanto che lo stesso volume di acqua, che era primitivamente contenuto in una qualsiasi delle cassette, lo sarà in due, che occuperanno lo stesso spazio sulla ruota.

Egli è evidente d'altronde che sarebbe inconveniente il diminuire l'intervallo delle pale al di là di un certo limite: e siccome il vantaggio di questa ruota è di offrire all'acqua, per la curvatura delle sue pale, una facile ascensione, così non conviene alterare un tale vantaggio aumentando soverchiamente il numero delle superficie sulle quali l'acqua deve montare. Meno le pale sono distanti e meno il velo d'acqua che possono ricevere è denso. Ora la resistenza opposta dall'attrito esercita proporzionalmente maggior influenza sui veli fluidi che non hanno che una debole velocità, e vengon di molto ad alterarla.

Poncelet pensa che si possa fermarsi alla regola

seguente, e cioè che non convenga diminuire l'intervallo minimo compreso tra le pale vicine verso la circonferenza esterna più dei $3/4$ della grossezza reale del velo d'acqua che affluisce pel condotto, vale a dire della metà circa dell'apertura massima della luce, se quest'apertura sorpassa i $0^m,18$, o i $2/3$ di questa stessa apertura, se molto è più piccola.

Determinata che sia la distanza delle pale, si determinerà la traccia della loro curva. Ecco i procedimenti indicati dal Poncelet.

Avendo condotto un raggio A, b (*Tav. XV. fig. 3.*) della ruota, e determinata la larghezza $b c$ delle porzioni arcuate che racchiuder debbono le pale, larghezza che debb'essere almeno il quarto dell'altezza totale della caduta, si condurrà dal punto b della circonferenza esterna una retta $b o$, inclinata sul raggio A b verso la cateratta con un angolo A $b o$ uguale, o di poco minore, all'angolo A E K, formato dalla perpendicolare E K allo strato superiore D E del velo d'acqua che debb'essere introdotto nel condotto con la direzione A E del raggio, che corrisponde al punto E ove il detto strato incontra la circonferenza interna della ruota. Prendendo poscia per centro un punto m, situato un poco al di sopra della circonferenza interna della porzione arcuata predetta, a cagion d'esempio di un settimo o di un sesto della sua larghezza, si descriverà colla distanza $b m$, per raggio, l'arco di cerchio $b n$, terminato da ambe le parti alla porzione arcuata. Quest'arco sarà quello, che si potrà adottare pel di sotto delle pale della ruota. Il disegno che abbiamo indicato dovrà farsi di grandezza al naturale.

Il fondo del condotto, che versa l'acqua sulla ruota, dovrà avere un'inclinazione che può essere di $1/10$ circa, come si vede nella *Tav. X., fig. 8.*; si diminuisce per tal modo un poco la distanza che la ruota percorre. Se questa inclinazione sorpassa quella del piano del serbatoio, converrà unirle fra loro con un dolcissimo pendìo. Si rammenterà d'altronde che il fondo rettilineo del condotto debb'essere tangente alla sua porzione circolare, e che quest'ultima deve imboccare la ruota sopra un'estensione di poco superiore alla distanza che separa due pale consecutive, e con un intervallo, che dev'essere il meno possibile; a cagion d'esempio due o tre centimetri, o un pollice al più.

Noi non entreremo quivi col Poncelet nelle particolarità della costruzione del condotto e della cateratta. La *Tav. X. fig.* 8 fornirà, per riguardo a questa, bastevoli indicazioni; in quanto poi al condotto, tutte le precauzioni debbon essere prese perchè le acque del serbatoio vi pervengano senza risalti, senza bruschi attriti, e perchè la sua velocità sia, quanto meno si possa, modificata. La cateratta è disposta in modo da potersi avvicinare assai alla ruota, senza portare all'acqua, per una soverchia inclinazione, un grandissimo attrito.

Una parte importante della ruota è lo sporto praticato in *fg* (*Tav. X. fig.* 8) ad una certa distanza del piano verticale, che passa per l'asse della ruota. Questo risalto debb'esser posto in modo che la pala della ruota giunga a toccare il *vivo f* nel punto in cui l'acqua che, sino a un tal istante si è elevata, per la sua acquistata velocità comincia a ricadere. Infatti in questo istante l'acqua non serve più alla macchina, ed havvi interesse di lasciarla sgombrare quanto mai si possa. Ed è perciò che conviene, tutte le volte che la località lo permette, terminare le pareti verticali del condotto con un risalto, e lasciare al canale di sgombramento tutta la possibile larghezza, sicchè l'acqua possa scorrere, prendendo un più largo spazio ed una minore altezza. Ne risulta d'altronde che si può allora dare una piccolissima altezza allo sporto o risalto, ciò che non è senz'importanza, poichè l'altezza di questo sporto è presa sull'altezza totale della caduta, e diminuisce di molto per conseguenza l'impulso dell'acqua motrice.

Veniamo frattanto alle dimensioni le più convenienti per la larghezza della luce o del velo dell'acqua motrice; dimensioni che regolano la larghezza e la distanza delle corone della ruota.

» E primieramente, dice Poncelet, in quanto a queste dimensioni, il loro rapporto è relativo alla dispensa del fluido e alla sua velocità, o alla sua caduta; di modo che per le piccole dispense e grandi cadute la larghezza della luce debb'essere al più il doppio dell'apertura, e per le grandi dispense e piccole cadute questa larghezza debb'essere tre a quattro volte l'apertura. Si potranno adunque facilmente calcolare le dimensioni di cui trattasi per ogni caso, osservando che noi intendiamo quivi per grandi cadute quelle che si avvicinano ai 2 metri, e per grandi dispense quelle che oltrepassano gli 800 a 1000 litri per secondo: le cadute al di sotto d'un metro, e le dispense minori di 300 litri, vengono riguardate come piccole cadute e piccole dispense.

» Supponiamo, a cagion d'esempio, che la caduta al di sopra dello sporto del condotto sia di $1^m,80$ nelle acque basse ordinarie, e che la dispensa sia di 1000 litri o un metro cubico per secondo. Supponiamo ancora che, dietro il disegno del condotto, la caduta sia ridotta ad $1^m,65$, contandola sulla soglia della cateratta, di cui noi supponiamo l'apertura di $0^m,1$. La velocità dell'acqua motrice, teoricamente sarà quella che è dovuta ad $1^m,60$, vale a dire $5^m,60$ per secondo. La superficie della luce dovrebbe dunque essere di

$$\frac{1^{\text{m. cub.}}}{5^m,60} = 0^{\text{m. quad.}},1785;$$

ma bisogna valutare la parte della contrazione, la quale si calcola che possa diminuire di $\frac{3}{4}$ la dispensa d'acqua teorica. La superficie della luce dovrà dunque essere i $\frac{4}{3}$ di $0^{\text{m. q.}},1785$; ovvero

$$0^{\text{m. quad.}},238.$$

» Trovata questa dimensione generale, noi rammenteremo che allorquando la caduta è molto grande, convien dare alla base della luce due volte e mezzo la sua altezza soltanto. In questa supposizione la superficie della luce sarà uguale a due volte e mezzo il quadrato dell' altezza, o i $^5/_2$ di questo quadrato, il quale sarà dunque i $^2/_5$ della superficie $0^{m}\cdot q.,238$, ossia $0^{m}\cdot q.,0952$: per conseguenza l' altezza della luce sarà uguale alla radice quadrata di $0^{m},0952$, ovvero $0^{m},309$; e dividendo la superficie trovata $0^{m}\cdot q.,238$ per l' altezza trovata $0^{m},309$, noi abbiamo per la larghezza $0^{m},77$.

» Del resto egli è evidente che non converrà limitarsi a dare una tale altezza di $0^{m},309$ alla luce, ma che dovrassi portare anche a $0^{m},40$ ed anche a $0^{m},45$ affinchè si possa aprire la cateratta fino a questo punto, a cagion d' esempio nel momento delle grandi piene, o per determinare quel moto, che metta in azione la macchina.

» Se la dispensa del fluido avesse di molto sorpassato i 1,000 litri, o se la caduta avesse d' assai superato $1^{m},65$, sarebbe stato opportuno di dare alla luce una larghezza più grande per rapporto alla sua altezza, affine di non perder troppo sulla caduta in conseguenza della semi-apertura: per esempio per una caduta di $2^{m},65$ ed una dispensa di 1,500 litri o per la dispensa di 1,000 litri ed una caduta di $1^{m},20$, noi daremmo volentieri alla larghezza della luce tre o quattro volte la sua altezza. In una parola converrà evitare per quanto sarà possibile, le aperture della cateratta al di sotto di $0^{m},30$ per le cadute che si avvicinano ai 2^{m}, o le aperture al di sopra di $0^{m},25$ per le cadute inferiori ad $1^{m},00$ senza pertanto diminuire quest' apertura sino a $0^{m},16$ nell' ultimo caso, od aumentarla sino a $0^{m},50$ nel primo.

» Avendo per tal modo regolato la larghezza della luce, vi si aggiugneranno 2 a 3 centimetri ad ogni lato, per ottenere quella delle pale della ruota, o la distanza delle corone. Finalmente la grossezza del

velo d'acqua introdotto nel condotto essendo circa
i $^3/_4$ dell'apertura della cateratta per le disposizioni
ammesse e pei casi i più ordinari, si sarà in istato
di stabilire la grandezza dell'angolo che formar debbono le curve colla circonferenza esterna della ruota, secondo ciò che più sopra si è descritto. Ora si
noterà che, se si ha ad operare nell'ipotesi delle
basse acque in cui l'apertura della cateratta è necessariamente un *massimo*, non sarà necessario di
aumentare l'angolo per tal modo trovato. In quanto
poi all'altezza delle curve, o alla larghezza delle
corone della ruota, si regolerà il tutto per lo meno
sulla caduta esistente al di sotto dello sporto o risalto del condotto nel momento delle acque medie,
affine di evitare che l'effetto utile non diminuisca
di troppo in detto istante.

» *Calcolo della velocità e della forza della ruo-*
ta. — Relativamente alla velocità la più vantaggiosa
della ruota, si potrà ammettere ch'essa rimanga
compresa tra i 0,50 e i 0,60 della *velocità dovuta*
teoricamente all'altezza di livello dell'acqua al di
sopra del centro della luce ; l'ultimo numero si
riferisce alle piccole cadute e grandi aperture della
cateratta, l'altro alle grandi cadute e piccole aperture; di modo che per le cadute medie di $1^m,3$ al
di sopra della soglia della luce, con aperture medie di $0^m,20$, il rapporto della velocità sarà presso
a poco di $0^m,55$. In quanto alla quantità di azione
trasmessa integralmente alla ruota, allorquando essa
possiede la velocità precitata, si può ammettere pure
ch'essa sarà (termine medio) i 0,60 di quella che
corrisponde alla caduta totale; ma ch'essa sarà un
poco minore per le grandi cadute e piccole aperture
della cateratta, e un poco più grande per le piccole
aperture e grandi cadute.

» Per esempio, nel caso superiormente esaminato,
la velocità che corrisponde alla caduta, $1^m,65 - 0^m,16$
$= 1^m,49$ al di sopra del centro della luce, essendo
$5^m,40$, quella della circonferenza esterna della ruota,

pel massimo effetto, sarà circa $0,60 \times 5^m,40 = 3^m,24$ per secondo; o $60 \times 3^m,24 = 194^m,40$ per minuto. Se dunque la circonferenza fosse di $12,^m$ il numero de' giri della ruota, per minuto, sarebbe di 16,2. La quantità di azione disponibile essendo per ipotesi $1^m,80 \times 1,000$ chil. $= 1800$ chil. innalzati ad 1^m in un secondo: e l'apertura della cateratta essendo molto grande, la ruota trasmetterà alla macchina circa i 0,60 o 1,080 chil. innalzati ad un metro.

» Noi abbiamo indicato come si potrebbe regolare in antecedenza la velocità della ruota idraulica, dietro l'altezza della caduta al di sopra del centro della luce, di modo che questa velocità sia la più vantaggiosa possibile; ma quando la ruota sia tutta costruita, si può giungervi senza calcolo mediante un esperienza diretta, che consiste nel far agire questa ruota a vuoto, vale a dire dopo averla affatto isolata da tutto il resto del meccanismo; osservando allora il numero de' giri ch'essa fa in 5 o 6 minuti, per concluderne con esattezza quello dei giri per ogni minuto, si prenderanno i 0,60 di quest'ultimo numero per la velocità che conviene lasciare acquistare alla ruota durante l'azione della macchina. Noi dobbiamo d'altronde raccomandare a coloro che faranno uso di questo metodo pratico per regolare la velocità della ruota, di fare l'esperienza sotto un carico d'acqua ed un'apertura della cateratta che di poco s'allontanino da quel carico e da quell'apertura che avranno luogo nel momento di porre in azione la macchina.

» Siccome avverrà qualche volta che siasi obbligati, in conseguenza di particolari considerazioni, di lasciar prendere alla ruota una velocità maggiore o minore di quella che è la più vantaggiosa possibile, penso che non sarà inutile indicare come si dovrà procedere al calcolo della forza in quell'istante trasmessa alla macchina, e dello sforzo esercitato dall'acqua sulla ruota.

» Avendo adunque valutata la quantità di azione,

che la ruota trasmette alla macchina nel caso del *massimo effetto*, converrà egualmente calcolare la velocità nel punto in cui l'acqua giugne sulla ruota, sia deducendola, secondo i casi, da quella che corrisponde all'altezza del livello del serbatoio al di sopra del centro della luce di sgorgo, sia facendo agire la ruota a vuoto, e rammentandosi che la velocità *massima* ch'essa prende allora, è minore di quella dell'acqua di $4/11$ circa. Ciò posto, risulta dalla teorica e dall'esperienza, che la quantità di azione trasmessa alla ruota, quand'essa prende una velocità qualunque, è circa quattro volte quella che corrisponde al *massimo effetto* moltiplicato per la velocità della ruota, per la differenza di questa velocità e di quella dell'acqua, divisa finalmente pel quadrato di quella dell'acqua.

» Così nel caso particolare superiormente esaminato, in cui il *massimo effetto* utile è 1,080 chil. innalzati ad 1^m, e la velocità dell'acqua $5^m,4$ circa, la quantità di azione trasmessa per una qualunque velocità della ruota, a cagion d'esempio per 4^m, sarà uguale a $4 \times 1,080 \times 4 \times (5^m, 4 - 4)$, o 24,192 diviso pel quadrato di $5^m,4$, o $27^m,16$: ciò che dà per risultamento 8,296 chil. innalzati ad un metro. Lo sforzo esercitato sulla circonferenza esterna della ruota si valuterà d'altronde come nel superiore caso del *massimo effetto*, dividendo 8,296 per la velocità 4^m che gli corrisponde.

» Questi esempi ci sembrano bastare per guidarci nelle applicazioni che si volessero fare del nuovo sistema di ruota ai diversi casi che si presentano nella pratica. Ma è d'uopo osservare che basando, come abbiamo proposto, i principali calcoli su ciò che ha luogo per le più basse acque colle quali la macchina possa agire in un modo regolare e costante, le si farà produrre in verità tutto quanto è possibile nel momento in cui la diminuzione della caduta e del prodotto del corso d'acqua ne rende la forza preziosa, ed indispensabile l'economia; ma, per

19

ciò pure, si sarà sacrificato alcun poco di questa forza nelle alte e nelle medie acque attesochè la disposizione della ruota e tuttoquanto ne dipende si allontanerà allora un poco da quella che sarebbe la più conveniente.

» *Conclusioni generali.* — Dietro le diverse riflessioni che precedono, dice inoltre il Poncelet, noi crediamo poter concludere senza esagerazioni e conformemente alle deduzioni della nostra *Prima Memoria*, che per le ruote a pale cilindriche, bene eseguite e ben proporzionate in tutte le loro parti, relativamente alla loro altezza di caduta, il rapporto dell'effetto utile *massimo* all'effetto totale dispensato, perverrà rade volte al di sotto di $0^m,60$, anche per carichi d'acqua che s'avvicinassero ai 2^m; e potrà giungere fin quasi ai metri 0,66 quando questi carichi saranno molto più piccoli, vale a dire al di sotto di $1^m,30$. Nullameno questi risultamenti non avranno luogo che per dispense convenienti di acque, per dispense che sorpassassero, a cagion d'esempio 500 a 600 litri per secondo per le grandi cadute; imperocchè esiste per ogni caso tra l'altezza e la base della luce di sgorgo un rapporto che è il più vantaggioso possibile, e dal quale non si debbe di molto allontanarsi; onde risulta che per dispense piccolissime d'acqua e per cadute che si avvicinino ai 2^m, non si potranno evitare piccolissime aperture di cateratta, e per conseguenza grandi perdite, le quali per aperture, a cagion d'esempio di $0^m,1$ e minori di queste, e per le cadute di cui si tratta, ridurrebbero l'effetto utile ai 0,55, oppure ai 0,50 dell'effetto teorico totale.

» In simili circostanze potrà dunque essere conveniente di rinunziare alle ruote a pale curve, e sostituirvi invece ruote a condotto circolare, o meglio ruote a cassette riceventi l'acqua ad una piccola altezza al di sopra della sommità, le quali fornissero in questi casi stessi dei risultamenti, che si allontanassero di poco dai 0,60 dell'effetto totale senza che fosse necessario di dar loro una grandissima larghezza nel senso dell' asse. Ma se la caduta di 2^m e l' apertura di $0^m,1$ fossero unicamente relative ad alcune circostanze rare e particolari, per esempio, nel tempo delle *piene*, od alte acque, e se nelle circostanze le più ordinarie o nelle medie e basse acque l' altezza della caduta fosse suscettiva di divenire molto più piccola dei 2^m, la dispensa e l' apertura della cateratta debbono necessariamente essere aumentate, affinchè si ottenga la stessa quantità di lavoro della macchina; si vede che sarebbe ancora vantaggioso di adottare la ruota a pale curve. Noi non temiamo pure di asserire che s'impiegherà utilmente questa ruota per cadute superiori ai 2^m, quante volte il livello della parte superiore o inferiore della botte sarà suscettivo di variar molto nelle diverse stagioni, e quante volte, avendo a dispensare un grandissimo volume d' acqua, a cagion d'esempio un volume che eccedesse 1500 litri per secondo, si procurerà di ottenere immediatamente una grande velocità senza complicazione d'ingranaggi: imperocchè in simili casi si sarebbe obbligati di dare alle ruote di pressione ordinaria tali dimensioni e tal peso che apporterebbero svantaggi locali ed esorbitanti spese, senza speranza di aumento d'effetto reale ».

Noi ci siamo tenuti in obbligo di sviluppare, siccome abbiam fatto, tutte le ragioni intorno alla ruota del Poncelet, ricavandole quasi totalmente dallo stesso autore, poichè riguardiamo quest' invenzione come un progresso notabile in fatto d' idraulica. Noi dobbiamo inoltre far sapere che tutte le applicazioni di questa nuova ruota, fatte giudiziosamente negli stabilimenti industriali, hanno confermato tutti i vantaggi che il suo dotto autore le attribuì.

Ci resta ora, per finire questa parte del nostro lavoro e facilitare i calcoli della dispensa d' acqua, che diamo le Tavole di cui dianzi parlammo.

TAVOLA DELLE ALTEZZE CORRISPONDENTI A
DIVERSE VELOCITÀ, ESSENDO LE UNE E
LE ALTRE ESPRESSE IN METRI.

Velocità	Altezza corrispondente	Velocità	Altezza corrispondente	Velocità	Altezza corrispondente
0^m,01	0^m,00001	0^m,29	0^m,00429	0^m,57	0^m,0165
0 ,02	0 ,00002	0 ,30	0 ,00459	0 ,58	0 ,0171
0 ,03	0 ,00005	0 ,31	0 ,00490	0 ,59	0 ,0177
0 ,04	0 ,00009	0 ,32	0 ,00522	0 ,60	0 ,0184
0 ,05	0 ,00013	0 ,33	0 ,00555	0 ,61	0 ,0190
0 ,06	0 ,00019	0 ,34	0 ,00589	0 ,62	0 ,0196
0 ,07	0 ,00026	0 ,35	0 ,00624	0 ,63	0 ,0202
0 ,08	0 ,00034	0 ,36	0 ,00660	0 ,64	0 ,0209
0 ,09	0 ,00043	0 ,37	0 ,00697	0 ,65	0 ,0215
0 ,10	0 ,00051	0 ,38	0 ,00735	0 ,66	0 ,0222
0 ,11	0 ,00062	0 ,39	0 ,00775	0 ,67	0 ,0229
0 ,12	0 ,00074	0 ,40	0 ,00816	0 ,68	0 ,0236
0 ,13	0 ,00087	0 ,41	0 ,0086	0 ,69	0 ,0243
0 ,14	0 ,00101	0 ,42	0 ,0090	0 ,70	0 ,0250
0 ,15	0 ,00115	0 ,43	0 ,0094	0 ,71	0 ,0257
0 ,16	0 ,00131	0 ,44	0 ,0098	0 ,72	0 ,0264
0 ,17	0 ,00148	0 ,45	0 ,0103	0 ,73	0 ,0272
0 ,18	0 ,00166	0 ,46	0 ,0108	0 ,74	0 ,0279
0 ,19	0 ,00185	0 ,47	0 ,0112	0 ,75	0 ,0287
0 ,20	0 ,00204	0 ,48	0 ,0117	0 ,76	0 ,0295
0 ,21	0 ,00225	0 ,49	0 ,0122	0 ,77	0 ,0302
0 ,22	0 ,00247	0 ,50	0 ,0127	0 ,78	0 ,0310
0 ,23	0 ,00270	0 ,51	0 ,0132	0 ,79	0 ,0318
0 ,24	0 ,00294	0 ,52	0 ,0138	0 ,80	0 ,0326
0 ,25	0 ,00319	0 ,53	0 ,0143	0 ,81	0 ,0334
0 ,26	0 ,00345	0 ,54	0 ,0148	0 ,82	0 ,0343
0 ,27	0 ,00372	0 ,55	0 ,0154	0 ,83	0 ,0351
0 ,28	0 ,00400	0 ,56	0 ,0160	0 ,84	0 ,0360

Velocità	Altezza corrispondente	Velocità	Altezza corrispondente	Velocità	Altezza corrispondente
$0^m,85$	$0^m,0368$	$1^m,17$	$0^m,0698$	$1^m,49$	$0^m,1131$
0 ,86	0 ,0377	1 ,18	0 ,0710	1 ,50	0 ,1147
0 ,87	0 ,0386	1 ,19	0 ,0722	1 ,51	0 ,1162
0 ,88	0 ,0395	1 ,20	0 ,0734	1 ,52	0 ,1177
0 ,89	0 ,0404	1 ,21	0 ,0746	1 ,53	0 ,1193
0 ,90	0 ,0413	1 ,22	0 ,0758	1 ,54	0 ,1209
0 ,91	0 ,0422	1 ,23	0 ,0771	1 ,55	0 ,1225
0 ,92	0 ,0431	1 ,24	0 ,0783	1 ,56	0 ,1241
0 ,93	0 ,0441	1 ,25	0 ,0797	1 ,57	0 ,1257
0 ,94	0 ,0450	1 ,26	0 ,0809	1 ,58	0 ,1273
0 ,95	0 ,0460	1 ,27	0 ,0822	1 ,59	0 ,1289
0 ,96	0 ,0470	1 ,28	0 ,0835	1 ,60	0 ,1305
0 ,97	0 ,0480	1 ,29	0 ,0848	1 ,61	0 ,1321
0 ,98	0 ,0490	1 ,30	0 ,0861	1 ,62	0 ,1337
0 ,99	0 ,0500	1 ,31	0 ,0875	1 ,63	0 ,1354
1 ,00	0 ,0510	1 ,32	0 ,0888	1 ,64	0 ,1371
1 ,01	0 ,0520	1 ,33	0 ,0901	1 ,65	0 ,1388
1 ,02	0 ,0530	1 ,34	0 ,0915	1 ,66	0 ,1405
1 ,03	0 ,0541	1 ,35	0 ,0929	1 ,67	0 ,1422
1 ,04	0 ,0551	1 ,36	0 ,0943	1 ,68	0 ,1439
1 ,05	0 ,0562	1 ,37	0 ,0957	1 ,69	0 ,1456
1 ,06	0 ,0573	1 ,38	0 ,0970	1 ,70	0 ,1473
1 ,07	0 ,0584	1 ,39	0 ,0984	1 ,71	0 ,1490
1 ,08	0 ,0595	1 ,40	0 ,0999	1 ,72	0 ,1508
1 ,09	0 ,0606	1 ,41	0 ,1013	1 ,73	0 ,1525
1 ,10	0 ,0617	1 ,42	0 ,1028	1 ,74	0 ,1543
1 ,11	0 ,0628	1 ,43	0 ,1042	1 ,75	0 ,1561
1 ,12	0 ,0639	1 ,44	0 ,1057	1 ,76	0 ,1579
1 ,13	0 ,0651	1 ,45	0 ,1072	1 ,77	0 ,1597
1 ,14	0 ,0662	1 ,46	0 ,1086	1 ,78	0 ,1615
1 ,15	0 ,0674	1 ,47	0 ,1101	1 ,79	0 ,1633
1 ,16	0 ,0686	1 ,48	0 ,1116	1 ,80	0 ,1651

Velocità	Altezza corrispondente	Velocità	Altezza corrispondente	Velocità	Altezza corrispondente
$1^m,81$	$0^m,1670$	$2^m,13$	$0^m,2313$	$2^m,45$	$0^m,3060$
1 ,82	0 ,1688	2 ,14	0 ,2334	2 ,46	0 ,3085
1 ,83	0 ,1707	2 ,15	0 ,2356	2 ,47	0 ,3110
1 ,84	0 ,1726	2 ,16	0 ,2378	2 ,48	0 ,3135
1 ,85	0 ,1745	2 ,17	0 ,2400	2 ,49	0 ,3160
1 ,86	0 ,1763	2 ,18	0 ,2422	2 ,50	0 ,3186
1 ,87	0 ,1782	2 ,19	0 ,2444	2 ,51	0 ,3211
1 ,88	0 ,1801	2 ,20	0 ,2467	2 ,52	0 ,3237
1 ,89	0 ,1820	2 ,21	0 ,2490	2 ,53	0 ,3263
1 ,90	0 ,1840	2 ,22	0 ,2512	2 ,54	0 ,3289
1 ,91	0 ,1859	2 ,23	0 ,2535	2 ,55	0 ,3315
1 ,92	0 ,1878	2 ,24	0 ,2557	2 ,56	0 ,3341
1 ,93	0 ,1898	2 ,25	0 ,2580	2 ,57	0 ,3367
1 ,94	0 ,1918	2 ,26	0 ,2603	2 ,58	0 ,3393
1 ,95	0 ,1938	2 ,27	0 ,2626	2 ,59	0 ,3419
1 ,96	0 ,1958	2 ,28	0 ,2649	2 ,60	0 ,3446
1 ,97	0 ,1978	2 ,29	0 ,2673	2 ,61	0 ,3472
1 ,98	0 ,1998	2 ,30	0 ,2696	2 ,62	0 ,3499
1 ,99	0 ,2018	2 ,31	0 ,2720	2 ,63	0 ,3526
2 ,00	0 ,2039	2 ,32	0 ,2743	2 ,64	0 ,3553
2 ,01	0 ,2059	2 ,33	0 ,2767	2 ,65	0 ,3580
2 ,02	0 ,2080	2 ,34	0 ,2791	2 ,66	0 ,3607
2 ,03	0 ,2101	2 ,35	0 ,2815	2 ,67	0 ,3634
2 ,04	0 ,2121	2 ,36	0 ,2839	2 ,68	0 ,3661
2 ,05	0 ,2142	2 ,37	0 ,2863	2 ,69	0 ,3688
2 ,06	0 ,2163	2 ,38	0 ,2887	2 ,70	0 ,3716
2 ,07	0 ,2184	2 ,39	0 ,2911	2 ,71	0 ,3744
2 ,08	0 ,2205	2 ,40	0 ,2936	2 ,72	0 ,3771
2 ,09	0 ,2226	2 ,41	0 ,2961	2 ,73	0 ,3799
2 ,10	0 ,2248	2 ,42	0 ,2985	2 ,74	0 ,3827
2 ,11	0 ,2269	2 ,43	0 ,3010	2 ,75	0 ,3855
2 ,12	0 ,2291	2 ,44	0 ,3034	2 ,76	0 ,3883

Velocità	Altezza corrispondente	Velocità	Altezza corrispondente	Velocità	Altezza corrispondente
$2^m,77$	$0^m,3911$	$3^m,09$	$0^m,4866$	$3^m,41$	$0^m,5927$
2 ,78	0 ,3939	3 ,10	0 ,4899	3 ,42	0 ,5962
2 ,79	0 ,3967	3 ,11	0 ,4930	3 ,43	0 ,5997
2 ,80	0 ,3996	3 ,12	0 ,4962	3 ,44	0 ,6032
2 ,81	0 ,4025	3 ,13	0 ,4994	3 ,45	0 ,6067
2 ,82	0 ,4054	3 ,14	0 ,5026	3 ,46	0 ,6102
2 ,83	0 ,4082	3 ,15	0 ,5058	3 ,47	0 ,6138
2 ,84	0 ,4111	3 ,16	0 ,5090	3 ,48	0 ,6173
2 ,85	0 ,4140	3 ,17	0 ,5122	3 ,49	0 ,6209
2 ,86	0 ,4169	3 ,18	0 ,5155	3 ,50	0 ,6244
2 ,87	0 ,4198	3 ,19	0 ,5187	3 ,51	0 ,6280
2 ,88	0 ,4228	3 ,20	0 ,5220	3 ,52	0 ,6316
2 ,89	0 ,4257	3 ,21	0 ,5252	3 ,53	0 ,6352
2 ,90	0 ,4287	3 ,22	0 ,5285	3 ,54	0 ,6388
2 ,91	0 ,4316	3 ,23	0 ,5318	3 ,55	0 ,6424
2 ,92	0 ,4346	3 ,24	0 ,5351	3 ,56	0 ,6460
2 ,93	0 ,4376	3 ,25	0 ,5384	3 ,57	0 ,6497
2 ,94	0 ,4406	3 ,26	0 ,5417	3 ,58	0 ,6533
2 ,95	0 ,4436	3 ,27	0 ,5450	3 ,59	0 ,6569
2 ,96	0 ,4446	3 ,28	0 ,5484	3 ,60	0 ,6606
2 ,97	0 ,4496	3 ,29	0 ,5517	3 ,61	0 ,6643
2 ,98	0 ,4526	3 ,30	0 ,5551	3 ,62	0 ,6680
2 ,99	0 ,4557	3 ,31	0 ,5585	3 ,63	0 ,6717
3 ,00	0 ,4588	3 ,32	0 ,5618	3 ,64	0 ,6754
3 ,01	0 ,4618	3 ,33	0 ,5652	3 ,65	0 ,6791
3 ,02	0 ,4649	3 ,34	0 ,5686	3 ,66	0 ,6828
3 ,03	0 ,4680	3 ,35	0 ,5721	3 ,67	0 ,6866
3 ,04	0 ,4711	3 ,36	0 ,5755	3 ,68	0 ,6903
3 ,05	0 ,4742	3 ,37	0 ,5789	3 ,69	0 ,6940
3 ,06	0 ,4773	3 ,38	0 ,5823	3 ,70	0 ,6978
3 ,07	0 ,4804	3 ,39	0 ,5858	3 ,71	0 ,7016
3 ,08	0 ,4835	3 ,40	0 ,5893	3 ,72	0 ,7054

Velocità	Altezza corrispondente	Velocità	Altezza corrispondente	Velocità	Altezza corrispondente
3^m,73	0^m,7092	4^m,05	0^m,8361	4^m,37	0^m,9734
3 ,74	0 ,7130	4 ,06	0 ,8402	4 ,38	0 ,9779
3 ,75	0 ,7168	4 ,07	0 ,8444	4 ,39	0 ,9823
3 ,76	0 ,7206	4 ,08	0 ,8485	4 ,40	0 ,9869
3 ,77	0 ,7245	4 ,09	0 ,8527	4 ,41	0 ,9913
3 ,78	0 ,7283	4 ,10	0 ,8569	4 ,42	0 ,9958
3 ,79	0 ,7322	4 ,11	0 ,8611	4 ,43	1 ,0003
3 ,80	0 ,7361	4 ,12	0 ,8653	4 ,44	1 ,0048
3 ,81	0 ,7400	4 ,13	0 ,8695	4 ,45	1 ,0094
3 ,82	0 ,7438	4 ,14	0 ,8737	4 ,46	1 ,0140
3 ,83	0 ,7478	4 ,15	0 ,8779	4 ,47	1 ,0185
3 ,84	0 ,7517	4 ,16	0 ,8821	4 ,48	1 ,0231
3 ,85	0 ,7556	4 ,17	0 ,8864	4 ,49	1 ,0276
3 ,86	0 ,7595	4 ,18	0 ,8906	4 ,50	1 ,0322
3 ,87	0 ,7634	4 ,19	0 ,8949	4 ,51	1 ,0368
3 ,88	0 ,7674	4 ,20	0 ,8992	4 ,52	1 ,0414
3 ,89	0 ,7713	4 ,21	0 ,9035	4 ,53	1 ,0460
3 ,90	0 ,7753	4 ,22	0 ,9078	4 ,54	1 ,0507
3 ,91	0 ,7793	4 ,23	0 ,9121	4 ,55	1 ,0553
3 ,92	0 ,7833	4 ,24	0 ,9164	4 ,56	1 ,0599
3 ,93	0 ,7873	4 ,25	0 ,9207	4 ,57	1 ,0646
3 ,94	0 ,7913	4 ,26	0 ,9251	4 ,58	1 ,0692
3 ,95	0 ,7953	4 ,27	0 ,9294	4 ,59	1 ,0739
3 ,96	0 ,7993	4 ,28	0 ,9337	4 ,60	1 ,0786
3 ,97	0 ,8034	4 ,29	0 ,9381	4 ,61	1 ,0833
3 ,98	0 ,8074	4 ,30	0 ,9425	4 ,62	1 ,0880
3 ,99	0 ,8115	4 ,31	0 ,9469	4 ,63	1 ,0927
4 ,00	0 ,8156	4 ,32	0 ,9513	4 ,64	1 ,0974
4 ,01	0 ,8197	4 ,33	0 ,9557	4 ,65	1 ,1022
4 ,02	0 ,8238	4 ,34	0 ,9601	4 ,66	1 ,1069
4 ,03	0 ,8279	4 ,35	0 ,9646	4 ,67	1 ,1117
4 ,04	0 ,8320	4 ,36	0 ,9690	4 ,68	1 ,1164

Velocità	Altezza corrispondente	Velocità	Altezza corrispondente	Velocità	Altezza corrispondente
4^m,69	1^m,1212	5^m,01	1^m,2795	5^m,33	1^m,4481
4 ,70	1 ,1260	5 ,02	1 ,2846	5 ,34	1 ,4535
4 ,71	1 ,1308	5 ,03	1 ,2897	5 ,35	1 ,4590
4 ,72	1 ,1356	5 ,04	1 ,2948	5 ,36	1 ,4645
4 ,73	1 ,1404	5 ,05	1 ,3000	5 ,37	1 ,4699
4 ,74	1 ,1452	5 ,06	1 ,3051	5 ,38	1 ,4754
4 ,75	1 ,1501	5 ,07	1 ,3103	5 ,39	1 ,4809
4 ,76	1 ,1549	5 ,08	1 ,3155	5 ,40	1 ,4864
4 ,77	1 ,1598	5 ,09	1 ,3206	5 ,41	1 ,4919
4 ,78	1 ,1647	5 ,10	1 ,3258	5 ,42	1 ,4975
4 ,79	1 ,1695	5 ,11	1 ,3311	5 ,43	1 ,5030
4 ,80	1 ,1744	5 ,12	1 ,3363	5 ,44	1 ,5085
4 ,81	1 ,1793	5 ,13	1 ,3415	5 ,45	1 ,5141
4 ,82	1 ,1842	5 ,14	1 ,3467	5 ,46	1 ,5196
4 ,83	1 ,1891	5 ,15	1 ,3520	5 ,47	1 ,5252
4 ,84	1 ,1941	5 ,16	1 ,3572	5 ,48	1 ,5308
4 ,85	1 ,1990	5 ,17	1 ,3625	5 ,49	1 ,5364
4 ,86	1 ,2040	5 ,18	1 ,3678	5 ,50	1 ,5420
4 ,87	1 ,2090	5 ,19	1 ,3730	5 ,51	1 ,5476
4 ,88	1 ,2139	5 ,20	1 ,3784	5 ,52	1 ,5532
4 ,89	1 ,2189	5 ,21	1 ,3837	5 ,53	1 ,5588
4 ,90	1 ,2239	5 ,22	1 ,3890	5 ,54	1 ,5645
4 ,91	1 ,2289	5 ,23	1 ,3943	5 ,55	1 ,5701
4 ,92	1 ,2339	5 ,24	1 ,3996	5 ,56	1 ,5758
4 ,93	1 ,2389	5 ,25	1 ,4050	5 ,57	1 ,5815
4 ,94	1 ,2440	5 ,26	1 ,4103	5 ,58	1 ,5872
4 ,95	1 ,2490	5 ,27	1 ,4157	5 ,59	1 ,5929
4 ,96	1 ,2541	5 ,28	1 ,4211	5 ,60	1 ,5986
4 ,97	1 ,2591	5 ,29	1 ,4265	5 ,61	1 ,6043
4 ,98	1 ,2642	5 ,30	1 ,4319	5 ,62	1 ,6100
4 ,99	1 ,2693	5 ,31	1 ,4373	5 ,63	1 ,6157
5 ,00	1 ,2744	5 ,32	1 ,4427	5 ,64	1 ,6215

Velocità	Altezza corrispondente	Velocità	Altezza corrispondente	Velocità	Altezza corrispondente
5^m,65	1^m,6272	5^m,97	1^m,8168	6^m,29	2^m,0167
5 ,66	1 ,6330	5 ,98	1 ,8229	6 ,30	2 ,0232
5 ,67	1 ,6388	5 ,99	1 ,8290	6 ,31	2 ,0296
5 ,68	1 ,6446	6 ,00	1 ,8351	6 ,32	2 ,0361
5 ,69	1 ,6503	6 ,01	1 ,8412	6 ,33	2 ,0425
5 ,70	1 ,6562	6 ,02	1 ,8473	6 ,34	2 ,0490
5 ,71	1 ,6620	6 ,03	1 ,8535	6 ,35	2 ,0554
5 ,72	1 ,6678	6 ,04	1 ,8596	6 ,36	2 ,0619
5 ,73	1 ,6736	6 ,05	1 ,8658	6 ,37	2 ,0684
5 ,74	1 ,6795	6 ,06	1 ,8720	6 ,38	2 ,0749
5 ,75	1 ,6854	6 ,07	1 ,8782	6 ,39	2 ,0814
5 ,76	1 ,6912	6 ,08	1 ,8843	6 ,40	2 ,0879
5 ,77	1 ,6971	6 ,09	1 ,8905	6 ,41	2 ,0945
5 ,78	1 ,7030	6 ,10	1 ,8968	6 ,42	2 ,1010
5 ,79	1 ,7089	6 ,11	1 ,9030	6 ,43	2 ,1075
5 ,80	1 ,7148	6 ,12	1 ,9092	6 ,44	2 ,1141
5 ,81	1 ,7207	6 ,13	1 ,9155	6 ,45	2 ,1207
5 ,82	1 ,7266	6 ,14	1 ,9217	6 ,46	2 ,1273
5 ,83	1 ,7326	6 ,15	1 ,9280	6 ,47	2 ,1338
5 ,84	1 ,7385	6 ,16	1 ,9343	6 ,48	2 ,1404
5 ,85	1 ,7445	6 ,17	1 ,9405	6 ,49	2 ,1471
5 ,86	1 ,7505	6 ,18	1 ,9468	6 ,50	2 ,1537
5 ,87	1 ,7564	6 ,19	1 ,9531	6 ,51	2 ,1603
5 ,88	1 ,7624	6 ,20	1 ,9595	6 ,52	2 ,1670
5 ,89	1 ,7684	6 ,21	1 ,9658	6 ,53	2 ,1736
5 ,90	1 ,7744	6 ,22	1 ,9721	6 ,54	2 ,1803
5 ,91	1 ,7805	6 ,23	1 ,9758	6 ,55	2 ,1869
5 ,92	1 ,7865	6 ,24	1 ,9848	6 ,56	2 ,1936
5 ,93	1 ,7925	6 ,25	1 ,9912	6 ,57	2 ,2003
5 ,94	1 ,7986	6 ,26	1 ,9976	6 ,58	2 ,2070
5 ,95	1 ,8046	6 ,27	2 ,0039	6 ,59	2 ,2137
5 ,96	1 ,8107	6 ,28	2 ,0103	6 ,60	2 ,2205

Velocità	Altezza corrispondente	Velocità	Altezza corrispondente	Velocità	Altezza corrispondente
$6^m,61$	$2^m,2272$	$6^m,93$	$2^m,4481$	$7^m,25$	$2^m,6794$
6 ,62	2 ,2339	6 ,94	2 ,4551	7 ,26	2 ,6868
6 ,63	2 ,2407	6 ,95	2 ,4622	7 ,27	2 ,6942
6 ,64	2 ,2474	6 ,96	2 ,4693	7 ,28	2 ,7016
6 ,65	2 ,2542	6 ,97	2 ,4764	7 ,29	2 ,7090
6 ,66	2 ,2610	6 ,98	2 ,4835	7 ,30	2 ,7164
6 ,67	2 ,2678	6 ,99	2 ,4906	7 ,31	2 ,7239
6 ,68	2 ,2746	7 ,00	2 ,4978	7 ,32	2 ,7313
6 ,69	2 ,2814	7 ,01	2 ,5049	7 ,33	2 ,7388
6 ,70	2 ,2883	7 ,02	2 ,5121	7 ,34	2 ,7463
6 ,71	2 ,2951	7 ,03	2 ,5192	7 ,35	2 ,7538
6 ,72	2 ,3019	7 ,04	2 ,5264	7 ,36	2 ,7613
6 ,73	2 ,3088	7 ,05	2 ,5336	7 ,37	2 ,7688
6 ,74	2 ,3156	7 ,06	2 ,5408	7 ,38	2 ,7763
6 ,75	2 ,3225	7 ,07	2 ,5480	7 ,39	2 ,7838
6 ,76	2 ,3294	7 ,08	2 ,5552	7 ,40	2 ,7914
6 ,77	2 ,3363	7 ,09	2 ,5624	7 ,41	2 ,7989
6 ,78	2 ,3432	7 ,10	2 ,5696	7 ,42	2 ,8065
6 ,79	2 ,3501	7 ,11	2 ,5769	7 ,43	2 ,8140
6 ,80	2 ,3571	7 ,12	2 ,5841	7 ,44	2 ,8216
6 ,81	2 ,3640	7 ,13	2 ,5914	7 ,45	2 ,8292
6 ,82	2 ,3709	7 ,14	2 ,5987	7 ,46	2 ,8368
6 ,83	2 ,3779	7 ,15	2 ,6060	7 ,47	2 ,8444
6 ,84	2 ,3849	7 ,16	2 ,6132	7 ,48	2 ,8521
6 ,85	2 ,3919	7 ,17	2 ,6205	7 ,49	2 ,8597
6 ,86	2 ,3989	7 ,18	2 ,6279	7 ,50	2 ,8673
6 ,87	2 ,4059	7 ,19	2 ,6352	7 ,51	2 ,8750
6 ,88	2 ,4129	7 ,20	2 ,6425	7 ,52	2 ,8826
6 ,89	2 ,4199	7 ,21	2 ,6499	7 ,53	2 ,8903
6 ,90	2 ,4269	7 ,22	2 ,6572	7 ,54	2 ,8980
6 ,91	2 ,4339	7 ,23	2 ,6646	7 ,55	2 ,9057
6 ,92	2 ,4410	7 ,24	2 ,6720	7 ,56	2 ,9134

Velocità	Altezza corrispondente	Velocità	Altezza corrispondente	Velocità	Altezza corrispondente
7^m,57	2^m,9211	7^m,89	3^m,1733	8^m,21	3^m,4359
7 ,58	2 ,9288	7 ,90	3 ,1813	8 ,22	3 ,4443
7 ,59	2 ,9365	7 ,91	3 ,1894	8 ,23	3 ,4526
7 ,60	2 ,9443	7 ,92	3 ,1974	8 ,24	3 ,4610
7 ,61	2 ,9520	7 ,93	3 ,2055	8 ,25	3 ,4695
7 ,62	2 ,9598	7 ,94	3 ,2136	8 ,26	3 ,4779
7 ,63	2 ,9676	7 ,95	3 ,2217	8 ,27	3 ,4863
7 ,64	2 ,9754	7 ,96	3 ,2298	8 ,28	3 ,4947
7 ,65	2 ,9832	7 ,97	3 ,2380	8 ,29	3 ,5032
7 ,66	2 ,9910	7 ,98	3 ,2461	8 ,30	3 ,5116
7 ,67	2 ,9988	7 ,99	3 ,2542	8 ,31	3 ,5201
7 ,68	3 ,0066	8 ,00	3 ,2624	8 ,32	3 ,5286
7 ,69	3 ,0144	8 ,01	3 ,2705	8 ,33	3 ,5371
7 ,70	3 ,0223	8 ,02	3 ,2787	8 ,34	3 ,5455
7 ,71	3 ,0301	8 ,03	3 ,2869	8 ,35	3 ,5541
7 ,72	3 ,0380	8 ,04	3 ,2951	8 ,36	3 ,5626
7 ,73	3 ,0459	8 ,05	3 ,3033	8 ,37	3 ,5711
7 ,74	3 ,0583	8 ,06	3 ,3115	8 ,38	3 ,5796
7 ,75	3 ,0617	8 ,07	3 ,3197	8 ,39	3 ,5882
7 ,76	3 ,0696	8 ,08	3 ,3280	8 ,40	3 ,5968
7 ,77	3 ,0775	8 ,09	3 ,3362	8 ,41	3 ,6053
7 ,78	3 ,0854	8 ,10	3 ,3445	8 ,42	3 ,6139
7 ,79	3 ,0933	8 ,11	3 ,3527	8 ,43	3 ,6225
7 ,80	3 ,1013	8 ,12	3 ,3610	8 ,44	3 ,6311
7 ,81	3 ,1092	8 ,13	3 ,3693	8 ,45	3 ,6397
7 ,82	3 ,1172	8 ,14	3 ,3776	8 ,46	3 ,6483
7 ,83	3 ,1252	8 ,15	3 ,3859	8 ,47	3 ,6570
7 ,84	3 ,1332	8 ,16	3 ,3942	8 ,48	3 ,6656
7 ,85	3 ,1412	8 ,17	3 ,4025	8 ,49	3 ,6743
7 ,86	3 ,1492	8 ,18	3 ,4108	8 ,50	3 ,6829
7 ,87	3 ,1572	8 ,19	3 ,4192	8 ,51	3 ,6916
7 ,88	3 ,1652	8 ,20	3 ,4275	8 ,52	3 ,7003

Velocità	Altezza corrispondente	Velocità	Altezza corrispondente	Velocità	Altezza corrispondente
$8^m,53$	$3^m,7090$	$8^m,76$	$3^m,9117$	$8^m,99$	$4^m,1198$
8 ,54	3 ,7177	8 ,77	3 ,9206	9 ,00	4 ,1290
8 ,55	3 ,7264	8 ,78	3 ,9295	9 ,01	4 ,1381
8 ,56	3 ,7351	8 ,79	3 ,9385	9 ,02	4 ,1473
8 ,57	3 ,7438	8 ,80	3 ,9475	9 ,03	4 ,1565
8 ,58	3 ,7526	8 ,81	3 ,9565	9 ,04	4 ,1657
8 ,59	3 ,7613	8 ,82	3 ,9654	9 ,05	4 ,1750
8 ,60	3 ,7701	8 ,83	3 ,9744	9 ,06	4 ,1832
8 ,61	3 ,7789	8 ,84	3 ,9834	9 ,07	4 ,1924
8 ,62	3 ,7876	8 ,85	3 ,9925	9 ,08	4 ,2017
8 ,63	3 ,7964	8 ,86	4 ,0015	9 ,09	4 ,2109
8 ,64	3 ,8052	8 ,87	4 ,0105	9 ,10	4 ,2212
8 ,65	3 ,8141	8 ,88	4 ,0196	9 ,11	4 ,2305
8 ,66	3 ,8229	8 ,89	4 ,0286	9 ,12	4 ,2398
8 ,67	3 ,8317	8 ,90	4 ,0377	9 ,13	4 ,2491
8 ,68	3 ,8405	8 ,91	4 ,0468	9 ,14	4 ,2584
8 ,69	3 ,8494	8 ,92	4 ,0559	9 ,15	4 ,2677
8 ,70	3 ,8583	8 ,93	4 ,0650	9 ,16	4 ,2771
8 ,71	3 ,8671	8 ,94	4 ,0741	9 ,17	4 ,2864
8 ,72	3 ,8760	8 ,95	4 ,0832	9 ,18	4 ,2958
8 ,73	3 ,8849	8 ,96	4 ,0923	9 ,19	4 ,3051
8 ,74	3 ,8938	8 ,97	4 ,1015	9 ,20	4 ,3145
8 ,75	3 ,9028	8 ,98	4 ,1106		

§. 7. — RUOTA CONICA O TROTTOLA.

Noi abbiam parlato delle ruote verticali a pale curve. Da molto tempo s'impiegavano ruote orizzontali a pale curve delle quali il Belidor ha dato una minutissima descrizione. Ma è ben noto che tali ruote sono molto cattive ed appena utilizzano il quinto della forza motrice senza avere d'altronde una velocità bastevole, come quella che si ottiene dalle ruote ordinarie ad impulso di sotto. Queste ruote frattanto continuano ad essere impiegate nella parte meridionale della Francia, stantechè la disposizione verticale del loro asse induce una gran semplicità nel meccanismo dei molini, ai quali esse sono particolarmente applicate.

Burdin ingegnere delle miniere, ha inventato una macchina idraulica da lui detta *trottola o ruota conica*, e che può essere disposta in modo da obbedire tanto alla pressione dell'acqua quanto alla sua reazione, come pure alla sua forza centrifuga. Noi descriveremo successivamente queste diverse ruote a trottola, alle quali la riconoscenza pubblica aveva tentato di dare il nome di *Burdines*; ma il loro inventore, colla modestia del vero ingegno, ha descritto le sue macchine sotto il nome di trottole, preso da una parola latina caratteristica d'una delle loro proprietà, e questo nome si è per tal modo introdotto nella scienza e nel comune linguaggio.

La ruota conica o trottola a pressione o ad evacuazione alternativa, è stata descritta dal Burdin negli *Annali delle Miniere* (3.ª Serie. Tom. III. 1833) ai quali noi rimandiamo per tutto ciò che riguarda la teorica e la costruzione di detta ruota. Ecco la succinta descrizione di questa macchina data dal d'Aubuisson dietro quella che ne fornì l'autore.

» La ruota è posta in un molino di Pont-Gibaud, dipartimento di Puy-de-Dôme, ed ha 1^m,40 di diametro e 0^m,40 di altezza. La sua parte superiore

presenta una cassetta anulare di 0^m,08 di larghezza,
e il fondo della quale è pertugiato da 36 aperture,
sormontata ognuna di un imbuto, al di sotto del
quale si trova una specie di tubo o di canale curvo
fatto di latta: il fondo o il colatoio sul quale l'a-
cqua discendendo esercita principalmente la sua a-
zione, ha gli orli, superiore ed inferiore, inclinati
in modo che l'acqua non prova alcun urto entrando nella cassetta, e ne esce senza velocità. La direzione di tutti i fondi o colatoi non è in piani perpendicolari ai raggi della ruota; ma alternativamente,
deviando l'uno un poco verso sinistra, il secondo
rimane perpendicolare e il terzo devia un poco verso
destra: dimodochè l'estremità dei colatoi si trova
alternativamente su tre circonferenze di un raggio
diverso, ma avente il loro centro comune nell'asse
di rotazione. In questo modo l'acqua è versata su
tre circonferenze, e quella che esce da un canale o
cassetta non corre rischio di essere urtata da quella
della cassetta che viene immediatamente dopo; ed è
per tale disposizione che il Burdin fu condotto a dar
il nome di trottola o ruota conica alla sua macchina.

» L'acqua è somministrata alla ruota mediante un
condotto rettilineo chiuso superiormente e nella e-
stremità, ma il cui fondo, immediatamente al di sopra della cassetta è pertugiato con fori dilatati e inclinati in modo da lanciar l'acqua sulle cassette o
colatoi nella conveniente direzione.

» Tutta l'acqua motrice, arrivando sulla ruota
pressochè senz'urto ed uscendo senza velocità, vi
imprime quasi tutta la sua azione. Così l'effetto che
ne risulta è presso a poco uguale a quello delle buone ruote a cassette ».

La ruota conica o trottola a pressione, posta nel
molino di Pont-Gibaud, venne sostituita ad una ruota
mossa per di sotto, la quale, sotto una caduta di
3^m,24, consumava per secondo 0^{m.c},28; quella a cono
non consuma che 0^{m.c},0935; per cui essa utilizza
i 0^m,67 della forza motrice.

Ruota conica, o trottola a reazione. — Per intendere il principio sul quale appoggiasi questa macchina, conviene rammentarsi ciò che dicemmo della
pressione che l'acqua esercita sulle pareti dei vasi
in cui è racchiusa. Questa pressione è in ragione
dell'altezza d'acqua, che esiste al di sopra del punto
che si considera, come lo è pure la pressione esercitata sul liquido da tutt'altra cagione che dalla
gravità propria delle sue molecole. Dietro ciò, e
dietro il principio che l'azione della gravità propriamente detta si eserciti nel senso verticale, e che
la pressione prodotta da una cagione estranea, si di-
stribuisca ugualmente in tutto il liquido; se si considera un punto d'una parete d'un vaso pieno di
acqua, tutti i punti situati alla stessa altezza orizzontale sono sottoposti ad un'egual pressione; ed
essendo tutte queste pressioni eguali fra loro, il liquido si mantiene in equilibrio. Ma se si sopprime
la pressione sopra uno di detti punti, praticandovi
un foro, la pressione che faceva equilibrio a quella
che si è soppressa, e la quale si esercitava nel punto
opposto del vaso, non essendo più contrabbilancia-
ta, tenderà per reazione a spingere il vaso nel senso
inverso a quello in cui l'acqua ne sgorga.

Così supponiamo un tubo *a* (*Tav. XV. fig.* 4.)
avente una certa altezza, e portante alla sua estremità inferiore un tubo *b*, che faccia col primo un
angolo retto; il tubo *a* essendo d'altronde chiuso
al basso e terminante in un perno sostenuto da un
dado di bilico, ed alla sua estremità superiore contenuto in un anello nel quale egli può girare; se si
riempie d'acqua quest'apparecchio, e che si faccia
un pertugio all'estremità del tubo *b* su uno de' lati, ed all'estremità del gran diametro orizzontale;
il tubo *b* sarà spinto nel senso opposto allo sgorgo
dell'acqua, e tutto l'apparecchio girerà nel senso
indicato dalla *fig.* 4. *Tav. XV.*

È su tale principio che furono costruite le ruote
a reazione da Manoury d'Ectot, chiamate da lui

Danaidi. Noi non crediamo utile in quest' opera destinata soprattutto a diffondere cognizioni elementari, di dare la teorica completa e il minuto ragguaglio della costruzione di detta macchina, la quale venne pochissimo adottata. Alcuni Commissari incaricati dall' Istituto nel 1813 a render conto degli effetti della Danaide, avevano dichiarato ch' essa produceva effetti superiori a quelli delle ruote a cassette le meglio eseguite. La pratica non ha confermato quest' opinione; e ciò sembra dipendere dalle difficoltà di esecuzione e di manutenzione, che presentava siffatta macchina nuova.

Burdin ha inventato una ruota conica, mossa mediante il principio della reazione. Questa macchina è evidentemente superiore alla Danaide. Nel molino d'Ardes (Puy-de-Dôme) ove l'ingegnere poteva disporre di una caduta di 2^m, diede alla sua macchina un'altezza di 1^m, la metà cioè della caduta; l'acqua vi perviene per un condotto terminato da un bacino di legno che sormonta la ruota conica, e dove essa si mantiene all'altezza costante d'un metro. Tre fori iniettori, praticati nel fondo del bacino, gettano l'acqua orizzontalmente in un piccolo bacino anulare, che forma il colmo della ruota; di là entra in tre cavità piramidali, di cui l'asse è verticale, e l'estremità del quale, ripiegata orizzontalmente, porta un pertugio di uscita.

La velocità dell'acqua sgorgante sotto un carico di 1^m, è di $4^m,43$; e per conseguenza si combinano le resistenze che l'anzidetta ruota deve superare, in modo che la sua velocità sotto i pertugi iniettori sia di $4^m,43$. L'acqua arrivando sulla macchina con una velocità uguale a quella dei punti che la ricevono, non havvi urto alcuno. Di più, l'altezza della ruota conica essendo di 1^m, come quella del bacino che le fornisce l'acqua, ne segue che le tre cavità piramidali sono pure caricate d'1^m d'acqua, e che, per conseguenza, l'acqua esce con una velocità di $4^m,43$. Ora questa velocità è precisamente quella della ruota conica, e per conseguenza degli orifizi delle cavità piramidali. Dunque l'acqua esce da tali cavità senza velocità assoluta. Entrare senz'urto, uscire senza velocità, è, come dicemmo, la condizione necessaria in idraulica perchè l'acqua motrice trasmetta tutta la sua forza alla macchina. La ruota conica a reazione soddisfa adunque a questo problema; ma le imperfezioni della pratica non permettono che si ottenga questo limite teorico; l'effetto utile delle ruote coniche a reazione sembra variare fra i $0^m,65$ e i $0^m,75$ della forza motrice.

Ruota conica a forza centrifuga. — La terza ruota conica inventata dal Burdin, è appunto quella a forza centrifuga. Fourneyron, allievo del Burdin ne ha costruita una sul Doubs presso di Besanzone, che noi rapidamente descriveremo.

L'apparecchio (*Tav. XII. fig. 5.*) consiste in un gran tino di ferro fuso, chiuso nell'alto, toltone il centro per cui passa un lungo tubo verticale dentro del quale poi passa l'asse verticale della ruota conica. L'acqua giugne in questo tino per un condotto di ferro fuso chiuso, *a a*, il quale può essere centinato e può condurre l'acqua da un serbatoio superiore, ciocchè lascia, nel caso in cui il moto debba essere trasmesso ad un punto sensibilmente più basso del livello del serbatoio dell'acqua, di non dare all'asse della ruota conica una lunghezza troppo grande che l'indebolirebbe, e di situare, in una parola, nel punto il più conveniente, e con ogni possibile facilità gl'ingranaggi di rinvio, che porta generalmente l'asse nella sua parte superiore.

L'acqua entrando per tal modo nel recipiente di ferro, lo riempie per intero. Nel basso di questo recipiente, all'altezza *h*, incontra degli assiti o trammezzi verticali e curvi *g g*, che la conducono sulla ruota conica, la quale è a pale curve orizzontali, portate sopra una collottola sferica *l l*, pertugiata al suo centro *m* pel passaggio dell'asse, che poggia sopra un dado di bilico *n*. L'asse e la collottola sferica bb formano come un tutto insieme. L'acqua condotta pei trammezzi gg, agisce sulle pale curve ii, ed imprime alla ruota un moto di rotazione che si accellera rapidamente. Egli è essenziale di notare che i trammezzi gg sono terminati da un fondo orizzontale, che è concentrico alla ruota conica, e la chiude assai d'appresso senza giammai toccarlo. L'acqua passa da questo fondo sulle pale.

Noi mandiamo, pei minuti ragguagli di molta importanza dati da Fourneyron, al *Bollettino della Società d'incoraggiamento* (Numeri di gennaio, febbraio e marzo 1835) su questa ruota conica, e su quella della forza di 50 cavalli, ch'egli costruì a Fraisans, e che fu oggetto di esperienza sul rapporto della forza motrice dell'effetto utile, che presenta questo genere di macchine.

Fourneyron crede poter concludere da tali sperienze che nelle vantaggiose condizioni di velocità e di costruzione, l'effetto utile varia tra 0,70 e 0,85 della forza motrice.

Le ruote coniche presentano un grandissimo vantaggio, ed è ch'esse possono agire sotto l'acqua senza perdere di loro effetto utile se non la differenza che le variazioni di livello possono introdurre nell'altezza della caduta: ed è questo un prezioso vantaggio, giacchè la più parte delle ruote idrauliche cessa di essere utilmente impiegata quand'esse sono immerse per un quarto o per un terzo di loro altezza. Il tempo de' ghiacci non arresta pure l'azione della ruota conica, almeno in que' freddi che non sono affatto straordinari.

Noi indicammo i diversi mezzi d'*utilizzare* le cadute d'acqua, il cui massimo è di 12 metri. In questa parte del nostro lavoro, siccome in tutto ciò che lo ha preceduto, noi non abbiam pensato di mettere a disposizione de' pratici già provetti nuove nozioni, o di dar loro un ristretto di quanto insegna la pratica sulla costruzione di queste diverse macchine. Il piano che abbiamo accennato non permette

tali particolarità. Standoci elementari per quanto il
consente un argomento sì difficile e che racchiude
le più ardue questioni della meccanica, noi non dobbiamo pensare che a raccogliere le cognizioni più
generali e più essenziali che la pratica abbia altrettanto confermato quanto la teorica, non isperando
che questo lavoro possa formare de' costruttori, ma
sperando che basti a quanti l' avranno letto attentamente, per conoscere il grado d' imperfezione di quasi
tutti i motori idraulici impiegati fino ad ora. Io parlo
qui soprattutto ai fabbricatori: e bisogna che si persuadano bene che il perfezionamento dei motori i-
draulici adoperati ancora da moltissimi fra di essi,
addiviene ogni giorno della più incalzante necessità:
coloro, i cui studi furono ad altre cognizioni diretti, debbono procurare a tutt' uomo di non più
rimanersi appieno digiuni, siccome il furon sinora,
de' princìpi generali onde può fondarsi questo perfezionamento: ed ecco come questo lavoro può tor-
nar utile; ma bisogna inoltre che si persuadano bene
che l' idraulica e le sue applicazioni costituiscono
una scienza delle più difficili, e che non basta d' esser giunti a tanto da poter conoscere i difetti dei
motori da essoloro impiegati, per esser poi in istato
di sostituirvi altri motori più perfetti; una confidenza
precipitata delle loro forze e delle cognizioni che a-
vranno, può spingerli a questa fatica, o potrebbe
anche esser loro funesta. Generalmente sdegnosi della scienza, avranno potuto frattanto conoscere, per
l' esposizione rapida antecedente, ch' essa ha diretti
o ispirati i miglioramenti o le invenzioni or ora descritte. Che questo insegnamento non rimanga ste-
rile presso i reggitori dell' industria; e giacchè la
scienza, in questo ramo importante, ha tanto fatto
per loro, sappiano così ricorrervi quando vorranno
uscire del solco tracciato dall' uso inveterato, o dal-
l' inerzia riprovevole.

Veniamo ora all'impiego meccanico di grandi cadute di acqua.

Catena a tazze o ciotole. — Noi comprendiamo
in questa serie il meccanismo chiamato catena a ciotole (*Tav. XIII. fig. 9.*) perchè infatti si applica
a grandi cadute.

L'acqua guidata da un condotto *a*, è proiettata
da un orifizio *b*, convenientemente disposto, in ciotole o tazze di latta *c*, tenute le une sulle altre
lungo una catena continua fatta con isbarre di ferro, snodate, la cui lunghezza è uguale a quella
delle ciotole anzidette. Queste sbarre si appoggiano, nel loro moto di rotazione, sopra i bracci di
due ruote, l'una superiore, l'altra inferiore, di cui
l'una o l'altra, od entrambe se fa d'uopo, possano trasmettere il moto mediante gli assi di rotazione *e* ed *f*.

Questa macchina è poco usitata, quantunque sem-
bri presentare un'utile applicazione della caduta del-
l'acqua, poich'essa la riceve quasi presso alla sua
estremità inferiore. Ma le oscillazioni della catena
nel suo moto fanno traboccare l'acqua fuor delle
ciotole nel tempo della loro discesa. Il moto impresso all'asse non può d'altronde essere molto rapido nella maggior parte delle applicazioni industriali: vorrebbesi adunque addizione d'ingranaggi, cosa
che si cerca soprattutto di evitare.

Macchina a colonna d'acqua. — La macchina a
colonna d'acqua è usitatissima in molte parti del-
l'Allemagna dove si possa disporre di grandissime
cadute d'acqua. Quella, che noi ora descriveremo
è stata costruita da Reichenbach, uno dei più celebri idraulici di questo secolo per le miniere di sale
di Bergtergaden in Baviera. L'oggetto della macchina è di far muovere trombe destinate ad innalzare

l' acqua salata, da queste miniere. Devesi a Leblanc e Pouillet, professori nel Conservatorio d'Arti e Mestieri, la descrizione esatta e completa di questa utilissima macchina, ben degna di aver posto nella ingegnosa ed utile *Raccolta del Conservatorio*.

La forza motrice è una caduta di 116 metri, che dà per secondo 0^m c,018 di acqua o 18 litri.

Quest'acqua arriva pel tubo *a* (*Tav. XII. fig. 1 e 2*), e la sua introduzione nella macchina è regolata dalla valvola *b*: la macchina è rappresentata (*fig. 1.*) nel momento in cui essa ha terminato la sua corsa ascendente, e nella *fig. 2.* al momento in cui la corsa discendente è compiuta. Noi esamineremo subito il primo momento.

La discesa dello stantuffo è provocata dalla pressione dell'acqua motrice, che vi giunge discendendo nel corpo della tromba *g*, e passando al di sopra dello stantuffo *h*. Lo stantuffo *v*, che è il principale ed è contenuto nel gran corpo della tromba 7, 8 è legato nello stesso asse cogli stantuffi *x* del corpo di tromba 5,6 e, *t* del corpo di tromba 4. Il corpo di tromba 5,6 è pieno di acqua, ma quando lo stantuffo *x* discende, quest'acqua sfugge pel tubo *s*, e trova alla sommità del corpo di tromba *g*, un foro destinato al suo sgorgamento. In quanto allo stantuffo *c* egli agisce sull'acqua salata contenuta nel corpo di tromba 4. Quest'acqua, venuta per aspirazione pel tubo 3, essendo cacciata dallo stantuffo *t*, solleva la valvola 1, e sale pel tubo *zz*.

L'asse intermediario tra gli stantuffi *v* e *t*, porta due branche, in una delle quali *u* è praticata una scanalatura dove scorre l'estremità *s* d'una leva *s*, *r*, *q*, della quale l'asse è, in *r*. Questa scanalatura è calcolata in modo che quando gli stantuffi *x*, *v*, *t* giungono al fine del loro corso, la scanalatura termina, e gravitando sull'estremità *s* della leva, si abbassa, come si vede nella figura 2.: fa salire l'estremità *q*, e con questa estremità un vette al quale sono attaccati due piccoli stantuffi *p*, *m*, agenti in un piccolo corpo di tromba immediatamente laterale al corpo di tromba dove agiscono gli stantuffi *j* , *h* .

Subito che un tal moto ha luogo, si arresta il moto discendente dello stantuffo principale come pur quello degli stantuffi *x* e *t* , i quali sono strettamente collegati con quello. L'acqua motrice arriva del continuo, e preme sugli stantuffi *g* ed *h* ; lo stantuffo *h* essendo maggiore dello stantuffo *g* , è sollecitato da una forza maggiore, e quindi dovrebbe seco trascinarlo; ma non può egli discender più oltre di quello che vedesi nella *fig.* 1., poichè il gambo inferiore dello stantuffo *j* vi si oppone. Nel tempo stesso l'acqua motrice discende pel tubo *n o*, passa per *m*, e penetrando per un piccolo foro, che trovavasi chiuso or ora dallo stantuffo superiore prima che fosse rialzato, esercita essa un moto d'impulso da alto in basso contra lo stantuffo *j*. Questo stantuffo strettamente unito coi due stantuffi *g* ed *h*, che fansi equilibrio sotto l'impulso contrario dell'acqua motrice, determina la loro ascensione simultanea, e lo stantuffo *h* chiude per tal modo la comunicazione tra l'acqua motrice e lo stantuffo principale.

Ma l'acqua motrice trova nel tempo stesso aperto a sè davanti sotto lo stantuffo *g* il tubo *y* pel quale essa va ad agire sullo stantuffo *x*, che lo costringe a salire, trascinando con sè, tanto lo stantuffo *v* quanto lo stantuffo *t*. Lo stantuffo *v* scaccia davanti a sè l'acqua contenuta nel corpo di tromba 7, 8 e la fa passare nel corpo di tromba in cui agisce lo stantuffo *j*, e dove essa sgorga pel tubo *e*. Quanto allo stantuffo *t*, innalzandosi, assorbe acqua salata.

Ma lo stantuffo *v* innalzandosi, agisce sulla leva *s r q*, ed elevando *s* fa abbassare *q*, ed allora i due piccoli stantuffi sono abbassati. L'acqua motrice non può più entrare sotto lo stantuffo *j*, come vedesi nella *fig.* 1. Allora può essa esercitare la sua azione sui due stantuffi *g* ed *h*; e siccome quest'ultimo essendo maggiore del primo, così è forzato discendere.

La comunicazione si trova per tal modo ristabilita fra l'acqua motrice e lo stantuffo principale *v*, e il moto di discesa ricomincia.

Il robinetto *d* è ad aria: egli è chiuso quando la macchina è in azione; e quando vuolsi arrestare il suo moto, si chiude la valvola *a* e il robinetto *n*: l'acqua allora sgorga pel tubo *e*, ed introducesi di nuovo dell'aria nella macchina mediante il robinetto *d*.

La *fig.* 3. mostra la pianta della tromba d'acqua salata all'altezza marcata nella *fig.* 1., mediante linea punteggiata: la *fig.* 4 dà la pianta della macchina all'altezza marcata sotto lo stantuffo *h* della *fig.* 2., mediante linea punteggiata.

Questa macchina è certamente una delle più semplici e delle più ingegnose, che la meccanica abbia fin qui prodotto. Si vede che tutto il suo giuoco si regola mediante due piccoli stantuffi, e che se si chiude il robinetto *n* del tubo *n o*, l'acqua non potendo più arrivare sotto lo stantuffo *j*, la macchina è necessariamente arrestata. Noi prendiamo i particolari ragguagli che seguono dalla collezione di macchine del Conservatorio.

Per far discendere gli stantuffi *x*, *v*, *t*, si dispensa un volume d'acqua eguale alla capacità del corpo di tromba 7, 8, ovvero . . . . 428 litri.

Per cangiare la direzione del moto, si dispensa un volume d'acqua uguale alla capacità del corpo di tromba dove agisce lo stantuffo *j*, ovvero. . . . . 15 »

Per far salire gli stantuffi *x*, *v*, *t*, si dispensa un volume d'acqua uguale alla capacità del corpo della tromba 5, 6, ovvero . . . . 67 »

Totale . . . 510

Così per un doppio colpo di stantuffo si fa una dispensa totale di 510 litri di acqua, che discendono dall'altezza di 116 metri, vale a dire che si dispensa una forza motrice, espressa da 510 × 116, ossia un poco più di 59 unità dinamiche, prendendo per unità dinamica il metro cubico, o i 1000 chil. innalzati ad 1^m.

Questa forza motrice innalza a 378 metri un volume di 67 litri di acqua salata, che pesa 80 chilogr. L'effetto dinamico è dunque un poco più di 30 unità dinamiche. Così la macchina a colonna d'acqua, che abbiamo ora descritta dà i 0,51 della forza motrice che essa riceve.

Dietro ricerche fatte da Baillet si vede, che benchè questa macchina sia in circostanze più sfavorevoli di tutte quelle alle quali è stata comparata, la sua caduta essendo molto grande, e molto più grande pure l'altezza alla quale deve innalzare l'acqua salata, è pur tuttavia quella che porge il più vantaggioso risultamento, variando quello delle altre tra 0,33 e 0,46 della forza motrice. Così questa macchina è riguardata come il capo-lavoro di Reichenbach.

Le macchine a colonna d'acqua non sono utilmente applicabili che a grandissime cadute d'acqua, che ben poca ne dispensino.

§. 9. — SOPPRESSA IDRAULICA.

La soppressa idraulica deve quivi aver posto tra quegli organi meccanici, che ricevono l'azione dell'acqua e la trasmettono per ogni operazione meccanica, e tra quelli i quali, sia che obbediscano all'azione dell'acqua o che obbediscano ad un'altra estranea forza, non servono che ad innalzare acqua o fluidi analoghi. La soppressa idraulica serve a trasmettere una forza motrice qualunque; suo scopo è di trasformare una data forza animata da una certa velocità in una forza molto maggiore animata da una velocità piccolissima.

Per ben comprendere in che consista la soppressa idraulica, fa d'uopo riferirsi ai principi fondamentali dell'idrostatica; principi, per l'esposizione dei quali noi abbiam preso dalle opere del Pascal un passo rimarchevole (pag. 202) e del quale riportiamo qui alcune linee.

» Se un vaso pieno di acqua, chiuso da tutte le parti, dice questo grande autore, ha due aperture l'una centupla dell'altra, fornita ognuna di uno stantuffo che la chiuda esattamente, un uomo spingendo il piccolo stantuffo eguaglierà la forza di cento uomini che spingessero il maggiore ».

Pascal spiega perchè un tal fatto si produca. Egli mostra che è il risultamento ora dell'uguaglianza di pressione in tutti i sensi (conseguenza necessaria della fluidità e continuità dell'acqua) ora della legge generale della meccanica cioè » che il cammino si accresce nella stessa proporzione della forza ».

Una soppressa idraulica (*Tav. XIII. fig. 1.*) consiste in un corpo di tromba f, lo stantuffo e del quale è posto in moto per una leva ab, che passa nel manico o gambo ed dello stantuffo, il quale scorre con piccolissimo attrito per l'anello d, che mantiene la sua verticalità. Questa tromba attinge acqua dal recipiente ih, e la caccia pel tubo ll in un cilindro vuoto nm, nel quale si muove uno stantuffo o, che sopporta un piano p. Il diametro del cilindro nm è superiore di molto a quello della tromba f; lo stantuffo o ha pure, per conseguenza, un diametro maggiore di quello dello stantuffo e; ma in virtù dell'uguaglianza di pressione dei liquidi, l'acqua che è cacciata dallo stantuffo e trasmette tutta questa pressione all'acqua contenuta nel cilindro nm, la quale agisce sopra una superficie molto maggiore, e spinge dinanzi a sè colla stessa forza ond'ella stessa trovasi spinta nella piccola superficie della tromba f; lo stantuffo o e il piano p, salgono dunque: questo è condotto tra le due colonne qq, che sopportano un piano tt simile a quello p. Pel giuoco della soppressa idraulica possonsi adunque sottoporre corpi estranei, ad una fortissima pressione fra questi due piani. Tal è infatti l'oggetto di questa macchina.

In quella che abbiamo or ora descritta, la forza motrice è quella dell'uomo, il quale agisce all'estremità della leva a; lo sforzo medio può essere valutato da 10 a 12 chil. La velocità è più o meno grande, e puossi ritenere tra i limiti di 1 $\frac{1}{2}$ a 2 metri per secondo. La forza motrice può dunque essere rappresentata da 15 a 24 chilogr. innalzati ad 1^m per secondo: sforzo molto al di sopra dello sforzo medio che un uomo può sopportare quando trattasi di un'azione consecutiva di molte ore: ma generalmente l'uso della soppressa idraulica è intermittente, ed un uomo può momentaneamente applicarvi una gran forza. Questa è trasmessa tutta intera, meno qualche leggiera perdita risultante dagli attriti, al piano p, ed essa rappresenta lo sforzo della pressione esercitata per secondo sui corpi contenuti tra i piani p e t; solamente il piano p non salendo guari che di metri 0,01 a 0^m,05 quando la leva descrive in a un cammino di 1^m,5 a 2^m, si vede che lo sforzo della pressione esercitata sui corpi è rappresentato da un peso, non già di 15 a 24 chilogr., ma da 2,250 a 3,600 chil.

§. 10. — Organi meccanici specialmente destinati all'innalzamento dell'acqua.

Ariete idraulico. — In primo posto fra questi organi porremo l'ariete idraulico, macchina d'invenzione moderna; e il giuoco della quale presenta fenomeni non per anco studiati completamente. La mancanza di una teorica semplice e completa di quest'utile macchina, è senza dubbio la principale cagione per cui finora non se ne siano istituite numerose applicazioni, come sarebbe a desiderarsi.

L'ariete idraulico ha per iscopo di rendere più vantaggiosa una caduta d'acqua, facendo salire a maggiore altezza di quello che sia naturalmente, una parte dell'acqua di una data caduta.

Ma spieghiamo da prima il giuoco della macchina.

L'acqua della caduta (*Tav. XIII. fig. 8.*) giugne pel condotto del *corpo dell'ariete aa*, ed incontra la valvola *fgg* aperta, e sfugge per l'apertura di questa. La velocità che acquista per questo moto, la fa ben tosto agire sulla valvola stessa, che si trova sollevata, e per tal modo la valvola d'arresto o di fermata della *testa dell'ariete* rimane chiusa. Ma tutta la colonna d'acqua non può istantaneamente perdere la sua velocità quando la valvola si chiude. Questa colonna d'acqua si slancia adunque pel condotto *b* nella *testa dell'ariete bc*, e di là, aprendo la valvola di salita *d*, nel *serbatoio o campana ad aria e*. L'aria contenuta in questa campana, essendo compressa in *e*, sforza l'acqua a salire nel condotto *m m n*.

Puossi quivi rappresentare l'ascensione dell'acqua siccome determinata da una forte e subita pressione operata da una molla che agisca immediatamente sopra di essa. Questa molla, così bruscamente tesa, si distende di per sè, ed agisce all'istante sulla colonna d'acqua contenuta in *m n*; ma quando l'acqua ha obbedito a questa forza, essa reagisce, il suo moto ascendente si arresta; poscia essa retrocede un poco, e chiude la valvola *d*. L'aria fortemente compressa nella sommità dell'ariete, reagisce pure e caccia la colonna *b b*, che va pure a lottare contra la colonna d'acqua la quale discende per *a a*. Si stabilisce per tal modo una lotta sotto la valvola *f*; lotta nella quale havvi un istante d'equilibrio o di quiete, per cui la valvola in tale istante ricade. Ricadendo, essa dà uscita all'acqua fluente per *a a* e le rende la velocità e la forza, che la reazione dell'acqua del condotto *b* le avea fatto perdere. Allora la valvola *f* si richiude, e l'azione che abbiamo or ora descritto, ricomincia e dura sino a che il serbatoio somministri l'acqua.

Si vede dunque che l'oggetto dell'ariete è di adoperare una certa parte dell'acqua d'una caduta per innalzarne un'altra parte. L'effetto dinamico si ha moltiplicando il volume d'acqua per l'altezza della caduta, e questo è, conformemente alle nozioni adottate superiormente $Q \times H$. L'effetto utile è il volume d'acqua salita ad una certa altezza, vale a dire $q \times h$. La macchina produrrà un tanto maggiore effetto quanto il rapporto di $q h$ a $Q H$ sarà maggiore.

Nelle sperienze fatte in Francia si è trovato che un tal rapporto variava da $0^m,51$ a $0^m,67$. Il risultamento medio di otto esperienze è stato di $0^m,65$, risultamento che presentano ben di rado le altre macchine idrauliche.

Una bella serie di esperienze è stata intrapresa da Eytelwein idraulico allemanno sull'ariete idraulico. In una di esse l'effetto utile è stato di $0^m,90$ della forza motrice. In questa esperienza il numero degli aprimenti della valvola di fermata, per minuto, era di 66; l'altezza della caduta era di $3^m,066$; quella dell'elevazione dell'acqua $8^m,817$; la quantità d'acqua dispensata in un minuto era di 48 litri, mentre quella dell'acqua innalzata era di 15 litri.

In un'altra sperienza la valvola di arresto o di fermata, non aprendosi più che 36 volte al minuto, la caduta essendo di $1^m,84$, la dispensa d'acqua di 40 litri, l'altezza dell'innalzamento dell'acqua $11^m,78$, la quantità d'acqua innalzata è stata di 4 litri $^3/_4$; l'effetto utile è dunque stato i $0^m,71$ dell'effetto dinamico.

La valvola di fermata aprendosi 23 volte, la caduta essendo di $1^m,25$, la quantità d'acqua dispensata in un minuto di 36 litri, l'altezza d'innalzamento dell'acqua $11^m,78$; la quantità d'acqua innalzata fu di 3 litri: effetto utile 0,56.

La valvola di fermata, aprendosi 10 volte, l'altezza della caduta essendo di $0^m,60$, l'acqua dispensata 45 litri, l'altezza di elevazione dell'acqua $11^m,78$; l'acqua innalzata è stata, per minuto, di 0 litri 41: effetto utile 0,18.

L'ariete tien dunque il primo posto fra le macchine idrauliche, quando l'altezza dell'innalzamento dell' acqua non è considerevole per rapporto all' altezza della caduta; ma questo rapporto dell' effetto alla forza non è costante, e diminuisce a misura che l' altezza dell' elevazione aumenta.

D' Aubuisson ritiene che l' effetto utile dell' ariete venga esattamente indicato dalla formola seguente:

$$q h = 1{,}20 \, Q \, (H - 0{,}2 \sqrt{H \times h}).$$

Riassume d' altronde, come segue, i principali risultamenti ottenuti dall' Eytelwein.

1.º Più lungo è il corpo dell' ariete, maggiore ne riesce l' effetto: e tal lunghezza non conviene che stia al di sotto dei $3/4$ dell' altezza alla quale l' acqua dev' essere innalzata.

2.º Il diametro del suddetto corpo verrà dato convenientemente dall' espressione $1{,}7 \times \sqrt{Q}$, essendo Q il volume d' acqua fornito dalla corrente motrice in un secondo.

3.º Quello del condotto d' ascensione può essere la metà dell' altro.

4.º Quantunque il recipiente d' aria sia necessario al buon effetto dell' ariete, non sembra che la sua capacità v' influisca; per cui si farà uguale a quella del condotto d' ascensione.

5.º Le due valvole debbono essere vicinissime l' una all' altra; e poco importa d' altronde che quella di fermata sia lateralmente o al fondo del recipiente o campana ad aria.

6.º Egli è essenziale che l' apertura di questa valvola non sia più piccola della sezione del corpo dell' ariete; ma dal punto in cui abbia tale eguaglianza o d' alcun poco la superi, l' aumentare di essa non accresce di più l' effetto.

7.º Quest' effetto sarebbe diminuito ove la valvola avesse un peso eccedente.

D' Aubuisson dà l' esempio seguente per insegnare ad applicare siffatte osservazioni.

Si vuole avere a 16 metri di altezza 14 litri per

minuto. L'altezza della caduta, di cui puossi disporre è di $1^m,9$; si domanda qual è il volume d'acqua necessario per produrre quest'effetto, e quali saranno le principali dimensioni da stabilirsi.

Se nella equazione data superiormente noi cerchiamo il valore di Q, troveremo:

$$ Q = \frac{q\,h}{1,20\,(H - 0,2\sqrt{H \times h})}, $$

Applicando a questa equazione le cifre che ci sono note cioè:

$$ H = 1^m,9\,; \quad h = 16^m\,; \quad q = 0^{m.c},014, $$

noi avremo:

$$ Q = \frac{0,014 \times 16}{1,20\,(1,9 - 02\sqrt{1,9 \times 16})} = 0^{m.c},235, $$

per minuto. Per isfuggire ogni errore, si porrà $0^{m.c},25$ per minuto, ciò che darà $Q = 0^{m.c},00417$ per secondo.

Si darà all'ariete 20^m di lunghezza se le località lo permettono, il che corrisponde a un poco più che dieci volte l'altezza della caduta.

Il diametro $= 1,7 \times \sqrt{0,00417} = 0^m,11$.

Quello del condotto d'ascensione sarà dunque di $0^m,06$.

Il condotto d'ascensione avendo un diametro di $0^m,06$ ed una lunghezza di 16^m, avrà una capacità di $0^{m.c},045 = 0,06^2 \times 3,1416 \times 16$. Si darà questa capacità al recipiente ad aria.

La sezione del corpo dell'ariete essendo di $0^{m.q},0095$, si darà $0^{m.q},011$ alla valvola; ma siccome essa è attraversata dalla banda metallica che costituisce il battente, si porterà il suo diametro a $0^m,014$.

Quello della lastra costituente il battente, sarà di $0^m,014$, e si porterà il suo peso sino ad 1 chilogrammo; il qual battente sarà di ottone, e la grossezza della lastra sarà di $0^m,005$.

Quello della valvola o coperchio d'ascensione sarà di 0,007.

L'ariete idraulico, prosegue d'Aubuisson, non è stato finora adoperato che ad innalzare piccolissime quantità di acqua, e per conseguenza a produrre piccolissimi effetti. Il maggiore effetto che Eytelwein abbia ottenuto non è stato che di 29 litri innalzati in un minuto a 7^m, vale a dire $3^{chil}.4$, innalzati ad 1^m per secondo. I maggiori arieti stabiliti in Francia hanno dato un prodotto equivalente a 17 o 20 chilogr. innalzati ad un metro per secondo, ciò che non è che la metà dell'effetto prodotto da un cavallo attaccato ad un vette, o ad un maneggio.

L'ariete potrebb'egli ugualmente essere impiegato ad innalzare grandi volumi di acqua? Ciò è dubbio. L'urto violento delle valvole, le forti scosse che dà la macchina, smuovono i suoi appoggi. Si procura di rendere minori tali scosse aumentando il peso dell'ariete, e dando maggior grossezza dell'ordinario ai condotti che lo compongono; si diminuiscono con ciò le perdite d'effetto provenienti dai moti della macchina, ma non si rimedia che sino ad un certo punto al male. Ne' grandi arieti, i robusti muramenti e le armature di legname impiegate a sostenerli, vengono pure smossi e deteriorati a capo di qualche tempo; per cui è a temere che l'uso di questa macchina, d'altronde sì importante, rimanga così ristretto da non poter soddisfare ai bisogni d'acqua per una officina e per una fabbrica di manifatture.

Delle trombe. — Vi sono tre specie di trombe: le *trombe aspiranti*, le *trombe prementi*, e le *trombe aspiranti e prementi*. Ciò che distingue questi tre generi si è il modo secondo il quale esse agiscono sull'acqua. Tutti gli autori ammettono, ed è ragionevole il farlo, una quarta classe di trombe, ed è quella delle trombe così dette *roteanti*, le quali pure sono distinte pel modo d'applicazione della forza motrice. Tali trombe roteanti sono simultaneamente aspiranti e prementi.

Noi descriveremo brevemente queste quattro specie di trombe.

Trombe aspiranti. — La Tav. XI. (*fig.* 3. all'8.) rappresenta una tromba di questo genere chiamata pure tromba elevatoria. Le *fig.* 5. ad 8. sono in iscala doppia delle *fig.* 3. e 4.

Il corpo di tromba *h h* (*fig.* 6.) è situato ad una certa altezza sopra l'acqua che trattasi di elevare. Questa distanza, siccome vedremo or ora, non può essere maggiore di 32 piedi. Lo stantuffo *b* si muove in questo corpo di tromba mediante un moto di va e viene impresso da una leva piegata a gomito. La figura sunnotata, lo rappresenta nel punto in cui ascende: in quest'azione egli caccia davanti sè l'acqua contenuta nel corpo di tromba *b*; quest'acqua solleva la valvola *f* e sale nel tubo *g*. Nello stesso tempo lo stantuffo, al di sotto di sè *aspira* l'acqua inferiore; questa solleva la valvola *d*, e segue l'anzidetto stantuffo *b*. Quando questo stantuffo è per tal modo arrivato al termine della sua corsa, ridiscende. In questo punto l'acqua contenuta nel tubo *g* tende pure a ridiscendere; ma questo moto chiude la valvola *f*, e l'acqua del tubo *g* rimane per tal modo isolata da quella del corpo di tromba. Per un eguale ragione la valvola *d* tende essa pure a chiudersi. Nello stesso tempo la valvola *c*, contenuta nel medesimo stantuffo, si apre, e lo stantuffo può così discendere al fondo del corpo della tromba; l'acqua che ha sotto di lui, passa al di sopra. Quand'egli obbedisce di nuovo al moto ascendente, trova dunque davanti sè una massa d'acqua da innalzare; la sua valvola *c* si richiude in quest'azione, mentre le valvole *d* ed *f* si riaprono; e così di seguito.

Noi abbiamo spiegato il giuoco della tromba quando l'acqua inferiore è stata aspirata fino sotto lo stantuffo, ma fa d'uopo rendersi ragione del modo con cui si opera questa prima azione. Supponiamo dunque il tubo *e* vuoto, e l'acqua ad una profondità di 30 piedi a di sotto della valvola *d*. Quando

21

lo stantuffo *b* risale, caccia davanti sè l'aria contenuta nel corpo della tromba, e la costringe a passare nel tubo *f*; egli opera adunque il vuoto fra sè
e la valvola *d*; allora l'aria contenuta nel tubo o
condotto *e* solleva la valvola *d*, e riempie il vuoto:
quando lo stantuffo è giunto alla sommità, si trova
dunque che l'aria, la quale occupava solamente il
tubo, occupa adesso e il tubo e il corpo di tromba, vale a dire uno spazio maggiore. Quest'aria si
è dunque dilatata, e tanto pesa sull'acqua del serbatoio, quanto l'aria atmosferica pesa esteriormente
su quest'acqua medesima. Allora si produce il fenomeno che abbiamo di già descritto; l'acqua sale
nel tubo della tromba in virtù della pressione del-
l'aria esterna, e sale sino a che la densità dell'a-
ria contenuta nel corpo di tromba sia eguale a quella
dell'aria esterna. Noi abbiam detto che lo stantuffo
risalendo caccia davanti sè l'aria contenuta nel corpo di tromba, facendola entrare nel tubo *g*; quan-
d'egli ridiscende l'aria tende a seguirlo; ma questo impulso chiude la valvola *f*, ed isola l'aria contenuta nel tubo *g* da quella che contiene il corpo
di tromba. Lo stantuffo *b* ridiscendendo attraverso
dell'aria, che si contiene nel corpo di tromba, fa
aprire la valvola *c*: ridisceso, ricomincia a cacciare
dal corpo di tromba un nuovo volume di aria uguale
a quello della porzione del corpo di tromba ch'egli
ha percorso: allora sale pure nel tubo d'aspirazione un volume d'acqua eguale al volume d'aria spostata.

Questo giuoco alternativo tra l'aria interna e l'a-
ria esterna ha un limite, ed è quello della gravità
stessa dell'aria esterna, la quale non può cacciar
acqua nel corpo di tromba sino a che la gravità della
colonna d'acqua che così essa spinge, non è superiore alla sua propria gravità. Ora, noi abbiamo già
detto nel paragrafo 1. del Capitolo V., che la gravità dell'aria rappresenta una colonna d'acqua di
32 piedi: così teoricamente il tubo aspirante di una

tromba può avere 32 piedi. L'aria esterna vi farà salire l'acqua del serbatoio a quest'altezza, a misura che lo stantuffo farà il vuoto. Tuttavolta nella pratica non si danno giammai al tubo aspirante più di 24 a 25 piedi. Lo stantuffo e il corpo di tromba non possono mai essere esattissimamente lavorati per ottenere perfettamente il vuoto, e perchè la legge fisica vi si adempia fino all'ultimo limite.

In quanto alla disposizione generale della tromba ora descritta, si vede dalle *fig.* 3 e 4 ch'essa è, mediante piedi *c c* (*h h fig.* 6), fissata a vite contra una tavola piana *a a b b*, la quale può essa pure venir fissata contro d'un muro mediante ramponi o archi di legno di rinforzo. Questa tromba si stabilisce sopra un pozzo *k* la cui bocca è chiusa da travi *p p* al livello del suolo, le quali non lasciano spazio che pel solo tubo aspirante. La tromba è fornita di un robinetto *r* (*fig.* 4, 5, 8) che sta all'altezza d'un uomo, e dispensa acqua: si tiene il robinetto aperto sopra d'un secchio che riempiesi. La manovra della tromba si opera mediante una leva a gomito *d, e*, in cui la mano è applicata in *d*, il centro è in *f*, ed il punto di unione col manico dello stantuffo trovasi in *e*. È rimarchevole il meccanismo mediante il quale si perviene a mantenere il manico dello stantuffo in linea verticale, benchè il punto *e*, che gl'imprime il moto esca da questa linea verticale quand'egli discende, stantechè descrive un circolo attorno di *f*. Noi ritorneremo a questo meccanismo quando descriveremo gli organi meccanici che servono alla direzione ed alla trasformazione del moto.

Se l'altezza da cui una tromba può aspirare acqua è limitata, quella alla quale essa può spinger l'acqua pel tubo elevatore non ha limiti, o almeno non è racchiusa tra limiti così ristretti. Si cita una tromba elevatrice, stabilita nelle miniere della Baviera, e che d'un sol getto porta la sua acqua a 370^m di altezza.

Qualunque sia l'altezza alla quale una tromba

versa la sua acqua: qualunque sia il diametro e l'inclinazione dei tubi d'aspirazione e d'ascensione, lo stantuffo porta sempre un carico d'acqua uguale al peso d'una colonna d'acqua di questo fluido, avente per base quella dello stantuffo stesso e per altezza la differenza di livello tra la superficie del recipiente contenente l'acqua da innalzarsi, e il punto di versamento.

In questa espressione generale della legge delle trombe elevatrici si vede che noi non facciamo menzione del diametro dei tubi d'aspirazione e d'ascensione, il carico infatti non dipende da questi due diametri. Ciò si comprenderà rammentandosi il principio che esponemmo nel paragrafo 2.° di questo Capitolo, e che è uno de' fondamenti dell'idrostatica. Questo principio è che la pressione che ha luogo sul fondo d'un vaso non dipende che dalla grandezza di questo fondo e dall'altezza verticale del liquido al di sopra di esso, sia che la sua parte superiore si riduca in un tubo lungo e stretto, sia ch'essa presenti un ampio dilatamento.

Il carico di questo stantuffo tal quale risulta dalla legge superiormente esposta, non è la sola resistenza che la forza applicata alla tromba abbia da vincere; ma vi hanno ancora le resistenze passive seguenti: 1.° l'attrito dello stantuffo contra le pareti del corpo di tromba; 2.° l'attrito dell'acqua contra queste stesse pareti e contro di quelle dei tubi; 3.° la resistenza che il liquido prova quando entra nel tubo d'aspirazione e passa per la valvola fissa; 4.° il peso della valvola; 5.° finalmente l'inerzia della massa d'acqua da muoversi.

Queste diverse resistenze non possono essere rigorosamente determinate. Noi raccomandiamo a quelli fra i nostri lettori che desiderassero nozioni più minute su questo argomento, le ricerche del d'Aubuisson nella sua opera dalla quale tante cose abbiam preso: e qui basterà riportarne il risultamento. Le diverse resistenze che menzionammo possono essere valutate il dodicesimo del carico su lo stantuffo. La forza da applicare ad una tromba deve dunque essere uguale a questo carico più $1/_{12}$.

In quanto al volume di acqua innalzata in una tromba in ottimo stato, della quale le valvole chiudino esattamente, e di cui lo stantuffo sia benissimo guernito per non lasciare mai sfuggire sotto di sè una parte del fluido passatogli già di sopra, il volume è presso a poco uguale, per ogni levata di stantuffo, ad un volume, la cui base sarebbe quella di esso stantuffo, e l'altezza la levata dello stantuffo stesso. Gli è vero, che durante il salire dello stantuffo, il volume d'acqua ch'egli solleva è diminuito del volume dello spazio occupato dal manico o gambo; ma nella discesa, quando l'acqua ch'era sotto lo stantuffo passa di sopra, il gambo ne sposta e ne fa versare uno stesso volume. Così per l'innalzamento o per la corsa intera dello stantuffo accade versamento d'un volume d'acqua, siccome noi dicemmo.

Ma quando una tromba ha servito qualche tempo, essa non dà più questo prodotto: la guarnizione dello stantuffo e le valvole lasciano ridiscendere una porzione dell'acqua aspirata: si valuta generalmente la perdita che proviene da tali ragioni ad 1 e $2/_{10}$ del prodotto, e questa diminuzione può essere più considerevole se lo stantuffo è sollevato lentamente. Non conviene d'altronde che sia sollevato con una velocità talmente grande che il tubo aspirante nel quale l'acqua è spinta, come vedemmo, per la pressione atmosferica esterna, non abbia il tempo di riempirsi. In quanto al tempo necessario per questo riempimento, si calcolerà dietro le regole date sul finire del paragrafo 2.° di questo VII Capitolo, e rammentandosi che in questo caso la pressione atmosferica è equivalente ad un'altezza d'acqua di 24 a 25 piedi, la quale teoricamente è di 32 piedi. Noi abbiam detto perchè si faccia una tale riduzione.

» Nelle grandi trombe che lavorano con un moto

continuo, dice d'Aubuisson, e nelle quali la corsa dello stantuffo è circa di 1^m,20, si hanno comunemente da 4 a 6 levate per minuto, ciò che corrisponde ad una velocità di 0^m,16 a 0^m,24. Non si oltrepassa quasi mai questo limite, neppur nelle trombe per incendi. Malgrado la prontezza dei movimenti de' pompieri non avvengono più di 60 levate di 0^m,12, ciò che non dà se non 0^m,24 di velocità. Vi sono pochi casi in cui essa vada a 0^m,30, od a più forte ragione a 0^m,35 ».

Ed io qui noterò che a velocità eguale riesce vantaggioso di aumentare le lunghezze delle corse, diminuendo il numero di quelle che si fanno in uno stesso tempo; imperocchè si ha a vincere minor numero di volte l'inerzia delle masse da mettere in moto; la quantità d'acqua, che a ciascun colpo la valvola fissa manda sotto di sè è minore, e i cangiamenti di direzione i quali producono agitazioni nelle articolazioni del meccanismo, e da ultimo lo deteriorano, sono meno frequenti.

Trombe prementi. — Il corpo di tromba, nelle prementi, si tuffa nell'acqua: questa passa pel corpo *ii* (*Tav. XIII. fig.* 2), giunge in *h*, solleva le valvole *f g g*, e sale nell'interno del corpo di tromba sotto lo stantuffo *b b*, del quale la maggiore elevazione non deve arrivare sino al livello dell'acqua che trovasi esternamente; di modo che non havvi mai luogo ad aspirazione. Quando lo stantuffo ridiscende fa chiudere le valvole *f g g*, e preme l'acqua nel tubo *l r*; questa passa per *m* e solleva la valvola *n o*. Quando la corsa discendente dello stantuffo è compiuta, la valvola *n o* si richiude ed isola lo stantuffo nel momento in cui si rialza in virtù della contro azione dell'acqua contenuta nel tubo *l r*, la quale non ha altro limite nella sua durata che la forza, della quale si può disporre pel giuoco della tromba. Si vede in *p q* un cappello accomodato sul tubo *l r*, e che si toglie quando la valvola ha bisogno di riparazione.

In quanto allo stantuffo; egli è tale che s'impiega

oggidì in quelle macchine le quali richiedono somma cura. È desso un lungo cilindro di ottone tornito e pulito, che sale e scende per un *vasello a stoppa* (*stuffing-box*) posto sull'alto del corpo di tromba in *d d*, ed acconciato nel modo seguente. Il corpo di tromba *e e* trovasi allargato nella suddetta altezza *d d*, e il ritiramento suo all'infuori fassi con taglio di sbieco, sì come il coperchio del detto vasello, il quale ha lo stesso diametro del corpo di tromba *e e*, e termina pure in isbieco, lasciando un intervallo libero tra sè e il detto ritiramento del corpo di tromba. Questo intervallo si riempie con anelli di corda di canapa, inzuppata in sego fuso, cui si aggiunge un po' d'olio, e i quali si avvoltano gli uni sopra gli altri. Viti e galletti chiudono il coperchio di esso vasello contra il corpo di tromba, ed operano una forte pressione sui detti anelli di corda, pressione necessaria pel loro perfetto combaciamento collo stantuffo.

Nelle trombe prementi, il carico d'acqua sullo stantuffo, sia che esso prema, sia che sollevi, è sempre equivalente al peso di una colonna d'acqua, che abbia per base quella dello stantuffo stesso, e per altezza la differenza di livello fra il serbatoio d'acqua e il punto a cui essa è innalzata. Tutto ciò che abbiamo detto nell'articolo delle trombe aspiranti sulle resistenze dell'attrito e dell'inerzia si applica alle trombe prementi nelle quali è pur anche una particolare resistenza quale è quella che oppone la valvola di arresto *n o*, che per portare la massa d'acqua premuta nel tubo d'ascensione, debb'essere più grande del tubo *m*, che essa chiude. Tuttavolta questa cagione di resistenza non sembra dover essere valutata più di un venticinquesimo del carico sullo stantuffo, e il prodotto dell'acqua in una tromba molto usata, può, come nelle trombe aspiranti, essere valutata otto o nove decimi del volume rappresentato dalla base dello stantuffo e dall'altezza della sua corsa.

Trombe aspiranti e prementi. — Queste trombe sono quelle che, avendo il loro corpo situato al di sopra del serbatoio d'acqua, aspirano questa mediante il meccanismo delle trombe aspiranti, poscia la premono in un tubo d'ascensione come le trombe prementi.

Nella macchina a colonna d'acqua, di Reichenbach, superiormente descritta (*Tav. XII. fig.* 1. e 2.) la tromba d'acqua salata 1 , 2 , 3 , 4 , è una tromba di questo genere. Lo stantuffo *t* aspira, salendo, l'acqua del serbatoio inferiore, che giunge passando per la valvola 2. Poscia discendendo preme quest' acqua chiudendo la valvola 2 ed aprendo la valvola 1, che lascia passar l'acqua nel tubo χ. Quando lo stantuffo risale, questa valvola si richiude ecc.

Le trombe da incendio presentano un esempio notabilissimo ed ingegnosissimo della doppia azione di aspirazione e di pressione. Quella che noi ora descriveremo, osservata nella Raccolta industriale del Conservatorio, è a giusto titolo presentata dagli autori di questa eccellente pubblicazione, Leblanc e Pouillet, come la tromba da incendi la meglio combinata fra quante si conoscano.

La tromba è doppia, in modo che uno stantuffo risale in un corpo di tromba quando l'altro discende; ed havvi per tal modo aspirazione e pressione continua. I due corpi di tromba, veduti in pianta (*Tav. XIII. fig.* 6.), e in sezione verticale (*fig.* 5.) portano due stantuffi *k k*, mossi da due doppi vetti attaccati in *c* al bilanciere *a a* ed in *i* ai due stantuffi. I vetti sono mobili attorno di questi due punti *c*, e per tal guisa possono sollevare verticalmente gli anzidetti stantuffi. Per assicurare frattanto pienamente questa verticalità, gli stantuffi portano fra i doppi vetti un manico fisso *d d* che sale e discende in un regolatore *c*. La *fig.* 5. mostra questo moto, ed indica pure in *g h h g* i punti i più alti e i più bassi cui pervengono i punti *c* nelle loro salite e discese.

L' acqua è somministrata alla tromba dal tubo d' aspirazione *d* (*fig.* 6.) L' acqua così aspirata si distribuisce in un doppio fondo *u u* (*fig.* 5.), comune alle due trombe. La stessa *fig.* 5. mostra il moto alternativo delle valvole; dal lato sinistro in cui sale lo stantuffo, la valvola d' aspirazione si apre e quella di pressione si chiude. Dall' altro lato avviene il contrario. Per tal modo entra costantemente acqua nel gran serbatoio comune di pressione, che è pure un serbatoio ad aria. Quest' aria premuta da quella che affluisce del continuo, preme a sua volta l' acqua nel tubo d' iniezione *m n p*, che si ricurva in *p* (*fig.* 5. e 6.) e presenta sopra uno de' lati della tromba la sua estremità, sulla quale s' innestano i tubi di cuoio mediante anelli di rame lavorati a vite; e con tali tubi si dirige l' iniezione dove meglio abbisogni. Le traverse *r r* (*fig.* 5.) ed *e e e e* (*fig.* 6.) servono ad impedire che il bilanciere sia spinto troppo basso pegli sforzi di coloro che manovrano la tromba, nel qual caso da un lato lo stantuffo verrebbe ad urtarsi contro la valvola d' aspirazione, mentrechè dall' altro uscirebbe dal corpo della tromba. Le catene attaccate in *w w* (*fig.* 5.) servono ad assicurare nel bilanciere le aggiunte *w a*, le quali terminano in doppio braccio, portante a ciascuna delle sue estremità un anello nel quale si passa una leva *t t* (*fig.* 6.) bastevolmente lunga per essere facilmente presa e manovrata ad un tempo da molti uomini.

La tromba è di facile trasporto. Sopra due de' suoi lati paralleli essa porta due arpioni o fermagli *z z*, mobili attorno di chiodi a testa *y y*. Si alzano gli arpioni sino a che urtino contro il chiodo *v v*, e vi si passa una leva *r r* (*fig.* 6.). La stessa operazione si ripete dall' altro lato; e la tromba viene così armata come di due bracci di barella, coi quali può essere trasportata ove occorra. I due zoccoli sui quali essa poggia si raddossano piegando attorno alle cerniere *a' a'* (*fig.* 5.) *o o* (*fig.* 6.). Si vede sulla sinistra lo zoccolo dispiegato in *d' c'*, e ripiegato sulla destra in $d'b'$ (*fig. 5.*). Quando la tromba manovra, gli uomini salgono sullo zoccolo spiegato, e ciò contribuisce alla stabilità del meccanismo.

In quanto agli stantuffi ne abbiamo rappresentato uno in doppia scala fra gli organi meccanici (*Tav. 18. fig. 20*). Egli si compone: 1.º d'un primo disco di rame *a* fermato sull'ingrossamento dell'articolazione del vette *b*; 2.º di un disco di cuoio *c*, concavo da una parte e convesso dall'altra, i cui lembi vengono piegati in alto sicchè combacino col taglio del primo disco; 3.º di un secondo disco di rame *d*; 4.º e 5.º di un secondo di cuoio simile al primo; i cui lembi piegati al basso si applicano sul taglio del disco di rame, che è il quinto pezzo. Un dado a vite chiude fortemente questi diversi pezzi, ed affinchè formino un sistema solido e compatto, si tracciano a bulino su dischi di rame dei circoli concentrici profondi che formano come tanti solchi nei quali entrano i cuoi in conseguenza della pressione. L'attrito degli stantuffi nei corpi di tromba si opera adunque pei due orli dei dischi di cuoio sunnominati. Questi cuoi sono preparati in modo da conservare qualche arrendevolezza; possono essi così cedere alla pressione laterale del liquido che s'insinua fra loro, e i tagli de'dischi di rame, e s'appoggiano sulle pareti dei corpi di tromba tanto più fortemente quanto la pressione è maggiore.

Questo genere di stantuffo è analogo a quello inventato da Bramah per la soppressa idraulica; e che consisteva (*Tav. XVIII. fig. 7.*) in una rotella di cuoio grasso e flessibile, *a b c d*, posta sull'alto dello stantuffo, e di maggior diametro che non ha il medesimo. La parte eccedente si ripiega nel corpo della tromba lungo le sue pareti: nell'istante in cui l'acqua che si trova nel corpo di tromba riceve la pressione proveniente dal piccolo stantuffo, l'acqua medesima preme a sua volta, e fortemente, questa parte di cuoio, e per tal modo ogni uscita al fluido viene interdetta, e ciò in maggior proporzione quanto la pressione è più forte. Si fa pur uso di questo genere di stantuffi, ma aggiungendovi il vasello a stoppa di che dicemmo superiormente.

La tromba che abbiamo ora descritta, manovrata da otto pompieri bene esercitati, riceve sessanta colpi di bilanciere per minuto; la corsa degli stantuffi è di $0^m,12$. Essa tromba può gettare per minuto 648 litri a 20 metri di altezza; ossia per ogni pompiere e per ogni secondo 27 chil. ad 1 metro, e per ogni ora 27,200 chil. ad 1 metro, che corrispondono a 97 unità dinamiche. Si vede che con ciò si suppone un lavoro forzato, poichè l'uomo lavorando alla manovella non può produrre che 173 unità dinamiche durante otto ore, per cui gli uomini più robusti non possono sostenere lungamente la manovra della tromba da incendi, laonde si è costretti a dividere i pompieri in isquadre, facendone il cambio tre o quattro volte per ora.

La tromba che noi abbiamo descritta è stata inventata da Pontifex meccanico inglese. Essa è stata adottata sì dai Governi di Francia che d'Inghilterra per le navi di Stato.

Trombe roteanti. — „ Il moto di rotazione continuo, dice il d'Aubuisson, produce generalmente un maggior effetto del moto alternativo: due distinti meccanici, Bramah in Inghilterra e Dietz in Francia hanno tentato di procurare alle trombe i vantaggi del primo. Io porgerò ad esempio la tromba di Dietz.

» Al corpo di tromba è sostituito un tamburo o scatola cilindrica di rame *a* (*Tav. XVIII. fig.* 8.) avente in opera $0^m,20$ a $0^m,40$ di diametro, e $0^m,04$ a $0^m,12$ di grossezza, secondo la forza della macchina. L'anzidetta scatola contiene fra i suoi due fondi una seconda scatola *b*, *c*, egualmente cilindrica, di rame, di minor diametro e senza coperchio. Essa è mobile attorno di un albero girevole *d*, munito di una manovella. Nell'interno della scatola o ruota *b c*, e attiguo al suo bordo concavo vi ha un eccentrico *e* fermato a viti sul tamburo. Questo racchiude pure dalla parte dei tubi f, g una larga fascia di ferro hik compressa in i contra la convessità della ruota, e nella quale sono praticate due aperture; per quella in l l'acqua passa dal tubo d'aspirazione f nell'intervallo $\zeta\zeta\zeta$, che esiste tra le due scatole, e per l'altra m l'acqua entra nel tubo d'ascensione q. Finalmente la scatola bc in tutta la sua grossezza, e quasi presso all'albero girevole, presenta quattro incastri in croce ne' quali scorrono quattro linguette di ferro n, o, p, q. La loro larghezza parallela all'albero, come quella della fascia hik, è uguale alla distanza che havvi tra i due fondi del tamburo; una delle loro estremità è costantemente appoggiata contra il bordo esterno dell'eccentrico e, l'altra contra della parete concava dell'intervallo $\zeta\zeta\zeta$; dimodochè, a guisa di trammezze, dividono quest'intervallo in cassette separate.

» Quando si pone la macchina in moto e che la ruota bc va da b verso c, la linguetta n, dopo aver passato il punto i, lascia dietro a sè un vuoto, e dal punto ch'essa è al di là dell'apertura l, l'acqua entra per riempirlo. La linguetta o che vien dopo spinge davanti a sè quest'acqua, le fa percorrere l'intervallo $\zeta\zeta\zeta$, la costringe a passare per l'apertura m ed a salire nel tubo g. Così successivamente si ha un moto ed un getto continuo.

» Dietro a quanto si è detto, perchè la macchina innalzi tutta l'acqua possibile, conviene che il fluido sia esattissimamente ritenuto nelle cassette, e che non possa passare dall'una all'altra, e per conseguenza che la scatola mobile e le linguette combacino perfettamente coi due fondi del tamburo, senza però cagionarvi un attrito considerevole. E perchè ciò avvenga occorre una perfezione grandissima nell'acconciamento dei pezzi della macchina. Quando una tale perfezione esisterà nella macchina allorchè esce dalle mani dell'artista, v'ha tuttavolta a temere che non venga alterata da lungo e continuato lavoro nell'elevazione di acque salate ecc., e che alla fine di un certo tempo l'effetto utile non divenga molto inferiore di quanto era primitivamente. Questo, in una sperienza fatta dai Molard e Mallet fu 0,44 della forza impiegata a produrlo ». Questo risultamento è di molto inferiore a quello delle trombe a moto alternativo, quand'anche abbian queste per lungo tempo servito.

Leblanc e Pouillet nella loro *Raccolta del Conservatorio* descrivono una tromba roteante detta americana, costruita a Parigi nell'officina di Farcot.

Questa tromba è complicatissima nella sua costruzione; le *fig.* 1, 2, 3, 4 della *Tav. XIV,* porgeranno sufficiente idea a quanti sono usi a leggere disegni di macchine; ma per fare ben conoscerne tutte le minute parti, Leblanc e Pouillet hanno dovuto impiegare venti figure e sette fogli di testo, per cui noi siamo costretti di mandare alla loro opera, e di starci contenti a dar quivi un idea generale di detta macchina.

Le *fig.* 1 e 2 ne mostrano la disposizione generale. Vi ha, come nella tromba di Dietz, un tamburo *e e*, portante un tubo d'aspirazione *f h* ed uno di elevazione o di pressione *m*. La tromba, fermata con viti ad un tavolone *x y*, è posta in moto da una manovella *c d b*, l'asse della quale, che è quello pure della tromba, è in *b*. Un volante di ferro fuso *a a*, assicura la regolarità del moto.

Il tamburo consiste in due piastre di rame, strette mediante vite l'una contro l'altra, e in mezzo delle quali si muove un diafragma *q q* (*fig.* 4.), il quale porta delle palette *p*, *p*, *r* (*fig.* 3.), che spingono l'acqua davanti a sè nell'intervallo *l l*, e producono il giuoco d'aspirazione e di pressione. Le palette *p p*, per premer l'acqua davanti a sè, occupano tutto lo spazio compreso tra le due scatole, ed hanno la loro larga faccia perpendicolare alle due piastre di rame, che formano il tamburo; ed è perciò ch'esse sono tracciate in *p p* (*fig.* 3.) ed ombreggiate, non avendo altro mezzo d'indicarle nella loro proiezione in che si confondono con *q*: ma quando pervengono, nello spazio compreso tra i due tubi *f g*, ed *m n*, il perno *s*, *s*, *t*, sul quale vengono sostenute, incontra un ostacolo laterale, che lo fa girare, e allora la paletta affidatavi prende la posizione *r*, posizione parallela e non più perpendicolare alle faccie delle due piastre anzidette, ed entra essa per tal modo a dolce attrito in apposito spazio fra cotali piastre, il quale ha precisamente tanta larghezza quant'è la grossezza della paletta medesima. Segue da ciò che nel giuoco di questa tromba, l'intervallo compreso tra i tubi d'aspirazione e di pressione sia costantemente chiuso, come lo è nella tromba descritta superiormente, e che l'acqua, entrando pel tubo *fg* sia obbligata di passare per la sola apertura che le verrà data, cioè quella del tubo *m n*.

Le diverse disposizioni, che assicurano il giuoco di questa tromba sono ingegnosissime, ma bisogna convenire ad un tempo che sono molto complicate, e che esigono perciò nella costruzione le più minute cure. Esse non possono dunque venire stabilite che da uomini spertissimi, e non potrebbero essere riparate se non in città dove siano buone officine meccaniche; ed è questo un grande inconveniente.

Leblanc e Pouillet danno la seguente tavola de' prezzi e de' prodotti relativi delle trombe di diverse dimensioni costruite dal Farcot, supponendo che la velocità dell'asse di rotazione sia di 65 a 70 rivoluzioni per minuto:

Numeri corrispondenti alla dimensione	Prodotti in Litri per ora	Costo delle trombe
1	4,000	200 franc.
2	6,000	220
3	8,000	300
4	12,000	350
5	24,000	550
6	40,000	800

In questi prezzi non sono compresi i tubi di piombo per l'aspirazione e l'innalzamento, i quali costano da 1 franco e 50 centesimi a 4 franchi e 50, secondo il numero. Le leghe di ferro 4 franchi a 7 franchi; le scatole con coperchi a cerniera da 13 a 25 franchi, il *fungo* di rame per innaffiamento, da 5 fr. e 50 cent. a 7 fr. e 50; l'innaffiatoio di ferro fuso, da 20 a 30 franchi; e il volante, pure di ferro fuso, da 30 a 50 franchi.

Ma gli autori della più volte citata *Raccolta del Conservatorio*, non dicono a quale altezza un tal prodotto è portato, nè quale sia la forza necessaria per produrre i risultamenti sunnotati da loro. Noi siamo tratti a ritenere che una tromba come quella or ora descritta, quand'essa sia nuova, supponendola d'altronde costruita colla massima precisione, possa dare 0,60 a 0,65 della forza che vi è applicata; ma per poco che essa si deteriori, un tal prodotto deve sensibilmente diminuire.

Vite d'Archimede. — La vite d'Archimede (*Tav. XIV. fig.* 5) è una delle macchine idrauliche le più antiche conosciute, come lo attesta il suo nome, ed una di quelle che sono ancora le più generalmente impiegate, pei diseccamenti delle acque appiè dei ponti, delle chiuse dei murazzi delle spiagge, e generalmente delle costruzioni idrauliche che si vogliono fondare a secco. Essa occupa poco spazio, ed è di facile costruzione : puossi inoltre, senza ingombramento nei lavori, stabilirne molte sullo stesso punto. Così i costruttori accordano frequentemente a questa la preferenza sopra altre macchine, che danno un maggior prodotto per rispetto alla forza impiegata.

Spieghiamo primieramente come l'acqua salga nella vite, e perciò prendiamo l'esempio abitualmente adoperato dagli autori per siffatta dimostrazione, come il più semplice e il più chiaro. Supponiamo che si abbia presa una vite d'Archimede tal quale si costruiscono per l'uso comune che se ne fa, e che si

ponga questa vite in modo che il suo asse *e d* sia
orizzontale. Se all'orifizio della base s'introduce
una palla di piombo, e questa si ponga sulla superficie della vite, questa palla rotolerà fino a che
sarà pervenuta al punto il più basso nella posizione
in cui si trova la vite, e questo punto sarà sul diametro inferiore verticale. Frattanto che si girerà la
vite nel senso del suo passo, il punto sul quale la
palla fu posta salirà, allontanandosi da essa, la quale continuerà sempre a cercare il più basso punto,
e, obbedendo a quest'azione, si avvicinerà sempre
verso la parte interna della vite, e finirà col giungervi ed oltrepassarla. Ora, innalziamo un poco la
testa della vite, e ricominciamo l'esperienza; si produrrà lo stesso effetto: la palla di piombo, cercando
il più basso punto, salirà costantemente, e si avvicinerà verso la testa della vite. Questa esperienza
compiuta, si potrà ricominciarla, rilevando un poco
la testa della vite, e si otterrà lo stesso effetto sino
a che l'inclinazione sarà tale, che, girandola, of-
fra alla palla un punto più basso di quello sul quale
fu posta dapprima. Ciò che abbiam detto d'una palla
di piombo, si applica esattamente all'acqua; ed è
in questo modo ch'essa sale nella vite d'Archimede,
presentando questo singolare fenomeno, (d'altronde
semplicissimo dal punto che siasi esaminato attentamente) di un corpo cioè che sale discendendo.

Perchè abbia luogo un tale effetto della vite, conviene necessariamente che la sua estremità si trovi
immersa nell'acqua. Quando puossi disporla nello
stesso modo addimostrato dalla figura, vale a dire
in modo che una parte della base della vite sia al
di fuori dell'acqua, e che vi possa entrare aria come vi entra acqua, si ottiene maggiore risultamento;
poichè l'aria e l'acqua si distribuiscono regolarmente nella vite : ma se non si è presa una tale precauzione, com'è indispensabile, che la vite contenga
questi due fluidi, l'aria tende del continuo ad in-
trodursi, sì per di sopra che per di sotto, e ne

risultano agitazioni e resistenze, che diminuiscono di molto il risultamento dato dalla macchina.

Un importantissimo oggetto nell'uso della vite d'Archimede, si è l'angolo d'inclinazione sotto il quale essa si pone. D'Aubuisson e Hachette riferiscono delle sperienze fatte su viti di un piede, un piede e mezzo e due piedi di diametro, limite il quale non si oltrepassa quasi mai: risulta da queste sperienze che l'angolo migliore d'inclinazione è di 30 gradi. In quanto all'angolo che l'elice fa coll'acqua, gli antichi romani non lo tenevano che di 45 gradi: a Tolosa, dietro prescrizioni date dai costruttori olandesi, gli si danno 54 gradi: i costruttori di Parigi dannogli 60 gradi. Eytelwein, in una serie d'esperienze sulla vite idraulica, lo portò sino a 78 gradi. La teorica della vite d'Archimede non è per anco del tutto chiara, e vi rimane oscurità sui punti or ora nominati.

Le viti d'Archimede sono generalmente manovrate da uomini che agiscono sulla manovella, non direttamente, il che sarebbe incomodissimo per riguardo all'inclinazione della vite, ma mediante vetti e bilancieri attaccati alla manovella, la quale riceve da essi un moto di va e viene, e lo converte in moto di rotazione.

In un diseccamento operato da Lamandé, una vite d'Archimede di $0^m,49$ di diametro e di $5^m,85$ di lunghezza, era manovrata da nove uomini. Questi lavoravano due ore di seguito, e venivano sostituiti da un pari numero d'uomini. La vite era inclinata a 35 gradi, faceva 40 giri per minuto ed innalzava in un'ora 45 metri cubici d'acqua a $3^m,30$, ciocchè equivaleva, per ognuno dei nove operai, a $5^{m.c.}$ innalzati a $3^m,30$; ovvero, $16^{m.c.},50$ ad 1^m.

Lavorando gli operai cinque ore nella giornata, il prodotto utile del loro lavoro era dunque di $82\,1/2$ unità dinamiche. In altra sperienza, lavorando sei ore, il prodotto della lor giornata fu di 92 unità dinamiche.

Si calcola generalmente nella pratica che un operaio possa, con una vite ben disposta, innalzare 15$^{m \cdot c}$ di acqua ad 1^m per ora, e lavorare 6 ore. Disponendo convenientemente i ricambi, si potrebbe pure farlo lavorare 8 ore, e si avrebbe così da 105 a 110 unità dinamiche. Se si paragona questo prodotto con quello che si ottiene dalla forza dell'uomo alla manovella, si vede che la vite d'Archimede produce circa i 0,55 della forza ch'essa riceve.

Innalzamento d'acqua con secchi. — „ Rade volte, dice d'Aubuisson, s'impiegano i secchi isolati ad innalzare acqua in un lavoro continuato. Qualche volta però si ha ricorso a questo mezzo, per esempio, in diseccamenti che occorra fare di seguito, e i quali non abbiano ad essere che di breve durata. Molti operai, muniti ciascuno di un secchio o d'una piccola tinozza, sono posti ai piedi delle fondamenta o del fosso che debbono mettere a secco e lavorano tutti per estrarne l'acqua. Ma siccome ad ogni versamento elevar debbono qualche volta al livello della loro testa, ed anche al di sopra, non solo il peso dell'acqua, ma quello pure della tinozza; così sono astretti ad atteggiarsi incomodamente, e perciò fanno poco lavoro. Secondo Perronet, quando innalzano l'acqua ad 1^m,80, non ne vuotano che 34 litri per minuto, e il doppio quando l'innalzamento è di 1^m; ciò che sarebbe, termine medio, 4$^{m \cdot c}$ innalzati ad 1^m in un'ora, e 32 in una giornata di otto ore di lavoro. Si scorge chiaramente, come questo modo d'impiego della forza dell'uomo sia svantaggioso.

Quando si tratta d'innalzare una piccola quantità d'acqua da 5 a 6 metri di profondità, e durante una o due ore della giornata, allora si fa uso convenientemente di un secchio affidato all'estremità di una leva sospesa mediante un palo o puntale e portante all'altra sua estremità un peso che equilibra il carico; per cui l'operaio non ha più da esercitare uno sforzo uguale a quello che userebbe per far discendere il secchio vuoto. Un operaio per tal modo può innalzare 12, 15, od anche 20 metri cubici d'acqua, ove sia esercitato in siffatto lavoro.

Finalmente, per profondità più considerevoli, il miglior modo d'impiegare i secchi, è quello di sospenderne due ad un verricello alle estremità d'una corda; dimodochè mentre l'uno sale l'altro discenda. Questo semplice meccanismo è posto in moto da operai agenti sopra una manovella. D'Aubuisson pensa che per tal modo un operaio possa innalzare nella sua giornata 160$^{m.c.}$ d'acqua ad 1^m, o produrre 160 unità dinamiche. Questa opinione non è dedotta da esperienza diretta, ma dallo sforzo esercitato dagli uomini sulle manovelle; questo sforzo, siccome vedemmo altrove, rappresenta 173 unità dinamiche. Noi crediamo che la perdita di forza risultante dall'attrito della corda, cui sono attaccati i secchi sul verricello, e la perdita d'acqua risultante dallo scuotimento dei secchi, diminuiscano l'effetto dinamico di questa macchina in una maggior proporzione di quella di 160 a 173.

Noria. — Fra il meccanismo or ora descritto e la Noria non havvi differenza se non nel numero e nella continuità dei secchi,

Una Noria (*Tav. XIV. fig. 6.*) consiste in una catena continua *g g*, composta di sbarre di ferro eguali, e le quali possono girare attorno di un asse, che unisce i due anelli della catena, sopra ciascuno de' quali sono fermati due secchi *h*, che attingono l'acqua nel serbatoio di dove vogliasi estrarla. La catena passa sopra una ruota ottangolare, ognun dei lati della quale è uguale alla lunghezza di ognuno degli anelli della catena, e riceve questa ruota il suo movimento da una ruota dentata *d d*, mossa essa pure da un rocchetto *c*, e da una manovella *a b*. I secchi versano la loro acqua in *m*, d'onde passa dipoi nel serbatoio superiore.

Questa macchina, come si vede, ha molta analogia colla catena a tazze o ciotole, colla differenza che questa trasmette la forza d'una caduta di acqua, e che la Noria invece innalza acqua obbedendo ad una estranea forza.

La Noria è molto usata nel mezzogiorno dell'Europa, ove, mossa da un maneggio, serve all'inaffiamento de' giardini. Non è guari tempo trascorso dappoichè la catena era di trecce di paglia, i secchi eran vasi di terra, e la ruota consisteva in alcune travi unite grossolanamente in croce; ma in quella che abbiamo ora descritta, la catena è di ferro, le ruote di ferro fuso, ed i secchi di rame.

D'Aubuisson descrive una Noria simile presso a poco a quella superiormente descritta, e la quale è stabilita sopra un pozzo, il cui livello è di $5^m,20$ al di sotto dell'asse di rotazione. Mossa da un cavallo di forza ordinaria, innalza $23^{m.c.}$ di acqua in un'ora, e la versa a $5^m,13$ al di sopra dello smaltitoio. Così l'effetto utile è di $118^{m.c.}$ per ora, e quindi in otto ore di 944 unità dinamiche. Noi abbiamo ritenuto per forza media del cavallo agente sotto un maneggio 1,166 unità dinamiche (pag. 146). Così questa noria darebbe i 0,82 della forza trasmessa.

Vi sarebbe dunque una perdita del 18 per 100 soltanto; ma convien calcolare generalmente la perdita da 20 a 30 per 100, tanto perchè i secchi provano un certo ondeggiamento, che fa traboccare una poca parte dell'acqua che contengono, quanto perchè la noria innalza l'acqua più di quello che occorra.

In una sperienza fatta dall'ingegnere Emmery, cinque robusti operai, agenti contemporaneamente ed esercitanti sulla manovella uno sforzo di 46 chil., 38, con una velocità di $0^m,838$, innalzarono con una noria in un'ora $25^{m.c.},50$ a $3^m,60$. L'effetto utile è quivi 0,65 della forza cercata.

Una buona tromba dà maggiore vantaggio di quel che or ora abbiam detto. Così quando puossi procurarsene alcuna, e che si abbia il mezzo di conservarla, conviene preferirla alla noria, altrimenti dovrà usarsi quest'ultima. La sua semplicità permette di affidarne le riparazioni al fabbro ferraio d'ogni più piccolo villaggio.

Cappelletti a dischi. — I cappelletti a dischi consistono in un tubo di legno cilindrico, chiamato doccia, di 4 a 6 metri di lunghezza sopra $0^m,13$ a $0^m,16$ di diametro, e l'estremità del quale immergesi nell'acqua da estrarsi. Il tubo è inclinato come la vite di Archimede, o verticale come le norie. Da ciò la distinzione tra i cappelletti inclinati e i verticali. Tale doccia è attraversata nel suo asse da una catena continua, mossa e sostenuta come quella delle norie, e delle catene a tazze o ciotole, e la quale porta di distanza in distanza (generalmente di metro in metro) alcune *coccole o pallottoline*, formate da una rotella di cuoio grasso, d'un diametro un po' superiore a quello della doccia, e sostenuto da due piastre di ferro. Questa disposizione delle coccole è quella usitata nei cappelletti a dischi verticali, mentre in quelli a dischi inclinati, le coccole consistono in semplici palette di legno.

I cappelletti sono usitatissimi ne' vuotamenti, e soprattutto quando trattasi di portar l'acqua a più di 4^m di altezza, nel qual caso riescono più comodi delle norie. Si pongono generalmente da 4 a 6 uomini a manovrare nella macchina, facendoli agire (mediante manovelle, che abbiano un gomito o cubito di $0^m,40$) sopra un verricello o una ruota dentata a ricciaia posticcia, che ghermisce successivamente gli anelli della catena, imprimendo a questa il proprio moto di rotazione. Una tal macchina fa generalmente da 20 a 30 giri per minuto. Questo genere di lavoro, e nelle condizioni or notate di velocità, riesce molto faticoso; per cui si fanno generalmente riposare gli operai di due in due ore.

Si trova nelle opere di Perronet, che nelle grandi costruzioni da lui dirette, ha spesso avuto occasione d'impiegare cappelletti, con tali risultamenti che ne fan conoscere bene l'effetto utile. L'ingegnere Boistard ha dato pure i risultamenti de' suoi lavori con

tali macchine. Il termine medio dell'effetto utile ottenuto dai cappelletti verticali mediante la forza del-
l'uomo, è di 119 unità dinamiche.

Il risultamento medio dei cappelletti inclinati, secondo le sperienze fatte sì dal Perronet che da altri
ingegneri, è di 89 unità dinamiche circa, ottenute
per la forza dell'uomo.

Ruota a tazze o ciotole. — Questa ruota (*Tav.
XIV. fig.* 7, 8, 9 e 10) presenta un ottimo mezzo
in certe circostanze per innalzare acqua, sia che si
ponga in moto armandola di palette, come si vede
nel *timpano* (*fig.* 11) che innalza l'acqua mediante
i suoi condotti *b b*, mentre le palette *d d* gli comunicano il moto della corrente motrice *c c*, sia che vi
si trasmetta il moto di una ruota idraulica o di tut-
t'altro motore pel suo asse *a* (*fig.* 7). Le tazze
o ciotole *h h* sono situate fra due dischi circolari
(*fig.* 8), e poggiano ad un perno orizzontale, attorno del quale possono girare, e che passa al di
sopra del centro di gravità, sì che rimangono sempre verticali fino a che non incontrino ostacoli onde
siano obbligati a versare la loro acqua. Quest'ostacolo consiste in un grimaldello *i i* (*fig.* 8, 9 e 10)
che forma la continuazione d'uno dei perni delle
tazze, il quale venendo ad incontrare un ostacolo *k*
(*fig.* 8 e 10), obbliga i secchi ad inclinarsi, e fa
loro versare l'acqua che contengono sopra una doc-
cetta *l* (*fig.* 10) inclinata sotto le tazze, di dove poi
l'acqua scola in un serbatoio *d d* (*fig.* 8, 9 e 10).
— Si vede che questa macchina è semplice, e ne è
stimatissimo l'effetto.

Timpano. — In quanto al timpano, di cui poc'
anzi abbiamo fatto menzione, e che è costruito, come l'indica la *fig.* 11 della *Tav. XIV*, ovvero ancora in un modo più semplice, come puossi vedere
nelle opere di Perronet, esso è una delle macchine
che producono maggior effetto utile per rapporto alla forza dispensata: tuttavia s'impiega pochissimo.
Quante volte non vi si diano enormi dimensioni, essa

non innalza le acque che ad una piccola altezza; e quand' anche sia in ordinarie dimensioni, è pur sempre di difficile stabilimento, ed occupa molto spazio. Per tali inconvenienti vi si preferiscono le viti d'Archimede ed i cappelletti.

Ruote idrauliche per innalzar acqua. — Noi abbiamo già scorte molte analogie nelle macchine idrauliche finora descritte, di cui le une servono ad utilizzare la caduta dell'acqua, e le altre ad innalzarla. Tali sono la catena a tazze e la noria, la ruota a ciotole o tazze, e quella a cassette. La ruota che noi ora descriveremo, è una ruota del genere di quelle che chiamammo di *fianco o ad impulsione posteriore, a pressione o a percussione*.

» Questa ruota è la prima applicazione, dice Leblanc nella sua bella *Raccolta di macchine*, la quale fu fatta in Francia per l'innalzamento dell'acqua mediante una ruota idraulica. Impiegata con vantaggio in Olanda ed in Inghilterra pe' vuotamenti, non v' ha dubbio che non potesse dare anche fra noi, in certi casi, un eguale successo nelle intraprese agricole, come, a cagion d'esempio, pel diseccamento di terreni che si volessero rendere suscettivi di coltivazione.

» Un tal modo è applicato da alcuni anni a Saint-Ouen per innalzare le acque della Senna nei bacini del porto. La ruota che vi è stabilita può far salire l'acqua ad un' altezza di 4^m. Quelle costruite sin qui, di un diametro più piccolo, non innalzano l'acqua che a 2 o 3^m al più. Questa ruota è mossa da una macchina a vapore del sistema di Watt, a doppio effetto e della forza di 40 cavalli, mediante un recchetto cc (*Tav. XV. fig. 1 e 2*) fermata sull'albero del volante, ed ingranando con una grande ruota zz, dentata internamente e fissa sull'una delle facce della ruota idraulica aaa. Quest' ultima essendo messa in moto nel conveniente senso, le palette eee prendono l'acqua rr, la fanno entrare nel condotto, la spingono davanti a sè, e l'introducono in *s t* , facendola passare sotto la cateratta *u* , la quale è chiusa quando la ruota cessa di agire, perchè le acque non ricadano da *t* in *r* . »

Il livello delle acque della Senna, come di qualunque altro fiume, varia col variare delle stagioni. Quelle della Senna possono nelle stagioni di pioggia salire da 4, 5 e 6, metri, qualche volta pure a 8^m al di sopra del punto di magrezza, o più basso pelo dell' acqua nella scarsezza maggiore.

Quando la Senna è nel massimo difetto di acque, la macchina di Saint-Ouen le debbe innalzare a quattro metri circa, essendo quest' altezza la differenza di livello tra il fiume ed il porto, la qual differenza vien tolta mediante chiusa. Questo sarebbe dunque il momento in cui l' azione della macchina sarebbe più costosa ; ma siccome la navigazione della Senna è pochissimo attiva nei momenti di magrezza, anche il servigio del porto si trova ristretto ; e si è calcolato bastare che la macchina produca allora 2,700 metri cubici per ora : ma quando la navigazione ritorna attiva, vale a dire, quando le acque si sono alzate a due metri dal pelo di magrezza, si è calcolato che la ruota possa fornire 3,600^m d'acqua per ora, e le sue dimensioni sono state regolate a questo fine.

» Sembra a primo aspetto più vantaggioso , dice Leblanc, per fornire una tal massa d'acqua l'impiegare trombe piuttostochè una ruota, le cui palette avendo un certo giuoco nel condotto, lasciano necessariamente sfuggire una certa parte di liquido ; ma il paragone dei due mezzi fa tosto conoscere il vantaggio dell'uso della ruota a palette sopra un sistema di trombe, pel caso di cui quivi si tratta.

» Infatti, facendo uso di trombe, gli stantuffi delle quali avessero 1^m,30 di corsa, e dessero 12 colpi per minuto, cioechè è molto considerevole, abbisognerebbero di corpi di tromba a semplice effetto, aventi ciascuno 1^m,625 di diametro, ed un sol corpo di tromba a doppio effetto, delle stesse

dimensioni. Ma oltre che le trombe di tali gran-
dezze offrono gravi inconvenienti per le forti scosse
derivanti dalla chiusura dei coperchi, dagli attriti
considerevoli degli stantuffi, e per le cure che esigono di loro manutenzione, dagli sconcerti che possono sopravvenire ad impedirne tutto ad un tratto il
movimento ec., lo spazio di che abbisognano queste
parti, la velocità e la disposizione delle macchine a
vapore non permetterebbero d'imprimer loro il moto
diretto, mediante il bilanciere del motore, e converrebbe ricorrere a trasmissioni di moto, le quali
complicherebbero l'apparecchio, diminuendone l'effetto utile.

» La ruota idraulica evita tutti gli anzidetti inconvenienti. Non essendo per così dire soggetta ad
alcuno sconcerto, la sua manutenzione è in conseguenza di poco costo: di più la natura del suo moto
essendo analoga a quello del volante, dà al suo andamento una regolarità perfetta, interamente esente
da scosse ed attriti, sì pregiudicevoli alla durata
delle macchine.

» Mediante la cateratta $p\,p\,q$ si può isolare la ruota
dall'acqua ch'ella deve innalzare; questa cateratta
è posta in moto dalla catena $o\,o$, la quale riceve
essa stessa il suo moto dal verricello $i\,l\,k$. »

CAPITOLO VIII.

Cognizione dei materiali, loro resistenza;
Resistenze passive nelle macchine, attrito;
Rigidezza delle corde.

§. 1. — Cognizione de' materiali, loro resistenza.

Se noi trattassimo quivi questo soggetto, usciremmo
mo dall'argomento della *meccanica industriale*, per
entrare in quello della *fisica* o della *chimica industriale*: tale non è però il nostro intendimento; e
riserbiamo questo soggetto tanto importante quanto

vasto, per le susseguenti parti del nostro lavoro; facendo però qui notare che la cognizione della natura
intima de' materiali e per conseguenza dei diversi
usi cui possono essere applicati, tanto col minimo
di dispendio quanto col massimo d'utilità, ciò che
torna lo stesso, è una delle nozioni le più indispensabili al meccanico e all'ingegnere, il che non è
necessario senza dubbio di dimostrare.

§. 2. — RESISTENZE PASSIVE NELLE MACCHINE; ATTRITO.

Abbiam già avuto occasione molte volte di parlare
di quelle resistenze che assorbono una parte della
forza impiegata nelle macchine, e delle quali resistenze la principale è l'attrito dei diversi pezzi gli
uni sugli altri. A questo fine entreremo in alcune particolarità, aiutati dalle note raccolte delle
lezioni fatte alla Scuola di applicazione del Genio
e delle Artiglierie a Metz dal Poncelet, professore
di Matematica razionale e applicata, ed ora membro
dell'Istituto, ed ai lavori del quale professiamo ob-
bligazioni.

Quando si fanno strisciare due corpi l'uno sul-
l'altro tangenzialmente alla loro superficie, vale a
dire, senza rotolarli, si sviluppano nei diversi loro
punti di contatto delle resistenze dirette nel senso
della via che questi corpi descrivono, e l'intensità
delle quali dipende ad un tempo dalla pressione
mutua ch'essi provano, dalla natura della loro sostanza, dalla forma ed estensione delle superficie. Coulomb, di cui citammo di già i lavori, ha fatto sperienze, le quali addimostrarono che questa resistenza
doveva secondo i casi essere considerata come composta di due altre, di cui l'una indipendente dalla
pressione e che si chiama *aderenza*, cresce in proporzione delle superficie dei due corpi in contatto;
mentre la seconda, che si chiama *attrito*, cresce essenzialmente colla pressione, e non ha alcun rapporto necessario con questa estensione, almeno tra i

limiti pe' quali le superficie de' corpi non soffrono alterazione grandissima in conseguenza della loro compressione reciproca.

I risultamenti delle sperienze di cui trattasi, si trovano registrati nelle Tabelle che seguono: queste Tabelle riferiscono pure tutte le sperienze recentissime fatte dal Morin capitano d'artiglieria addetto alla Scuola d'applicazione di Metz. Tali sperienze furono eseguite nel 1831 e 1832 con apparecchi che nulla lasciano desiderare sotto il rapporto della precisione, e che forniscono mezzi di comprovare direttamente non solo l'intensità assoluta o relativa degli attriti in ciascun caso, ma ancora la legge che segue questa intensità secondo la velocità del moto e le posizioni diverse che il corpo occupa in virtù di questo moto. Siffatte esperienze hanno confermato nel modo il più positivo da una parte la proporzionalità dell'attrito alla pressione; dall'altra la sua indipendenza assoluta dalla velocità del moto. Coulomb aveva concluso queste stesse leggi dal medio risultamento delle sue proprie osservazioni; ma l'autenticità di queste leggi può, sino ad un certo punto, esser messa in dubbio, o almeno l'ultima sembra soggetta a restrizioni per rapporto a superficie eterogenee, come quelle dei legni a contatto de' metalli.

Affine di ben conoscere le Tabelle che seguono, noi faremo ancora una osservazione preliminare. La colonna delle cifre col titolo: *Rapporto dell'attrito alla pressione*. — Ecco ciò che devesi intendere con questa espressione: la pressione alla quale un corpo è sottoposto è un fatto che puossi sempre conoscere, poichè basta sapere qual è il peso del corpo che frega o che si fa camminare sopra un altro corpo. Ciò basta, diciamo noi; imperocchè, siccome facemmo conoscere, l'attrito non è proporzionale alla superficie. Se il peso del corpo che frega è di 100 chil. e che la colonna del rapporto dell'attrito alla pressione dia 0,42; ciò vorrà dire che l'attrito elide una forza uguale a quella che occorrerebbe per ispostare un peso di 42 chil., ovvero che l'effetto esercitato essendo di 100 chil., l'effetto utile non è che di 100 chil., meno 42, ossia 58.

PRIMA TABELLA

ATTRITO DELLE SUPERFICIE PIANE ALL'ISTANTE DELLA PARTENZA, E DOPO UN LUNGO RIPOSO.

Esperienze di Coulomb.

Indicazione delle superficie in contatto	Rapporto dell'attrito alla pressione.
QUERCIA SOPRA QUERCIA	
Fibre parallele	0,44
La superficie ridotta a lembi tondeggiati	0,42
Fibre incrocicchiate.	0,27
Le superficie spalmate di sego, rinnovellato ad ogni sperienza	0,38
QUERCIA SULL'ABETE	
Fibre parallele	0,67
ABETE SOPRA ABETE	
Fibre parallele	0,56
OLMO SOPRA OLMO	
Fibre parallele	0,46
FERRO SOPRA QUERCIA.	0,20
RAME SOPRA QUERCIA	0,18
FERRO SOPRA FERRO	0,28
RAME SOPRA FERRO.	0,26
Le superficie ridotte a punti ottusi	0,17
Le superficie spalmate di sego vergine	0,10
. . . . d'olio	0,17
. . . . di vecchia sugna di porco.	0,14

Esperienze di Morin.

QUERCIA SOPRA QUERCIA	
Fibre parallele, superficie spalmate con sapone secco.	0,44

Indicazione delle superficie in contatto	Rapporto dell'attrito alla pressione.
Fibre parallele, superficie spalmate di sego.	0,164
Fibre parallele, superficie untuose . . .	0,390
Fibre perpendicolari, superficie spalmate di sego . , ...	0,254
Fibre perpendicolari, superficie untuose. ,	0,314
Legno in testa sopra legno in vena, senza spalmatura.	0,271
FAGGIO SULLA QUERCIA	
Fibre parallele, superficie untuose . , .	0,330
OLMO SULLA QUERCIA	
Fibre parallele, superficie untuose . , .	0,420
Fibre parallele, superficie spalmate di sapone secco.	0,411
Fibre parallele, superficie spalmate di sego.	0,142
CANAPA IN FILI SULLA QUERCIA	
Fibre perpendicolari, superficie spalmate e bagnate d'acqua.	0,869
OLMO SOPRA OLMO	
Fibre parallele, superficie spalmate di sapone secco.	0,217
QUERCIA SULL'OLMO	
Fibre parallele, senza spalmatura. . . .	0,376
Fibre parallele, superficie spalmate di sego.	0,178
FERRO SU QUERCIA	
Fibre parallele, superficie spalmate e bagnate d'acqua.	0,649
Fibre parallele, superficie spalmate di sego.	0,108
FERRO FUSO SOPRA QUERCIA	
Superficie intonacate e bagnate d'acqua .	0,646
Superficie spalmate di sego	0,100
Superficie spalmate d'olio	0,100
Superficie untuose	0,100
Superficie spalmate di grasso di porco . .	0,100
RAME SU QUERCIA	
Superficie spalmate di sego	0,100
CARPINE SU FERRO FUSO	
Fibre parallele, superficie spalmate di sego .	0,131

Indicazione delle superficie   Rapporto dell'attrito
in contatto   alla pressione.

Fibre parallele, superficie spalmate di grasso di porco. 0,136

PELLE DI BUE CONCIATA, SU FERRO FUSO
Cuoio combaciante, superficie spalmate e
bagnate d'acqua. . . . . , . , . . . 0,621
Cuoio orizzontale, in identico stato delle
superficie 0,615
Cuoio combac., superficie spalmate di olio . 0,122
Cuoio orizzontale, in identico stato delle
superficie 0,127
Cuoio untuoso e combaciante, il ferro fuso
bagnato d'acqua. . , ... 0,267

OLMO SU FERRO FUSO
Fibre parallele, superficie untuose . , . 0,098

FERRO FUSO SU FERRO FUSO
Senza spalmatura , ... , . . 0,162
Superficie spalmate di sego. 0,100

FERRO SU FERRO FUSO
Senza spalmatura , ... 0,194
Superficie spalmate di sego 0,100
Superficie spalmate d'olio d'ulivo , , . 0,113
Superficie untuose, ridotte a lembi tondeg-
gianti. . . . . , . , . 0,118

ACCIAIO SU FERRO FUSO
Superficie spalmate di sego 0,108

OTTONE SU FERRO FUSO
Superficie spalmate di sego 0,103

BRONZO SU FERRO FUSO
Superficie spalmate di sego 0,106

FERRO FUSO SU FERRO
Superficie spalmate di sego . . . . . , 0,100
Superficie spalmate di grasso di porco . . 0,100

FERRO SU FERRO
Senza spalmatura . . . . , . 0,137
Superficie spalmate di sego . , ... 0,115

BRONZO SU BRONZO
Superficie spalmate d'olio d'olive o untuose . 0,164

Paragonando fra loro i rapporti dell' attrito alla pressione, trovati in queste prime serie d'esperienze dal Coulomb e dal Morin per rispetto a sostanze simili, si verrà tratti a meraviglia per le loro grandi differenze. Secondo il Morin queste differenze sarebbero principalmente dovute al modo di preparare le superficie, e particolarmente (per riguardo ai legni posti in uso dal Coulomb) questi saranno stati probabilmente a sua insaputa lustrati ad olio, com'è di molt'uso nelle officine dei falegnami e degli ebanisti. Sembra infatti che la più leggiera untuosità conservata dalle superficie dei legni in contatto, basti a produrre grandissime differenze nei risultamenti: in una sperienza sull'attrito del ferro strisciante a secco su legno, e che Morin ebbe occasione di ripetere immediatamente dopo quelle del cuoio nero lustrato e posto sopra la quercia, ottenne risultamenti che si avvicinavano di molto a quelli del Coulomb; e la differenza di questi co'suoi propri non poteva derivare che dalla lievissima untuosità che un tal cuoio preparato, come si sa, con olio di balena, avea comunicato alla superficie del legno; imperocchè, avendo fatto raschiare esattamente questa superficie colla rasparella, l'esperienza gli diede le stesse resistenze, che aveva egli primitivamente osservate. Sono dunque i risultamenti del Morin che converrà adottare quante volte si tratterà di calcolare l'attrito de'legni dritti e puliti, a secco o senza alcuna specie di spalmatura.

Queste sperienze lo condussero d'altronde ad una importante osservazione, secondo la quale si dovranno restringer di molto le applicazioni che si potrebbero fare dei risultamenti della Tabella data superiormente, e che concernono specialmente i casi in cui i corpi sono rimasti lungo tempo in contatto sotto gli sforzi della pressione. Basta un urto o scotimento leggerissimo impresso perpendicolarmente alla superficie di contatto e non al corpo che ha la libertà di muoversi, ma a quello che è strettamente obbligato al suolo, per decidere il primo a partire sotto uno sforzo di traizione generalmente molto minore di quello che converrebbe applicargli nell'ipotesi in cui lo scotimento non avesse potuto aver luogo, e che sembra poco differire da quello che sarebbe necessario per mantenere il moto. Risulta da ciò, fra l'altre cose, che nelle costruzioni in cui l'attrito contribuisce colla sua resistenza a mantenere la stabilità delle differenti parti, e dove possonsi temere scotimenti qualunque, debbesi calcolare questa resistenza seguendo le cifre date nelle Tabelle che seguono, vale a dire come se il moto fosse acquistato senza tener conto del tempo, durante il quale sono rimaste in uno stato di compressione reciproca.

SECONDA TABELLA

ATTRITO DELLE SUPERFICIE PIANE QUANDO IL MOTO È ACQUISTATO.

Esperienze di Coulomb.

Indicazione delle superficie in contatto	Rapporto dell'attrito alla pressione.
QUERCIA SOPRA QUERCIA	
Fibre parallele	0,11
Superficie ridotte a spigoli rotondati. . .	0,08
Fibre incrocicchiate	0,10
Superficie ridotte a spigoli rotondati. . .	0,10
Fibre parallele, superficie spalmate di sego nuovo o di sugna vecchia.	0,035
Le superficie ridotte a spigoli rotondati, untuosi, o ad intonaco secco	0,06
QUERCIA SULL'ABETE	
Fibre parallele	0,16
ABETE SULL'ABETE	
Fibre parallele	0,17
OLMO SULL'OLMO	
Fibre parallele	0,10

Indicazione delle superficie in contatto	Rapporto dell'attrito alla pressione.
QUERCIA SU FERRO	
Fibre parallele, la velocità piccolissima.	0,08
Fibre parallele, la velocità di $0^m,30$ per secondo.	0,17
Fibre parallele, le superficie piccolissime, senza spalmatura, ma rimaste untuose	0,07
QUERCIA SU RAME	
Fibre parallele, la velocità piccolissima.	0,05
Fibre parallele, la velocità essendo di $0^m,30$ per secondo	0,18
FERRO SU FERRO	
A secco	0,28
Con spalmatura rinnovata di sego.	0,10
RAME SU FERRO	
A secco	0,24
Con spalmatura rinnovata di sego.	0,10

Esperienze di Morin

QUERCIA SU QUERCIA	
Fibre parallele, a secco	0,48
Fibre incrocicchiate, a secco	0,32
Fibre incrocicchiate, superficie bagnate	0,25
Fibre parallele, superficie spalmate di sapone secco	0,164
Fibre parallele, superficie spalmate di sego	0,075
Fibre parallele, superficie untuose	0,108
Fibre perpendicolari, a secco	0,336
Fibre perpendicolari, superficie spalmate di sego	0,083
Fibre perpendicolari, superficie spalmate di grasso di porco	0,072
Fibre perpendicolari, untuose	0,143
Le fibre delle assicelle striscianti sono verticali, mentre le fibre delle sottoposte sono orizzontali e parallele al senso del moto; superficie senza spalmatura	0,192

Indicazione delle superficie   Rapporto dell' attrito
        in contatto   alla pressione.

FAGGIO SU QUERCIA
   Fibre parallele, a secco 0,36
   Fibre parallele, superficie spalmate di sego . 0,055
   Fibre parallele, superficie untuose . . . 0,153
OLMO SU QUERCIA
   Fibre parallele, a secco 0,43
   Fibre incrocicchiate, a secco 0,45
   Fibre parallele, superficie spalmate di sa-
     pone secco . , ... 0,137
   Fibre parallele, superficie spalmate di sego . 0,070
   Fibre parallele, superficie spalmate di gras-
     so di porco 0,060
   Fibre parallele, untuose 0,119
PELLE DI BUE CONCIATA, SU QUERCIA
   Cuoio combaciante su quercia, senza spal-
     matura 0,296
FERRO SU QUERCIA
   Fibre parallele, a secco 0,626
   Fibre parallele, superficie spalmate e ba-
     gnate di acqua 0,256
   Fibre parallele, superficie spalmate di sa-
     pone secco, ... 0,214
   Fibre parallele, superficie spalmate di sego . 0,085
FERRO FUSO, SULLA QUERCIA
   Le fibre delle assicelle sottoposte parallele
     nella direzione del moto, senza spalmatura. 0,490
   Le fibre delle assicelle sottoposte parallele
     nel senso del moto, superficie spalmate di
     sapone secco 0,189
   Le fibre delle assicelle sottoposte parallele
     nel senso del moto, superficie saturate di
     acqua 0,218
   Le fibre delle assicelle sottoposte parallele
     nella direzione del moto, spalmate di sego . 0,078
   Le fibre delle assicelle sottoposte parallele
     nel senso del moto, spalmate di grasso
     di porco 0,075

Indicazione delle superficie in contatto	Rapporto dell'attrito alla pressione.
Le fibre delle assicelle sottoposte parallele nel senso del moto, e spalmate di olio .	0,075
Le fibre delle assicelle sottoposte parallele nella direzione del moto, superficie untuose. .	0,107

RAME SULLA QUERCIA

Fibre dell'assicella sottoposta parallele nel senso del moto, a secco	0,62
Fibre dell'assicella sottoposta parallele nel senso del moto, superficie spalmate di sego.	0,069
Fibre dell'assicella sottoposta parallele nel senso del moto, superficie untuose . .	0,100

CANAPA IN FILI SU QUERCIA

Le fibre di canapa e le fibre delle assicelle sottoposte perpendicolari fra loro, superficie spalmate e bagnate d'acqua . .	0,332

OLMO SOPRA OLMO

Fibre parallele, superficie spalmate di sapone secco.	0,139
Fibre parallele, superficie untuose . .	0,140

QUERCIA SULL'OLMO

Fibre parallele, senza spalmatura . .	0,246
Fibre parallele, superficie spalmate di sapone secco.	0,136
Fibre parallele, superficie spalmate di sego .	0,073
Fibre parallele, superficie spalmate di grasso di porco	0,066
Fibre parallele, superficie untuose . .	0,136

FERRO FUSO SULL'OLMO

Senza spalmatura	0,195
Superficie spalmate di sego.	0,077
Superficie spalmate d'olio di ulivo . . .	0,061
Superficie spalmate di grasso di porco e piombaggine	0,091
Superficie untuose, dopo spalmatura di sego	0,125

Indicazione delle superficie in contatto	Rapporto dell' attrito alla pressione.
Superficie untuose, dopo spalmatura di grasso di porco e piombaggine . . , . .	0,137

FERRO SULL' OLMO

Fibre parallele, senza spalmatura . . .	0,252
Fibre parallele, superficie spalmate di sego	0,078
Fibre parallele, superficie spalmate di grasso di porco	0,076
Fibre parallele, superficie spalmate di olio di ulivo.	0,055
Fibre parallele, superficie untuose . . .	0,138

OLMO SU FERRO FUSO

Le fibre dell' olmo parallele nel senso del moto, superficie spalmate di sego. . .	0,066
Le fibre dell' olmo parallele nel senso del moto, superficie untuose	0,135

QUERCIA SU FERRO FUSO

Le fibre della quercia perpendicolari alla direzione del moto, senza spalmatura. .	0,372
Le fibre della quercia parallele nel senso del moto, superficie spalmate di sego. .	0,080
Le fibre della quercia parallele nel senso del moto, superficie untuose.	0,168

CARPINE SU FERRO FUSO

Le fibre del carpine parallele nel senso del moto, senza spalmatura	0,394
Le fibre del carpine parallele nel senso del moto, superficie spalmate di sego . . .	0,070
Le fibre del carpine parallele nel senso del moto, superficie spalmate di grasso di porco	0,071
Le fibre del carpine parallele nel senso del moto, superficie spalmate di grasso di porco e di piombaggine	0,055
Le fibre del carpine parallele nel senso del moto, superficie spalmate d'olio . . .	0,068
Le fibre del carpine parallele nel senso del moto, superficie spalmate di asfalto . .	0,060

Indicazione delle superficie in contatto	Rapporto dell'attrito alla pressione.
Le fibre del carpine parallele nel senso del moto, superficie spalmate di untume delle ruote	0,095
Le fibre del carpine parallele nel senso del moto, superficie untuose	0,136

GUAIACO SU FERRO FUSO

Fibre del guaiaco parallele nel senso del moto, superficie spalmate di sego . . .	0,074
Fibre del guaiaco parallele nel senso del moto, superficie spalmate d'olio . . .	0,076
Fibre del guaiaco parallele nella direzione del moto, superficie untuose.	0,121

PERO SALVATICO SU FERRO FUSO

Fibre del pero parallele nella direzione del moto, senza spalmatura	0,436
Fibre del pero parallele nella direzione del moto, superficie spalmate di sego . . .	0,067
Fibre del pero parallele nella direzione del moto, superficie spalmate di grasso di porco	0,068
Fibre del pero parallele nella direzione del moto, untuose	0,173

PELLE DI BUE CONCIATA SU FERRO FUSO

Il cuoio combaciante, senza spalmatura. .	0,559
Il cuoio combaciante, superficie spalmate ed imbevute d'acqua	0,365
Il cuoio combaciante, superficie spalmate di sego.	0,159
Il cuoio combaciante, superficie spalmate d'olio	0,133
Il cuoio untuoso, il ferro fuso bagnato d'acqua.	0,229
Il cuoio combaciante, superficie spalmate d'olio	0,135

FERRO FUSO SU FERRO FUSO

Senza spalmatura	0,152
Superficie bagnate di acqua.	0,314

Indicazione delle superficie in contatto	Rapporto dell' attrito alla pressione.
Superficie spalmate di sapone	0,197
Superficie spalmate di sego	0,100
Superficie spalmate di grasso di porco	0,070
Superficie spalmate di olio di ulivo	0,064
Superficie spalmate di grasso di porco e piombaggine	0,055
Superficie untuose	0,144

FERRO SU FERRO FUSO

Le fibre del ferro parallele nel senso del moto, senza spalmatura	0,194
Le fibre del ferro parallele nel senso del moto, superficie spalmate di sego	0,103
Le fibre del ferro parallele nel senso del moto, superficie spalmate di grasso di porco	0,076
Le fibre del ferro parallele nel senso del moto, superficie spalmate d'olio d'ulivo	0,066
Le fibre del ferro parallele nel senso del moto, superficie spalmate di untume delle ruote	0,124

ACCIAIO SU FERRO FUSO

Senza spalmatura	0,202
Superficie spalmate di sego	0,105
Superficie spalmate di grasso di porco	0,081
Superficie spalmate d'olio	0,079
Superficie untuose	0,109

OTTONE SU FERRO FUSO

Senza spalmatura	0,189
Superficie spalmate di sego	0,072
Superficie spalmate di grasso di porco	0,068
Superficie spalmate d'olio	0,066
Superficie spalmate di untume delle ruote	0,134
Superficie untuose	0,115

BRONZO SU FERRO FUSO

Senza spalmatura	0,217
Superficie spalmate di sego	0,086
Superficie spalmate d'olio di ulivo	0,077

Indicazione delle superficie in contatto	Rapporto dell' attrito alla pressione.
Superficie untuose	0,107

CANAPA IN FILI SU FERRO FUSO

I fili di canapa perpendicolari nel senso del moto, come negli stantuffi, superficie spalmate di sego	0,194
I fili di canapa perpendicolari nel senso del moto, come negli stantuffi, superficie spalmate d' olio	0,153

QUERCIA SU FERRO

Fibre parallele, superficie spalmate di sego .	0,098
Fibre parallele, superficie untuose . . .	0,149

GUAIACO SU FERRO

Fibre parallele, superficie spalmate d' olio di ulivo	0,072
Fibre parallele, superficie untuose . . .	0,166

FERRO FUSO SOPRA FERRO

Superficie spalmate di sego	0,098
Superficie spalmate di grasso di porco . .	0,058
Superficie spalmate d' olio d' ulivo . . .	0,063
Superficie spalmate di untume delle ruote .	0,155
Superficie untuose	0,143

FERRO SOPRA FERRO

Fibre parallele, senza spalmatura	0,138
Fibre parallele, superficie spalmate di sego .	0,082
Fibre parallele, superficie spalmate di grasso di porco	0,081
Fibre parallele, superficie spalmate d' olio di ulivo	0,070
Fibre parallele, superficie untuose . . .	0,177

ACCIAIO SOPRA FERRO

Superficie spalmate di sego	0,093
Superficie spalmate di grasso di porco . .	0,076

BRONZO SOPRA FERRO

Senza spalmatura	0,161
Superficie spalmate di sego	0,081
Superficie spalmate di grasso di porco e di piombaggine	0,089

Indicazione delle superficie in contatto	Rapporto dell'attrito alla pressione.
Superficie spalmate d'olio d'ulivo	0,072
Superficie untuose	0,166
GUAIACO SOPRA BRONZO	
Superficie spalmate di sego	0,082
Superficie spalmate d'olio d'ulivo	0,053
Superficie untuose	0,146
PELLE DI BUE CONCIATA SOPRA BRONZO	
Cuoio combaciante, superf. spalmate di sego	0,241
Cuoio combaciante, superficie spalmate d'olio d'ulivo	0,191
Cuoio combaciante ed untuoso, il bronzo bagnato d'acqua	0,287
Cuoio posto orizzontalmente, superficie spalmate di sego	0,138
Cuoio posto orizzontalmente, superficie spalmate d'olio d'ulivo	0,135
Cuoio posto orizzontalmente ed untuoso, il bronzo bagnato d'acqua	0,244
FERRO FUSO SOPRA BRONZO	
Senza spalmatura	0,147
Superficie spalmate di sego	0,085
Superficie spalmate di grasso di porco	0,070
Superficie spalmate d'olio d'ulivo	0,067
Superficie untuose	0,132
FERRO SOPRA BRONZO	
Senza spalmatura	0,172
Superficie spalmate di sego	0,103
Superficie spalmate di grasso di porco	0,075
Superficie spalmate d'olio d'ulivo	0,078
Superficie spalmate d'untume delle ruote	0,168
Superficie untuose	0,160
ACCIAIO SOPRA BRONZO	
Senza spalmatura	0,152
Superficie spalmate di sego	0,056
Superficie spalmate d'olio d'ulivo	0,053
Superficie spalmate di grasso di porco e di piombaggine	0,067

Indicazione delle superficie in contatto	Rapporto dell'attrito alla pressione.
Superficie spalmate di untume delle ruote .	0,170
BRONZO SOPRA BRONZO	
Senza spalmatura	0,201
Superficie spalmate d'olio	0,058
Superficie untuose	0,134

Riassumiamo queste diverse esperienze e gli altri risultamenti enunciati nelle memorie che sono servite di appoggio, presentate dal Morin.

Quando si sfregano gli uni contro gli altri, i diversi corpi impiegati nella meccanica usuale, intonacandoli d'acqua, di grasso, d'olio, di sego, ed anche di materie viscose, come l'asfalto, si trova che l'attrito o sfregamento è:

1.° Proporzionale alla pressione;

2.° Indipendente dalla velocità;

3.° Indipendente dall'estensione delle superficie di contatto.

Le superficie secche strisciando le une sulle altre senza intonaco, provano una notabile alterazione. Questo effetto generale è molto più sensibile nei corpi di tessuto fibroso che nei corpi granellosi, e per conseguenza, quando si è necessitati di avere degli attriti o sfregamenti a secco, fa d'uopo scegliere dei corpi granellosi per farli strisciare gli uni su gli altri, oppure fare strisciare un corpo granelloso sopra un corpo fibroso.

La comparazione generale dei risultamenti relativi ai differenti corpi, conduce ad una conseguenza rimarchevole e facile ad imprimersi nella memoria; come, a cagion d'esempio, negli intonachi di grasso di porco e d'olio d'ulivo, il rapporto dell'attrito alla pressione pei legni e pei metalli, strisciando legno su legno, legno su metallo, metallo su legno, o metallo sopra metallo, è all'incirca lo stesso in tutti i casi, ed il suo valore è, in via media, compreso tra 0,07 e 0,08 della pressione.

Riguardo poi al sego, fornisce esso pure lo stesso valor medio, o lo stesso rapporto pei legni striscianti sui legni, pei metalli sui legni, e pei legni sui metalli. Ma sembra che nello sfregamento dei metalli sui metalli questo intonaco convenga meno degli altri due, e dia per rapporto dell'attrito o sfregamento alla pressione, un valore che si discosta pochissimo da 0,10.

Del resto sembra che la temperatura da 1 grado a 20 gradi centigr., non abbia veruna sensibile influenza sull'attrito o sfregamento dei corpi con intonaco, striscianti o sdrucciolanti gli uni sugli altri.

ATTRITO DEGLI ASSI IN MOTO NELLE LORO CANNE O TUBI DI CONDOTTO.

Esperienze di Coulomb.

In queste esperienze, gli assi avevano 47 millimetri di diametro. La pressione su questi assi variò da 25 a 200 chilogrammi. Il rapporto si trovò sensibilmente indipendente dalla pressione, dalla velocità del moto e dalla durata del riposo.

Indicazione degli assi.	Rapporto dell'attrito o sfregamento alla pressione.
Asse di ferro in canna di rame	0,155
Lo stesso asse intonacato di sego.	0,085
» intonacato di vecchia sugna di porco	0,12
» con intonaco secco, e le superficie untuose.	0,127
» intonacato d'olio	0,13
» con intonaco che servì già da molto tempo, senza che fosse cessato il moto. . . .	0,133
Asse di ferro in canna di legno, con intonaco di sego	0,05

Indicazione degli assi.	Rapporto dell'attrito o sfregamento alla pressione.
Asse di quercia verde e canna di guaiaco, con intonaco di sego.	0,038
Lo stesso asse, con superficie untuose . . .	0,06
Lo stesso asse, con intonaco usato da molto tempo	0,07
Asse di quercia verde, canna d'olmo, con intonaco di sego	0,03
Lo stesso asse, con intonaco secco, le superficie untuose.	0,05
Asse di bosso, canna di guaiaco, con intonaco di sego	0,043
Lo stesso asse, con intonaco secco, le superficie untuose.	0,07
Asse di bosso, canna d'olmo, con intonaco di sego.	0,035
Lo stesso asse, con superficie untuose. . .	0,05
Morin, in una esperienza fatta da lui sopra un'asse di ferro ed una canna di sorbo, le superficie untuose, dopo essere state intonacate di grasso di porco con piombaggine, e poi asciugate, trovò il rapporto dell'attrito alla pressione	0,164

In questa esperienza, la pressione variò da 26 a 88 chilogr.; il diametro dell'asse era di nove millimetri.

I risultamenti dati dal Coulomb meritano intera fiducia; ma sfortunatamente non abbracciano che una parte dei corpi impiegati nel giuoco delle macchine ove si trovano, l'acciaio, il ferro fuso, il bronzo, il metallo delle campane, il carpine, il sorbo; il cui attrito, in difetto di meglio, si potrà supporre uguale a quello del ferro pei due primi, di ottone pei due seguenti, e di quercia pegli ultimi.

Si osserva d'altronde, paragonando le cifre della terza Tabella con quelle della seconda, che si riferiscono a sostanze analoghe, che ogni volta che queste sostanze sono spalmate di grasso, o semplicemente untuose, o finalmente ridotte a spigoli rotondati, il rapporto dell'attrito alla pressione è presso a poco il medesimo pegli assi o per le superficie piane, il che permetterà di completare i numeri della terza Tabella con alcuni casi particolari.

In fine è essenziale altresì di osservare che accennando il diametro degli assi di cui Coulomb si servì nelle sue esperienze, noi non intendemmo dimostrare che la grandezza di questo diametro abbia avuto per sè stessa alcuna influenza sull'intensità assoluta dell'attrito; poichè dopo l'esperienze di questo illustre fisico sulle superficie piane, sembra evidentissimo che questa influenza debba qui ridursi semplicemente a quella dell'aderenza, e che a fronte di forti pressioni, sotto le quali essa ha operato, l'aderenza equivale ad una pressione tanto debole, che può essere riguardata come nulla. Ciò non sarà però da ritenersi per assi e canne molto allungati, che sopportassero debolissime pressioni. L'aderenza divenendo allora comparabile ed anche superiore all'attrito, bisognerà necessariamente tenerne conto; ma questa circostanza non avviene guari che nei movimenti di orologeria, e spiega perchè gli abili artisti, che sono incaricati di perfezionarli, diano la più grande importanza nel diminuire l'estensione degli assi sfregantisi, e delle canne che compongono questi movimenti.

In generale le Tabelle da noi riportate, unite alle differenti osservazioni che le accompagnano, porranno in istato di calcolare con bastevole approssimazione il valore assoluto delle resistenze che i corpi provano per strisciare gli uni sugli altri ogni volta che si tratterà di pressioni fortissime, come quelle che si danno nelle macchine usuali. In quanto poi all'attrito proveniente dalla rotazione de' corpi, che chiamasi attrito della seconda specie, si sa che in confronto del primo è talvolta di niun conto, e che se ne fa anche intera astrazione in tutti i calcoli relativi ai corpi solidi e duri, che entrano nella composizione delle macchine.

Così quando un curro cammina rotolando sopra un piano, gli assi dei diversi punti della sua superficie si sviluppano su quella del terreno; e l' attrito o sfregamento non esiste, per così dire, massime se questo curro è perfettamente cilindrico, e che la superficie sia liscia. In generale l' attrito detto di seconda specie è altrettanto minore quanto il diametro del cilindro mobile è più piccolo.

Una ruota di 2 piedi di diametro, girante sul terreno, e carica d' un peso di 100 chil., dà luogo ad una resistenza che non oltrepassa il trentesimo della pressione, vale a dire 3 chilogrammi. Tuttavia se il corpo rotola sopra una superficie scabra, come di sabbia, di terra ecc., questa resistenza diviene sensibile. L' attrito di rotazione presenta nelle carrozze delle resistenze reali, massimamente quando il terreno è compressibile, e che le ruote vi si affondano; imperocchè queste carrozze sono poscia obbligate a salire sopra un piano inclinato, ed esiggono allora una nuova fatica. Nel trattare della forza del cavallo noi fornimmo (pag. 149 e 150) particolarità, alle quali ora ci riportiamo, e che mostrano come le nature delle strade influiscano sulle forze necessarie per tirare le macchine a ruote, in conseguenza degli attriti più o meno grandi che ne risultano. Rammentiamo pure che sulle strade il cui suolo è scabro e cedevole, il rapporto dell' attrito al carico varia da un quindicesimo ad un ventesimo, mentrechè sulle strade di ferro, ove il suolo è liscio e stabile, il rapporto varia da $1/_{180}$ ad $1/_{240}$.

In generale, quando la superficie sulla quale un corpo cammina rotolando, resta piana e sempre liscia per una certa estensione, si può riguardare l' attrito del corpo rotolante su questo secondo spazio come piccolo. La sua poca resistenza spiega l' uso dei curri o cilindri nel trasporto dei massi di pietra e dei più grandi carichi. Come ognuno sa il carico è portato da due curri o cilindri camminanti essi stessi su due panconi fermati sulla superficie del terreno affinchè non affondino. Un terzo curro, posto davanti ai due primi, riceve il masso od il carico; e nel momento in cui il cilindro posteriore rimane libero, questo è rimesso davanti ed è destinato a ricevere il suo carico nel momento in cui è spinto fino a lui. Tali sono le operazioni da farsi successivamente. L'attrito di rotazione consuma incomparabilmente minor forza che se il masso di pietra od il carico qualunque, fosse strascinato sulla superficie del terreno.

Fu in tal modo che si eseguì l'esperienza di cui già parlammo, e che prova quanto l'attrito per superficie sia più considerevole che quello di rotazione.

Un masso di pietra di 540 chil., strisciando sur un piano di pietra non poteva essere mosso (*Tav. I. fig.* 1.) che da un peso di 379 chil. Portato poi su curri o cilindri che girino sopra panconi, bastò un peso di 11 chil. per farlo muovere.

Fabbricazione e resistenza, o rigidezza delle corde.

Le corde si compongono di fili, chiamati *fili commettitori*, e di cui il diametro varia da 1 a 5 millimetri. Sono essi fabbricati con filamenti di canapa di diversa lunghezza. I fili commettitori fatti coi filamenti più lunghi o di prima qualità, hanno 8 millimetri di circonferenza; quelli fatti con filamenti di seconda qualità hanno 10 millimetri, e quelli con filamenti di terza, 14 millimetri. Le più piccole corde si chiamano *cordicine*, e sono composte di due piccoli fili attorcigliati o *commessi* insieme. Noi vedremo più innanzi come si compia una tale operazione. Quelle che sono composte di tre fili si chiamano *merlini o funi*. Si chiama *funicolo* o *cordone* l'unione di molti fili commessi, ed il numero di tali fili può variare da due a sessanta. Molti cordoni o funicoli commessi formano una *corda semplice o canapo*, e molti canapi compongono un *gherlino o piccola gomena*.

Le corde più adoperate nella costruzione e negli usi meccanici sono i *cordini*, le *corde a mano*, i *funicchi o corde da burbera*, le *zaganelle* (così dette dai romani) le *alzaie*, ossiano canapi adoperati per rimontare le barche nei fiumi, e *i canapi poco torti* per allacciature.

I cordini sono, come dicemmo superiormente, piccole corde composte di tre fili, e servono ad allineare le pietre nella costruzione dei muri.

Le corde a mano sono composte di quattro funicoli formato ognuno di sei fili commettitori; il loro diametro medio è di 17 millimetri.

Le corde da burbera sono anch'esse formate di quattro funicoli, ma ciascuno di questi ha sette fili. Il loro diametro medio è di 27 millimetri.

Le zaganelle hanno 34 millimetri di diametro, e sono composte di quattro funicoli di 10 fili ognuno.

Il diametro delle alzaie, o piccoli canapi, varía; ed eccone le dimensioni dei principali.

Diametri . . . . . 47 — 54 — 66 — 81 mill.

Numero de'funicoli. 4 — 4 — 4 — 4

Numero dei fili di
   ogni funicolo. . 40 — 60 — 72 — 90

Le alzaie o canapi di 81 mill. di diametro sono i più forti che s'impiegano nelle costruzioni.

I canapi meno torti servono per legare le pietre.

Secondo il Coulomb non si debbono mai caricare le corde al di là dei 40 chil. per ogni filo che le compone, benchè i detti fili potessero sostenere da 40 a 50 chilogr. senza rompersi. Le corde bagnate perdono quasi il terzo della loro forza; e la resistenza, a diametro uguale, è pressochè, per le corde incatramate, i $2/8$ o i $3/4$ di quella delle corde naturali o bianche.

Dietro esperienze fatte dal Duhamel la resistenza

delle corde bianche, alla rottura, sarebbe proporzionale al quadrato del diametro; ma essa aumenta in un rapporto un poco maggiore del loro peso sotto l'unità di lunghezza, e del numero de' fili commettitori di cui esse si compongono. Se si chiama d il diametro di una tal corda, espresso in centimetri, si potrà, secondo il Navier (*Note sull'Architettura Idraulica* del Bélidor) rappresentare la forza necessaria per romperla con 400 chil. $\times d^2$. La qualità della canapa e le circostanze della fabbricazione possono far variare di $1/5$ questo valore in più o in meno; così se una corda di 8 centimetri di diametro potrà, in seguito della formola, sopportare 400 chilogr. $\times$ 84, ovvero 33,600 chilogr.; e secondochè la sua fabbricazione sarà stata eseguita con ogni diligenza, o che la materia non sia di prima qualità, essa potrà sopportare 39,200 chil. ovvero 28,000 chil. soltanto.

Questi diversi risultamenti s'applicano d'altronde alle corde fabbricate secondo l'antico metodo. Quelle che sono fabbricate secondo i processi introdotti dall'Hubert nell'arsenale della marina di Rochefort, oltre ch'esse hanno maggiore flessibilità, offrono ancora un aumento di resistenza, che cresce proporzionalmente al numero de' fili commettitori.

Per meglio intendere questa, convien sapere che nell'antico metodo di fabbricare le corde, i fili che le compongono erano inegualmente tesi. Puossi rappresentare una corda siffatta come il risultamento di fili paralleli torti insieme e senza potere strisciare gli uni sugli altri, in modo tale che i fili che sono alla superficie descrivono una via più lunga, e sono più tesi di quelli che stanno al centro, e i quali rimangono compressi.

« Supponiamo dice Dupin (*Corso di Meccanica*) che si tiri una corda così fabbricata, con forze applicate alle sue due estremità; l'effetto di tali forze sarà di agire per allungarla. Le fibre del centro, trovandosi compresse, le forze che ora s'impiegano

lenderanno a far loro riprendere il primitivo stato,
e lungi di provar resistenza dal lato di questi fili, esse
saranno al contrario favoreggiate dalla compressione
di già esistente. Non resteranno adunque più, per
opporsi all'allungamento della corda, che le sole
fibre esteriori e quelle che vi stanno immediatamente vicine.

» Così nell'antico modo di fabbricare le corde non
havvi mai che una sola parte dei fili d'ogni corda,
la quale si opponga all'allungamento ed alla rottura: e questi fili vi si oppongono inegualmente. Se
dunque non sono suscettivi che di un certo grado
di allungamento, quando per l'effetto di nuove forze, i fili che si trovano all'esterno della corda acqui-
stano questo grado di allungamento, si troncano
prima che i fili interni abbiano per anco acquistato
la loro massima resistenza. Schiantati i primi fili
esteriori, lo strato che trovasi poscia il più lontano
dal centro, deve rompersi; e così avverrà di seguito
fino al centro della corda.

» Tenendo conto di queste resistenze successive,
si è conosciuto tutto il vantaggio che avrebbesi quando i fili che compongono una corda si trovassero
tutti egualmente tesi all'atto della fabbricazione della
medesima. Per questo mezzo tutti i fili resisterebbe-
ro ad una volta all'allungamento; e si conosce
che un tal effetto avrebbe tanto maggiore efficacità,
quando la corda fosse più grossa, poichè allora la
differenza di allungamento tra i fili esteriori e gl'interni sarà assai più grande.

» Tale è il principio dietro il quale gl'inglesi
hanno immaginato le loro nuove macchine per la
fabbricazione delle corde; macchine che i nostri ingegneri più abili hanno riprodotto con modificazioni
tutte proprie, e colle quali hanno ottenuto risultamenti di molta importanza per la marina francese.

» Colle macchine che il barone Lair ed Hubert
fecero eseguire nei porti di Brest e di Rochefort,
si fabbricano corde che hanno maggior forza delle

antiche, ciò che rende gli arredi dei vascelli più leggieri, in quanto che si conserva la stessa forza alle corde, diminuendo il loro diametro, e per conseguenza anche la dimensione delle carrucole impiegate a manovrare queste corde; e con ciò si allegerisce di molto l'alberatura dei vascelli.

» Egli è a desiderarsi che nei nostri porti di commercio si adottino questi nuovi princìpi per la fabbricazione delle corde, stando certi che otterrannosi ad un tempo de' vantaggi tanto dal lato dell'economia quanto da quello della forza ».

Torna utile qualche volta di conoscere il peso delle corde il cui diametro è stabilito: si troverà nell'una o nell'altra di queste formole.

Se vuolsi sapere il peso in *libbre*, si prenderà il quinto del quadrato della circonferenza della corda espresso in pollici; e il risultamento sarà in libbre il peso di cinque piedi di lunghezza di questa corda. Così se la circonferenza della corda è di sette pollici, si prenderà il quinto di 49 ovvero 9, 8, e il peso dei cinque piedi di questa corda, sarà di 9 libbre e $\frac{4}{5}$.

Se vuolsi sapere il peso in chilogrammi, si prenderà il quadrato della circonferenza espresso in centimetri; e moltiplicando questo numero per 0,0826 si avrà il peso di un metro di corda. Così, a cagion d'esempio, se la circonferenza ha 19 centimetri, si moltiplicherà 361 per 0,0826, e il risultamento 2,98 sarà il peso in chilogrammi di un metro di questa corda.

Passiamo ora all'attrito ed alla rigidezza delle corde. Hachette riassume come ora vedremo alcune sperienze fatte su quest'argomento dal Rondelet.

Una corda passa sul cilindro di un verricello o sulla gola di una carrucola, l'asse della quale è orizzontale, e si sospendono alle estremità di detta corda due pesi uguali. Se la corda fosse senz'alcuna rigidezza e perfettamente flessibile, la direzione dei due tratti di detta corda sarebbe verticale; ma a cagione della rigidezza essi tratti si allontaneranno dalla verticale. Se la rigidezza è considerevole, la corda non farà un intero giro sul cilindro del verricello ; ed avendo fissato uno de' capi della corda in modo che il primo tratto sia in una direzione verticale, si sospende all' altro capo un peso P, che obbliga il secondo tratto della corda a prendere, come il primo, una direzione verticale. Allora la corda si applica sopra una semicirconferenza del cilindro del verricello, ed il peso P si prende per *misura della rigidezza della corda.*

Supponendo che la corda che passa sulla gola d' una carrucola o sul cilindro d' un verricello orizzontale sia tesa da due pesi uguali P e P', attaccati ai due capi di questa corda ; e aggiugnendo un peso Q all' uno dei due capi per rompere l' equilibrio dei pesi P e P' ; una parte di questo peso Q è impiegata a vincere la rigidezza della corda. Ma la rigidezza è piccolissima per rispetto al peso totale Q, per cui puossi trascurare ; e si prende questo peso addizionale per la *misura dell' attrito.*

La rigidezza e l' attrito d' una corda dipendono da tre elementi : 1.° dalla natura della corda e dal suo grado di torcimento ; 2.° dal diametro del cilindro sul quale si ravvolge ; 3.° dal peso che essa sostiene ad ognuna delle sue estremità.

In quanto concerne alla rigidezza delle corde, ecco i risultamenti più importanti delle sperienze del Rondelet.

Il diametro del verricello orizzontale sul quale passa la corda assoggettata all' esperienza è di $0^m,325$. I due tratti della corda sono verticali, ed abbracciano una semicirconferenza del verricello. L' uno dei capi della corda essendo fissato, si appende all' altro il peso che piega la corda sul verricello. Il peso varia, come si vede dalla tavola seguente, secondo le grossezze e i diametri delle corde.

Diametri.	Pesi che piegano la corda.
29 millimetri.	22 chilogrammi.
34 »	36 »
41 »	55 »
47 »	65 »
54 »	96 »
71 »	122 »

Ecco frattanto il riassunto delle sperienze del Rondelet, relativamente all'attrito delle corde. Queste sperienze furono fatte con un cilindro di frassino di 111 millimetri di diametro, ed una corda di 5 millimetri di diametro. Si sospese un peso di 0$^{chil.}$,979 (2 libbre francesi) ad uno de' capi della corda; e si attaccò all'altro capo il più piccolo peso capace di muovere il primo. La tavola seguente indica la corrispondenza di quest'ultimo peso e del numero dei giri della corda sul cilindro.

Numero dei giri.	Chilogrammi.
$1/2$	3,01
1 $1/2$	7,10
2 $1/2$	16,98
3 $1/2$	40,63
4 $1/2$	87,92

Si è osservato che i numeri della *colonna dei giri* formano una progressione aritmetica della quale la ragione è uno, mentre i numeri della colonna dei pesi differiscono di poco da una progressione geometrica, di cui la ragione sarebbe di 1,54, elevato al quadrato. Questo termine 1,54 si ottiene dividendo il primo numero 3 chilogr.,01 per 1 chilogr.,958, doppio del peso 0 chilogr.,979, che determina il movimento della corda. Questo calcolo è stato verificato mediante altre sperienze.

Si attaccò ad uno dei capi della corda un peso di 2 chil.,937 (6 libbre francesi), e si trovò che per fargli equilibrio, quando non havvi che un mezzo giro, occorreva un peso di 17 chil., 62 (36 libbre franc.), e che per un giro e mezzo occorrevano 163 chil., 95, (332 libbre franc.). La ragione geometrica verrà data perciò mediante la divisione di 17 chil., 62 per due volte 2 chil., 937, ovvero 5 chilogr., 87; ciò che dà 3 chil. di cui il quadrato è 9. Il secondo termine della progressione sarà dunque: $17,62 \times 9 = 158$ chil., 58: ma l'esperienza diede invece 163,95.

Si applicò ad un capo della corda ravvolta ad un cilindro di 325 millim. di diametro un peso di 7 libbre, e si trovò che per farvi equilibrio, occorreva attaccare all'altro capo un peso di 44 libbre per un mezzo giro, e di 442 libbre per un giro e mezzo. Seguitando la regola, quest'ultimo numero sarebbe,

$$44 \times \left(\frac{44}{2 \times 7} \right)^2 = 439.$$

Si applicò un peso di 100 libbre ad una delle estremità di un capo del canapo di 27 linee di diametro, ed è occorso, per cominciare a sollevarlo, di attaccare all'altra estremità un peso di 367 libbre. Dietro la regola precedente si troverebbe che la corda, facendo un giro e mezzo sul verricello, il peso capace di far equilibrio al peso di 100 libbre sarebbe di 1468 libbre; dopo due giri e mezzo questo peso sarebbe di 5,000 libbre circa.

Queste sperienze basteranno per dare una esatta idea degli effetti prodotti dall'attrito delle corde sui verricelli dell'argano. Più la grossezza delle corde aumenta, dice Hachette, più si aumenta il diametro dei verricelli, sui quali esse si ravvolgono. Nella pratica si determina il diametro del verricello che spetta ad una data grossezza, supponendo che le rigidezze delle corde siano in ragione diretta dei quadrati dei loro diametri, e nei rapporti inversi dei diametri dei verricelli: dimodochè la rigidezza per una corda d'un diametro C che si ravvolge sopra un verricello d' un diametro D , essendo $\dfrac{C^2}{D}$, sarebbe essa ,

per un' altra corda d' un diametro c , che si ravvol-

gesse sopra un altro verricello d' un diametro d , $\dfrac{c^2}{d}$.

Le rigidezze delle corde dei diametri C , c non can-
giano quand' esse si ravvolgono sul verricello di diametro D , e l' altra sul verricello di diametro d , se

si ha $\dfrac{C^2}{D} = \dfrac{c^2}{d}$, o se i diametri dei verricelli sono

proporzionali ai quadrati dei diametri delle corde .
Si segue la stessa regola per determinare i diametri
delle carrucole , e le grossezze delle corde che girano sulle gole delle medesime .

Ciò che abbiamo ora detto basta per la pratica la
più generale . Tuttavolta , siccome questo soggetto è
della più grande importanza , ci teniamo in dovere di
aggiugnere il seguente passo tolto dall' utilissimo
lavoro del Navier sul Belidor ; e questo passo non
potrà essere inteso che da coloro , che sono molto
addentrati nelle matematiche . Però , siccomé queste
sperienze sono pochissimo conosciute , e si trovano
in opere di moltissimo costo , così crediamo utile di
fare quest' eccezione al nostro metodo ordinario .

» Le sperienze di Coulomb , dice il Navier , hanno
fatto aperto che la resistenza proveniente dalla rigidezza di una corda era in ragion reciproca del raggio della carrucola , o dell' albero sul quale questa
corda si ravvolge ; sicchè chiamando d il diametro
della corda , questa stessa resistenza era proporzionale ad una data potenza d^p di questo diametro , ed
alla tensione cui le parti della corda erano sottoposte .

» Si osservò poscia che nella fabbricazione delle
corde ogni filo di torcimento , di cui esse sono composte , si trovava sottomessa ad una certa tensione

ch' egli conservava nell' orditura; d'onde segue che
la tensione d'una corda in una macchina debb'esser
sempre considerata come composta di una parte costante ed indipendente dallo sforzo ch'essa fa, e da
questo stesso sforzo. Dietro ciò, la resistenza proveniente dalla rigidezza della corda dev'essere rappresentata dalla formola

$$= \frac{d^p}{r} \times (a + bq),$$

d essendo il diametro della corda, r il diametro della
carrucola o del verricello, q il peso che tende la
corda, a, b, p, delle costanti da determinarsi mediante sperienze.

» Le costanti a e b variano per ogni specie di
corde. In quanto all'esponente p il suo valore dipende principalmente dallo stato delle corde, e trovasi compreso tra' i limiti $p = 2$, e $p = 1$, dimodo-
dochè si ha $p = 2$ per le grosse corde nuove, $p = 1,5$
per le corde semi usate, $p = 1$ per funicelle sottilissime e debolissime. Se trattasi di corde impeciate,
sembra, dietro le sperienze, che in luogo di supporre la rigidezza proporzionale alla potenza p del
diametro, sia più esatto supporla proporzionale al
numero de' fili di torsione, de' quali la corda è composta, tanto più che l'esperienza ha provato non
variare sensibilmente l'esponente p, nelle corde impeciate, qualunque sia il loro grado di uso. Le sperienze pure hanno fatto manifesto che la velocità del
moto aumentava un poco la rigidezza, ma che l'aumento non era molto sensibile perchè necessitasse di
tenerne calcolo nella pratica, specialmente ove si
tratti di tensioni considerevoli.

» Ecco fra tanto i risultamenti delle sperienze,
disposti in modo da renderne facili le applicazioni.
L'esperienza aveva luogo sopra un albero di un
metro di diametro.

Indicazione delle corde sottoposte alla sperienza	Diametro delle corde uguale a d	Pesi delle corde per ogni metro di lunghezza.
N. 1. Corda bianca, di 30 fili di torcimento......	$0^m,0200$	$0^{chil.},2834$
N. 2. Corda bianca, di 15 fili......	$0^m,0144$	$0 ,1448$
N. 3. Corda bianca, di 6 fili......	$0^m,0088$	$0 ,0522$
N. 4. Corda impeciata, di 30 fili....	$0^m,0236$	$0 ,3326$
N. 5. Corda impeciata, di 15 fili....	$0^m,0168$	$0 ,1632$
N. 6. Corda impeciata, di 6 fili.....	$0^m,0096$	$0 ,0693$

Numeri delle corde	Rigidezza costante $= d^p \times a.$	Rigidezza per ogni chil. di carico $= d^p \times b.$
1......	$0^{chil.},22246$	$0^{chil.},0097$
2......	$0 ,06351$	$0 ,0055$
3......	$0 ,01060$	$0 ,0024$
4......	$0 , 3496$	$0 ,0125$
5......	$0 , 1059$	$0 ,0061$
6......	$0 ,02120$	$0 ,0026$

Si vede da questa tabella che una corda bianca di 30 fili di torcimento, di cui il diametro è $0^m,02$, e che soffre in una macchina una tensione uguale ad un certo numero di chil. che noi chiamiamo q, produce per la sua rigidezza, quand'essa si ravvolge sopra un albero, di cui il diametro è r, una velocità espressa in chil. da

$$\frac{1}{r} (0,222 + 0,00097\, q),$$

il diametro r essendo valutato in *metri*;.... e così dicasi delle altre corde.

Per far uso nella pratica di questi risultamenti converrà cominciare dal calcolare la rigidezza di quella fra le corde comprese nella tabella data poc' anzi, che più si ravvicinerà, sia per la sua composizione che per la sua grossezza, a quella che si vorrà sperimentare, dando ad r ed a q i valori che hanno luogo nelle macchine che si vogliono calcolare: di poi, se trattasi d' una corda bianca, il cui diametro sia $= d'$, si moltiplicherà il risultamento pel rapporto $\left(\dfrac{d'}{d}\right)^p$, prendendo per p un numero compreso tra 1 e 2, conformemente a ciò che si disse più alto.

Per esempio, supponete che si voglia calcolare la rigidezza di una corda bianca e nuova d' un diametro $r = 0^m,045$, e sopportando una tensione $Q = 5000$ chilogrammi. Si paragonerà alla prima corda della tabella, il diametro della quale è $d = 0^m,02$, e che si ravvolge sopra un albero di un metro di diametro. La sua rigidezza si trova dunque espressa da

$$\frac{1}{0,45}\left(0222 + 0,0097 \times 5,000\right) \times \left(\frac{0,04}{0,02}\right)^p .$$

Si farà $r = 2$ poichè trattasi di una corda nuova, e si troveranno 435 chil. Questa cifra esprime l'eccedente di forza da impiegare per la rigidezza.

Per secondo esempio, si calcolerà la rigidezza di un canapo di 120 fili di torsione, che si ravvolge sopra un albero d' un diametro $d = 0^m,54$, facendo uno sforzo $q = 3916$ chil. Confrontando questo canapo a quello di 30 fili di torcimento della tabella, si troverà la sua rigidezza rappresentata da

$$\frac{1}{0,54}\left(0,35 + 0,1255 \times 3916 \times \frac{120}{30}\right) = 367 \text{ chil.},$$

che esprime la rigidezza cercata.

Aggiugnerò, dice il Navier, le riflessioni seguenti: Le sperienze hanno insegnato che le corde bianche imbevute d' acqua avevano una rigidezza sensibilmente maggiore delle secche, soprattutto quando erano un po' grosse. L'aumento avviene principalmente sulla frazione costante $d^p \times a$ dell'espressione della rigidezza della corda, e che volendo aver riguardo a questa circostanza, si duplicheranno nella tabella i numeri che la rappresentano. La rigidezza delle corde incatramate aumenta un poco quando la temperatura si abbassa al di sotto del ghiaccio fondentesi, e un tale aumento avviene pure sulla parte costante. Si è ancora osservato che quando una corda piegavasi sopra una carrucola, aveva essa bisogno d'un certo tempo per riprendere tutta la rigidezza di cui era suscettiva, e che aveva dapprima manifestata.

La *Tav. XIX* rappresenta i nodi più usati nella costruzione tanto della marina che dell'industria. Il disegno indica il modo di fare tali nodi più esattamente che non potrebbesi fare con una descrizione; e qui non ci rimane che a dare i nomi diversi assegnati loro dalla pratica.

Gruppo o *nodo piano* - fig. 1.; *nodo della rete* - 2.; *nodo a forbice* o *del vomere* - 3 e 3 bis; *nodo imperfetto*, chiamato da' marinai, *gruppo di vacca* - 4.; *gruppo a pugno pieno* - 5.; *cappio col nodo piano* - 6.; *legatura col nodo a boccia* - 7.; *legatura col cappio scorsoio* o *nodo del segatore* - 8.; *cappio falso* - 9.; *nodo alla bufolara raddoppiato* - 10.; *impiombatura* o *intrecciatura* - 11. Si chiama *impiombatura* il nodo mediante il quale si uniscono due corde fra loro, o i due capi d'una corda; come quando vuolsi fare una catena continua o indefinita, ovvero quando una corda essendosi rotta, vuolsi riattaccarla. *Nodo raddoppiato* - 12.; *nodo a treccia di capelli* - 13.; *maglia delle calze* - 14.

CAPITOLO IX.

COMPOSIZIONE DELLE MACCHINE.

Trasmissione, modificazione e regolarizzazione del moto. — Principali organi meccanici.

§. I. — Considerazioni generali.

Abbiamo sin qui imparato qual sia il miglior modo di applicazione delle forze motrici, e principalmente dell'acqua e del vento agli organi meccanici che sono principalmente destinati a riceverle: e da tale studio è risultato che ognuno de' suddetti organi per produrre il suo massimo effetto ha bisogno di riunire certe date condizioni. Fra queste, la velocità ha particolarmente chiamata la nostra attenzione. Noi sappiamo frattanto che havvi una relazione intima tra la velocità colla quale la forza motrice agisce, e l'effetto utile che ne risulta. Ma questa velocità in generale non è quella che convien dare ai pezzi che eseguiscono l'operazione meccanica, e questi stessi pezzi debbono avere una velocità variabile; la specie di moto che si ottiene dal motore, si opera in un certo piano, e gli organi operatori agir debbono in un altro piano. Così una ruota verticale a pale o a cassette ha il suo moto di rotazione nel senso verticale, e le macine da molino, che debbono esser mosse da tale ruota, agiscono nel senso orizzontale; ovvero il motore ha un azione continua, come una ruota idraulica, e si ha bisogno di trasformare questo moto continuo di rotazione in un altro interrotto, ad intervalli determinati, come per un grosso maglio da ferriera. Finalmente lo stesso punto sul quale la forza motrice è ricevuta, non è quello in cui debbasi compiere l'operazione meccanica.

Occorrono adunque organi meccanici, propri a trasmettere ed a modificare il moto, a variare la sua velocità, a trasportarla in più piani diversi, a distribuirla, a ripartirla. — Ce ne darà esempio un molino secondo il sistema inglese.

Senza entrar quivi in minuti ragguagli delle operazioni diverse che vi si compiono, noi ci limiteremo a seguire il moto nelle varie modificazioni cui va soggetto.

Il motore è una caduta d'acqua. (*Tav. XVII. fig.* 1.) Una ruota a cassette *A* rende utile una tale caduta. L'albero orizzontale B B porta una ruota dentata C, la quale comunica il moto ad un rocchetto D; e sin qui il moto resta in un piano verticale ed è sempre circolare. L'albero orizzontale E E del rocchetto D porta inoltre una carrucola 12 ed un rocchetto d'angolo F. Sulla carrucola passa una correggia di cuoio indefinita, segnata 13, la quale comunica il moto di rotazione, sempre circolare e verticale, al secondo piano. Il rocchetto d'angolo F comunica il suo moto, in un piano perpendicolare a quello in cui si muove, ad una grande ruota d'angolo G G, la quale lo comunica a due altri rocchetti d'angolo K K, L L, il primo che si muove in un piano pure perpendicolare a quello del rocchetto F, e il secondo che si muove in un piano parallelo. Il rocchetto K K, mediante l'albero verticale M, comunica un moto di rotazione all'albero verticale a gomito N, il quale imprime un moto ondulatorio alla tramoggia Q, e determina la caduta della materia ch'essa contiene nel serbatoio P P.

Il rocchetto L L comunica il moto ad un grand'albero orizzontale R R, il quale porta un gomito S, una ruota d'angolo U, una carrucola *o*, e due ruote d'angolo *q* ed *s*. Al gomito S è attaccato un vette T. Mediante il detto gomito il moto circolare dell'albero orizzontale vien trasformato in un moto di va e viene verticale, ovvero in un moto d'alto in basso e di basso in alto. La ruota U, mediante l'altra V, trasmette il moto al albero inchinato X X, il quale porta il moto al 2.º ed al 3.º piano.

La carrucola *o* trasmette col mezzo di una correggia continua, il moto alla carrucola *p*, la quale lo trasmette nell'interno di ζ, mentre colla ruota *s* e col rocchetto *t*, mediante l'albero verticale al quale è connesso e la carrucola orizzontale *u*, che lo termina alla sommità, il moto di rotazione viene impresso alla carrucola inclinata *x*, col soccorso della carrucola di rinvìo *v*, e per tal guisa il moto viene impresso ad un albero inclinato nell'interno di *y*.

La ruota dentata *q* col rocchetto orizzontale *r* agisce sul gomito 2; questo, con un vette trasmette il suo moto alternativo, per mezzo dell'attaccatura 3, al masso 4, e determina il suo moto alternativo sul piano 5; le carrucole 7 e 9, unite insieme mediante correggia continua, trasmettono il moto di rotazione nell'interno di 10.

Il vette T, trasmette il suo moto alternativo ad una manovella, l'asse della quale porta all'altra sua estremità un volante *n*. Il rocchetto *b* fa muovere col mezzo del rocchetto *d*, il volante *ii*, e per la correggia continua *gg*, le carrucole *ef*, i cui assi situati sulle tramogge *hh*, producono il conveniente moto nell'interno di *kk*.

La correggia 13, mossa colla carrucola 12, comunica da un lato il moto alla carrucola 14 ed al suo albero orizzontale, che, per la doppia giunta 19 e per l'albero 20, agisce sopra un'altra duplice giunta 21, e mediante questa, sui due tamburi 23 e 24, e colla carrucola 22, sulla corda continua, là quale dalla carrucola di rinvìo 26 passa sulla carrucola 27, e produce il moto sulla tramoggia 28.

Questo medesimo albero orizzontale, mosso colla carrucola 14, porta un verricello 17, attorno del quale si ravvolge una corda che discende sino al basso del molino, e per la quale s'innalzano i sacchi ai piani superiori.

Le finestre 30 illuminano l'edifizio, e gli usci 31 servono alla comunicazione dei diversi ambienti.

Nella descrizione che or ora abbiam dato, come

pure in tutto ciò che precede, abbiam usati termini sui quali ritorneremo affinchè il senso loro rimanga precisato chiaramente.

Vi sono tre specie principali di moto: il moto *rettilineo*, il *circolare*, e quello che segue *una data curva*.

I corpi che cadono hanno un moto rettilineo: una ruota idraulica in azione ha un moto circolare; e vedremo altrove dei moti secondo curve elittiche od altre.

Questi tre moti sono *continui* od *alternativi*; quest'ultimo genere si chiama pure moto di *va e viene*. Un corpo che cade ed una ruota che giri, hanno un moto continuo, vale a dire, che si esercita nello stesso senso. Quando si fa agire una tromba, la leva colla quale si fa muovere il gambo che sostiene lo stantuffo, descrive alle sue due estremità degli archi di circolo, e per conseguenza ha un moto circolare; ma nello stesso tempo il suo moto è alternativo, vale a dire che dopo avere percorso un certo spazio d'alto in basso, viene ricondotto in senso inverso, e per tal modo va e viene fra due punti. In quanto al gambo della tromba il suo moto è rettilineo, o lo è quello almeno dello stantuffo; imperocchè il gambo della tromba essendo attaccato all'estremità d'una leva che descrive archi di circolo, ne descrive pure esso stesso; ma lo stantuffo ch'egli solleva e che è racchiuso in tubi, i cui lati sono retti, descrive un moto rettilineo. Questo moto è alternativo o di va e viene.

Una delle parti più essenziali e più importanti della meccanica si è la trasformazione di questi diversi moti gli uni negli altri. Lanz e Bétancourt furono i primi (in un'opera che rimane pur anco la più importante fra quante ne siano state fatte a questo scopo) che hanno cercato in tutte le macchine gli organi pei quali questi diversi moti sono trasformati gli uni negli altri, e ne hanno composto una Tavola sinottica, che costituisce uno degli elementi più essenziali dello studio dei princìpi della meccanica industriale. Questa tavola, copiata in grande, si trova in molte officine dell'Inghilterra. La nostra *Tav. XVI* ne riporta le parti essenziali; e se vi si aggiungono le *fig.* 5. all'8. della *Tav. XV* come le *Tav. XVII, XVIII, XIX*, e *XX*, si ha un complesso di *organi meccanici* trasformatori, modificatori o regolarizzatori del moto, tanto completo quanto il nostro assunto il permette, e bastevole a tutti i bisogni della meccanica.

Hachette, nel suo *Trattato delle Macchine*, ha riprodotta la tabella dell'opera dei sullodati Lanz e Bétancourt. Borgnis, nel suo *Trattato della Composizione delle Macchine*, l'ha sviluppata in sommo grado: e questo lavoro del Borgnis è uno dei migliori libri francesi di meccanica pratica.

I vari generi di moto che abbiamo or ora indicato possono combinarsi fra loro in ventuna maniere diverse, e le macchine hanno per oggetto di trasmettere una o più di tali combinazioni.

Il moto rettilineo continuo può essere cambiato in	Rettilineo	Continuo .. 1
		Alternativo . 2
	Circolare	Continuo .. 3
		Alternativo . 4
	Secondo una data curva	Continuo .. 5
		Alternativo . 6
Il moto circolare continuo può essere mutato in	Rettilineo	Alternativo . 7
	Circolare	Continuo .. 8
		Alternativo . 9
	Secondo una data curva	Continuo .. 10
		Alternativo . 11
Il moto continuo secondo una data curva può essere cambiato in	Rettilineo	Alternativo . 12
	Circolare	Alternativo . 13
	Secondo una data curva	Continuo .. 14
		Alternativo . 15

Il moto rettilineo alternativo può essere cambiato in	Rettilineo . . . . . Alternativo . 16
	Circolare . . . . . Alternativo . 17
	Secondo una data curva . . . . . . Alternativo . 18

| Il moto circolare alternativo può essere cambiato in | Circolare . . . . . Alternativo . 19 |
| | Secondo una data curva . . . . . . Alternativo . 20 |

| Il moto alternativo secondo una data curva può essere mutato | Secondo una data curva . . . . . . Alternativo . 21 |

Così il numero delle combinazioni dei vari moti fra loro può essere di 21. D'altronde ognuna di queste combinazioni ha la sua reciproca. Onde vediamo al numero 9 che il moto circolare continuo può essere cambiato in moto circolare alternativo: ugualmente il moto circolare alternativo può essere cambiato in moto circolare continuo; e ciò dicasi pure pegli altri.

Passeremo ora all'esame di queste diverse combinazioni per ciò ch'esse presentano di più usuale, mandando ai libri di già citati, e particolarmente a quello di Lanz e Bétancourt, per chi bramasse uno studio più minuto o più completo.

1.º *Moto rettilineo continuo in moto rettilineo continuo.*

Fra i motori, i soli che si possano riguardare come agenti in linea retta e continuamente sono, l'aria (agente pel suo moto, suo peso, e sua elasticità o sua espansione istantanea), l'acqua (pel suo moto, suo peso, sua reazione od espansione del suo vapore), e la polvere da cannone.

La soluzione più comune del mutamento del moto rettilineo continuo in moto dello stesso genere, si trova nelle macchine semplici già da noi descritte, le carrucole e le taglie; in queste macchine il moto rettilineo è trasmesso a distanze e in piani diversi, e con modificazioni di velocità che già imparammo a calcolare.

Gli organi meccanici col mezzo dei quali si mantiene uno o più punti in moto paralleli ad altri punti dati, debbono far parte di questa serie.

La *fig.* 1. (*Tav. XVI.*) addimostra uno strumento usitatissimo, e che si trova in quasi tutti gli astucci dei matematici; le due righe *a a*, *b b*, legate fra loro da due bandelle a perno *c d* ed *e f*, si mantengono sempre parallele l'una all'altra; se si suppone *b b* immobile, puossi tracciare con *a a* una serie di parallele successivamente più distanti da *b b*; la massima fra queste distanze si ottiene quando *d c* ed *e f* sono perpendicolari a *b b* e per conseguenza ad *a a*.

Lo stesso risultamento si ottiene dalla *fig.* 3.

La *fig.* 2. presenta la soluzione d'un problema, che lungamente occupò i più abili meccanici inglesi. Nelle filande del cotone, i telai che portano i fusi onde s'avvolge il cotone poichè venne raccolto sui rocchetti, debbono potere, come vedremo più oltre, scostarsi ed appressarsi successivamente ai banchi sui quali si opera la distensione dei fili. Ora, i telai chiamati *mull-jennys*, hanno da 6 a 9 metri di lunghezza, e debbon potersi allontanare dal banco per $1^m,30$. Di qui si comprende essere della massima importanza che questi telai, scostandosi od appressandosi ai banchi conservino con essi il più esatto parallelismo, affinchè i fili rimangan tutti egualmente tesi. Ciò si ottiene col mezzo indicato dalla *fig.* 2. Sia *a* il telaio montato sulle quattro sue ruote: per mezzo di due corde *c d* e *e f*, ciascuna delle quali passa attorno alle carrucole *b b*, e dove i punti d'unione *e* e *d*, *c* ed *f* sono fissi di tal maniera che tali due corde sian dappertutto egualmente tese, se si è posto il telaio in modo che sia bene perpendicolare alle linee *e f* e *c d*, si può in seguito farlo muovere da *c e* in *d f*, e reciprocamente; ed ei resterà sempre perfettamente parallelo alla sua prima posizione, e così, con un mezzo semplice e poco costoso, si trova sciolto il problema della traslazione d'un organo meccanico di grande lunghezza, mantenendolo sempre parallelo a sè stesso.

La *fig.* 4 (*Tav. XVI*) offre pure un mezzo di trasportare due corpi *a a*, *b b* parallelamente l'uno all'altro. Ognuna delle due stagge porta una scanalatura nella quale sdruccíola un curro o subbio, l'uno appartenendo al braccio *i h*, l'altro al braccio *g k*; i cui punti *i* e *k* sono a cerniere fisse sui due regoli *a d* e *b b*, e i cui punti *g* ed *h* forniti di curri o cilindri, sono a cerniere mobili.

Sia una zeppa o bietta *e* (*fig.* 5) mossa fra due doppi bracci *b* e *c*; sia la zeppa *f* portante otto curri, che non le permettono di sviarsi nè a dritta nè a manca dei bracci *b c*, ma le lasciano modo di passare da *d* in *a* e reciprocamente. Se si spinge la zeppa *e* per farla avanzare sulla dritta, la bietta *f* monterà, e la staggia superiore rimarrà, in ogni posizione, costantemente parallela alla prima direzione. Se la zeppa *e* viene spinta a sinistra, la bietta *f* discenderà, e la staggia superiore prenderà posizioni successivamente parallele alla prima.

Se si suppone la zeppa *e* prolungata in modo da formare il suo angolo acuto, e che sotto un angolo qualunque porti al di sopra un regolo strisciante fra due *maschi*, e, per evitare gli attriti, porti una girella a quella delle sue estremità che tocca la zeppa, l'estremità del regolo si avanzerà pure a misura che la zeppa cammina, e per tal guisa il moto rettilineo continuo si troverà trasportato in un altro piano.

Noi descrivemmo superiormente l'ariete idraulico. In questo ariete evvi trasformazione di moto rettilineo continuo della corrente d'acqua che serve di motore, in un altro moto rettilineo continuo qual è quello dell'acqua saliente nel tubo d'iniezione o d'ascensione.

2.º *Moto rettilineo continuo in moto rettilineo alternativo.*

Il vapore, dicemmo precedentemente, può essere considerato come agente secondo un moto rettilineo continuo. Così in un cilindro di macchina a vapore, ove questo entra successivamente per dissopra e per dissotto lo stantuffo e lo fa muovere, mediante condensazioni successive, dal basso all'alto e dall'alto al basso, avvi trasformazione di moto rettilineo continuo in moto rettilineo alternativo.

Nella macchina a colonna d'acqua, che descrivemmo a pag. 309 a 313, hanno luogo lo stesso effetto, la stessa trasformazione di moto.

Il moto d'espansione e di contrazione prodotto in tutti i corpi, in sequela delle variazioni di temperatura, è pure una trasformazione di moto rettilineo continuo in moto alternativo. Noi parlammo (pag. 186 a 199) del motore che la meccanica trova nella dilatazione de' metalli o d'altri corpi, in conseguenza del calore. In seguito ritorneremo su quest'argomento.

3.° *Moto rettilineo continuo in moto circolare continuo*.

Un verricello semplice (*Tav. V fig.* 8, 9 e 10), un argano (*Tav. V fig.* 11 e 12) un martinetto (*fig.* 23 a 28) producono tali trasformazioni.

Una catena continua (*fig.* 13 *Tav. XVII*) trasmettendo il moto circolare d'una carrucola 12 ad un'altra 14 fornisce pure una soluzione di tale problema.

Un eguale risultamento si ha da una vite che giri nella sua madre-vite.

La *fig.* 6 *Tav. XVI* indica un mezzo immaginato dal Prony per trasformare il moto circolare continuo in un moto rettilineo, con qualsivoglia piccola velocità. Quest'idea semplice ed eccellente è suscettiva d'innumerevoli applicazioni.

f g è un cilindro diviso in tre parti; nella parte *g h*, e nella parte *i f*, sono praticate due viti di passo assolutamente eguale, e giranti nelle madreviti *a* e *c*. Ad ogni giro di manovella il cilindro percorre uno spazio orizzontale uguale al passo delle viti *g h* od *i f*. In quanto alla parte *i h*, porta essa pure una parte a foggia di vite, il cui passo differisce da quello delle viti $g\,h$ ed $i\,f$ d' una quantità picolissima quanto si voglia. Con questo mezzo la madre-vite b, foggiata a linguetta e che può strisciare sulla guida d, descrive in un giro di manovella uno spazio eguale alla differenza che havvi tra il passo della vite della parte media e il passo delle viti alle due parti estreme.

Si vede che ciò è qualche cosa di analogo al moto delle due viti l'una nell'altra, le quali descrivemmo a pag. 99 e 100, e che sono rappresentate dalla *fig.* 15. *Tav. V.*

La vite d'Archimede cambia il moto circolare continuo in moto rettilineo continuo.

Le ruote idrauliche fanno il contrario. Il moto dell'acqua come agente dicemmo che debb'esser riguardato come rettilineo continuo; un tale moto dà origine ad un moto circolare continuo in sequela degli organi meccanici che nominammo.

Accade lo stesso nei molini a vento.

Ugualmente pure addiviene nelle trombe dette roteanti, dove almeno il moto circolare si trasforma in rettilineo.

Nelle grue o capre si ha la stessa soluzione. Questo è il caso dei verricelli e degli argani.

4.º *Moto rettilineo continuo in moto circolare alternativo.*

Il giuoco di una tromba ordinaria offre la soluzione di un tale problema, o almeno l'inverso del medesimo. La mano applicata all'estremità della leva si muove con moto circolare alternativo; l'acqua saliente nel corpo di tromba ha un moto rettilineo continuo.

Sia una leva $a\,b$ (*Tav. XVI. fig.* 7.), girevole attorno del suo centro o, e pertante a distanze eguali dal centro due altre piccole leve $c\,f$ e $d\,e$, mobili attorno i due punti d'unione c e d, e curvate alle loro estremità e ed f. Per queste estremità le leve ingranano sui denti d'una sbarra $m\,n$, che porta al suo centro un'incavatura $g\,h$, e può così montare sdrucciolando contro l'asse *o* della leva. Se si fa agire la leva, vale a dire, se s'imprime a quest'organo meccanico un moto circolare alternativo, la sbarra monterà e prenderà così un moto rettilineo continuo.

Un battello che getta l'Àncora in mezzo d'un fiume, affidandola ad un canapo assai lungo, dopo di essersi allontanato fino a tanto che il canapo sia teso, può alternativamente recarsi all'una riva od all'altra, secondo il modo col quale registra il timone. Descrive così degli archi di circolo di cui l'Àncora diventa il centro, e la lunghezza del canapo il raggio. Così il moto rettilineo continuo dell'acqua che scorre, produce il moto circolare alternativo del battello.

5.° *Moto rettilineo continuo in moto rettilineo secondo una data curva.*

Non avvi organo meccanico che dia la soluzione di un tale problema. Vi si perverrà soltanto trasformando il moto rettilineo continuo in circolare continuo dietro le indicazioni del §. 3., e questo in moto rettilineo secondo una data curva, seguendo le indicazioni del §. 10.

6.° *Moto rettilineo continuo in moto alternativo secondo una data curva.*

Non esiste organo meccanico che dia direttamente questa soluzione: ma puossi concepire, a cagion di esempio, un insieme di organi meccanici che trasformino il moto rettilineo continuo in moto circolare continuo, mediante i mezzi indicati al §. 3, e trasformando questo in alternativo, come or ora diremo.

7.° *Moto circolare continuo in moto rettilineo alternativo.*

Gli *eccentrici* danno una soluzione di questo problema. Noi spiegheremo più innanzi ciò che sia quest'importante organo meccanico.

Sia *g h* (*Tav. XVI. fig. 8.*) una ruota di legno, piena, mossa dalla manovella *e f*, che è situata sulla faccia opposta a quella in cui è veduta la macchina.

Questa ruota è fornita d'un piuolo i, che striscia nell'incavatura praticata in una sbarra $m\,n$. Con ciò si ha trasformazione di moto circolare continuo in moto circolare alternativo: imperocchè i punti m ed n vanno e vengono in archi di cerchio mentre la ruota $g\,h$ descrive un circolo intero. Ma se si guarnisce la sbarra $m\,n$ di un settore dentato $o\,p$, il quale ingrani coi denti d'una sbarra, esso comunica a questa sbarra un moto rettilineo alternativo. Se all'altra estremità si attacca una corda che passi sopra una carrucola, e porti un peso, questo peso riceverà pure un moto rettilineo alternativo.

Se nella sbarra $m\,n$, ogni punto della quale descrive degli archi di circolo, si pone un piccolo cilindro, che possa strisciare in una piccola scanalatura praticata in questa sbarra e in un'altra incavatura d'una sbarra $r\,t$, vi sarà trasformazione d'un moto circolare alternativo in moto rettilineo alternativo, il che appartiene ad un altro paragrafo.

Sia una ruota $h\,h$ ($Tav.\ XVI\ fig.\ 9$), girevole attorno d'un asse g, guarnita per la metà di denti. Un telaio circonda questa ruota, e di ciascuna delle sue facce longitudinali v'ha una parte dentata $i\,i$, nella quale ingranano i denti della ruota $h\,h$. Questo telaio è fornito di due montanti e ed f, che strisciano in due maschi c e d. Se si pone in azione la ruota, il suo moto circolare continuo, darà origine ad un moto rettilineo alternativo al telaio ed a' suoi montanti.

Lo stesso effetto ottiensi coll'organo meccanico indicato dalla $fig.$ 10. Là il telaio è guarnito d'una catena continua, e la ruota è interamente dentata. Il telaio $a\,b$ striscia frai cilindri $c\,c$; la ruota dentata g imprime alla catena un moto di va e viene. Le due traverse $f\,f$ servono a comunicare un moto laterale al telaio alla fine di ogni oscillazione per facilitare l'andamento dell'ingranaggio.

Una ruota $f\,f$ ($fig.$ 11) manovrata mediante la manovella $d\,c$, porta un piuolo h: questo piuolo può strisciare nella scanalatura d' una sbarra *g g*, la quale poggia in *t* sopra una sbarra *a a*, che striscia tra i maschi *b b*, *c c*; con questo mezzo il moto circolare della ruota *f f* trasmette un moto rettilineo alternativo ad *a a*.

In quest' organo meccanico il moto alternativo è al suo termine lentissimo ed accelerato verso il mezzo delle oscillazioni.

Il moto de' pestelli, sia mediante ruote in parte dentate e sollevando dei gambi forniti pure di denti per una loro porzione, e ricadenti quando l' estremo dente della ruota ha tocco l'ultimo dente del gambo (*fig.* 12), ovvero mediante ruota armata di chiavelli (*fig.* 13), e che toccano successivamente una leva la quale agisce sul gambo che trattasi di sollevare, offrono un' altra soluzione dello stesso problema. Noi esamineremo più innanzi la disposizione dei chiavelli *b b* della ruota *a* (*fig.* 13), essendo questo uno degli organi meccanici i più usitati.

Sia una ruota *a a* (*fig.* 14) messa in moto da una manovella *c d*, applicata sulla faccia di quest' organo meccanico, la quale è opposta al lato dal quale è veduto. Col mezzo di una zeppa o bietta *d e*, attaccata in *d* alla ruota *a a*, ed in *e* ad un gambo strisciante tra due maschi, come *f*; questa zeppa essendo d' altronde mobile attorno dei suoi due punti di attacco, il moto circolare di *a a* comunicherà un moto rettilineo alternativo al gambo. Si vede che le oscillazioni di questo gambo saranno in ragione della distanza più o meno grande, alla quale la zeppa sarà stata attaccata, dal centro della ruota.

a b (*fig.* 15) è un cilindro girevole sopra il suo asse e mosso dalla manovella *d*, il quale ha sulla propria superficie delle scanalature tracciate secondo due curve spirali, come elice di vite, che si incrociano e si confondono alle due estremità del cilindro: *f* può strisciare in una scanalatura praticata in *c*, e termina in una punta che riempie esattamente l' incavatura praticata sul cilindro. Imprimendo a

questo cilindro un moto circolare continuo, si trasmette dunque ad f un moto rettilineo alternativo
lungo c.

Trattasi d'imprimere un moto alternativo rettilineo alla trave aa. Si guarnisce d'una catena continua ed. Su questa catena si fa agire con una manovella una ruota dentata i, l'asse g della quale
può strisciare in una scanalatura verticale gh d'un
montante cb. Due piccoli piuoli che poggiano sul
tavolato, premono alternativamente contro due molle
situate a destra ed a sinistra, e determinano il passaggio della ruota dentata, al di sopra e al di sotto
della catena.

Sia una ruota dentata ee (fig. 17 e 17 bis) girevole attorno d'una catena continua e circolare ff,
mediante una manovella ed un asse spezzato bcd,
essendo il diametro di ee uguale al raggio di ff.
Mentre che ee gira attorno il suo centro, e percorre nello stesso tempo l'interno di ff, si dimostra
che ciascun punto della sua circonferenza traccia una
linea retta che è un diametro di ff. Per conseguenza
se si ponesse un piuolo ad un punto di detta circonferenza, questa imprimerebbe un moto di va e viene
ad un vette. Nei trattati di Geometria descrittiva
racchiudesi una minuta esposizione di que' principi
di detta scienza sui quali si fonda l'andamento degl'ingranaggi; ed a cagion d'esempio nel trattato
delle epicicloidi e dei loro usi nella meccanica, opera
del Lahire, si trova la dimostrazione del teorema
suindicato.

Siano due ruote dentate aa, bb di diverso diametro (fig. 18.) ma i centri delle quali siano situati
sulla stessa linea orizzontale. Una di esse riceve un
moto circolare e lo trasmette all'altra più o meno
accelerato o più e meno ritardato, secondo le differenze dei loro raggi. Siano due vetti dc e cf, attaccati ad ognuna di queste due ruote per una delle
loro estremità, e per l'altra attaccati ad una leva
ef, la quale è fissata al suo centro ad un gambo

che scorre negli anelli h. Egli è facile concepire che s'imprimerà per tal guisa a questo gambo un moto alternativo, e che il numero delle sue oscillazioni, la loro ampiezza e la loro durata varieranno all'infinito secondo le relazioni di grandezza che si saranno stabilite fra le due ruote, i punti d'attacco dei due vetti, la loro lunghezza ecc.

La *fig.* 20. riunisce due mezzi comunissimi per cambiare il moto circolare continuo in moto rettilineo alternativo. Il primo consiste in manovelle spezzate od a gomito $h h h$; attaccando a queste delle corde, e facendole passare ravvolte sopra carrucole alle estremità delle quali siano attaccati dei pesi, questi pesi prenderanno un moto rettilineo alternativo.

Il secondo mezzo consiste in un piano $q r$ inclinato sul suo asse p. Se si suppone un gambo $t s$, che pesi su detto piano mediante un cilindro s, e mobile orizzontalmente sopra montanti verticali c, se si suppone d'altronde questo gambo costantemente ricondotto verso il piano $q r$ mediante una corda u, la quale passi sopra una carrucola v, cui sia attaccato un peso x; se il piano è posto in moto (il quale riesce circolare e continuo) egli è facile conoscere che il gambo t prenderà un moto rettilineo alternativo.

La *fig.* 21. dà un'altra soluzione di questo problema. La ruota $e e$ mossa dalla manovella d porta tre cilindri f, g, h, i quali vengono successivamente ad urtare contro il cilindro i, il quale porta ad una delle sue estremità la leva a gomito $i k l$. Questa leva, all'altra sua estremità l, porta una corda che passa sopra una carrucola m, cui è sospeso un grave n. Questo grave tende a ricondurre costantemente la leva $i k l$ mentre gli anzidetti cilindri lo fanno ridiscendere dall'altro lato. Così i tre cilindri hanno un moto circolare continuo; le due estremità della leva hanno un moto circolare alternativo, e il peso n ha un moto rettilineo alternativo.

Sia un volante *n o*, il quale porti al suo centro un rocchetto *b*. Questo trasmette il moto alle ruote dentate *ef*, che sono di una stessa dimensione, e i loro assi *c* e *d* stanno sopra la stessa armatura orizzontale *a a*. Queste ruote sono armate di due manovelle *c g*, *d h* di ugual lunghezza, ognuna delle quali porta un vette *g i*, *h k*. Questi due vetti sono uguali, e legati fra loro mediante una sbarra orizzontale *i k*, la quale porta al suo centro *l* un gambo verticale *l m*. Egli è facile conoscere che, mediante quest'organo meccanico, il moto circolare continuo del volante e delle ruote dentate trasmette un moto rettilineo alternativo al gambo *l m*.

La *fig.* 23 fornisce un'altra soluzione di questo stesso problema. Attorno di un medesimo asse *g* sono due ruote dentate *ff*, armata ciascuna d'un rocchetto *g*. Ognuna di queste ruote entra ad attrito dolce nell'asse del volante, e mediante le disposizioni dei rocchetti, quando l'una trasmette il moto del volante ad una delle catene, l'altra striscia sull'asse; noi faremo ritorno più innanzi su quest'organo meccanico quando noi spiegheremo l'uso delle ruote ad attrito dolce nella meccanica.

Il *pendolo conico* nelle macchine a vapore converte un moto circolare continuo in rettilineo alternativo. Discriveremo in seguito quest'organo meccanico importantissimo nell'industria.

Noi troveremo la soluzione dello stesso problema in altri organi di macchine a vapore, che trasmettono il moto circolare d'una manovella ad uno stantuffo di cilindro.

8.º *Moto circolare continuo in moto circolare continuo*.

Le ruote comunicanti fra loro mediante coregge o catene parallele, o incrocicchiantisi tra loro, offrono una semplice ed usuale soluzione di un tale problema.

Avviene pure lo stesso degl'ingranaggi. Studieremo più avanti questi organi tanto comuni.

La *fig.* 25 mostra una corda continua ravvolta su carrucole situate a varie distanze, e loro comunicante nei sensi indicati dalle frecce il moto che una tra loro riceve da un motore qualunque. Nelle rastelliere a fulcri per filatura di cotone si fa un grand'uso di questa guisa di trasmissione di moto.

Un verricello portante una vite continua e che faccia per tal mezzo girare una ruota dentata, come mostra la *fig.* 17 *Tav. V*, offre pure una soluzione dello stesso problema.

Il trapano a mano (*Tav. XVI fig.* 26) trasforma pure il moto circolare continuo in moto dello stesso genere. La manovella *a* agisce sopra una ruota dentata conica *g*; questa trasmette il moto ad una ruota dello stesso genere, *h*, che gira in un piano perpendicolare, e l'asse della quale è fornito d'un gambo armato di punta. Pel moto di rotazione che gli è impresso questa punta opera con rapidità dei fori.

La *fig.* 27 presenta il mezzo di trasmettere il moto circolare continuo in un piano circolare, ed è ciò appunto che ha luogo nell'organo meccanico rappresentato dalla detta figura, e nel quale, per mezzo d'una corda continua, il moto della carrucola verticale *a*, passando per le carrucole verticali di rinvio *b* e *c*, viene comunicato alla carrucola orizzontale *d*.

La *fig.* 28 mostra un'altra soluzione del problema. Quivi si propone per iscopo di avere dei moti di velocità variabili secondo una data legge. Se si suppone a cagion d'esempio, che il moto venga dal cono *b*, e che questo moto sia in un tal senso che questo cono tenda a ravvolgere la corda attorno di lui, in ogni giro ch'egli fa presenta alla corda una superficie sempre decrescente; il cono *a* sottomesso a quest'azione, girerà esso pure, dapprima con una velocità maggiore di quella di *b*, poscia uguale, e finalmente più piccola.

La *fig.* 29 presenta ancora una soluzione dello

stesso problema. Una ruota dentata elittica *a a* porta al suo centro un gambo *f g*, mobile attorno del suo asse *d*. Verso l'altra estremità dell'asse, porta l'asse *c* d'una ruota dentata circolare *b b*, il quale può strisciare in una scanalatura praticata in detto gambo, ed uguale in lunghezza alla differenza fra il massimo e minimo diametro della ruota elittica; una molla che va d'asse in asse stringe la ruota minore contro la maggiore. Il moto circolare della ruota elittica si trova per tal modo trasmesso alla piccola ruota, ma con velocità regolarmente variabili.

9.º *Moto circolare continuo in circolare alternativo.*

Uno de' più frequenti esempi di questa trasformazione di moto si ha nelle magone, dall'azione d'una ruota a chiavelli sopra un martello (*Tav. XVI fig.* 30.). La ruota gira attorno del suo asse *a*, e mediante i chiavelli percuote l'estremità inferiore del manico del martello, il quale per essere girevole attorno al suo punto d'appoggio *c*, descrive porzioni di circolo colle sue due estremità?

Una manovella, che agisca su un bilanciere opera la stessa trasformazione.

Nella macchina dell'arrotino, nel filatoio, la calcola o pedana, sulla quale l'operaio poggia il suo piede, descrive colla sua estremità un moto circolare alternativo, il quale mediante un vette applicato per un'estremità a questa pedana, e per l'altra ad una manovella, imprime alla pietra che arruota o al fuso ed alle ruote del filatoio, un moto circolare continuo.

La *fig.* 31. addimostra un organo meccanico usitatissimo nelle macchine a vapore, e chiamato *la cicogna*: *e f* è un bilanciere che ha un moto, circolare alternativo che si trasmette, mediante un vette *e d* alla ruota dentata *b*: questa porta al suo asse un altro vette, di cui l'altro punto d'attacco è al centro d'una ruota *a*. Le due ruote si trovano dunque mantenute sempre ad egual distanza l'una dall' altra, in modo che l' una di esse trasmette necessariamente all' altra il suo moto; la ruota *b*, girando attorno alla *a*, fa pure girare questa ruota, e pone in moto un volante *b c*. L' oggetto di quest' organo meccanico è di regolarizzare l' azione del bilanciere *e f*, mettendolo in contatto con un volante. Ritorneremo su quest' organo quando avremo esposto più minutamente le qualità meccaniche del volante.

Gli *scappamenti* dell' orologio (*Tav. XX fig.* 1 *e* 2) e le leve di Lagarousse (*Tav. XX. fig.* 3 *e* 4) offrono la soluzione dello stesso problema.

Dalla sola ispezione delle anzidette figure si conoscono i moti.

10.° *Moto circolare continuo in moto continuo secondo una data curva.*

Queste trasformazioni di moto hanno particolarmente luogo nella macchina semplice chiamata *tornio*, e nelle macchine inoltre colle quali si tracciano curve sulle superficie piane. Noi mandiamo all' opera di Lanz e Bétancourt per conoscere le particolarità di questi diversi organi meccanici. Qui solamente ci limiteremo a trarre da essi la descrizione d' uno di tali organi.

» In generale, dicono questi autori, quando si proponga di far pervenire ad un punto una spirale, si tende allo scopo di tracciare una curva sulla superficie d' un cilindro. In questo caso la macchina diverrà più semplice dividendo il moto in due altri, cioè circolare e rettilineo. Si può dare al cilindro sul quale si vuol tracciare l' elice, un moto rettilineo di traslazione nel senso del suo asse, mentre che lo strumento gira attorno, o si può far girare sul proprio asse, mentre lo strumento percorre una linea parallela all' asse del cilindro. L' ultimo mezzo è il più comodo, e, per questa ragione è stato preferito nelle macchine che servono a segnar passi di vite di larghe dimensioni, come quella stabilita a Chaillot dal Périer, ed un' altra operata dal Salneuve.

» Ecco gli elementi di questa macchina importantissima nelle arti: *iiii* è il cilindro che dirige, il moto rettilineo, e lo comunica allo strumento per mezzo della sua madrevite *h h*. Egli gira sul proprio asse, e la sua posizione è determinata dai collari *g g*. *f* è una ruota dentata, fissa al cilindro direttore ; *k k* il cilindro che si vuol foggiare a vite ; si pone sul tornio e si fornisce d'una ruota dentata *d*. I due cilindri debbon essere situati in tal guisa che conservino il più perfetto parallelismo nei loro assi : *e* mostra una terza ruota ausiliaria che serve d'intermediaria per l'ingranaggio delle due ruote *d* ed *f*. Il suo asse può venire alzato od abbassato talchè si presti a tutti i cangiamenti che le circostanze possono esigere nella ruota *d*, affine di mutare i rapporti dei viaggi di *d* e di *f*. Se questo rapporto è sì grande che lo spazio invariabile nella macchina, fra la distanza degli assi dei due cilindri, non permetta di ottenerlo colle due ruote *d* ed *f*, e non sia possibile di cangiar cilindro direttore, si toglierà la difficoltà sostituendo al posto della ruota *e* un'altra ruota guarnita d'un rocchetto.

» Sia χ il raggio di *f* ; χ' il raggio di *d* ; *y* il passo di vite di *iii*. Mentre *d* compie una rivoluzione, *f* farà una parte $\dfrac{\chi'}{\chi}$ della sua, e lo strumento avrà percorso uno spazio $y \times \dfrac{\chi'}{\chi}$, che sarà il passo dell'elice, tracciato sopra *k k*, e che noi chiameremo *y'*, e si avrà $\dfrac{\chi'}{\chi} = \dfrac{y'}{y}$.

11.° *Moto circolare continuo in moto alternativo secondo una data curva.*

Non esiste alcun organo meccanico che risolva direttamente questo problema ; ma trasformando il moto circolare continuo in moto circolare alternativo, coi mezzi già indicati, quest' ultimo potrà mutarsi in alternativo secondo una data curva, coi mezzi egualmente indicati.

12.º *Moto continuo secondo una data curva in moto rettilineo alternativo.*

Nessun organo meccanico presenta direttamente la soluzione di questo problema. Ma si può cangiare il moto continuo secondo una data curva in moto circolare continuo, stando alle indicazioni date al §. 10, e questo in rettilineo alternativo, a norma delle indicazioni date al §. 7.

13.º *Moto continuo secondo una data curva in moto circolare alternativo.*

Dicasi lo stesso per questa trasformazione che per le due precedenti. Si ottiene la soluzione trasformando il moto dato in circolare continuo, secondo le indicazioni del §. 10, e questo in circolare alternativo, secondo le indicazioni del §. 9.

14.º *Moto continuo secondo una data curva in moto continuo secondo una curva data.*

Il moto dato si trasformerà in circolare continuo, secondo le indicazioni del §. 10, e questo in moto secondo una data curva, come all' indicazione dello stesso paragrafo.

15.º *Moto continuo secondo una data curva, in moto alternativo secondo una curva data.*

Si muterà il moto dato in circolare alternativo, secondo i mezzi trovati colla soluzione del problema al §. 13, ed il moto circolare alternativo in moto continuo secondo una curva data, come alle indicazioni del §. 10.

16.º *Moto rettilineo alternativo in moto rettilineo alternativo.*

Si trasformerà il moto rettilineo alternativo in moto circolare, secondo le indicazioni date al §. 7, e questo in moto rettilineo alternativo, come insegna lo stesso paragrafo.

17.º *Moto rettilineo alternativo in circolare alternativo.*

Una leva *a a* (*Tav. XVI* fig. 33) movibile attorno del suo asse *b* porta una semicirconferenza *c c*, alla quale è attaccata una corda continua che passa su due carrucole *d* ed *e*. Se si mette in moto *a a*, il suo moto circolare alternativo produrrà un moto rettilineo alternativo per la corda. Questo moto è stato utilmente usato in una macchina per tagliar pali sott'acqua, ed è uno dei più semplici e più convenienti a questo fine.

Il moto di *zig-zag* (fig. 34) è conosciutissimo; si adopra in cerchi balocchi da fanciulli: siccome i punti *a a* del manieo e i punti estremi d'incontro di diverse spranghette *b b*, *c c* descrivono movimenti circolari alternativi, i punti d'incontro centrali hanno movimento rettilineo alternativo, e se all'ultimo di essi *e* si affida una sbarra scorrente fra due mascelle, questa prenderà lo stesso moto.

Il moto di *zig-zag* è impiegato nel dipannatoio, ed inoltre nelle pinzette o tanaglie impiegate a trarre dei corpi pesantissimi dal fondo del mare.

Per mezzo delle due catene *b c* e *d* (fig. 35) attaccate in senso opposto alle due spranghe *f* e *g*, il moto d'un bilanciere, moto circolare alternativo, è trasformato nelle spranghe in moto rettilineo alternativo. Questo moto meccanico è spesso applicato alle trombe per asciugare le mine od altro.

La fig. 36 presenta lo strumento ossia ordigno conosciuto sotto il nome di *trapano*.

Si fa girare lo strumento finchè la corda *a d* sia attorcigliata fin che mai si può all'asta. Per questo moto circolare in un senso dato, il traverso monta. Allora si applica la punta dell'ordigno sull'oggetto da bucare, e vi s'imprime un moto circolare nell'altro senso, e il quale fa discendere l'asta; così avviene trasformazione di moto circolare alternativo in moto rettilineo alternativo in quanto concerne all'asta, e in moto circolare alternativo in quanto concerne alla sua punta. La parte *e* dello strumento serve di volante, e pesa sulla punta per farla

internare, nel tempo stesso che pesa sulla funicella per farla disvolgere, poi avvolgere per mezzo del moto acquistato nel disvolgimento; e così di
seguito.

La *fig.* 37 riproduce un altro strumento od ordigno conosciutissimo sotto il nome di *archetto*.

» Noi rimarcheremo, dicono Lanz e Bétancourt che,
se il moto rettilineo alternativo dell'archetto comunica un moto circolare alternativo all'asse, attorno
del quale la corda fa un giro, ei può altresì comu-
nicarvi un moto circolare continuo. Perciò bisogna
guarnir l'asse con un volante, ed agire a dovere
sull'archetto, dando alla mano un certo moto per
far sì che la corda dell'archetto non agisca sul cilindro che in un senso. Un po' d'esercizio basta
per riuscirvi nella pratica.

I *parallelogrammi di Watt* ed altri organi meccanici analoghi trasformano un moto circolare alternativo in moto rettilineo alternativo. Noi ritorneremo
più oltre su questi organi meccanici così importanti
ed ingegnosi.

18.° *Moto rettilineo alternativo in moto alternativo secondo una data curva.*

Non v'hanno organi meccanici che risolvano direttamente questa trasformazione di moto. Ma vi si
perverrà trasformando prima il moto rettilineo alternativo in circolare alternativo, secondo le indicazioni date al §. precedente, e trasformando questo
in alternativo secondo una data curva, come al §. 10.

19.° *Moto circolare alternativo in moto circolare alternativo.*

Le soluzioni indicate al §. 8, ed una parte di quelle al §. 9, danno questa trasformazione.

Il tornio da legno pure la porge. Il piede del tor-
nitore preme sulla calcola *b* (*Tav. XVI. fig. 38.*)
All'estremità di questa calcola è attaccata una corda, che si ravvolge sopra un cilindro *a* movibile attorno del suo asse *c*, e va ad attaccarsi all'estremità *d* d'una molla *d e*.

20.° *Moto circolare alternativo in moto alternativo secondo una data curva.*

Le soluzioni del §. 10. danno la soluzione di questa trasformazione di moto.

21.° *Moto alternativo secondo una data curva in moto alternativo secondo un' altra curva data.*

Si trasformerà il moto alternativo dato in moto circolare continuo, a norma del §. 10, e questo in alternativo secondo una data curva, a norma dello stesso paragrafo.

Tutte le soluzioni del §. 14 soddisferanno al problema sunnotato.

Ecco descritte le principali trasformazioni che si possono far subire al moto. Passiamo ora a descrivere i principali organi meccanici, per mezzo dei quali queste trasformazioni si operano.

§. 2. — DEI PRINCIPALI ORGANI MECCANICI.

Ingranaggi. Dapprima richiameremo ciò che abbiamo detto sugl'ingranaggi o ruote dentate, alla pag. 229.

Si sa come il moto di rotazione è trasmesso nel molinello per filare, o nella macchina dell'arrotino. Una grande ruota, mossa da una manovella, alla quale il piede della filatrice o dell'arrotino imprime il moto di va e viene, comunica la sua rotazione alla ruota più piccola, per mezzo d'una cordicella accavalciata su tuttaddue; mezzo di trasmissione di moto semplice ed economico, ma che non ha altra potenza che quella dell'attrito esercitato dalla cordicella sulla circonferenza delle ruote. Nelle macchine, questo mezzo di trasmissione del moto sarebbe insufficientissimo, e quando le ruote avessero a sopportare od a vincere dei grandi sforzi in senso inverso del moto trasmesso, l'attrito sarebbe vinto, e la cordicella girerebbe sulle ruote senza risultamento. Ecco ciò che ha fatto immaginare d'armare le circonferenze delle ruote con denti, pei quali ingranano le une con le altre, e così per trasmettere il moto hanno tutta la forza che risulta dalla solidità dei materiali impiegati.

Abbiansi due ruote o tamburi *a a a*, *b b b* (*Tav. XX. fig. 5.*), i cui assi siano paralleli, e dove l' insieme dei raggi, formi una lunghezza eguale alla distanza che divide i due assi; i due tamburi saranno dunque tangenti l' uno all' altro al punto dove sono segate le loro circonferenze dalla linea che va di asse in asse, e quand' uno girerà, farà girare l' altro : ma questa comunicazione di moto non avverrà che in virtù di un attrito, e in conseguenza non sarà propria a trasmettere l' azione d' un motore potente, destinato a vincere una forte resistenza. Ma supponiamo che si diminuiscano le due circonferenze, e che si armino di denti la cui lunghezza supplisca a quanto si è decresciuto nella ruota, più una certa quantità che basti a farli internare gli uni negli altri : si potrà allora trasmettere una grande potenza.

Nelle ruote *a a a* e nelle ruote *b b b*, la porzione di denti che oltrepassa la *circonferenza primitiva* è la *punta* del dente, e la porzione compresa fra la circonferenza primitiva e la circonferenza diminuita *c c c*, *d d d*, è il *gambo* del dente.

Noi ricaviamo dal Poncelet le seguenti condizioni pel disegno degl' ingranaggi : 1.º che i denti d' una stessa ruota siano eguali ; 2.º che i loro spazii siano gli stessi nelle due ruote ; 3.º che la loro forma esterna sia simmetrica per rispetto alla linea di mezzo d' ognuno di essi ; 4.º che non si urtino affatto prima d' arrivare alla linea dei centri C C' (*fig. 5.*), o piuttosto che i denti si comincino a toccare su questa linea ; 5.º finalmente che le curve per le quali i denti si urtano o si guidano siano talmente tracciate, che le ruote si muovano con velocità angolari, le quali siano costantemente in uno stesso rapporto, od in quello che avrebbe luogo nelle circonferenze primitive, se queste si guidassero pel semplice loro contatto.

» *Prima condizione*. La semplicità della soluzione, e la facilità dell'esecuzione materiale degl'ingranaggi esigono che i denti d'una stessa ruota siano tutti eguali e disposti regolarmente attorno della corona. Ma non è necessario che la grossezza, vale a dire la dimensione computata sulla circonferenza primitiva sia la stessa in quelli d'una ruota come in quelli d'un'altra. Per una ruota di ferro il dente sarà meno grosso che per una in legno; bisognerà, al contrario, più grossezza nei denti della ruota che gira più celere, perchè sono i più soggetti a logorarsi.

» *Seconda condizione*. Si chiama *passo* d'un ingranaggio la distanza misurata sulla circonferenza primitiva della base d'un dente alla radice del suo consecutivo. Questo passo dev'esser lo stesso non solo fra dente e dente, ma ancora sulle due ruote; poichè, siccome l'ingranaggio è successivo d'una in altra ruota, questi denti si impedirebbero reciprocamente il moto, se gli spazi descritti simultaneamente dalle circonferenze primitive durante l'ingranaggio non fossero eguali fra loro. Risulta da questa condizione che il numero dei denti delle ruote sono proporzionali ai diametri delle circonferenze primitive; di modo tale che se l'una ha quindici denti l'altra ne avrà trenta se il raggio di questa sarà doppio del raggio di quella. Per l'ordinario la divisione si effettua su queste circonferenze primitive, chiamate ancora circonferenze graduate; e noi ritorneremo a dire del metodo più convenevole a tal fine. Faremo intanto rimarcare che un dente, mentre s'ingrana in una ruota, si trova posto fra due denti di questa, e che ha bisogno d'un certo spazio per muoversi, il quale riducesi a $\frac{1}{12}$ della grossezza dei denti per le ruote ben fatte, e ad $\frac{1}{6}$ per le più grossolane. L'ampiezza dell'intervallo fra due denti d'una ruota equivale per conseguenza alla grossezza dei denti dell'altra ruota, aumentata dello spazio pel giuoco d'ingranaggio; di modo che il passo è eguale alla somma delle grossezze di ciascun dente di entrambe le ruote, più lo spazio pel sunnotato giuoco d'ingranaggio.

» *Terza condizione*. Siccome spesso addiviene nelle macchine che le ruote non girino tutte nel medesimo senso, bisognerà che ogni dente sia terminato simmetricamente da due curve simili, affine che sia atto a condurre i denti dell'altra o ad esserne condotto, indifferentemente.

» *Quarta condizione*. Quando i denti di due ruote s'avvicinano alla linea de' centri C C', questi denti si vanno a scontrare l'un l'altro. Quando invece questi denti ingranati allontanansi da C C', tendono a sfuggirsi; dietro ciò bisogna fare in guisa, per quanto è possibile, che i denti non comincino ad urtarsi che dopo l'istante in cui sono giunti alla linea dei centri C C'. Così si eviteranno gli effetti delle asprezze o dei tentennamenti dannosi che risulterebbero se due denti di questa spezie si scontrassero con urto prima della linea dei centri, presentando la punta o la testa, per cui si rompono se non sono tali da sospendere interamente il moto. La forma dei denti non è arbitraria; però non si darà mai loro la forma di una curva concava, nè quella di un quadrato o di un trapezio, non perchè anche con queste forme le ruote non potessero comunicarsi uniformemente il moto, ma perchè ne risulterebbero tentennamenti dannosi, se due denti di tal forma si incontrassero innanzi la linea dei centri.

» *Quinta condizione*. I denti debbono sempre avere una forma alquanto arcuata, che loro permetta di essere tangenti dal momento che sono per incontrarsi. Inoltre, nel tratto di facce che si urtano, ritiensi questa condizione che la velocità d'una ruota sia trasmessa all'altra in un rapporto costante, affinchè gl'ingranaggi siano bene determinati. Le particolarità nelle quali ora ci addentriamo spiegheranno meglio questi principi ».

Gl'ingranaggi si possono dividere in due classi

distinte: *ingranaggi retti o cilindrici*, ed *ingra-naggi ad angolo o conici*. I retti sono quelli ad assi paralleli: i conici sono quelli i cui assi formano un certo angolo. Così gl'ingranaggi indicati dalle *fig.* 6, 7, 8 e 9 (*Tav. XVII.*) sono retti: quelli mostrati dalle *fig.* 2, 3, 4, 5, 10, 11, 12 (*Tav. XVII.*) sono ad angolo o conici.

In codesta medesima *Tav.* (*fig.* 1.) le ruote C e D formano ingranaggi retti; le ruote F F, G G, K K, L L, *r* e *q*, U e V, *s* e *t* formano ingranaggi ad angoli; nella *Tav. XV.* le ruote *ɀɀ* e *c* (*fig.* 1. e 2.) formano un ingranaggio retto; e così pure le ruote *a* e *b* (*Tav. XIX. fig.* 9.)

Le forme diverse di questi ingranaggi han loro inoltre procacciato alcuni nomi particolari. Così l'ingranaggio rappresentato dalle *fig.* 4 e 5 (*Tav. XVII.*) si chiama *ingranaggio a lanterna*. La *lanterna* è la piccola ruota *e e*; la grande *f f* si chiama *ruota a corona*. La lanterna è una ruota composta di due dischi in legno o in metallo, fra i quali si fissa, presso la loro circonferenza, un certo numero di cilindri chiamati *fusi*. L'asse della lanterna passa pel centro d'ogni disco e vi è perpendicolare. In questa specie d'ingranaggio la lanterna è sempre la *ruota mossa*, quella cioè che sempre riceve il moto senza darlo giammai.

Si chiama *ingranaggio interno*, un ingranaggio come quello indicato dalle *fig.* 9, 10, 17, 23 (*Tav. XVI.*); dalla *fig.* 1. (*Tav. XI.*), dove la ruota idraulica, armata interiormente di denti, trasmette il moto ad un rocchetto *i*; ed in fine dalle *fig.* 1 e 2 (*Tav. XV.*), nelle quali il moto è trasmesso alla ruota *a a* da un rocchetto *c*, che guida l'ingranaggio interno della ruota.

Si chiama *ingranaggio a catena*, un ingranaggio simile a quello delle *fig.* 12 e 23 (*Tav. XVI.*), ed *ingranaggio a vite perpetua*, quello rappresentato dalla *fig.* 17 (*Tav. V.*).

Si chiama generalmente *rocchetto* la minore delle due ruote che s'ingranano. Si dicono qualche volta *punte* i denti d'una ruota di legno, e *piuoli* o *alet-te* i denti d'un rocchetto.

Veniamo intanto a descrivere alcuno de' processi usuali del disegno degl'ingranaggi : ci limiteremo a dire i metodi e le regole del disegno, mandando ai Trattati di Geometria descrittiva, al *Trattato delle Macchine* dell'Hachette, alla *Meccanica* del Ponce-let, ed al *Trattato del disegno delle Macchine* del Leblanc chi volesse aver ragione della teorica di questi metodi, o conoscerli tutti.

Prima di descrivere i disegni degl'ingranaggi, de-scriveremo la traccia delle due curve più usate in detti disegni, cioè la *cicloide* e l'*epicicloide*.

Se si fa rotolare un cerchio sopra una linea retta, la curva descritta da uno dei punti della circonfe-renza sarà una cicloide.

Abbiasi (*Tav. XX. fig. 6.*) una linea retta ab ed un circolo $cdef$; si comprende subito che facendo girare questo cerchio sulla linea ab, il suo centro C percorrerà una linea retta parallela ad ab. In-tanto dividiamo il semicerchio ce in otto parti egua-li, ai punti c, g, h, i, k, e. Prendiamo una di que-ste parti, la cg per esempio, e dividiamola in piccole parti tanto corte che ciascuna di esse potesse considerarsi con un elemento di linea retta; e dal punto c portiamo sopra ab un numero eguale di queste porzioni. La porzione di linea cg' sarà la porzione del circolo cg rettificata. Intanto portia-mo questa stessa porzione cg da g' in h', e da h' in f' ecc.; noi avremo così sopra ab una porzione retta ce', eguale alla curva descritta dai punti c, g, h, f, i, k, e, e che sarà il semicerchio rettificato. Per li punti c, g, h, f guidiamo delle parallele ad ab, per li punti g', h', f' ecc. delle perpendicolari ad ab. Queste linee si taglieranno in certi punti l, m, n, o, p, q. Intanto prendiamo la distanza cg, portiamola da l in v; prendiamo la distanza sh, e portiamola da m in x; la distanza Cf, e portiamola da n in y; portiamo ti in sz ecc. I punti $v, x, y,$

z , w , saranno punti della cicloide, descritta dal punto c e ne daranno la traccia.

Veniamo ora alla traccia dell' epicicloide. Abbiasi una porzione di circolo ab (*Tav. XX. fig. 7.*), avente C per centro, sul quale deve girare il circolo $cdef$, avente per centro C'; egli è chiaro che in questo moto il centro C' resterà sempre ad egual distanza da C, vale a dire descriverà attorno di lui un circolo $C^1 C^2 C^3 C^4$. Dividiamo $cdef$ in un certo numero di porzioni uguali, e portiamo l'una di queste porzioni rettificate, vale a dire divisa essa stessa in certo numero di porzioni eguali, sul gran circolo ab, partendo da c, in modo da avere per c, g', h', e', i', k' uno sviluppamento della curva spettante alla porzione di circolo $cgheik$. Per li punti g, h, e, i, facciamo passare dei circoli aventi C per centro, e dallo stesso centro. C facciamo passar delle linee rette $Cg'v$, $Ch'x$, $Ce'y$, $Ci'z$. Dai punti $C^2 C^3 C^4$, dove queste linee rette incontrano il circolo passando per C' e con $c'c$ per raggio, descriviamo delle porzioni di cerchio. I punti d'intersezione di questi cerchi e di quelli che passano per g, h, e, i daranno i punti m, n, o, p appartenenti alla epicicloide descritta dal punto c, nel moto del cerchio $cdef$, attorno al circolo ab.

La *fig.* 8 mostra la traccia di una *epicicloide interna*, vale a dire, prodotta da un punto d'una circonferenza roteante nell'interno d'un circolo; e le denominazioni consimili in questa figura permettono di seguirne la traccia, come nella precedente.

Quando il circolo che gira interiormente ad un altro circolo ha un diametro uguale al raggio del circolo esteriore, l'epicicloide diviene una linea retta, come abbiam detto a pag. 392; di ciò potrà assicurarsi facendo la traccia, com'è indicato alla *fig.* 9 (*Tav. XX.*). Dividiamo il circolo $Cdaf$ e portiamone le porzioni rettificate sul maggior circolo ab. Sia ad una delle porzioni del minor circolo, e ad' questa medesima porzione rettificata portata sul maggiore. Se si congiungono C e d, e che si prolunghi il raggio, questo passerà per d'; intanto, se pel punto c', intersecazione del circolo tracciato col centro C e col raggio Cc, essendo c il centro del circolo minore, si traccia una porzione di circolo collo stesso raggio Cc, questa taglierà il circolo tracciato col raggio Cd', in un punto n, il quale è situato sulla linea che passa per C e per a. La stessa operazione fatta per un altro punto g darà un altro punto n', egualmente posto sulla linea Ca. Così il punto a, nel rivolgimento del circolo Cdaf dentro il circolo ab discende in linea retta, e va a passare pel centro: in una parola ogni punto della circonferenza del minor circolo sarà sul diametro del maggiore.

Ecco un altro problema di cui importa conoscere la soluzione generale per lo studio pratico degl'ingranaggi. Conoscendo la distanza fra gli assi paralleli di due ruote, e il rapporto delle loro velocità, trovare il raggio di ciascuna di esse. In termini generali, la soluzione di questo problema è come segue: dividete la distanza fra gli assi in tante parti eguali quante sono le unità della somma delle due velocità; prendete per raggio della ruota che deve essere minore, un numero di parti uguali a quello delle unità, indicante la sua minima velocità, e reciprocamente. Così supponiamo gli assi di due ruote a $0^m,75$ di distanza l'uno dall'altro, e supponiamo che uno dei due assi debba fare quattro rivoluzioni e l'altro una nello stesso tempo. Divideremo l'intervallo fra i due assi in cinque parti, che avranno per conseguenza ciascuna $0^m,15$. La ruota che deve fare quattro rivoluzioni avrà $0^m,15$ di raggio: quella che debbe farne una ne avrà 0,60, o almeno queste due circonferenze, l'una di $0^m,15$ l'altra di $0^m,60$ di raggio, e che per conseguenza non saranno tangenti l'una all'altra che in un punto, che è situato sulla linea d'asse in asse, saranno quelle che più sopra abbiamo chiamato circonferenze primitive.

In due ruote che ingranino l' una sull' altra, e i cui raggi siano ineguali, è manifesto che anche il numero dei denti dev' essere ineguale; ed è pur manifesto che quanto più grande è la circonferenza d' una ruota, maggiore debb' essere il numero de' suoi denti : e il numero poi di questi denti debb' essere proporzionale a quello dei denti della seconda ruota, nello stesso rapporto dei raggi delle circonferenze primitive.

Quando si è fissato il numero di denti d' una ruota il numero di quelli d' un' altra si trova stabilendo la seguente proporzione. Il numero dei denti d' una ruota sta a quello dei denti d' un' altra, come il diametro della prima a quello della seconda : onde ne segue che conoscendo il numero dei denti di due ruote A e B, e conoscendo la distanza dei loro due centri, ossia la somma dei loro raggi, e che noi chiameremo S, si troverà il diametro di ciascuna delle due ruote. Supponiamo che si cerchi il diametro della ruota B : chiamiamo d il numero dei suoi denti e D quello dei denti della ruota A ; noi avremo :

$$D + d : S :: d : x$$

così x, diametro cercato $= \dfrac{S \times d}{D + d}$.

Costruzione dell' ingranaggio d' una ruota a corona, guidante una lanterna con moto uniforme.

ABD è il circolo primitivo (*Tav. XX. fig.* 10); MN, tangente a questo circolo, è la linea primitiva; la quale sarà, per esempio, una corda orizzontale, che parte da M, ravvolgendosi al cilindro ABD, e continua in N, sopra una stessa linea orizzontale, ed è stirata da M in N di guisa da produrre col suo moto rettilineo uniforme, un moto circolare uniforme al cilindro ABD. Ove si tratti di rimpiazzare questa maniera di comunicare il moto per mezzo d' un ingranaggio, e che questo ingranaggio debba essere una ruota a corona ed una lanterna, è manifesto che il circolo primitivo ABD deve portare i centri dei fusi della lanterna. Si determinerà la posizione di questi centri, e la grossezza dei fusi dividendo il quarto di circolo AE in 8 parti eguali. Se si prende una di queste parti come raggio dei fusi, si tracceranno così sull'intero circolo 8 fusi, il cui diametro sarà uguale allo spazio compreso fra ognuno di essi. Questo medesimo raggio dei fusi sarà rettificato e portato in MN, di modo tale che i punti di divisione, 1, 2, 3, 4, 5, 6, 7, 8 dei fusi cadano in 1', 2', 3', 4', 5', 6', 7', 8'. Ogni numero dispari indica la faccia d'un dente, e i punti A, 4', 8' segnano il mezzo dei buchi, o fori trivellati.

Pertanto, se noi supponiamo che i fusi fossero ridotti ai loro assi, si troverà la forma dei denti della ruota a corona propria a guidare il fuso A, descrivendo la cicloide di A. Descriviamo questa curva sul punto 8', e, nel senso opposto, sul punto 12'; noi avremo le due porzioni di cicloide 8' y ed y 12', che formano il dente proprio per un fuso ridotto al suo asse. Così, dai diversi punti di queste due porzioni di cicloide, e con un raggio uguale a quello dei fusi, scemiamo a questo dente lo spazio necessario ai fusi: ci resterà il dente 9 y' 11, e noi non avremo più che a tagliare la parte della punta di questo dente, che è inutile. Per determinare qual essa sia, ci rammenteremo che, per la buona qualità d'un ingranaggio, bisogna che il dente che guida non incominci l'azion sua sopra quello che è guidato, che quando il punto di contatto si trova sulla linea di centro delle due ruote. Così, nel caso attuale, il dente P non dovrà lasciare il fuso Q se non quando il fuso A avrà il suo centro sulla linea MN. Tracciando la pianta, in guisa che questa condizione sia adempita, si determina la porzione che può essere scemata al dente.

Sappiasi inoltre che, nella pratica, si dà alla larghezza dei denti un sedicesimo circa di grossezza meno di quella che indica una traccia puramente geometrica, per evitare i troppo forti attriti, risultanti da una costruzione troppo rigorosamente esatta.

Ma su questo argomento ritorneremo più tardi.

Costruzione dell'ingranaggio d'una ruota retta e d'una lanterna.

Supponiamo che i raggi dei cerchi primitivi stiano nel rapporto di 1 a 3, e che il numero dei fusi della lanterna sia 8. Il numero dei denti della ruota sarà dunque (dietro quanto abbiam detto finora) uguale ad $8 \times 3 = 24$. Così la circonferenza primitiva M A N (*Tav. XX. fig.* 11) dovrà esser divisa in ventiquattro parti, ed ognuna sarà uguale all'arco A B rettificato del circolo minore. Se il fuso fosse ridotto al suo asse, la sua curva sarebbe un epicicloide: formiamo dunque un dente M G che soddisfi a questa condizione; togliamovi, come si debbe, la grossezza dei fusi; rimarrà il dente H, al quale taglieremo la punta come sempre si usa.

Noi non vogliamo addentrarci più oltre nella indicazione dei diversi disegni d'ingranaggi, perchè questo studio ci farebbe trascorrere i limiti che ci siamo proposti. Ciò che abbiamo detto basterà per far conoscere i processi sui quali si fonda la costruzione di questi organi meccanici tanto importanti, e per mostrare che lo studio ne è semplice e facile; ma ci staremo sui *dati* pratici di questa costruzione.

Se gl'ingranaggi sono mal disposti, se i denti di due ruote che si guidino reciprocamente si incontrano prima di essere alla linea dei centri, nascono dei trabalzamenti pei quali i denti o si rompono o si logorano presto. Per rimediare a questo inconveniente bisogna acconciare i denti in tal maniera che non si incontrino che sulla linea dei centri od anche più oltre, ed a tal fine si aggrandisce d'alquanto il raggio della ruota conduttrice, senz'aumentare in proporzione il numero de'suoi denti. Di questa guisa un dente soltanto viene sempre alle prese: ma con questo metodo si cade di male in peggio; perchè si producono continui urti dei denti della ruota conduttrice contro quelli della condotta. Altri costruttori montano le ruote dentate sui proprii cardini o perni, poi le fanno manovrare ingranate fra loro, togliendone colla lima i tratti difettosi mano mano che ne scorgono: metodo pure viziosissimo. Di presente ecco il metodo più usato, tal quale lo descrive il Poncelet.

« I modelli, o *stampi*, o *forme* dentro i quali si colano le ruote di ferro fuso, vi danno denti un po' troppo grossi. Quando le ruote sono tratte di fonderia, si montano sopra un albero o perno ben concentricamente, ciò che si ottiene per mezzo d'una punta fissa, la quale toccando l'estremità d'un primo dente deve in seguito toccar quelle di tutti gli altri. Disposta bene la ruota, si fa girare insieme col suo asse, per renderne perfettamente regolare il piano: di poi si traccia sul piano la circonferenza chiamata primitiva. Sopra quest'ultima si segna con esattezza la divisione, i cui punti rappresentano le linee del mezzo dei denti. Questi punti servono di segno o guida ad un modello metallico, il quale porta molti denti di una forma perfettamente regolare, e il quale si applica alla ruota in guisa che il mezzo de' suoi denti coincida colle divisioni della circonferenza primitiva. Infine si fa la traccia sul piano con una punta d'acciaio che segua i contorni del modello, e si levano, o con coltello o con lima le parti eccedenti a seconda che sono più o meno considerevoli. In generale, nei modelli che servono a fonder le ruote, si lascia ai denti una linea di *sovrabbondanza* ».

Ciò che precede concerne le ruote tutte metalliche; ma spesso il solo anello delle ruote è di fusione, e i loro denti si fanno di *legno*. In quest'anello sono praticati degl'incavi, dove s'incastonano i denti già prima tagliati. Il dente attraversa tutto il quarto fonduto della ruota; le due facce dell'incavo *paralelle* all'asse convergono verso il centro, le due altre rimangono paralelle al piano della ruota, e sono fornite di un taglio a spalla che impedisce al dente di discendere. Questi denti si chiamano *pettini* o *pun-te*, e sono rattenuti di sotto al quarto della ruota da una caviglia di ferro che gli attraversa un po' di sbieco.

Quando le ruote sono assai piccole e che hanno moltissima curvatura, i denti dopo aver traversato il quarto, lasciano fra le loro estremità inferiori un intervallo in cui s'introduce una zeppa o bietta con isforzo al di sotto dell'incavo, la qual bietta non può evidentemente cadere.

Una volta davasi ai denti molta grossezza; la loro larghezza nel senso dell'asse della ruota non oltre-passava il doppio della loro grossezza. Il passo di tali ingranaggi era di 4 a 6 pollici; la grossezza dei denti da 18 linee a 4 pollici. Pertanto si fanno gli ingranaggi più sottili e più larghi a seconda che sono forti. La grossezza ordinaria è di $0^m,06$, e la lar-ghezza da $0^m,25$ a $0^m,30$ nelle macchine d'una forza da 40 a 50 cavalli: si riducono queste dimensioni da $0^m,02$ a $0^m,03$ di grossezza, e $0^m,12$ a $0^m,16$ di lar-ghezza per le macchine di 10 a 12 cavalli. Queste dimensioni sono stabilite dall'uso, e non derivano da regole certe.

Gl'ingranaggi sono organi meccanici aventi per oggetto la trasmissione d'una forza data ad uno stru-mento o macchina qualunque la quale operi una certa azione con una certa condizione di velocità. Ogni ruota che trasmetta forza assorbe una certa quantità di forza co' suoi attriti, e questa può sommare fino al quarto ed al quinto della forza comunicata al pezzo di fianco all'organo meccanico operatore. Se dun-que si conosce la forza colla quale agisce quest'or-gano, ovvero la forza dispensata dal motore, si può concludere quale sia la forza di ogni pezzo separa-tamente, sia diminuendo d'un quarto o d'un quinto l'ordigno che fa muovere il pezzo che lo precede dalla parte del motore, sia aumentando nello stesso rapporto ciò che deve lasciare al pezzo dalla parte del-lo strumento. Questa quantità di lavoro, misurata per ogni pezzo d'ingranaggio, si divide in due fattori, cioè la velocità e la pressione d'ognuno di essi pezzi. Ecco una tabella data dal Tredgold, ingegnere inglese, nel suo *Trattato delle Macchine a vapore*, e la quale indica le dimensioni da dare alle ruote d'ingranaggio quando la pressione che debbono sopportare è conosciuta:

Pressione	Passo de' denti	Grossezza	Larghezza
chil. 10 . . .	$0^m,0063$ . . .	$0^m,0030$ . . .	$0^m,020$
» 40 . . .	0 ,0127 . . .	0 ,0060 . . .	0 ,0327
» 80 . . .	0 ,02 . . .	0 ,0090 . . .	0 ,0454
» 158 . . .	0 ,0254 . . .	0 ,0120 . . .	0 ,0581
» 244 . . .	0 ,0317 . . .	0 ,0150 . . .	0 ,0708
» 336 . . .	0 ,0380 . . .	0 ,0180 . . .	0 ,0835
» 430 . . .	0 ,0443 . . .	0 ,0210 . . .	0 ,0962
» 580 . . .	0 ,0508 . . .	0 ,0240 . . .	0 ,1089
» 730 . . .	0 ,0571 . . .	0 ,0270 . . .	0 ,1216
» 870 . . .	0 ,0634 . . .	0 ,03 . . .	0 ,1343
» 1100 . . .	0 ,0697 . . .	0 ,033 . . .	0 ,1470
» 1210 . . .	0 ,0762 . . .	0 ,036 . . .	0 ,1597
» 1500 . . .	0 ,0825 . . .	0 ,039 . . .	0 ,1724
» 1750 . . .	0 ,0888 . . .	0 ,042 . . .	0 ,1850
» 2210 . . .	0 ,0951 . . .	0 ,045 . . .	0 ,1958
» 2300 . . .	0 ,1016 . . .	0 ,0480 . . .	0 ,2085
» 2660 . . .	0 ,1079 . . .	0 ,0510 . . .	0 ,2212
» 2840 . . .	0 ,1142 . . .	0 ,0540 . . .	0 ,2339
» 3220 . . .	0 ,1205 . . .	0 ,0570 . . .	0 ,2466
» 3500 . . .	0 ,1268 . . .	0 ,06 . . .	0 ,2592

Il Poncelet fa le seguenti riflessioni sopra tale tabella.

» Questa tabella apparisce tanto meno fondata in principio dove le grossezze sono crescenti, non si sa perchè, giusta una progressione aritmetica la cui ragione è di tre millimetri; e tuttavia porge dimensioni che poco s'allontanano da quelle adottate dall'uso. Non vi è fatto alcuna menzione dello sporto dei denti, perchè in fatti questa determinazione consiste nel condurre due denti sulla linea dei centri, e mozzando ciò che eccede il contatto delle ruote seguenti. In generale la grossezza dei denti dipende da due circostanze: 1.° lo sforzo che hanno a sopportare colla loro punta senza rompersi: 2.° il logoramento che provano a capo di qualche tempo. La superficie che resiste allo sforzo esercitato contro la punta è evidentemente la sezione trasversale del dente fatta alla sua base; più questo sforzo è considerevole, più dovrà esser grande la grossezza della base. Ora questo stesso sforzo agirà con un braccio di leva di cui la lunghezza dipende dallo sporto del dente, di guisa che la grossezza dovrà crescere insieme ad un tale sporgimento. Ma noi abbiamo conosciuto il vantaggio che si ottiene diminuendo questa grossezza; si dovrà dunque restringersi a ridurre la grossezza dei denti alla stretta necessaria, benchè alcuni autori abbian cercato di far ingranare più denti alla volta, adducendone in ragione che così ripartiscono fra loro la reazione esercitata dalle due ruote.

« In quanto al logoramento questo è sensibile di special guisa vicino alla base dei denti condotti, ed alla punta o curva dei conduttori: e rendesi ragione di ciò osservando che appunto in queste parti ha luogo il contatto pei denti a fianchi retti; per cui risulta che i denti della ruota condotta sono soggetti a rompersi alla base dopo un certo tempo. Quelli della ruota conduttrice si logorano meno sollecitamente a cagione dello sviluppo della loro curva, che è maggiore di quella del fianco condotto dall' altro dente. Dunque è necessario principalmente regolare le dimensioni dei denti sulla ruota condotta, e dietro la condizione che malgrado il logoramento ch' essi provar debbono dopo un certo tempo, non possono rompersi ancora.

« Dietro le osservazioni raccolte ad Anzin, il logoramento dei denti di ferro fuso, de' rocchetti o piccole ruote condotte, era di 3 a 5 millimetri nel corso di 6 anni, di un lavoro giornaliero di 12 a 18 ore. In quanto ai denti di legno della ruota conduttrice, essi non si logorano più presto dei primi. Così convien calcolare la grossezza di un rocchetto supponendola ridotta a quella cui si ridurrà alla fine di sei anni; questa grossezza per tal modo calcolata ed aumentata di quella che il logoramento consuma, sarà ugualmente data ai denti della ruota conduttrice. Quando le ruote sono molto grandi e che appartengono a macchine di assai potenza, si può dispensarsi di far ingranare dei denti di legno con denti di ferro fuso, e costruire di ferro fuso e gli uni e gli altri. E ciò non ha molti inconvenienti a cagione che l'influenza dell'attrito è reso debolissimo dall'ingrandimento de' raggi ».

Delle manovelle e dei vetti. — Questi due organi meccanici non sono meno usuali nè meno importanti degl'ingranaggi. La loro costruzione d'altronde è molto più semplice, e su di questi poco ci fermeremo; ma diremo dapprima alcune parole sulla loro teorica, la quale offre un interesse diretto, e che ci sarà pure necessaria per bene renderci ragione degli effetti e dell'utilità d'un altr'organo meccanico importantissimo, qual'è *il volante*.

Una manovella è un albero incurvato, od un braccio fisso ad un asse girevole, e mosso circolarmente, o mediante la mano dell'uomo, di che vedemmo numerosi esempi nel corso dell'opera, o mediante un vette, come addimostra la *fig. 6. Tav. XV.*, in cui la manovella dc, girante attorno dell'asse d, riceve il suo moto dal vette cb'', il quale è posto in moto dal bilanciere ab''.

Si dimostra in meccanica che una forza costante applicata ad una manovella, non produce un costante effetto. Fisicamente è cosa facilissima a verificarsi agendo sopra una manovella. Si scorgerà bentosto che nel circolo che il braccio percorrerà tenendo la manovella, vi sono de' momenti in cui si sente la sua forza o almeno la sua azione diminuire di molto;

27

per cui si è obbligati di agire con un novello impulso per mantenere il moto di già acquistato. Ciò è talmente riconosciuto che non fassi quasi mai agire un sol uomo ad un tempo sopra una manovella, ma tutte le volte che ciò è possibile si dispongono alle estremità dell'asse da porre in moto due manovelle; ed in tal modo che quando l'una è in una direzione orizzontale l'altra sia in una direzione verticale; o, in termini più generali, in modo che facciano fra loro un angolo retto.

Vi hanno molte specie di manovelle; cioè quelle a semplice e a doppio effetto, e le composte.

Nella manovella a semplice effetto il motore agisce, a cagion d'esempio, da alto in basso sopra una corda attaccata al braccio della manovella. In questo caso non può che farle descrivere un mezzo giro discendente, ma non può farle descrivere il mezzo giro ascendente. Questa seconda parte d'effetto non può prodursi che in virtù del moto acquistato nel primo periodo, e col mezzo d'un volante che continua l'azione del motore; ma se invece di trasmettere l'azione del motore con una corda flessibile, si trasmette, come nel caso presentato dalla *fig.* 6. (*Tav. XV.*), con un vette rigido: allora il motore agisce su questo vette tanto per operare il moto ascendente quanto il discendente. Una manovella così disposta, purchè il motore eserciti il suo effetto in un certo modo, vale a dire ascendendo o discendendo, durante il primo mezzo giro, ed in modo contrario, vale a dire discendendo o ascendendo durante il secondo mezzo giro, si chiama manovella a doppio effetto, mentre la prima che noi abbiamo descritto, è manovella a semplice effetto.

Nel caso in cui si agisce sopra una manovella, con un vette, conviene, purchè l'attrito risultante dalla variazione degli sforzi del vette sulla manovella sia il più piccolo possibile, che la lunghezza del vette sia quattro o cinque volte più grande della lunghezza della stessa manovella.

Manovelle composte, chiamasi l'insieme di due manovelle semplici disposte fra loro, come or ora abbiam detto, sotto un certo angolo, il quale, per ottenere la massima regolarità d'effetto, debb'essere un angolo retto; ovvero, come nella *fig. 20 (Tav. XVI.)* si foggia a gomito il manico della manovella, e si ha così una manovella composta.

Qualunque siano le disposizioni adottate, il moto non riesce mai di tutta la regolarità necessaria per far a meno dell'addizione d'un volante. In ogni macchina ben costruita, quest'organo meccanico è il compagno indispensabile alle manovelle mosse mediante vetti.

Le manovelle ed i vetti servono a trasformare un moto circolare alternativo, o un moto rettilineo alternativo, in moto circolare continuo; o reciprocamente. Ora, in ogni moto alternativo havvi un grandissimo inconveniente ed è che l'organo meccanico animato da un moto alternativo percorrendo la sua linea d'alto in basso o di basso in alto, acquista un certo grado di velocità e di forza che debb'essere istantaneamente annientato, perchè quindi percorrer possa la sua linea in senso opposto. Ciò che forma il grande vantaggio della combinazione dei vetti e delle manovelle si è che la velocità e l'azione variano per gradi insensibili verso la fine ed il cominciamento d'ogni oscillazione dei corpi che si muovono con moto alternativo; la quale oscillazione è prodotta da un mezzo giro della manovella. Nelle evoluzioni successive i pezzi non provano nè urti nè scosse, il che avviene in quasi tutti quegli organi meccanici nei quali il moto circolare continuo è cangiato in circolare o rettilineo alternativo.

Eccentrici. — Questo vantaggio medesimo esiste negli eccentrici, che nulla sono fuorchè una manovella sott'altra foggia. L'eccentrico è un circolo girante attorno d'un punto che non è il centro di quel circolo; *abbo (Tav. XV. fig. 5.)* è un eccentrico. Il perno dell'eccentrico è *a*, e attorno a questo perno è fissato un circolo bb, che fa muovere il vette bbo, il quale termina in un colletto circolare che si muove in una gola praticata nella circonferenza esterna dell'eccentrico.

La *fig.* 23 (*Tav. XIX.*) mostra pure un eccentrico. Il perno è in a: il vette semplice da f in g si divide, partendo da f, in tre rami fb, fc, fd, che si legano, come precedentemente, ad un colletto circolare girevole nella gola praticata sulla circonferenza esterna dell'eccentrico.

Generalmente quest'organo modificatore del moto circolare continuo in moto circolare o rettilineo, non si adopera che per produrre piccolissimi effetti, e particolarmente nelle macchine a vapore (*Tav. XV. fig.* 5), per aprire e chiudere rubinetti.

Vi sono molte specie di eccentrici. » In generale, dice il Poncelet, si chiama *eccentrico* ogni curva che trovasi in moto insieme ad un albero senz'essere concentrica al medesimo, e che può per tal modo operare la trasformazione di questo moto circolare continuo in moto rettilineo alternativo. Supponete un triangolo equilatero, il centro del quale coincida con quello d'un albero A girevole (*Tav. XX. fig.* 12) ed invariabilmente fissato a questo triangolo, e i tre archi del quale siano rimpiazzati dai tre archi dei circoli descritti da ciascuna sommità opposta come centro. Egli è evidente che se l'albero girevole passa a traverso d'un pezzo verticale B E F D, che poggia sul sistema dei tre archi di circolo, questo pezzo sarà tratto tratto elevato ed abbassato dalla rivoluzione del triangolo attorno dell'asse A. In quanto all'ampiezza dell'oscillazione essa sarà in questo caso uguale alla differenza A C — A H delle parti intercettate dal centro A sul raggio d'uno degli archi di circolo; di più, per una rivoluzione completa dell'albero A, avranno avuto luogo tre montate e tre discese del pezzo suindicato B E F D. Consideriamo ancora un pezzo verticale M N mantenuto in questa posizione da bracci o sporti (*Tav. XX. fig.* 13), fra quali può scorrere, agendo pel suo peso sopra una parte curva in forma di cuore, che riceve il suo moto da un albero girevole A, al quale questa parte è fissata invariabilmente. Se s'immagina che la curva si muova da destra a sinistra, il pezzo M N s'innalzerà verticalmente sino a che il punto P sia pervenuto sulla verticale A N, ed esso ridiscenderà durante una mezza rivoluzione sino a che il punto di ritorno Q sia giunto nella verticale A N al di sopra dell'albero girevole A. In una rivoluzione completa, il pezzo M N sarà montato e disceso per gradi insensibili, di una quantità uguale alla differenza A P — A Q. Finalmente questo moto si opererà nella stessa maniera, qualunque sia stata la natura della curva eccentrica; ma ordinariamente in una tale trasformazione, che, a cagion d'esempio, si effettua dall'ascesa e discesa dei gambi dello stantuffo, e dove conviene che il moto sia regolarissimo, la traccia dell'eccentrico deve soddisfare a questa condizione che per angoli uguali descritti dalla curva attorno dell'asse A, il gambo M N salga o discenda di uguale quantità. Ciò posto, ecco come se ne potrà effettuare il disegno. Siano P e Q (*Tav. XX. fig.* 13 *bis*) la punta e il punto della curva a cuore, destinata a sollevare ed a far abbassare, durante la sua rivoluzione completa, il gambo d'uno stantuffo; A il centro dell'albero girevole. Portiamo A Q da A in 6 sulla parte retta Q A P; e dividiamo l'ampiezza P — 6 dell'oscillazione in un certo numero di parti uguali, a cagion d'esempio in 6. Dividiamo pure le due circonferenze arbitrarie, che insistono sulla retta Q A P come diametro, nel medesimo numero 6 di parti; e tirati i raggi a questi punti di divisione, voi descrivete dal punto A come centro, e con raggi successivamente eguali ad A P, A 1, A 2, A 3, degli archi di circolo le cui intersecazioni coi raggi dello stesso numero determineranno altrettanti punti della curva cercata. Ed è facile il vedere che i diametri di questa curva che passa pel centro A dell'albero girevole, sono tutti uguali alla distanza QP della punta al punto di ritorno dell'eccentrico.

Leblanc, nel suo *Trattato del disegno delle Macchine*, libro indispensabile ai pratici, e che quest' abile e conscienzioso autore ha saputo mettere al livello di scienza, fornisce le due seguenti tracce di eccentrici.

1.º *Curva eccentrica doppia e simmetrica, facente agire un punto secondo una retta ed un moto vario, di cui la velocità di ascensione aumenta, in un rapporto dato, dal punto di partenza sino alla sommità della curva, e che nel suo moto di discesa decresce nello stesso rapporto.*

Sopra A A', come diametro, (*Tav. XX. fig.* 14) si descriverà un semicircolo che si dividerà in parti uguali; si abbasseranno da tutti i punti $1^1, 2^1, 3^1$, ec. delle perpendicolari sulla C A', e dopo aver fatto passare pei punti $1^2, 2^2, 3^2$, ec., piedi di queste perpendicolari, diverse circonferenze aventi per centro comune C, il quale si congiungerà a tutti i punti che addimostrano le divisioni effettuate sul circolo A' 4 8, si determineranno, come superiormente, le intersecazioni di queste circonferenze coi raggi C 1, C 2, C 3, ec., e si avrà la curva domandata.

2.º *Curva eccentrica doppia e simmetrica, imprimente un moto rettilineo ed uniforme, con cessazione ai punti più vicini e più lontani dal centro C di rotazione.*

Nella traccia di questa curva, la cui costruzione, sufficientemente indicata dalla *fig.* 15 (*Tav. XX.*) è la stessa della precedente, si è proposto di rendere stazionario il punto mobile A, durante un quarto di rivoluzione dell'asse; di fargli percorrere, durante un altro quarto, una linea data A A', per mezzo della curva D G; di renderlo di nuovo immobile durante la rotazione del terzo quarto E F G, e in fine di ricondurlo alla posizione primitiva, dopo l'intera rivoluzione, per la parte curva B E, eguale e simmetrica a D G.

Chiavelli per alzare i pestelli delle Cartiere. — Lasciamo qui pure parlare il Leblanc, e prendiamo da lui il disegno d'un genere di curva essenziale a conoscersi per l'organo meccanico di che ci andiamo ad occupare.

Sviluppamento del circolo. — La sviluppante od évolvente è una curva descritta dallo sviluppo d'un' altra curva data, ed eccone la generazione: si supponga un filo inallungabile ed esattamente applicato sul contorno d'una curva 0, 1, 3, 5, 7 (*Tav. XX. fig.* 16); se si fa muovere l'estremità 0, svolgendo il filo dal di sopra della curva, questa estremità avrà tracciato la sviluppante 1′, 3′, 5′, 7′, ec.

La sviluppante è frequentemente impiegata nelle macchine, ed è questa la forma che debbono avere i *chiavelli da cartiera* per sollevare i magli a leva; è pure la curvatura da dare ai denti d'un rocchetto che conduce una ruota a corona.

Essa si costruisce geometricamente nel seguente modo:

Dopo aver descritto una circonferenza col centro C (*Tav. XX. fig.* 17 e 17 *bis*) e col raggio C A, ed avervi portato un certo numero di volte una grandezza come 0 1, abbastanza piccola per poter essere considerata una linea retta, si guideranno ad ogni punto 1, 2, 3, ec. delle tangenti indefinite; sulla prima, si porterà da 1 in 1′ la lunghezza dell'arco 0 1, da 2 in 2′ due volte questa lunghezza, vale a dire l'arco rettificato 0 2, ec. La curva, che passa per tutti i punti così determinati, sarà la sviluppante del circolo 0 A 9.

Se si vuole alzare il punto A sino in A′, per quest'ultimo facendo passare una circonferenza che si descriverà col centro C, essa taglierà la curva in 5′, e la parte 0 5′ denoterà la lunghezza bastevole per produrre l'effetto domandato.

Sviluppante del circolo formante spirale. — Continuando lo sviluppamento della circonferenza *a e f i* indefinitamente, la curva prende allora la forma di una *spirale*; ed è tale che dopo la prima rivoluzione attorno dell'asse, il punto *a*, che ne è l'origine, giunto che sia in *b*, le rette *b c*, *l m*, ec. sono tutte eguali ad *a b* e per conseguenza all'intera circonferenza. Questa curva puossi tracciare con una serie d'archi di circolo, i cui centri sono presi successivamente sulle tangenti condotte dai diversi punti *e*, *f*, *i*, ec. della circonferenza. Così dal punto di contatto *e*, a cagion d'esempio, con un raggio *e*, *g*, che debb'essere uguale al piccolo arco rettificato *a e*, si descrive l'arco *a g*; da quello *f*, con *h f*, uguale allo sviluppamento dell'arco *a c f*, si descrive l'arco *g h*; da *i* l'arco *h k*; da *a* con *a b* si traccia ugualmente *b l*, con *a c* l'arco *c m*, ec.

La sviluppante del circolo che sappiamo frattanto disegnare, serve, come dice l'autore dal quale abbiam tratto l'antecedente passo, a tracciare i *chiavelli*. Si chiama chiavello un organo meccanico infisso in un asse, e che solleva istantaneamente un corpo per lasciarlo poscia ricadere: tali sono i chiavelli *b b* (*Tav. XVI. fig.* 13) che fermati sul cilindro *a* sollevano il pestello *d*, mediante la corrispondente leva *c*; tali sono ancora i chiavelli *b b* (*Tav. XVI. fig.* 30), che fissati attorno dell'asse *a*, sollevano il martello da ferriera *d* oscillante attorno del suo punto d'appoggio *d*.

Come i chiavelli conducono le leve dei pestelli o magli durante uno spazio di tempo molto lungo; così la loro traccia debb'esser fatta con tutta la possibile esattezza. Questa traccia, per quella parte che tocca la leva, è quella della sviluppante del circolo primitivo, considerato per rapporto alla leva. Dando una tal forma al chiavello si è certi di ottenere l'ascensione regolare del pestello.

È certamente inutile il dire che questo mezzo di trasformare il moto continuo in moto alternativo è accompagnato da grandi inconvenienti. Il chiavello, quando giunge sulla leva del pestello, ha una velocità acquistata, e questa velocità determina un urto contro della leva. Di più, com'essa solleva il pestello soltanto da un lato, tende a farlo deviare, ed a farlo appoggiare in alto contro l'asciallone di sinistra, ed in basso contro quello di destra (noi supponiamo le cose disposte come nella *fig.* 12 della *Tav. XVI.*). Si è cercato di ridurre questa parte di attrito facendo passare il chiavello per una scanalatura nel centro del gambo che porta il pestello, e dove sonosi disposti dei piuoli sotto i quali passa il chiavello; ma generalmente questi piuoli, come tutti quelli di frizione, si logorano nel loro asse, e finiscono col non più agire.

Si è pur cercato di guernire di catena una porzione del gambo del pestello, e di armare pure l'asse girevole, per una parte di sua superficie, con denti che ingranino quelli del pestello; ed è questa la disposizione già descritta, la quale viene presentata dalla *fig.* 12 *Tav. XVI.* Ma un tale sistema è ancor più vizioso di quello de' chiavelli applicati ad una leva; imperocchè i denti sono meno forti dei chiavelli, e meno ancora degli stessi chiavelli possono sopportare l'urto contro le leve.

La *fig.* 30 (*Tav. XVI.*) mostra uno dei modi mediante i quali si manovra il martello o maglio nelle magone o ferriere. Il punto d'appoggio è fra la potenza e la resistenza; ed è la leva di primo ordine. La *fig.* 6 (*Tav. XXIII.*) mostra un'altra disposizione. La resistenza o la testa del martello è fra il punto d'appoggio e la potenza del chiavello, ed è questa la leva di secondo genere. Questa specie di martello è usitata particolarmente nei lavori delle ferriere mentre il primo è usitato per quelli in cui il motore deve battere con una grande velocità, ma non ha bisogno d'essere pesantissimo. Altre volte finalmente, ed è il caso di leva di terzo genere, il martello o potenza è situato tra la sua testa ed il punto di rotazione. La *fig.* 18 (*Tav. XX.*) indica una disposizione di questo genere impiegata dal Cockeril. Il chiavello è tracciato in guisa da evitare l'urto.

Questa disposizione per evitare l'urto del chia-vello contra il pestello s'impiega spessissimo, ma si perde allora il vantaggio dell'uniformità di moto. Vi hanno più modi di tracciare dei chiavelli che soddisfacciano a questo problema, ma tutti fondano su questa base medesima, che cioè il chiavello e la leva debbono prendersi e lasciarsi tangenzialmente alla direzione del moto dell'albero motore che porta il chiavello. Così, se l'albero c' (*Tav. XX. fig.* 19) deve far girare la leva C D senz'urto, ed abbassarla fino in D', si disporrà l'albero vicinissimo alla posizione iniziale della leva, e la perpendicolare $c'a$ darà il punto d'origine della curva. Così, abbassando una perpendicolare da c' sopra la leva giunta al più basso punto cui debb'essere condotta, si avrà una linea $c'b$ che darà il limite estremo della curva. Col raggio $c'b$ si descriverà un arco di circolo $b'b$: si conosce d'altronde qual angolo descrive l'albero mentre la leva passa dalla posizione C D alla C D'. Sia quest'angolo D$c'b$: il punto b d'incontro di quest'angolo coll'arco di circolo $b'b$ sarà il punto estremo della curva, la quale si descriverà fra i due punti a, b, oppure a, b'. Una tale traccia non ha altre regole stabili, ma l'abitudine degli operai che disegnano in grande vi supplisce.

Il Poncelet descrive un sistema analogo impiegato per far muovere un pestello senz'urto; il montante del pestello è aperto per mezzo d'una disposizione asciallonata, e simile a quella indicata più sopra a fine di lasciar passare il chiavello. Qui la velocità della leva è nulla all'istante in cui viene presa dal chiavello; ma cresce progressivamente. Si potrebbe dunque proporsi ancora di tracciare il chiavello in guisa che la velocità della leva sia accelerata secondo una data legge. Si vede preventivamente che più il chiavello sarà curvato più la velocità varierà dolcemente. Se si vuole che la velocità sia estinta al momento che il chiavello è abbandonato, basterà, come abbiam detto, che il chiavello sia ancora tangente all'estremità della leva. Si avrà cura, dando sempre molta curvatura al chiavello, che la leva, sfuggendo, abbia il tempo di giugnere alla sua posizione di riposo prima che il chiavello seguente sia giunto in contatto; altrimenti vi sarebbe urto, ed una parte della forza sarebbe annientata. Si è per questa ragione che si toglie dal chiavello che vien dopo tutto ciò che potrebbe opporsi al moto della leva divenuta libera.

Volante. — Quest'organo meccanico è uno dei più importanti ed insieme uno dei meno studiati. Egli è vero che per fare un tale studio completo convien possedere nozioni matematiche molto elevate, ed una tale condizione indispensabile alla conoscenza completa di questo importante organo non ci permetterà quivi di trattarne minutamente: ma ci studieremo almeno di darne un'idea generale.

Il Navier ne' suoi begli studii sul Bélidor, e nel capitolo da lui aggiunto sotto il titolo — *Costruzione delle Macchine* — si esprime sul *volante*, come segue:

» Nella maggior parte delle macchine le variazioni nella velocità offrono inconvenienti, sia perchè la natura del lavoro che hanno da effettuare ha d'uopo d'una velocità costante nel punto d'applicazione della resistenza, sia perchè a cagione dello spazio pel giuoco, che conviene sempre lasciare negl'ingranaggi o in generale nei contatti dei diversi pezzi, è impossibile che le variazioni di velocità si facciano sempre rigorosamente per gradi insensibili, come necessiterebbe perchè esse non facessero menomamente perdere della quantità d'azione fornita dal motore. Frattanto avviene spessissimo che l'azione del motore sia più o meno ineguale; e spesso pure che quest'azione che per sè stessa potrebb'essere uguale, divenga ineguale pel modo col quale si trasmette: e benchè la geometria applicata alla composizione delle macchine fornisca ordinariamente de' mezzi per rimediarvi, pure i mezzi che si possono impiegare a quest'effetto sono

quasi sempre troppo complicati per venire adottati
con vantaggio, soprattutto nelle grandi macchine dove
si esercitano grandi sforzi. Vi si perviene molto meglio facendo le parti della macchina, conformemente ai princìpi or ora esposti, molto massicce, e di
molta velocità in guisa tale da rendervi le variazioni
del moto estremamente piccole e quasi insensibili.

» Ciò si può fare in due modi: sia aumentando
la massa e la velocità delle parti mobili essenziali
alla macchina, il che cagionerebbe spesso grandi inconvenienti, sia piuttosto aggiugnendo alla macchina
delle parti mobili unicamente destinate a regolariz-
zarne il moto, e che diconsi *volanti*. Le considerazioni precedenti convengono infatti di special guisa
alle macchine di rotazione, sull'asse delle quali av-
vien di rado che il motore agisca in modo perfettamente uniforme. Si montano su quest'asse le grandi
ruote chiamate volanti, le quali produrranno tanto
maggior effetto: 1.° quanto maggiore sarà il loro
peso; 2.° quanto più la materia di cui sono formate si troverà raccolta vicino alla loro circonferenza esterna, poichè in tal caso, essendo uguale la
velocità di rotazione, la velocità effettiva delle loro
parti sarà maggiore.

» Adattando così dei volanti bastevolmente grandi
alle macchine, si perviene a rendere ogni azione la
più ineguale tanto regolare quanto mai desiderare si
possa. Ma non conviene ritenere che tali volanti possano aumentare menomamente la quantità d'azione
trasmessa dalla macchina. Il loro vero ufficio è di
assorbire o di accumulare l'eccesso della quantità
d'azione fornita dal motore, nel momento in cui essa
sorpassa quella che la resistenza elide, per restitui-
re poi un tale eccesso nel momento in cui questa
quantità d'azione fornita dal motore, diventa per
contrario più piccola di quella che è impiegata nel-
l'applicazione per vincere la resistenza. Si può notare che se il volante è destinato principalmente a
regolarizzare il moto, è conveniente situarlo vicino

al punto d'applicazione della resistenza; e se pel contrario è destinato principalmente a regolarizzare l'azione del motore, allora fa d'uopo situarlo vicino al punto d'applicazione di quest'ultimo. È inutile il dire che se vi sono degli assi le cui velocità di rotazione siano diverse, devesi metterlo di preferenza su quello fra gli assi che si muove più velocemente ».

Quest'ultimo paragrafo del Navier racchiude i precetti generali più importanti nella costruzione del volante. In quanto al suo peso ed al suo raggio per rispetto al meccanismo cui è destinato a regolarizzare, nulla possiamo dire se non che mandare alle opere puramente tecniche, nelle quali, appoggiandosi al principio delle forze vive, si perviene alle formole che risolvono questi problemi difficili. Queste formole non sono d'altronde nè semplici nè generali sotto questo aspetto, che cioè, per ogni diverso meccanismo, gli elementi che aggiunger si debbono alle formole ovvero l'uso che deve farsi di queste, possono variare.

Così, quando la resistenza è costante e continua, la direzione della potenza varia, al contrario, ad ogni istante per rispetto al braccio della manovella: ed è appunto questo il caso in cui si tratta di regolarizzare. Se poi la resistenza varia, sia perchè lo strumento, come ad esempio la sega, è dotato d'un moto alternativo, sia perchè la direzione della resistenza cangia, sia perchè prova intermittenza; mentre che la resistenza presenta queste variazioni di diverso genere, la potenza è costante e continua; in questo caso è adunque la resistenza che conviene regolarizzare; e questa regolarizzazione non è la stessa in tutti i casi. Spesse volte finalmente la potenza e la resistenza sono variabili entrambe. In tutti i casi i calcoli pel peso del volante e del suo raggio variano notabilmente.

A precisar meglio questi casi prendiamo due esempi: la trafila del ferro, e la sega meccanica da legno.

La trafila consiste in due cilindri di ferro fuso,

ognun de' quali gira in due cardini stando a piccola
distanza l' uno dall' altro, ed in modo che i loro
assi siano costantemente ben paralelli. Una verga
di ferro arroventato è presentata a questi cilindri
dal lato in cui il loro moto è convergente; il ferro
si trova per tal modo preso e tirato fra loro, e in
quest' azione si allunga e s' appiatta; ma siccome
non può ricevere una lunghezza indefinita, e siccome la verga dopo essere passata la prima volta fra i
due cilindri debb' esser riportata all' operaio, perchè
di nuovo la presenti dallo stesso lato alla trafila;
così un tal lavoro non è adunque continuo: lo sforzo
delle trafile (sforzo considerevole) è intermittente.
Ma il motore non può avere queste stesse intermit-
tenze, e continua ad agire anche nel tempo della loro
durata; la velocità aumenta così gradatamente, ed
acquista il suo massimo d' intensità nel momento in
cui la verga vien presentata alla trafila: da quest' i-
stante la velocità diminuisce sensibilmente in quanto
che la trafila dispensa più sollecitamente una grandissima forza, e questa dispensa è maggiore che non
è la forza prodotta dal motore. Segue da ciò che al
momento in cui la verga è per intero fuori dalla trafila, la velocità di tutto l' apparecchio è grandemente
diminuita: e si conosce pure che per arrestare interamente l' apparecchio basterebbe, o di farvi passare
una verga lunghissima, o di farne immediatamente
succedere una seconda ad una prima.

Si vede adunque quivi che nel lavoro della trafila
la lunghezza delle verghe di ferro ch' esser possono
laminate, è in ragione del motore del quale si può
disporre.

È vero che col mezzo del volante puossi modificare questo stato di cose; non ch' egli fornisca della
forza, avendo noi già veduto non esser questa la sua
destinazione; ma ripartendola ed accumulandola, e
potendo in un momento di grande sforzo dopo un
lungo riposo produrre al di là di ciò che il motore
stesso produrrebbe. Però quest' ultimo risultamento

non ottiensi che facendo dei volanti pesantissimi; e non è questa per certo una condizione indifferente, siccome ora vedremo.

Sia a cagion d'esempio un volante del peso di 20,000 chilogrammi; ed è calcolar poco il valutare un decimo del peso soltanto l'attrito dell'asse sul cardine (pag. 362 e 363). Così l'attrito sarà di 2,000 chilogrammi. Supponiamo che questo volante faccia trenta rivoluzioni per minuto o una mezza rivoluzione per secondo, e che l'orecchione in cui si muove abbia 20 centim. di diametro o $0^m,60$ di circonferenza. Il lavoro, in conseguenza dell'attrito del volante, nel tempo d'un secondo equivarrà a

$$20{,}000 \text{ chil.} \times \frac{0^m,60}{2} = 600 \text{ chil. innalzati ad un me-}$$

tro per secondo. Si valuta la forza del cavallo vapore di 75 chil. innalzati ad un metro per secondo. Così il solo attrito del volante contro il suo asse equivarrà alla forza di otto cavalli vapore.

Si vede che i calcoli delle dimensioni e del peso del volante basano sopra considerazioni minutissime. Per venire al caso che noi ora esaminiamo, cioè a quello d'un volante da trafila, nelle variazioni della forza di che ci siam reso ragione e le quali sono il risultamento indispensabile di questa operazione; egli è evidente che la velocità massima del volante corrisponde al momento in cui la verga è presentata, e la velocità minima al momento in cui esce. Così se si conosce, mediante l'osservazione ed il calcolo, la quantità del lavoro necessario per far passare la verga, e che se ne deduca la forza somministrata dal motore, la differenza rappresenterà quella fornita dal volante e la perdita di forza viva provata dal volante, sarà, come la scienza dimostra, uguale al doppio di questa differenza. Ora questa differenza essendo grandissima, la perdita di forza viva del volante durante il passaggio della verga sarà altresì grandissima: e in questo caso, malgrado lo svantaggio per l'aumento di peso, siccome abbiamo già indicato, l'operazione non potrà compiersi che con un volante pesante.

Esaminiamo ora il lavoro d'un segamento meccanico. Qui non si ha più un moto circolare, ed i grandi sforzi si succedono dopo momenti di riposo. Il moto della segatura si opera alternativamente. Questo moto è trasmesso al telaio della sega coll'intermediario di un vette mediante una manovella attaccata ad un asse che comunica colla potenza. La sega non agisce che discendendo e non già rimontando. Nel moto di *rimonta* la manovella deve vincere il peso della sega e del relativo telaio; nel moto di discesa al contrario la manovella è ajutata da questo stesso peso; ma è in questo moto che si compie l'azione della resistenza, vale a dire della segatura. Così sono quivi nelle due oscillazioni del vette, e per ognuna delle mezze rivoluzioni della manovella, sensibili differenze nella dispensa della forza; ma esse lo sono molto meno in qualche modo di quelle del caso citato superiormente; e si compiono in tempi molto più corti; di guisa che le perdite di forza viva provate dal volante sono assai minori, e quindi occorre un volante ben meno forte.

Una ruota a cassette, movendosi con una grande velocità, è, siccome vedemmo, in una condizione sfavorevole sotto il rapporto della dispensa dell'acqua: ma un tale inconveniente viene in parte compensato da questa considerazione che la ruota serve in pari tempo di volante e di motore all'apparecchio. Nei molini le macine sono della specie dei volanti, per cui, o si può ommettere quest'organo nell'apparecchio, oppure dargli dimensioni molto più piccole.

Del pendolo conico o *regolatore a forza centrifuga*. — I volanti, dice il Navier, sono proprii a regolarizzare il moto di una macchina, ne' casi soltanto in cui l'azione del motore è intermittente, cioè a dire, ora più grande ed ora più piccola di quella della resistenza. Ma se havvi a temere che il motore, avendo una volta sormontata la resistenza, continuasse indefinitamente a somministrare una quantità d'azione maggiore di quella che la resistenza consuma, il volante non servirebbe a nulla; imperocchè prenderebbe allora, come il restante del sistema, un eccesso di velocità vieppiù considerevole e proprio a cagionare gravi accidenti, e pur anche la distruzione della macchina. Per prevenire tutto questo si usano tali disposizioni che subito che la velocità sorpassa il valore medio già stabilito, la quantità d'azione fornita dal motore si trova diminuita, o la quantità d'azione consumata dalla resistenza, aumentata: il che riconduce tosto la velocità a questo valor medio. Si sono qualche volta, per raggiungere questo scopo, adattate alla macchina delle ali, ch'essa fa muovere nell'aria, e le quali provano una resistenza che cresce rapidamente colla velocità; o vi si è adattato un piuolo che si fa comprimere contra una ruota, per arrestare la macchina mediante l'attrito. Ma tali mezzi, ed altri analoghi, hanno l'inconveniente di consumar una parte della quantità d'azione somministrata dal motore; per cui si preferiscono ora quei regolatori, il cui principio consiste nell'apparecchio conosciuto sotto il nome di *pendolo conico*.

Supponiamo, dicemmo a pag. 70, un asse sostenuto da un cavalletto ab, portante una carrucola orizzontale cd, attorno della quale si ravvolga una fune, ed alla sua estremità superiore abbia due verghe di ferro a cerniera, pr, ps, giranti in p, ed aventi alle loro estremità due corpi pesanti r, s. Quando un tale apparecchio sarà in riposo, le due verghe di ferro ed i corpi pesanti toccheranno l'asse; ma se si darà un moto rotatorio un po' rapido, si vedranno i due corpi pesanti allontanarsi dall'asse, e a misura che la velocità aumenterà, prendere le posizioni pt e pu, px e py; se la forza fosse infinitamente grande, le due palle perverrebbero a muoversi secondo l'orizzontale lm. Tutto il giuoco di tale apparecchio ha luogo per la forza centrifuga.

28

Sia ora (*Tav. XV. fig. 5*) un apparecchio analogo *k l l m m*, avente sopra un asse di rotazione *i*, due spranghe *k l*, mobili in *k*, pesanti in *l*, e al piede del detto asse trovisi una ruota orizzontale *h* sulla quale si ravvolga una corda continua, che passando per due carrucole di rinvio *g*, si ravvolga per *f f* attorno all' asse principale d'una macchina a vapore, che è quello che porta il volante *v v*. Quando il volante, e per conseguenza l' asse *a*, prenderà un moto rapidissimo, la corda continua lo comunicherà all' asse *i*, e le palle *l l* tenderanno ad allontanarsi da quest' asse, e ad innalzarsi. Supponiamo ora che ciascuna delle spranghe porti un' altra spranga *m n* a cerniera, mobile in *m* e in *n*, *n* essendo un manicotto od anello concentrico all' asse, e che può salire e discendere. Egli è chiaro che quando le due palle saliranno, per effetto della grande rapidità dell' asse, il manicotto pure salirà. Ora questo manicotto tiene fra due guide la testa *o* d' una leva, il punto d' appoggio della quale è in *p*, e questo è a cerniera mobile attorno del suo punto d' appoggio. In tale moto d' ascensione la leva per conseguenza salirà, e salendo solleverà la spranga *q r*. Essa comunica con una valvola che regola l' introduzione del vapore, e la sminuisce quando la spranga sale. Questo vapore è la forza motrice. Così quando, per una esuberante affluenza di questa forza o per una soverchia diminuzione della resistenza, la macchina ha preso un moto accelerato troppo forte, si vede che per effetto dell' organo meccanico or ora descritto la forza motrice si trova diminuita, e in proporzione diretta del suo eccesso. Quando l' equilibrio è ristabilito, e che la resistenza cominciando a divenire più forte, la velocità dell' apparecchio diminuisce, le palle *l l* ridiscendendo, il punto *o* e il punto *r* ridiscendono ugualmente, la valvola d' introduzione è aperta di nuovo, ed una nuova affluenza di forza motrice vince l' eccesso della resistenza.

Tal è il pendolo conico; uno dei più importanti

e dei più ingegnosi organi della meccanica usuale, applicabile d'altronde, non solamente alle macchine a vapore, ma, com'è facile il concepire, a tutt'altro motore, e particolarmente alle ruote idrauliche.

Quest'ultima applicazione è una di quelle che deve essersi presentata più presto alla mente di coloro che hanno basato i loro Stabilimenti industriali sulla forza motrice dell'acqua: ma per la concorrenza suscitata da quegli Stabilimenti dove la macchina a vapore serve di motore, sono posti in difficile condizione; laonde cercheranno i proprietari delle ruote idrauliche i mezzi di perfezionare gli agenti di loro forza motrice; poichè, vedendo tuttogiorno la somma diligenza usata nella fabbricazione delle macchine a vapore, avrebber dovuto conoscere che l'unico mezzo di sostenere la concorrenza si era di portare analoghe cure nella costruzione e nel mantenimento delle loro ruote idrauliche: ma ciò purtroppo non è avvenuto! Quasi tutti gl'industriali hanno ritenuto che il pendolo conico (organo di applicazione tanto semplice quanto utile alle ruote idrauliche) sia come un organo speciale della macchina a vapore, inerente ad essa, e che non possa venirne disgiunto; perciò pochissime ruote idrauliche sono provvedute presso noi di pendoli conici.

Egli è evidente frattanto che quest'organo è applicabile alle ruote idrauliche precisamente come nelle macchine a vapore. In questo caso riceve il suo moto di rotazione dall'asse principale, e regola l'introduzione del vapore secondo i bisogni dell'apparecchio. Nelle ruote idrauliche egli può pure ricevere il suo moto di rotazione dall'asse principale, e regolare l'introduzione dell'acqua sulla ruota innalzando o abbassando la cateratta. Questo meccanismo è di semplice esecuzione, ed è tanto più preferibile a tutti gli altri regolatori in quanto che questi consumano della forza motrice, mentre quello la risparmia, dispensandola economicamente.

Ecco il miglior meccanismo per applicare il pendolo

conico destinato ad innalzare od abbassare una cateratta, dove si vuole maggior forza che per alzare o calare una valvola di macchina a vapore.

Il pendolo conico è disposto come si vede nella *fig.* 20. *Tav. XX.* Il manicotto è nel di sopra del punto d'attacco delle spranghe *ci*, che debbon essere assai più corte delle spranghe *cb*, *cd*.

La forza centrifuga solleva il manicotto *l* (*Tav. XX. fig.* 20 e 21) mediante l'intermediario della leva *al*. Questo manicotto è armato di doppia branca dentata *o* e *p*, e striscia per attrito nel senso verticale sopra un albero *ef*, il quale riceve pure il suo moto dalla macchina. Secondochè il manicotto *l* monta o discende, addenta colla branca *o* oppur colla *p* la ruota *m* o la ruota *n*, le quali sono scorrevoli in ogni senso lungo l'asse *ef*, non essendo state costruite per aderirvi stabilmente. Quando il manicotto s'avvicina all'una od all'altra ruota, e viene con una delle sue branche sotto quella che aderisce ad ognuna di dette ruote ; siccome il manicotto non è mobile attorno dell'asse che nel senso verticale e non nell'orizzontale, la ruota che tocca od addenta si trova per tal guisa trascinata nel moto dell'asse. Le due ruote *m* ed *n* ingranano d'altronde sopra una terza ruota *r*, la quale porta un asse *st*, che è suscettivo di sollevare o di chiudere la cateratta al di là del punto assegnato pel lavoro medio; o, in altri termini, accresce o limita la dispensa d'acqua secondo che occorra produrre uno sforzo maggiore o minore di quello dell'apparecchio nel suo andamento ordinario.

Quando l'apparecchio è in questo stato medio o ordinario, il manicotto *l* prende una posizione media, e in questo caso non addenta nè l'una nè l'altra delle ruote. L'albero *ef* gira per tal guisa senza comunicare moto alle ruote *mn*, e queste per conseguenza non lo comunicano alla ruota *r* ed al suo asse.

Se la velocità si accelera, il manicotto sollevandosi

addenta una delle ruote, la quale comunica il suo moto alla ruota r, e questa alla cateratta. Questo moto definitivamente si vede che vien prodotto dalla forza centrifuga del pendolo. Se ora avviene un rallentamento, la leva agisce in senso inverso; la ruota che dapprima era addentata viene abbandonata, mentre l'altra ruota è a sua volta addentata, di guisa che la ruota r gira in senso inverso e produce un effetto contrario a quello di prima.

Del resto convien notare che questo mezzo non adempie interamente lo scopo proposto se non quando l'acceleramento o la diminuzione della velocità media, seguita per un tempo lunghissimo. Allora la regolarizzazione del motore è completissima; ma se l'acceleramento proviene da una cagione che non agisca che istantaneamente, ovvero se non giugne che poco a poco al punto e sollecitato dalla forza centrifuga ad agire, si vede che sarà trascorso un certo tempo fra l'istante in cui la cagione dell'acceleramento avrà cominciata, e il momento in cui il regolatore l'avrà fatta cessare. Tale è dunque l'inconveniente del regolatore a forza centrifuga; egli non può accrescere o diminuire istantaneamente l'azione del motore, vale a dire nel momento stesso in cui una cagione viene ad alterare il regime della velocità, il più vantaggioso alla macchina. Noi indichiamo tale inconveniente affinchè si conosca bene quest'organo meccanico; e mal si apporrebbero coloro i quali da una tale indicazione argomentassero che noi volessimo attenuare i vantaggi di questo regolatore, uno dei più utili ed ingegnosi concepimenti della meccanica.

Regolatore a molla spirale. — » Fra i mezzi, dice il Poncelet, che si potrebbero impiegare per regolarizzare istantaneamente l'azione delle macchine, eccone uno che noi proponiamo, e che ci sembra molto conveniente. Concepite che l'albero motore A B (*Tav. XX. fig.* 22) che trasmette il moto a dei meccanismi come quelli sarebbero d'una filanda

ec., sia interrotto in c e c'; che il moto d'una parte dell'albero all'altra sia comunicato mediante due
manovelle, i bottoni E F delle quali sono riuniti da
un vette E F, articolato e perpendicolare al braccio
c E eretto sulla parte A c dell'albero orizzontale a-
diacente alle resistenze. Sostituite ora a questo stesso braccio c E un tamburo cilindrico che racchiude
una molla spirale (*Tav. XX. fig.* 23) unita da una
parte all'asse A c e dall'altro alla superficie del tamburo, come nel bariletto degli orologi; finalmente
supponete che il tamburo possa girare liberamente
attorno del suo albero ritondato a tale effetto. Egli
è evidente che il bottone E attaccato alla base dal
lato della potenza, sarà tirato dal vette E F con uno
sforzo eguale a quello che è necessario per vincere
la resistenza dell'albero A c; in conseguenza la molla
spirale sarà stretta, il bariletto girerà più o meno
attorno del suo albero, e l'angolo ch'esso avrà descritto misurerà lo sforzo esercitato in E in quanto
che in questo punto il vette E F si trova perpendicolare al raggio E c. Immaginate a lato del tamburo
un indice $c\,b$ fissato nell'albero c: questo potrà servire a misurare la tensione della molla ad ogni istante, ovvero lo sforzo della resistenza. Da ciò risulta
un nuovo dinamometro, il quale si renderà sensibile
a piacimento. Ora nulla è più facile del comunicare
il moto del tamburo attorno del suo albero ad un
manicotto fg (*Tav. XX. fig.* 24) montato sull'albero eretto in c, del quale la superficie interna è
scavata a madrevite mentre l'esterna è tagliata a
vite. I K rappresenta una spranga saliente fissata al
tamburo, e che penetra nell'occhio d'una spranga
saliente fo, fissata al manicotto. Così, dal momento
che la resistenza della macchina aumenterà o diminuirà, il manicotto fg avanzerà o retrocederà in
virtù del moto relativo del tamburo sopra il suo albero, e spingerà la leva g, destinata ad aprire più
o meno una cateratta. Conoscendo il rapporto della
potenza motrice alla resistenza o effetto utile che si

vuol produrre sul meccanismo, si potrà regolare il moto del manicotto o della cateratta in guisa che vi sia in ogni istante equilibrio, malgrado il cangiamento di resistenza del meccanismo, ed anche quasi istantaneamente. Un tale sistema, che è nel tempo stesso un dinamometro, ci sembra che possa essere utilmente applicato alle macchine; la molla spirale riceverà d'altronde una forza proporzionale agli sforzi che debbono essere esercitati, e la sua costruzione non offrirà difficoltà veruna.

Tamburi regolatori. — Fra gli altri regolatori convien citare pur quelli che si adopera nelle miniere e nelle macchine per innalzar pesi ed attingere acqua. Accade spesso in queste operazioni che il peso da innalzarsi non sia costante, imperocchè viene aumentato da quello della corda o della catena alla quale è sospeso. Se il pezzo è profondo quest'ultimo peso può essere considerevole, e tenderebbe a diminuire costantemente, a misura che il peso sale, poichè una maggior porzione di catena sarebbe avvoltolata. Così gli uomini che dovranno manovrare il verricello, il quale opererebbe quest'azione, avrebbero dunque da vincere nella salita una resistenza sempre decrescente, la qual cosa è una pessima condizione di lavoro: ed è perciò che in questo caso dispongonsi le cose come le rappresenta la *fig.* 25 (*Tav. XX.*). Il verricello si fa grado grado più grosso, in guisa che quando la catena è al punto più basso, e che per conseguenza riesce più pesante, essa si ravvolge sopra un verricello di un diametro più piccolo, e quindi agisce sopra una leva più corta. A misura che il suo peso diminuisce, il diametro sul quale essa si ravvolge, aumenta, e così la resistenza è sempre la stessa. Per tal modo si pongono al verricello gli uomini bastevoli a vincere il massimo di resistenza: ed il vantaggio che si ha con questo genere di verricello si è che facendo costantemente lo stesso sforzo innalzano il peso con una velocità sempre crescente.

Moderatori del moto. — Si chiamano generalmente moderatori del moto certi organi meccanici impiegati per aumentare le resistenze ed opporsi per tal modo agli acceleramenti di velocità. Questi sono di tre sorta: 1.° i volanti ad alette; 2.° i mezzi d'attrito; 3.° i freni o ritegni.

Volanti ad alette. — Quest'organo meccanico è impiegato nel girarrosto e negli orologi che ricevono il moto dalla discesa d'un peso. Questo volante consiste in un sistema di bracci terminati da superficie piane, di cui l'asse verticale di rotazione porta una vite continua condotta da una ruota dentata, la quale riceve il suo moto dalla macchina. Le alette ricevono pure un moto di rotazione nell'aria, la quale oppone loro una certa resistenza. L'esperienza stabilisce che una tal resistenza si accresce in ragione del quadrato della velocità che il contrappeso imprime. Trattasi adunque di calcolare la loro superficie in guisa che la resistenza valutata dietro la velocità regolare che deve avere la macchina, faccia equilibrio all'azione acceleratrice del contrappeso. In questo caso l'orologio o il girarrostro si muovono uniformemente, e la velocità rimane nei limiti assegnati.

Mezzi d'attrito. — Quando le vetture discendono, il loro peso può produrre un acceleramento di moto, al quale i cavalli non sarebbero in istato di resistere, e che importa prevenire. Questo acceleramento puossi produrre tanto più facilmente in quanto che la resistenza opposta dalle vetture proviene unicamente dall'attrito delle ruote contro la superficie della terra, il quale *attrito* non è che *di rivolgimento*; e questo si trasforma in *attrito di strisciamento*, impedendo alla ruota di girare. Ciò puossi ottenere con molti mezzi; ma se non vi si perviene obbligando le ruote a strisciare direttamente contro il suolo, caricate come sono alcuna volta di pesi enormi, si consumerebbero in breve per una parte di loro superficie. Si soddisfa al problema col

mezzo degli *zoccoli* o *scarpe*, che s'interpongono fra
le ruote ed il terreno, e che posti al davanti della
vettura fregano contro del suolo.

Molard ha immaginato un procedimento anche più
semplice, che oggidì trovasi applicato a tutte le vetture pubbliche ed a molti grandi barocci. Questo
mezzo consiste in un arco di circolo in legno od in
metallo, situato posteriormente ad una delle grandi
ruote, e che, mediante una vite di pressione, vi si
avvicina in maniera da comprimerla più o meno.
Puossi giungere con questo meccanismo ad arrestare
poco a poco, e quasi completamente la ruota: ed ha
il vantaggio che può essere acconciato anche dall'alto
d'una Diligenza senza che il conduttore sia obbligato discendere.

Freni. — Il meccanismo che abbiamo ora spiegato è un genere di *freno*. I freni più ordinari si
compongono d'una porzione di quarto di ruota, in
legno, *a b c* (*Tav. XX. fig.* 26) guarnito esteriormente con banda di ferro, la quale è fissata al punto
e, ed all'altra estremità *g* fermata con caviglia di
ferro all'estremità d'una leva a gomito *g h l*. Se si
fa forza contra l'altra estremità di questa leva, si
fa toccare il quarto *a b c* contro alla ruota cui è concentrico: questa ruota che è situata sopra uno degli
assi principali della macchina, prova pure una forte
resistenza che si trasmette al restante dell'apparecchio, e che si oppone agli acceleramenti irregolari e
dannosi della velocità.

Ecco un'altra specie di freno. Esso si compone
d'una leva, della quale il più lungo braccio è caricato d'un peso ed il più corto porta l'estremità
d'una coreggia, che, dopo avere inviluppata la corona della ruota di cui vuolsi arrestare o moderare
il moto, è attaccato ad un punto fisso. S'intende
bene che la ruota deve poggiare sopra cuscinetti a
legaccia, altrimenti sarebbe sollevata dalla coreggia
nel momento in cui questa la cinge. Si vede quivi che
la resistenza dell'attrito non ha limiti; imperocchè

puossi non solamente aumentare il peso situato all' e-
stremità della leva; ma si possono far dare molti giri
alla correggia attorno della ruota. Si sa che questo
è un mezzo potentissimo per ottenere attriti assai
forti. Questo mezzo è quello che s'adopra nei molini
per rallentare ed anche arrestare il moto delle ali.

Si vede che i freni e in generale tutti i moderatori di cui abbiamo parlato non producono il loro
effetto che consumando una porzione considerevole
di forza motrice; e questo è il loro inconveniente.
Ma la loro utilità non è meno manifesta in molti
casi. Essi sono d'una necessità assoluta, a cagion
d'esempio nelle grue ed in altre macchine colle quali
s'innalzano enormi pesi. Se queste macchine cedes-
sero all'azione di tali pesi, e li lasciassero ricadere, svolgendo le loro catene, è chiaro che i più gravi
accidenti ne risulterebbero. Si provvede a ciò col
mezzo de' freni. Noi ne vedremo più innanzi un e-
sempio.

Parallelogrammo di Watt. — Il parallelogrammo
di Watt, così nominato, perchè invenzione di questo celebre ingegnere, è uno degli organi meccanici
i più usitati di presente. Noi abbiamo già detto a
pag. 401, ch'egli ha per oggetto di trasformare il
moto circolare alternativo in moto rettilineo alternativo, o reciprocamente. Spieghiamo meglio quest' o-
perazione.

Nelle macchine a vapore il moto è comunicato ad
un forte cilindro di ferro fuso, nel quale agisce uno
stantuffo su cui il vapore preme alternativamente
al di sopra e al di sotto, e che salendo così e discendendo, comunica, mediante il suo gambo, un
moto di va e viene ad un bilanciere, che porta alla
sua estremità un vette, e mediante una manovella
dà un moto di rotazione ad un asse principale,
d'onde il moto si distribuisce poscia a tutto l' apparecchio, di cui la macchina a vapore è il motore.

L'ascensione dello stantuffo nel corpo del cilindro
fassi in moto rettilineo, e per conseguenza rettilinea

è la corsa del centro dello stantuffo in cui è attaccato il gambo. Ma l'altra estremità del gambo, che
è attaccata all'estremità del bilanciere, non ha un
moto rettilineo. Questo bilanciere infatti, che si muove attorno a un punto d'appoggio, descrive per o-
gnuno de' suoi punti degli archi di circolo attorno al
detto punto d'appoggio; per cui il maggiore di questi archi di circolo è descritto dall'estremità del bilanciere. Risulta da ciò che l'estremità superiore del
gambo dello stantuffo descrive un arco di circolo, e
la sua estremità inferiore una linea retta. Articolan-
dosi il gambo a queste due estremità, le cose rimangono come sopra si è detto; ma lo stantuffo essendo
più premuto sopra un lato del cilindro che sull'altro, oltrechè costa molto pel mantenimento, vi hanno perdite considerevoli di vapore dal lato meno compresso. A questo inconveniente Watt ha rimediato
col suo parallelogrammo.

Sia af un bilanciere di macchina a vapore (*Tav.
XVIII. fig.* 1.) il cui punto d'appoggio portato sul
pianerottolo cba è in a. Ai punti e ed f ha due
articolazioni; l'una fg è quella che porta il manico
principale, quello dello stantuffo; l'altra $e.m$ porta
un piccolo manico per una piccola tromba chiamata
d'alimentazione, ed un breve pezzo articolato ml.
Al punto l sono due spranghe, l'una raccomandata
ad un punto fisso k di dietro al manico, l'altra comunicante coll'articolazione g. Per mezzo di queste
disposizioni, quando i punti e ed f descrivono archi
di circolo, la geometria dimostra che il punto g descrive una linea sensibilmente retta, e così il manico dello stantuffo si muove secondo una linea quasi
retta nella sua estremità superiore. Per tal modo si
dileguano gl'inconvenienti notati di sopra.

La *fig.* 2 (*Tav. XVIII.*) mostra il parallelogrammo in pianta, dbf è il bilanciere, qr è l'asse orizzontale dell'articolazione del manico dello stantuffo,
op è l'articolazione proiettata in l (*fig.* 1), ikp è
il manico che compie il parallelogrammo.

Molti hanno spiegato questo meccanismo; nessuno però lo ha fatto così semplicemente e con chiarezza come il Poncelet; per darne la spiegazione si è proposto il problema seguente: » Determinare la posizione del punto d'appoggio k, essendo date le dimensioni del bilanciere e del manico dello stantuffo ».

Siano, dic'egli, A' O, A'' O (*Tav. XX. fig.* 27) le posizioni estreme del bilanciere; A O la sua posizione intermediaria od orizzontale, B' G la direzione indefinita del manico dello stantuffo. Si tracceranno i tre parallelogrammi

$$A'\ B'\ C'\ D',\ A''\ B''\ C''\ D''\ e\ A\ B\ C\ D,$$

corrispondenti alle posizioni precedenti, vale a dire, tali che le sommità B', B'', B essendo sulla verticale medesima, come vedesi nella figura, i lati che uniscono le sommità indicate colle stesse lettere, rispettivamente sopra ciascuno dei parallelogrammi, siano uguali: ne risulteranno così tre posizioni C'', C', C delle estremità del legame conduttore F C', e si farà passare pei tre punti C', C'' C un circolo il cui centro F sarà preso pel punto fisso del conduttore. Questa soluzione non è rigorosa, poichè costruendo un gran numero di posizioni del parallelogrammo colla condizione che tutte le sommità B siano sulla stessa verticale, ne verrà che la sommità C non rimane sopra un vero arco di circolo. Dunque reciprocamente, costringendo le sommità C a percorrere il circolo di cui F è il centro, la sommità B non resterà costantemente sulla verticale B' G. Ma scegliendo *dati* convenevoli, si può fare che le deviazioni del punto B dalla verticale siano piccolissime, o non oltrepassino una o due linee. Per ottenere questa deviazione non si ha se non ad immaginare che la sommità B del parallelogrammo divenga libera, ed a dirigere il parallelogrammo costringendo G a restare sul circolo C' C'' C, trovato superiormente; e poscia si traccerà la linea che passa per tutte le posizioni della sommità B, intermediarie alle posizioni B' B e B'', che resteranno soltanto a malgrado sulla verticale. Si troverà che questa linea forma una specie di S (*fig.* 28) che taglia la verticale B' G in B, e che si allontana simmetricamente tra le posizioni estreme B', B e B'' delle quantità c *b*, *c' b'* che rimarranno più facili a misurarsi. Si avrà cura d'altronde di costruire il disegno in grandezza naturale ovvero con dimensioni più grandi, se vuolsi procedere col maggior rigore. Vi sono alcune regole da osservarsi perchè la deviazione sia la minore possibile: 1.° la direzione verticale B' G deve dividere in parti eguali la distanza A *a* (*Tav. XX. fig.* 29) compresa tra l'arco e la corda dell'arco A', A, A'', descritta dall'estremità A del bilanciere; 2.° la corda A' A'' che è presso a poco uguale alla corsa dello stantuffo, non deve eccedere di molto la metà o i due terzi della lunghezza A O del bilanciere, vale a dire che A O deve sorpassare una volta e mezzo almeno la lunghezza della corsa del gambo; 3.° si farà la lunghezza de' lati non paralleli al bilanciere del parallelogrammo in guisa che l'estremità B' del gambo sia sopra l'orizzontale A O del centro del bilanciere quando questo occupa la posizione superiore estrema A' O; 4.° l'orizzontale A O deve dividere in due parti uguali l'angolo totale descritto dal bilanciere; 5.° in quanto poi alla lunghezza dei lati A' D' e B' C', essa è arbitraria, o piuttosto, se vuolsi, essa dipende dalla distanza alla quale si vuol situare il centro F, o dalla lunghezza del conduttore; imperocchè più C' D' si avvicina verso il centro O del bilanciere, meno l'arco descritto da C' sarà grande, e più il regolatore F C' sarà corto.

La *fig.* 9 (*Tav. XVIII.*) mostra un parallelogrammo impiegato nelle miniere per vuotarle dalle acque; quivi il moto non è dato dal gambo, che trattasi di mantener verticale, ma dal bilancere che è mosso da un lato, generalmente mediante una manovella che comunica con una macchina a vapore o ad una ruota idraulica, e che dall'altro lato imprime un moto di va e viene ad un manico di tromba sollevante le acque nell'interno della miniera, ed è appunto questo manico che conviene mantenere verticale.

Questo parallelogrammo è descritto dal Prony come segue, nella sua *Architettura idraulica*.

Il parallelogrammo *m h d* è unito al bilanciere nei punti *d* ed *l*, fissi per rispetto allo stesso bilanciere; ma i lati di questo parallelogrammo possono cambiare d'inclinazione gli uni per rapporto agli altri a mezzo delle loro estremità che sono unite a cerniera, vale a dire guernite di anelli od occhi che abbracciano assi orizzontali. Gli assi in *d* ed in *l* sono in uno stesso piano col centro od asse *c* di rotazione del bilanciere.

Inoltre l'angolo *h* del parallelogrammo è sempre mantenuto ad una distanza costante da un punto fisso *i* mediante la verga metallica *i h*, l'estremità della quale è ugualmente guernita d'un anello od occhio che abbraccia l'asse che passa in *h*.

Ciò conosciuto, se s'immagina che l'angolo *m* sia spinto o tirato in una direzione verticale, lo sforzo si decomporrà secondo *m l* ed *m h*; i punti *l* e *d* descriveranno degli archi di circolo di cui il punto *c* sarà il centro, e il punto *h* descriverà un arco di circolo che avrà per raggio *i h*. Ma le curve descritte dai punti *l*, *d*, *h* non possono essere per tal modo stabilite e determinate senza che il punto *m* descriva pure una curva similmente fissa e determinata. Ora si conosce facilmente, osservando la figura, che quando il moto del bilanciere tende ad allontanare il punto *m* dalla verticale in un senso dato, l'effetto della rotazione di *h* attorno del punto *i* è quello di allontanare *h* dalla verticale in senso contrario; e che questi due sforzi possono combinarsi in tal guisa che la curva descritta dal punto *m* differisca sì poco da una linea retta verticale, che nella pratica possa considerarsi come tale.

Parallelogrammo di Bétancourt. — Ecco, per compiere lo stesso scopo del precedente, un apparecchio analogo al parallelogrammo di Watt, e che venne inventato dal Bétancourt. Noi prendiamo anche questa descrizione dalla citata opera del Prony.

Due pezzi di legno ol, ck (*Tav. XVIII. fig.* 10) girevoli attorno de' punti o centri o, c; le loro estremità l e k sono aggiogate l'una all'altra mediante il pezzo di ferro lk, con due articolazioni in k ed in l; le lunghezze ol e ck, da centro a centro dei cardini sono uguali; la somma $ol + ck$ di tali lunghezze è uguale alla distanza del punto o dal punto k proiettato sull'orizzonte, ovvero misurata orizzontalmente, in modo che quando ol e ck sono livellate, la linea retta che passa per l e k è verticale; e siccome la lunghezza del pezzo lk da centro a centro dei cardini è uguale alla differenza di livello dei punti l e k, lk diventa verticale nello stesso tempo che ol e ck divengono orizzontali.

Con tale disposizione se i punti l e k non descrivono degli archi d'un gran numero di gradi al di sopra e al di sotto delle orizzontali passanti rispettivamente pei punti o e c, il punto di mezzo m di lk, percorrerà sensibilmente una linea retta verticale.

Infatti, mentre l e k si allontanano di poco dall'orizzontale, i raggi ol e ck, essendo della stessa lunghezza, il punto l s'innalza o si abbassa per rapporto al punto o sensibilmente di quella stessa quantità onde il punto k s'innalza o si abbassa per rispetto al punto c: donde segue che gli archi descritti dai punti l e k, possono in questo caso essere riputati uguali. Ammessa quest'ipotesi, i punti l e k debbono sempre mantenere la medesima distanza da una verticale di cui i punti e ed o sarebbero essi stessi ugualmente lontani: dunque se m trovasi nel mezzo di lk, devesi trovare costantemente nella verticale di cui abbiamo or ora parlato. Questa verticale, passando per l'asse comune del cilindro a vapore e del gambo mn del suo stantuffo, non trattasi che di porre un asse orizzontale alla sommità del gambo, che gira in un anello praticato nel mezzo di lk, e si avrà soddisfatta la condizione proposta.

Apparecchio per mantenere la verticalità. — Gli apparecchi che or ora descriveremo hanno per iscopo di compiere lo stesso oggetto che quello che adempiono i parallelogrammi di Watt e di Bétancourt, e sono inoltre fondati sugli stessi princìpi.

Il primo è preso da una macchina a vapore locomovibile. Quivi il moto è dato mediante il vapore ad uno stantuffo r (*Tav. XVIII. fig.* 3), il quale col suo gambo rq lo trasmette al bilanciere ni portante un vette ik, che agisce sopra una manovella l'asse della quale è in k. Il gambo rq è unito al bilanciere ni con doppia articolazione op. Di più il punto q è guidato da un gambo qc. Il bilanciere porta uno settore dentato ef, di cui il centro è in a, come quello del bilanciere; questo settore ha un moto di va e viene quando il bilanciere è in azione. Questo moto è comunicato ad un altro settore dentato cd, il centro del quale è in b. L'asse proiettato in b è piegato di dietro il settore, e la piegatura o gomito ha per lunghezza il raggio stesso del settore. Risulta da ciò che quando il bilanciere è in moto l'estremità del gambo cq, che è attaccata a questa piegatura, descrive pure degli archi di circolo la cui ampiezza è regolata da quella del settore cd. Le dimensioni di tal settore sono calcolate in guisa che quando il bilanciere prende la posizione ta od aq, il punto d'articolazione del gambo dello stantuffo rimane sopra una linea sensibilmente retta.

Col mezzo d'una semplice riunione di vetti si posson pure ottenere effetti analoghi.

L'apparecchio rappresentato dalla *fig.* 7 (*Tav. XV.*) fornisce un mezzo di cambiare un moto rettilineo alternativo in moto circolare, e reciprocamente. Quello che è qui figurato serve a trasformare in moto circolare il moto rettilineo di uno stantuffo di macchina a vapore; il gambo dello stantuffo regge un asse orizzontale, il quale è proiettato in a, e porta un perno bb scorrevole dentro una scanalatura $cccc$, in guisa che se questa scanalatura è posta verticalmente, il punto a deve descrivere una linea perfettamente verticale. Il medesimo asse a porta il vette ad, il quale dà il moto circolare ad una manovella.

Ora, se si divide la circonferenza descritta dal punto d, estremità della manovella, in parti uguali fg, gh, hn, ni, ik, kl, si conoscerà che la distanza di l a k misurata verticalmente, vale a dire sulla linea lf, è più piccola di quella di k a d, e questa più piccola di quella di i ad n; poscia, se si conta da n, ha luogo l'inverso; la distanza verticale da n a b essendo più grande di quella di h a g, e questa più grande della distanza di g ad f.

Ora, queste distanze verticali indicano le strade che percorre il punto a mentre la manovella descrive degli archi uguali; donde si conclude che la corsa del punto a si rallenta alle sue due estremità superiore ed inferiore.

Convien notare che questo effetto non ha luogo se non perchè l'asse della manovella porta un volante che regolarizza il suo moto circolare, e che obbliga per tal modo lo stantuffo motore a subire questo rallentamento alle due estremità della corsa: rallentamento essenziale per la conservazione della macchina.

Passiamo ora ad un altro apparecchio non meno ingegnoso.

In quest'apparecchio (*Tav. XVIII. fig.* 4) destinato a dare al gambo dello stantuffo del cilindro a vapore una direzione sensibilmente verticale, il bilanciere è rimpiazzato da due guide uguali ih ed on, mobili attorno dei punti fissi i ed h, e riunite sull'altra estremità in h ed in o, ad articolazioni, mediante una leva oh, la quale porta un asse g, a cui è sospeso il gambo dello stantuffo. Esiste sulla linea oh un punto che in ogni moto non esce per

29

così dire dalla verticale che passa pel centro a della manovella ad; ed è in questo punto che si stabilisce la posizione dell'asse g, che in questo caso si trova nel mezzo della distanza ho; imperocchè abbiamo supposto le guide ih ed on d'uguale lunghezza. Lo stesso asse g riceve ancora l'estremità inferiore del vette gb, che essendo legato mediante articolazione colla manovella ab, vi trasmette un moto circolare continuo. Si vede che questo meccanismo ha molta analogia col parallelogrammo di Bétancourt.

Noi abbiamo rappresentato, *fig.* 6, sopra una scala più grande, ed in altra posizione, la testa delle guide ih, ed on, e la leva che le congiunge, per meglio comprenderne l'unione.

La *fig.* 5. è una sezione verticale perpendicolare all'asse delle guide; vi si riconosce che queste guide e le leve sono doppie, e situate ad ugual distanza dal gambo dello stantuffo. Per evitare gli scorciamenti e rendere questa proiezione più intelligibile, abbiam supposto che la leva fosse in una posizione verticale e che le guide girassero attorno alle loro estremità h ed o per divenire orizzontali. Si vede su questa figura che la testa del gambo ed è ricevuta in una fenditura cui è fissata mediante una chiavetta, e che l'estremità del vette abc è formata di due branche, su ciascuna delle quali è addossata una guida bec, che abbraccia de' cuscinetti per girare liberamente sull'asse kl. Le staffe sono ritenute tra madreviti e risalti, e portano rotelle di cuoio, le quali vi sono ribadite affine di poter muoversi sullo stesso asse. Esse si uniscono alle guide mediante semplici cardini a bottoni.

Addentamenti e disaddentamenti. — Noi abbiamo già più volte parlato di quest'organo meccanico, il quale ha per iscopo di sospendere o di dare immediatamente il moto: ora tenteremo di farlo pienamente conoscere.

Siano due assi ac, bd (*Tav. XIX. fig.* 16)

toccantisi l'un l'altro ad attrito dolce, ed in tal guisa che l'uno possa girare senza determinare il moto di rotazione dell'altro. L'asse *ac* porta una ruota fissa *hk* dentata a sega; l'asse *bd* porta una ruota simile *i*; ma questa è fissata sopra un manicotto che attornia l'asse *bd*, e striscia longitudinalmente sopr'esso, mà senza poter girare attorno. Questo manicotto è condotto da una leva piegata a gomito *efg*, della quale il punto d'appoggio è in *f* e l'impugnatura in *g*, e là quale, secondo che si abbassa o si alza l'impugnatura, allontana o ravvicina la ruota *i* alla ruota *hk*. Quando s'innalza la impugnatura in modo che la ruota *i* ingrani nella ruota *hk*, il moto dell'asse *ac* si comunica istantaneamente all'asse *db*; e quando pel contrario si abbassa l'impugnatura, il moto dell'asse *db* si arresta, imperocchè la ruota *i* non è più ingranata dall' *hk*.

Vi sono molti altri modi di addentamenti. Così puossi in un ingranaggio di ruote dentate ordinarie fare che una di esse possa strisciare sopra il suo asse ed oltrepassare in tal guisa la ruota colla quale essa ingranava, sicchè si trovi fuori del suo moto. Questo moto, od altro simile, non può del resto venire impiegato per dare il moto ad una macchina in riposo quando la massa e la velocità de' pezzi da muoversi sono grandissime. Infatti si produrrebbero urti che romperebbero le estremità dei denti alle prese nel momento dell'ingranaggio. Così non s'impiega il modo di addentare o disaddentare se non nel riposo della macchina, o quand'essa cammina con lentezza.

Vi sono molti mezzi per evitare almeno in parte l'inconveniente che abbiamo or ora indicato; e consiston nel rendere scorrevole in ogni senso la ruota che deve ingranare e disingranare. Dicemmo già che una tale ruota può indifferentemente muoversi sopra il suo asse in tutti i sensi, non poggiando su questo asse che ad attrito dolce. A lato di questa ruota è il manicotto che striscia sull'asse soltanto nel senso del medesimo, ma che è fisso nel senso della rotazione. Col mezzo poi del manicotto la ruota è resa stabile a piacimento. Di ciò abbiamo già veduto un esempio.

Il manicotto può agire combinandosi in diversi modi colla ruota. Si può esso terminare in un piano parallelo alla ruota, e portante due o quattro leve. Queste leve si combinano in pertugi praticati nella ruota scorrevole in ogni senso. Si vede che con questo mezzo, se vi avesse rottura proveniente da un urto troppo forte in virtù della grande velocità che aver potesse l'apparecchio; questa rottura non accadrebbe che sulle leve, e per conseguenza lascierebbe intatti e la ruota e il manicotto. Altra volta, siccome abbiamo veduto, il manicotto e la ruota portano dei risalti o denti a sega, corrispondenti.

I coni di frizione o stropicciamento sono pure un ottimo mezzo d'ingranaggio e disingranaggio. Si fissa alla ruota un tamburo conico vuoto, e al manicotto un consimile tamburo che entra esattamente nell'interno dell'altro cono, quando si ravvicina mediante il manicotto. Siccome possonsi più o meno addentrare i due coni l'un nell'altro, e per conseguenza produrre una pressione più o meno forte, e non trasmettere per tal modo che a poco a poco il moto di rotazione; così ottiensi un vantaggio grandissimo da questo sistema: ma siccome esso non risulta che da uno sforzo di pressione, si viene a conoscere ch'ei non è buono che per le macchine destinate a trasmettere grandi forze.

Ecco un altro mezzo per ingranare e disingranare, molto usitato, ma solamente nel caso di trasmettere piccole forze.

L'asse 16-19 (*Tav. XVII. fig.* 1.) porta due ruote, 14 e 15, una delle quali, 14, è scorrevole in ogni senso, l'altra è fissa. Una correggia di cuoio, continua, passa sulla ruota 12; e col mezzo d'una leva può essere portata, secondo il bisogno, dalla ruota

14 alla ruota 15, e reciprocamente. Quando la correggia è portata sulla ruota 15, il moto dell'asse si
arresta, poichè la ruota 15 può girare sopra di esso
senza trascinarlo nel suo moto di rotazione. Quando
la correggia è riportata sulla ruota 14, l'asse allora
ricomincia a girare, poichè questa ruota è fissa su
questo asse, e l'obbliga a partecipare del suo moto.

Ecco una macchina immaginata dal Prony, e nella
quale l'organo essenziale è l'ingranamento e disin-
granamento.

Una ruota *a a* (*Tav. XVI. fig. 24*) è posta in
moto con un maneggio *p q*, e comunica a due ruote
b c, scorrevoli in ogni senso sullo stesso asse, e
ch'essa fa girare in modo inverso. L'asse che sostiene queste due ruote, porta ad una sua estremità
una carrucola *k*, la quale è fornita di una catena,
ed all'estremità di questa catena sono sospesi due
secchj, che vanno alternativamente ad attinger acqua
da un pozzo, e la versano in un serbatoio *n*. Trattasi, conservando il moto circolare, e, nel medesimo senso del cavallo che agisce al maneggio, di fare
in guisa che, quando un secchio è pervenuto al serbatoio e si è vuotato, possa ridiscendere senza che
il cavallo si arresti nè cangi il suo moto. Ecco come
vi si perviene. L'asse di rotazione porta due mani-
cotti forniti di denti a sega, che possono strisciare
orizzontalmente sopr'esso. Di più è fornito d'una
leva mobile in *r*, terminata alla sua estremità superiore da una gran palla di piombo *d*, ed all'altra
sua estremità si biforca in due rami *f e g*; ciascuno
di questi rami poggia sopra un rostro o becco sostenuto da una leva *l*, la quale è doppia, e colla
quale ciascuno dei rami è successivamente sollevato
da un nodo fatto nella corda che tiene ognuno dei
secchj, e un poco più alto del punto d'attacco.
Quando il secchio è stato sollevato fino al punto in
cui può essere interamente vuotato, il nodo giunge
sotto la leva e l'innalza; in pari tempo è sollevato
pure uno dei rami della leva *d r*, per esempio il

ramo f. Questo ramo, essendo così sollevato, fa girare la leva attorno al punto r, fa passare a sinistra dell'albero q la palla d, e fa premere la leva contro il manicotto h, che s'insinua allora nella ruota b, e vi si mantiene in conseguenza del peso della palla d. Nello stesso tempo il manicotto i è disingranato; la ruota c torna mobile, mentre la ruota b diventa fissa, e il senso del moto di rotazione dell'asse cangia per tal guisa istantaneamente.

Convien confessare che una tal macchina è ingegnosissima, e quantunque complicata, è d'un grandissimo uso.

Mezzi di cangiare la velocità del moto. — Noi prendiamo ciò che segue dal Poncelet. — Per cangiare la velocità del moto istantaneamente s'impiegano diversi apparecchi de' quali indicheremo i quattro principali. Il primo consiste in due sistemi di carruccole o tamburi alterni fermati sopra due assi paralleli (*Tav. XX. fig.* 30); la lor disposizione è tale che se a cagion d'esempio i diametri superiori dei cilindri crescano da sinistra a destra, i diametri inferiori cresceranno da destra a sinistra, e i diametri dei due cilindri situati nello stesso piano verticale formeranno una somma costante. In una parola le corone che corrispondono in faccia l'una dell'altra si troveranno alla stessa distanza nei punti esteriori.

Una correggia continua inviluppa due corone corrispondenti, e, co' mezzi che possonsi avere a disposizione sul luogo, essa passa rapidamente da una coppia di corone all'altra, durante il moto: il che modificherà la velocità dell'albero od asse inferiore: questa velocità sarà più rapida di quella dell'albero superiore, o più piccola, secondo che il diametro di un cilindro in azione inferiormente sarà più piccolo o più grande del diametro del cilindro corrispondente dell'albero superiore. I coni alterni sono ugualmente montati sopra due assi paralleli, e sono avviluppati da una correggia continua. Soltanto le loro generatrici opposte esteriormente sono parallele (*Tav. XX. fig.* 31).

Puossi far variare la velocità in modo istantaneo, facendo camminare la correggia mediante una branca.

Mezzi di cangiare il moto per intervalli. — Noi abbiamo indicato i mezzi di modificare in maniera costante e permanente il moto delle macchine: eccone altri che servono a mutarlo per intervalli.

1.° *Ruote a scatto*. Una ruota a scatto non è altra cosa che una ruota scorrevole in ogni senso, B (*Tav. XX. fig.* 32) montata sopra un albero che riceve moto di rotazione mediante una manovella. A quest'albero è fissato il pezzo A suscettivo di aderire alla salita *b* d'una leva *ab* detta di *scatto*, e mobile attorno di un asse *m* che fa corpo col piano della ruota. Finalmente una molla *s* mantiene l'estremità *b* aderente contra il pezzo A. Se dunque s'immagina l'albero in moto nel senso L M, il pezzo A lo segue e non tarda ad aderirsi colla salita *b*; poscia essa trascina la leva *ab* colla ruota B, che fa allora salire un peso od uno stantuffo col mezzo d'una corda *D* avvoltolata alla sua gola od incavo; ma tosto che nella sua corsa la leva di *scatto* *ab* ha incontrato una caviglia esteriore od arresto E, questa leva di scatto gira attorno del suo asse *m* ed è bentosto abbandonata dal pezzo A, come pure la ruota B; questa, sollecitata dal peso ch'essa ha sollevato, prende un moto in senso contrario sull'asse, il quale continua a muoversi nello stesso senso di quello della manovella, e per conseguenza il peso ridiscende : si conosce ora come le cose ricomincino ad ogni giro di manovella.

2.° *Berta-capra a rampino*. Un sistema analogo è impiegato nella berta-capra a rampino per fare sfuggire dall'alto della sua corsa il peso destinato a battere i pali; soltanto il moto è sempre rettilineo invece di essere circolare. A è una berta di ferro sospesa pel suo anello *cd* (*Tav. XX. fig.* 33) all'uncino *c* d'una leva *ef*. Questa leva gira attorno ad una chiavarda *g* posta dentro un pezzo di ferro scanalato L M, ed è forzata di pigliare l'anello *e d* mediante una molla *x* ugualmente fissata nel pezzo L M. Una corda *a b* ravvolta ad una carrucola, solleva il pezzo L M e quindi la berta A sino a che la leva *e f* abbia incontrato nella sua corsa verticale un arresto o caviglia B; allora la leva *e f* gira attorno alla sua chiavarda *g*; l'uncino *c* sfugge dall'anello *c d* della berta, e questa ricade sola in virtù del proprio peso. Se si abbandona poscia il pezzo L M, egli è evidente che ricadendo sulla berta, forzerà malgrado l'azione della molla *x*, l'uncino *e* della leva *e f* ad internarsi di nuovo nell'anello *c d* della berta.

3.º *Ruota a rocchetto.* C è una ruota scorrevole in ogni senso sopra un albero (*Tav. XX. fig.* 34); B è un'altra ruota montata sulla parte quadrata di quest'ultimo ed armata di denti uncinati, ne' quali s'ingrana uno scatto *b o* fissato nella ruota scorrevole C, e premuto al calcagno della molla *e o* fissata in *e*. Il giuoco di questo scatto è tale che se fate muovere da sinistra a destra la ruota a rocchetto B, come pure il suo albero, il loro sistema girerà indipendentemente dalla ruota C, che rimarrà in riposo, poichè i denti di B sfuggiranno dallo scatto *b o*. Ma se al contrario la ruota B riceve un moto da destra a sinistra, i denti di questa saranno puntellati nello scatto *b o*, e la ruota girevole in ogni senso C sarà forzata di seguire il moto della ruota a rocchetto e del suo albero. La ruota a rocchetto è impiegata nei moti del pendolo. Fissata sopra un albero quadrato, essa sfugge ad uno scatto nel senso ove conviene girarla con una chiave per operare la tensione della molla motrice: ma dacchè quest'ultima esercita la sua azione, la ruota a rocchetto gira in senso contrario a quello nel quale si è montato il pendolo, e trascina seco la ruota girevole in ogni senso destinata a trasmettere l'azione motrice della molla agli altri pezzi.

Noi abbiamo ora descritto gli organi meccanici

modificatori o regolarizzatori del moto, i più comuni e i più importanti. Questi organi e le macchine semplici dove trovansi combinazioni più o meno ingegnose o complicate, è necessario ed essenziale il ben conoscerli. Ve ne sono pure molti altri, ma di minore importanza, e la cui descrizione ci condurrebbe troppo lungi. Noi ci limiteremo a citarne alcuni.

Cerniera universale. — Si ha spesso bisogno di trasmettere il moto di rotazione di un asse ad un altro asse variabile nella sua posizione, facendo un certo angolo col primo. In questo caso s'impiega un meccanismo dovuto ad Hooke, e che chiamasi *cerniera universale*. I due assi fra i quali il moto devesi comunicare si terminano in due branche formanti un semicircolo *a b* (*Tav. XVIII. fig.* 12) i diametri delle quali s'incrociano perpendicolarmente in *c*. Convien notare che ciascuno de' due semicircoli e per conseguenza gli assi di cui formano l'estremità restano mobili attorno di ognuno di questi diametri, e che puossi cangiare la lor posizione. Si conosce d'altronde che, a condizione che l'angolo formato dai due assi non oltrepassi un certo limite, il moto impresso ad uno di loro si comunicherà all'altro.

Quando l'angolo formato dai due assi è minore di 140 gradi, la cerniera universale semplice, che abbiamo ora descritta, non può essere impiegata, ed allora si usa la *doppia cerniera*, come la rappresenta la *fig.* 11. (*Tav. XVIII.*). Si vede ch'essa si compone di quattro semicircoli uniti da due croci, e di cui il principio e il modo d'azione sono i medesimi che nella cerniera semplice.

Le cerniere universali usitatissime per accomodare la posizione de' grandi telescopi, ne' quali, mentre l'osservatore sta riguardando pel tubo, gli è mestieri far girare delle viti continue o delle ruote di cui non è in istato di governare gli assi a cagione del loro allontanamento. La *fig.* 13. (*Tav. XVIII.*) mostra la forma comune delle cerniere universali negli strumenti di ottica.

La croce non è assolutamente indispensabile nella cerniera universale. Con un anello munito di quattro caviglie salienti a quattro punti ugualmente distanti l'uno dall'altro, o col dividere il circolo dell'anello in quattro assi eguali, si adempirà questo scopo. Tali caviglie si muovono nei perni dei semicircoli nello stesso modo che quelle della croce.

Si fa uso moltissimo della cerniera universale nelle filande da cotone, ove gli assi sono tenuti ad una considerevole distanza dal primo motore, e si trova vantaggio a dividerli in molte parti, che siano unite fra loro da una cerniera di tal genere.

Le *fig.* 14, 15 e 16 *Tav. XVIII* rappresentano una cerniera universale d'un'altra forma e destinata a trasmettere forze più grandi delle precedenti. Quest'organo meccanico si chiama pure *legame universale o legame spezzato*; 14 e 16 rappresentano i due assi riuniti mediante traversa, come rappresenta la *fig.* 15. La *Tav. XVII* mostra un'applicazione di congiungimento universale in 19, 20 e 21.

Convien notare pure che tanto il legame che abbiamo ora descritto, quanto quello che precede non posson essere applicati che a trasmissioni di forze non molto considerevoli, e che, anche in questo caso, le pressioni sulle articolazioni sono grandi e cagionano molto attrito, quantunque le vie percorse dai punti d'appoggio di questa resistenza siano piccolissime.

In Olanda si è applicato quest'organo meccanico alla trasmissione del moto di rotazione dell'asse orizzontale di un molino a vento; a degli assi di coclee d'Archimede, che, come si sa, non agiscono che sotto una data inclinazione.

Pendoli di compensazione. — Noi abbiam veduto, pag. 195, spiegata la teorica del pendolo. Riferendo a ciò che ivi abbiam detto, si vedrà manifesto che affinchè i moti del pendolo siano isocroni, converrà che la sua lunghezza rimanga invariabile. Ora le variazioni di temperatura oppongono una grande difficoltà per conservare esattamente la lunghezza del pendolo. Tutti i corpi infatti, e particolarmente i metalli, che sono più proprii alla costruzione de' pendoli, si dilatano pel calorico e si raccorciano pel freddo. Così se si suppone un pendolo composto di un gambo piccolo di rame portante una lente del bilanciere di uno o d'altro metallo, e che si sia determinato il numero de' colpi che batte per ogni minuto ad una data temperatura; egli è chiaro che ad una temperatura più elevata il pendolo batterà meno sollecitamente, e che in una temperatura fredda batterà un numero maggiore di colpi nello stesso spazio di tempo.

È questa una difficoltà gravissima per la costruzione di tutti gli stromenti destinati a misurare il tempo, ed ecco come vi si provvede. Ciò che segue è tradotto dall' *Enciclopedia di Gabinetto* — Articolo *Meccanica* —.

Dalla differenza degli effetti di dilatazione nei diversi metalli si è pervenuto alla soluzione del difficile problema indicato superiormente.

Graham nel 1715 intraprese un'esperienza avente per iscopo di determinare le dilatazioni comparate dei diversi metalli coll'idea di far servire queste varie dilatazioni nella costruzione di un pendolo. Ma siccome gli strumenti di Fisica allora impiegati erano ancora imperfettissimi, trovò differenze così poco apprezzabili, che rinunziò ad ogni speranza di poter eseguire il suo progetto nel modo intrapreso. Pure, sapendo che il mercurio era più dilatabile pel calorico che qualunque altra sostanza metallica, conobbe che se si potesse far salire il mercurio mentre la verga del pendolo si allungasse, e reciprocamente, si potrebbe sempre conservare il centro di oscillazione alla stessa distanza dal punto di sospensione. Una tale idea ha dato nascimento al pendolo a mercurio che di presente è usitatissimo.

L'idea ed i lavori di Graham essendo stati conosciuti da Harisson, di origine carpentiere, fece questi più ampie e più diligenti ricerche, e finalmente nel 1726 costruì un pendolo formato di due verghe di rame e di acciaio, parallele, conosciuto sotto il nome di *pendolo a graticola*.

Nel pendolo a mercurio la lente del bilanciere o peso contiene la materia che fornisce la compensazione. Ma nel pendolo a graticola questo fine ottiensi nella maggior dilatazione delle verghe di rame che innalzano la lente verso il punto di sospensione di tanto quanto le verghe d'acciaio l'allontanano in basso.

Per meglio ciò dimostrare noi ci faremo a dare alcuni particolari ragguagli, e primieramente recheremo una tavola comparativa della dilatazione dei diversi corpi che posson essere impiegati nella costruzione de' pendoli.

Dilatazione lineare de' metalli per ogni grado del Termometro di Fahrenheit, o di 150 gradi.

Abete	0,0000022685
Vetro	0,0000028444
Ferro fuso o ghisa. . . .	0,0000061700
Filo di ferro	0,0000068613
Spranga di ferro	0,0000069844
Verga d'acciaio.	0,0000063596
Rame	0,0000104400
Piombo.	0,0000159259
Zinco	0,0000163426
Zinco battuto.	0,0000172685
Mercurio	0,00010010.

Con questa tavola è facile determinare la lunghezza di una verga di metallo, la dilatazione della quale sia uguale a quella di una verga d'una lunghezza data di un altro metallo.

Le lunghezze di queste verghe saranno in proporzione inversa delle loro dilatazioni. Per conseguenza, supponendo che se la verga di cui la lunghezza è data, sia del metallo il meno dilatabile, e si divida la dilatazione minore per la maggiore, e che si moltiplichi la lunghezza data pel quoziente, si avrà la lunghezza di una verga la cui dilatazione sarà uguale a quella della verga data. Così la dilatazione di una verga d' acciaio essendo di 0,0000063596, e quella di una verga di rame di 0,00001044, se si domandasse di determinare la lunghezza d' una verga di rame che si dilatasse di tanto quanto una verga d' acciaio di tre metri di lunghezza, avremo

$$\frac{0,0000063596}{0,00001044} = 0,6091,$$

che moltiplicati per 3, ci daranno $1^m,8273$ per la lunghezza della verga di rame.

A facilitare questi diversi calcoli, ecco i rapporti delle lunghezze delle dilatazioni dei diversi metalli generalmente adoperati insieme nella costruzione dei pendoli:

La verga di acciaio, a compensazione in rame, è come . . . . 1 a 0,6091

La verga di fil di ferro, a compensazione in piombo, come . . . . . . 1 a 0,4308

La verga di acciaio a compensazione in piombo, come . . . . 1 a 0,3993

La verga di fil di ferro a compensazione in zinco, come . . . . 1 a 0,3973

La verga di acciaio a compensazione in zinco, come . . . . 1 a 0,3682

La verga di vetro a compensazione in piombo, come . . . . 1 a 0,3007

La verga di vetro a compensazione in zinco, come . . . . 1 a 0,2773

La verga di legno a compensazione in piombo, come . . . . 1 a 0,1427

La verga di legno a compensazione in zinco, come . . . . 1 a 0,1313

La verga di acciaio a compensazione del

mercurio in un cilindro d' acciaio,
come . . . . 1 a 0,0728
La verga di acciaio a compensazione del
   mercurio in un cilindro di vetro, come 1 a 0,0703
La verga di vetro a compensazione del
   mercurio in un cilindro di vetro, come 1 a 0,0529

Si vede che nella tavola qui sopra indicata la seconda colonna delle cifre esprime la lunghezza di una verga d'una materia a compensazione, la dilatazione della quale è uguale a quella della verga di un pendolo che ha per misura l'unità.

Si comprenderà ora la costruzione del pendolo a graticola, come lo rappresenta la *fig.* 18. *Tav. XVIII*. Egli si compone di un insieme di verghe di rame e di verghe d'acciaio. Le verghe *h*, *ff. dd*, sono di acciaio; le verghe *e e*, *g g* sono di rame. La verga centrale *h* è fissa alla sua estremità inferiore nel mezzo del terzo pezzo trasversale, e passa liberamente a traverso i due pezzi trasversali superiori: tutte le altre verghe sono fermate alle loro due estremità ai pezzi trasversali. Ecco il giuoco di questo pendolo.

La verga *h* di acciaio s'allunga di una certa quantità pel calorico, e tende a far abbassare la lente del bilanciere *c*; ma nello stesso tempo le verghe di rame *g g*, di cui l'estremità inferiore appoggiata sul pezzo trasversale che sopporta l'estremità della verga centrale di acciaio, tende a discendere quando questo gambo si allunga, avendo una dilatazione maggiore di una tal verga, innalzano il pezzo trasversale al quale è attaccata la loro estremità superiore, e innalzano pure l'estremità superiore delle verghe di *ff*. Queste s'allungano per una certa quantità, e fanno abbassare il pezzo trasversale su cui appoggiano; ma questo pezzo porta pure le verghe di rame *e e*, le quali dilatandosi più, innalzano il pezzo trasversale *b*, che porta le spranghe d'acciaio *d d*, alle quali è attaccato il pezzo trasversale che porta la lente del bilanciere. Col mezzo delle tavole date superiormente, si conosce che le diverse lunghezze di queste verghe alternate di rame e di acciaio possono essere calcolate in guisa che la lente del bilanciere *c* rimanga sempre nella stessa posizione.

La *fig.* 19. *Tav. XVIII.* rappresenta un pendolo fondato sui medesimi princìpi ma diversamente eseguito. Quivi la compensazione è stata effettuata da una sola verga di piombo *f* al centro, d'un mezzo pollice circa di grossezza. Le verghe discendenti *d d* ed *e e* sono state fatte di buon filo di ferro. Un tal pendolo merita speciale considerazione a motivo della facilità colla quale può essere costruito: *d d* sono due verghe di fil di ferro ribadite sui due più larghi pezzi trasversali: *f* è una verga di rame fissata alla sua estremità inferiore al pezzo trasversale secondario. Questo pezzo porta una seconda coppia di fil di ferro *e e*, che passa per fori praticati nel pezzo trasversale inferiore più largo, ed è fissata più bassa del pezzo trasversale secondario, il quale sopporta pure la lente del bilanciere.

Vi sono pure molte altre combinazioni di pendolo fondate sui medesimi princìpi, e che sono più o meno semplici ed ingegnose. Finiremo facendo notare che la tavola data superiormente per la dilatazione de' metalli non è solamente utile a conoscersi per le costruzioni del pendolo, ma ancora per tutte le costruzioni in cui la dilatazione può esercitare un'azione della più grande importanza.

Ci resta di far menzione di due altri organi meccanici che sono pure importanti.

Il primo è quello rappresentato dalla *fig.* 17. *Tav. XVIII.*, e che fornisce un mezzo di far passare un moto alternativo da un piano in un altro.

Se si suppone il moto applicato all'estremità della leva *g* che gira sull'asse *e f*, la leva, abbassandosi, farà descrivere una porzione di circolo al punto *d*. Il punto *d* trascina con esso lui il vette o il tirante *c d*, e la leva attaccata in *c* imprime un moto

alternativo all' asse *a b*, il quale è perpendicolare al-
l'asse *e f*. Quest' organo meccanico si chiama *moto
del campanello*; ed in fatti con tali combinazioni di
leve a gomito, mobili attorno del loro punto d'appoggio fissato nel gomito, si fanno muovere i campanelli degli appartamenti.

La *fig. 20. Tav. XIX.* mostra un altro organo
meccanico più complicato, e che è destinato ad imprimere un moto di rotazione molto lento alla ruota
dentata *m m*. Sul montante *a a* si esercita il moto
di va e viene del risalto cilindrico *d*, strisciando in
una gola verticale *l l*. Un tal risalto ne porta un altro più piccolo *c* al suo asse, e quest' ultimo striscia nella gola *b* d'una leva, di cui il punto d'appoggio è in *e*. Quando il risalto *d* sale, conduce la
leva nella posizione punteggiata indicata dalla figura.

La leva porta nel suo minor braccio le *grappelle*
i e *k* che addentano i denti della ruota. Quando il
perno sporgente discende, il piccolo braccio di leva
cammina verso la destra, ed obbliga la grappella a
far descrivere a sua volta una certa porzione di cerchio. Quando per il pezzo sporgente sale, la grappella è mossa verso il dente che segue, e la corsa
del detto perno sporgente è combinata colla lunghezza dei due bracci della leva in guisa che la grappella descrive uno spazio uguale ad un dente e cade
di dietro a questo dente quando il pezzo sporgente
arriva alla sommità della sua corsa.

Le grappelle *g f* impediscono alla ruota di retrocedere nel tempo che le grappelle *i* e *k* sono in moto
per addentare un altro dente. Queste grappelle *g f*
sono attaccate nel punto d'appoggio *e* della leva, e,
per conseguenza, il moto della leva non ne imprime
loro nessuno.

Quest' organo meccanico è stato impiegato in una
sega costruito da Hallette d'Arras, uno de' migliori
ingegneri meccanici della Francia.

Nel numero degli organi meccanici porremo ancora, a cagione della loro semplicità, due macchine

per triturare, rappresentate dalle *fig.* 15, 17 e 18 *Tav. XIX.*

Nella prima (*fig.* 15) una manovella *a* portata sopra un montante *l m n*, imprime un moto di rotazione all' estremità *b* di un vette *b c*: questo vette poggia coll' altra estremità *c*, sopra il lungo braccio *c d* di una leva *c e*, di cui il punto d' appoggio è in *d*, e cade nel mezzo del coperchio di un tino *h k i*, dove sono due palle *g f*. Questa leva riceve dal vette un moto circolare alternativo, e fa quindi andare e venire le due palle dentro il concavo-circolare del tino, in cui sono disposte le materie da triturarsi. Questa macchina è vantaggiosa in quanto che sostituisce un moto in parte circolare al moto rettilineo alternativo de' pestelli, specie di organo meccanico, l' uso del quale consuma improduttivamente molta forza viva. In questa macchina d' altronde sì osserverà che quando le palle sono state innalzate dalla leva, queste l' aiutano poscia per la loro gravità nel moto inverso.

Ecco una macchina che meglio ancora risolve lo stesso problema, e che sostituisce completamente il moto circolare continuo al moto rettilineo alternativo de' pestelli. Sopra un telaio *a a b b* (*Tav. XIX. fig.* 17) è montata una manovella che fa muovere una ruota d' angolo *e*: questa comunica ad un' altra ruota d' angolo *f*. L' asse di questa ruota *i k* porta alla sua estremità *i* un volante *g h*, e all' altra sua estremità una leva perpendicolare armata da ogni lato di due denti, che spingono avanti di essa due palle *p q* ; queste palle rotolano nel fondo circolare d' una scatola o recipiente *l m*, in cui si trovano le materie da triturarsi.

La forza di questa macchina non è per vero grandissima; essa ha per limite il peso che si dà alle palle ; ma per materie di poca durezza è fuor di dubbio ch' essa è superiore ai pestelli ed utilizza meglio la forza impiegata.

CAPITOLO X.

STUDII GENERALI SULLE MACCHINE.

MACCHINE PER SOLLEVARE I PESI — MACCHINE AGRI-
COLE — MESTIERI — MACCHINE METALLURGICHE.

§. I. — MACCHINE PER SOLLEVARE I PESI.

Noi abbiamo già descritto molte di queste macchine, e particolarmente alcuni verricelli ed alcune
grue nei Capitoli III. e IV. Non è nostro intendimento di quì riportarne le descrizioni, ma però
vogliamo far conoscere un verricello portatile di ferro e di ghisa, ed una grua da spiaggia; due macchine di semplice costruzione, e molto proprie pel
fine cui sono destinate.

Il verricello (*Tav. XIX. fig.* 21) si compone di
due telai di ghisa *h h h*, riuniti da tre lunghe chiavarde *p p p*; il piede di ognuno de' telai è rinfian-
cheggiato, e porta tre pezzi rastremati e pertugiati
i, i, i, nei quali si possono passare chiavarde, e
fermare solidamente il verricello a panconi basati
con sicurezza sul suolo. Una manovella *a a* attaccata
sull'asse *b b*, che traversa il verricello, imprime il
moto di rotazione ad un rocchetto *c*, il quale agisce
sulla ruota dentata *d d*. Questa ruota dentata ha
quello stesso asse *e* che ha il tamburo di ghisa *f g*,
portante la corda che gli si avvolge dintorno. Questa corda passa sopra una carrucola, e solleva i pesi
che trattasi di spostare. Si conosce perchè il verricello agendo per tal modo debba essere solidamente
fissato nel suolo; e conviene che la forza di resistenza che le si dà a questo fine sia per lo meno
uguale al peso che trattasi d'innalzare; senza di ciò
un tal peso, anzichè essere innalzato, innalzerebbe il
verricello.

Se si paragona questo verricello con quelli che

abbiam dapprima descritto, e che sono di legno, si formerà un'idea della superiorità, semplicità ed eleganza di costruzione che s'introduce nelle macchine sostituendo il ferro al legno.

Si è potuto fare questo paragone confrontando ancora la grua della *Tav. VII. fig.* 2 a 8, alle grue della *Tav. VI. fig.* 12 e 13. La grua che ora descriveremo è di legno, e la sua costruzione è elegante e solida, ma non tanto ancora quanto quella delle grue costruite sui medesimi princìpi, ma formate di ferro e di ghisa. Tuttavia noi abbiam dato la preferenza a questa per essere meno costosa, e perchè può rendersi d'un'applicazione più generale.

Questa grua costruita dall'ingegnere Farsy è usata nel Porto Saint-Ouen; ed è molto solida per sostenere senza timore 6,000 chilogrammi; la sua catena è solidissima per elevare un tal peso.

Questa macchina si compone di un albero di quercia *a* (*Tav. XIX. fig.* 19), chiamato fusto, in parte nascosto ed assicurato nei murazzi della strada sulla spiaggia. Esso è impernato sopra un dado di bilico, posto alla sua estremità inferiore *d*, ed è munito verso il suo mezzo di un anello o cerchio di ghisa *b*, attorno del quale si trovano a convenienti distanze dei perni che lo mantengono nella posizione verticale, e il tutto ne facilita il moto di rotazione sopra sè stesso. Una specie d'antenna *gg*, ritenuta e consolidata nella posizione obliqua da due puntelli *ff*, forma il braccio della grua. All'estremità di questo braccio è fissata la carrucola *p*, sulla quale passa la catena che deve innalzare il peso; un conduttore con perni *o*, si trova pure nel mezzo del braccio, per la catena.

Il tamburo o cilindro di ghisa *m*, sul quale si ravvolge questa catena, riceve il suo moto dal rocchetto che si trova di dietro l'albero, e che ingrana sulla ruota *l*. Quando il carico da innalzarsi non è considerevole, la manovella *h*, alla quale la potenza è applicata, si allontana dall'asse in cui la figura la mostra fissata, e si adatta sull'asse stesso del rocchetto di cui noi abbiam parlato, e trasmette così direttamente il moto che le è stato impresso. Se puossi disporre di un maggior numero di braccia, si può mettere all'altro capo di questo asse una seconda manovella, colla quale innalzare un maggior peso, il tutto camminando colla stessa velocità.

In caso contrario, la manovella si fissa sull'asse i, portante un rocchetto che ingrana sulla ruota k, dello stesso diametro della ruota l, e montata sull'asse del rocchetto che conduce questa ruota l. Con tale disposizione si vede che puossi far variare la velocità dell'operaio in ragione della resistenza da vincere, e della potenza ch'ei possiede.

Quando il peso che si vuole trasportare dal battello sulla spiaggia, o reciprocamente, è molto innalzato per iscaricarlo, uno, o molti uomini agiscono all'estremità di una leva di legno t, stabilmente fermata contro l'albero della grua, affine di far girare questa sopra sè stessa per quanto abbisogna, e poscia abbandonano la manovella; ma per moderare la rapidità colla quale tende a discendere la massa elevata, soprattutto nell'istante in cui è presso a toccare la sua meta, fanno uso del freno qs.

Questo freno, rappresentato sopra una scala maggiore nella *fig.* 22 *Tav. XIX*, si compone di un cerchio di ferro flessibile gg, che abbraccia in quasi tutta la sua estensione un orlo o corona saliente bbb, fuso insieme alla ruota a. Le due estremità di questo cerchio sono fissate a cerniera ad una leva cde (*fig.* 22) e q (*fig.* 19), col mezzo della quale uno degli uomini impiegati alla manovra dell'apparecchio, può rallentare talmente la velocità del peso, che questo non provi alcun urto all'istante del suo arrivo. A quest'effetto non si ha che a sollevare il capo di questa leva, e tosto le due branche del cerchio si ravvicinano di guisa da coincidere nel maggior numero di punti possibili colla superficie dell'orlo.

Con questo genere di freno un sol uomo è capace di arrestare, senza grande sforzo, la caduta d' un peso di molte migliaia, o di lasciarlo discendere a volontà e con lentezza; imperocchè l' attrito ch' egli produce cresce colla forza che tende a farlo strisciare. (Veggasi, per più speciali particolarità la *Raccolta delle Macchine del Leblanc*, dalla quale abbiam preso la descrizione precedente).

§. 2. — MACCHINE AGRICOLE.

L' applicazione della meccanica all' agricoltura è senza dubbio uno dei più importanti oggetti che si possano proporre. Il lavoro che conviene far subire alla terra perchè produca i suoi frutti, è sì faticoso, ed entra per tal guisa a determinare il prezzo delle materie alimentari od altro, che ogni perfezionamento meccanico introdotto negli strumenti agricoli è evidentemente un immenso servigio reso all' umanità. Noi qui non entreremo (per servire alla brevità) nei più minuti ragguagli ond' esser potrebbe suscettiva quest' importante parte della meccanica; ma tuttavolta descriveremo il meglio che per noi si possa molte delle più recenti invenzioni in questo genere, prendendo a scorta i lavori del Morogues nel *Dizionario d' Agricoltura*, quello dell' Huzard sull' *Aratro Grangé*, e la *Raccolta di Macchine* del Leblanc, la quale più specialmente è consecrata agli apparecchi ed istrumenti di economia rurale.

Aratro Grangé. — „ I diversi oggetti che si propongon nell' uso dell' Aratro, dice Morogues, vale a dire di fendere, rivolgere e sminuzzare la terra, si ottengon meglio e più compiutamente colla zappa e colla vanga; ma questi due stromenti, a cagione della lentezza del lavoro che danno, non posson convenire alla lavoragione che d' estensioni poco considerevoli di terreno, come ne' giardini e in piccole agrarie coltivazioni. Un paese di vasta superficie e molto popolato, vuol essere nel suo insieme coltivato con mezzi ad un tempo più solleciti e più economici; ed è questo il doppio fine cui deve tendere l'aratro. E si comprende pure che l'aratro perverrà tanto meglio ad un tal fine, e potrà esser riguardato tanto migliore, quanto il suo lavoro si avvicinerà vieppiù a quello dei due stromenti cui viene sostituito, cioè la zappa e la vanga.

„ L'aratro deve separare e distaccare una parte di terra parallela alla superficie del suolo, fendendola ad un tempo orizzontalmente e verticalmente; deve prenderla ordinariamente alla sua sinistra od ai due lati contemporaneamente voltandola sul proprio asse, rovesciarla dal lato opposto in guisa che sia il più possibilmente a portata dell'azione dell'erpice, che deve romperla e polverizzarla interamente. Questo triplice effetto di fender la terra in due sensi e rovesciarla, ottiensi simultaneamente mediante il *coltro*, il *vomero*, e l'*orecchione rovesciatore*.

„ Quantunque tutti gli aratri, e in assai gran numero, non siano ugualmente proprii a venir impiegati nelle stesse circostanze per ragione della diversità de' terreni; nulladimeno si possono riguardare come condizioni generali della bontà d'un aratro le qualità seguenti, indicate dalla Società Centrale di Agricoltura nel suo Programma pel perfezionamento degli aratri.

„ 1.º Che il lavoratore non abbia bisogno d'aiuto, cioè che conduca ad un tempo il vomero e diriga le bestie.

„ 2.º Che l'aratro sia semplice e composto dei soli pezzi necessarii.

„ 3.º Che le bestie che tirano l'aratro sian nel minor numero possibile.

„ 4.º Che il vomero sia piatto e tagliente; sendochè ogni altra figura va soggetta a resistenze viziose.

„ 5.º Che l'orecchione, (o gli orecchioni dell'aratro se ne ha due) sia disposto in guisa, che netti perfettamente il fondo del solco, e assetti le terre sul lato.

„ 6.° Che il lavoro sia nello stesso tempo d' una profondità conveniente, ed il più stretto che si possa.

„ 7.° Che l' aratro obbedisca con precisione in tutti i suoi movimenti a chi lo conduce.

„ 8.° Che non faccia se non ciò che è necessario, imperocchè ciò che nol sia è nocevole.

A queste osservazioni generali Thaër aggiunge le seguenti, che è bene prendere in considerazione.

„ Che non esiga una grande abilità nel lavoratore, e non gli sia cagione d' un lavoro molto penoso.

„ Che non sia costosissimo: e quivi Thaër non intende tanto di parlare del prezzo di acquisto quanto delle spese di mantenimento. E quand' anche un aratro costasse tre volte più d' un altro, ove duri quattro volte più di tempo è sempre a miglior mercato.

„ Che sia durevole e non soggetto a guastarsi, non solo perchè adempia la condizione precedente, ma soprattutto affinchè non esiga frequenti riparazioni, e non vada soggetto a quelle moltiplicate rotture che cagionano interruzione di lavoro, e perdite di tempo considerevoli.

„ Conviene finalmente che l' aratro possa esser regolato senza pena, e prontamente, e sul luogo stesso, sicchè lavori più o meno profondamente ed apra solchi della larghezza che più convenga. Bisogna che tali disposizioni siano indipendenti dall' azione del lavoratore, tanto perchè non si può sempre fidarsi di lui, come perchè le bestie soffrono maggior fatica quando il lavoratore è in lotta colla naturale tendenza dell' aratro „.

Così, come s' è veduto, havvi gran numero di aratri differenti. La diversità dei suoli e delle varie maniere di coltura porge ragione di tutte queste varietà. Noi non prenderemo a descriverle; ma diremo soltanto di un novello aratro che in questi ultimi tempi ha vivamente chiamato a sè l' attenzione

degli agronomi, e il quale è stato inventato da un
semplice lavoratore, e che è rimarchevole per l' ingegnosissima disposizione dei mezzi meccanici. Noi
veniamo ora a descriverlo, e ne spiegheremo poscia
i vantaggi e i difetti, secondo ciò che ne disse l'Huzard, il quale lo prese ad esame scrupolosissimo.

L'Aratro Grangé è un aratro fornito anteriormente
di un carretto: esso ha, come tutti gli aratri, un
coltro u v (*Tav. XXI. fig.* 1), un *vomero o x*,
un *rovesciatoio* od orecchione xy, (*fig.* 2); gd
(*fig.* 1) è la *bure* o manico che porta il coltro;
om è il *dentale* che porta il vomero; la chiavarda
di ferro ro, la caviglia di legno t, e il braccio o
manico h uniscono solidamente il vomero, il dentale
e la bure. Finalmente le caviglie obblique l ed s
(l e χ nella *fig.* 2), e il piede o zampa di ferro q
mantengono l' orecchione in una posizione perfettamente fissa.

Il *forconale* del carretto è convesso (*fig.* 3), e lo
scannello sovrapposto cd lo è ugualmente, ma in
senso inverso. Questo scannello porta due *cosciali*
ae che, mediante caviglie poste nel regolatore k,
possono essere inclinati sulla sinistra dell' aratro.
La bure o manico ha per grossezza la distanza dei
due cosciali a e b (*fig.* 4); e perchè essa provi minor traballamento, è sopraccaricata d' un peso f.

Due catene $t5$ (*fig.* 2) fissate in o ed n al *forconale*, ed attaccate poi a due ganci t (*fig.* 2) ed f
(*fig.* 1), legano il carretto alla bure.

Una leva yy (*fig.* 1) ha il suo punto d' appoggio
sul gancio g (*fig.* 4), e serve, come si vede nella
fig. 1, a sostenere il forconale quando non vi si
trovano attaccate le bestie; una coreggia $i\chi$, lo fissa
allora all' altezza necessaria.

Una seconda leva ac (*fig.* 1) ha il suo punto di
appoggio a sommo i cosciali in b. Questa serve a
sollevare la parte esterna della bure, e per conseguenza a toglier che il vomere prosegua a solcare
il terreno oltre le testate del campo, od anche a

minorare in alcuni casi le resistenze accidentali che soprallavoro s'incontrassero. Allora la sua estremità c si attacca in un gancio d (*fig.* 2) e l'aratro è trasportato senza il minimo danno, appoggiandosi soltanto sul tallone del dentale.

Finalmente una terza leva $k9$, ha il suo punto d'appoggio contra la parte inferiore della *sala*. La sua estremità anteriore sopravanza la sala, e va a collegarsi col forconale mediante l'anello di ferro m (*fig.* 4) fermato a vite nel medesimo; mentre la sua estremità posteriore preme sulla catena ik, la quale si allunga a piacimento, e colla quale si trasmette la pressione sul braccio o *stegola* h, e da questa sul tallone del dentale.

La staffa di ferro il (*fig.* 2) che porta il gancio del tiro l (*fig.* 2) 15 (*fig.* 1), gira sull'estremità k (*fig.* 2) del forconale, e può essere arrestato mediante caviglia o chiavarda m (*fig.* 2) in uno dei buchi m, in una posizione conveniente, purchè la direzione del tiro si accosti più possibilmente a quella della risultante delle resistenze.

La ruota destra trovandosi nel solco, e la sinistra sul campo, la linea che unisce i loro punti più bassi è più o meno inclinata al suolo a seconda della profondità del solco. Ora, siccome conviene che la base o pianta del dentale scorra a piano e parallelamente al suolo; così si vede che è necessario inclinare debitamente dapprima, mediante costruzione, il piano del dentale che porta il vomere, con quello della bure e della stegola; e poscia poter variare l'angolo dei cosciali colla linea della sala. Ecco perchè i cosciali sono primitivamente inclinati sulla sala, e perchè pure il Grangé preferisca di molto la disposizione rappresentata nella *fig.* 3 a quella che dapprima aveva adottata, e la quale si vede nella *fig.* 4. In questa la sala era mobile attorno d'una cerniera, ed era sostenuta all'altro lato dal regolatore o guida i. Fra gli altri inconvenienti aveva quello di non potere spostarsi in un piano parallelo alla sala, il che qualche volta è indispensabile quando siasi necessitati di lavorare in punta o di aprire dei solchi triangolari.

Il *Portafogli del Conservatorio*, che ci ha fornito ciò che precede, porge ragguagli più minuti sulla costruzione di questo aratro. Riporteremo ora per intero il giudizio dell'Huzard sopra questo meccanismo, essendo egli, senz'alcun dubbio, uno degli uomini più competenti intorno a questa materia.

Prendiamo un aratro fornito di carretto, ed aggiugniamovi una lunga e forte pertica $k\,9$, attaccata da una parte al forconale in 8, e dall'altra parte al manico sinistro o stegola in i; il punto d'attacco anteriore 8 essendo fisso, e fermata la catena $i\,k$ di guisa tale che la pertica di legno urti fortemente sotto la sala e che faccia abbassare il forconale, noi avremo allora l'invenzione Grangé in tutta la sua semplicità.

Trattasi ora di sapere qual effetto essa produca:

Se realmente diminuisca la fatica dell'uomo?

Se realmente risparmii forza alle bestie da tiro?

Noi non esiteremo a dire che sì.

Infatti, quando la pertica $k\,9$ è situata come abbiamo detto, e quando le bestie da tiro riposano, che fa questa pertica, se non tirare in basso ed abbassare per ciò la parte anteriore del forconale? Ma quando le bestie tirano sul forconale, rialzano l'anterior parte del medesimo, e nello stesso tempo l'estremità della pertica che fanno curvare al punto in cui essa urta contro la sala. Avviene allora che l'estremità opposta k agisca come una leva (il punto d'appoggio della quale è la sala) e graviti sulla stegola, e che la pertica $k\,9$ compia l'ufficio del lavoratore, gravitando sulla stegola stessa; per cui serve dunque a mantenere l'aratro nella sua profondità entro il solco, e vi serve spesso più efficacemente che il lavoratore, imperocchè la sua forza agisce sempre simultaneamente col tiro.

Il lavoratore conducendo l'aratro fatica dunque

meno, e pochissimo poi ove l'aratro sia ben costruito, sicchè non ha bisogno di occuparsene molto.

Per questa ragione egli può sorvegliare molto più
le sue bestie, e se in certe località coll'aiuto d'un
aratro senza l'invenzione Grangé occorrono due uomini per condurre e dirigere l'aratro e le bestie,
non ne occorre che uno dietro il soccorso dell'invenzione Grangé: ecco un vantaggio deciso, incon-
testabile e grandissimo di questa invenzione.

L'invenzione Grangé diminuisce essa la forza delle
bestie?

Senza dubbio.

Infatti quando le bestie tirano, quando curvano in
alto la punta 9 della pertica o leva $k\,9$, che fanno
esse, se non sollevare il forconale, e, col mezzo di
questa leva, ridurre quasi tutto il peso sulla parte
posteriore del meccanismo? Le ruote, non provando
allora che un leggero attrito, più non gravitano sul
suolo; più non servono che a condurre la parte posteriore del meccanismo suddetto; e in un aratro
Grangé (ove sia costruito con tutti gli altri miglioramenti) la forza del tiro, comparativamente agli
aratri senza carretto, non verrebbe aumentata che
del peso di questo; il che non sarebbe nulla o pressochè nulla. Pel minimo difetto di costruzione in un
aratro senza carretto, richiederebbesi una forza di
tiro più considerevole di quella che si vorrebbe quando vi fosse il peso addizionale del carretto.

L'Aratro Grangé è stato sperimentato una volta a
Grignon a questo fine, col Dinamometro, comparativamente coi migliori aratri senza il carretto; e in
questo primo esperimento non ha dato che 6 ad 8
chilogrammi di più in forza di tiro.

L'invenzione Grangé diminuisce dunque la forza
di tiro, ed in que'luoghi dove s'aggiogano molti
animali ad un aratro, la suddetta invenzione permette di diminuirne il numero; ed ecco un secondo
vantaggio ben notevole di questa invenzione.

Se ora si esamina a fondo il modo di agire di

questa leva, si vede che la sua azione reale è di far di un aratro col carretto un aratro senza carretto. La leva, unendo in modo fisso la parte anteriore colla posteriore del meccanismo Grangé, tien luogo del manico o bure orizzontale dell'aratro senza carretto; ed ogni aratro col carretto, fornito dell'invenzione Grangé non è più che un aratro di cui la bure o manico vero è la leva Grangé. Le ruote del carretto divengono due ruote moderatrici come nei novelli aratri alla Dombasle, i quali hanno ruote nella parte anteriore della bure, siccome è la ruota situata nella parte anteriore della bure o manico negli aratri belgici.

Ma, dirassi forse, qual merito havvi adunque nell'invenzione Grangé, se questa non fa che riprodurre, sotto un'altra forma, l'aratro senza carretto di già conosciuto, e non fa che riprodurre i medesimi vantaggi senza aggiungerne altri?

Penso che sarebbe facile il far vedere che l'invenzione Grangé, riproducendo i vantaggi dell'aratro senza carretto, ne ha però uno tutto proprio e molto importante.

Infatti, quantunque la teorica dimostri in modo pressochè positivo che gli aratri a carretto fisso colla parte posteriore debbono presentare minor difficoltà di *tiraggio* di quelli a carretto mobile; il loro impiego, malgrado ciò, non si fa generale, e s'introduce pure difficilmente in molti paesi. La ragione ne sembra assai semplice, ed è ch'essi sono più difficili a ben costruirsi; poichè quand'essi sono mal costruiti divengono difficilissimi a condursi, mentre in un aratro col carretto mobile, quand'anche vi siano difetti, il che pure accade generalmente, il lavoratore può rimediare più facilmente. alle imperfezioni di costruzione col modo in cui lo conduce e con cui tiene la parte posteriore dell'aratro; un poco di forza gli basta spesso per rimediare a tali difetti. Negli altri al contrario la forza non fa nulla; la pratica e l'intelligenza possono bene qualche volta supplire alla forza; ma non è egli più facile a rinvenire un lavoratore di forza sufficiente per condurre un aratro che non esige che un poco di forza: di quello che trovare un lavoratore fornito d'intelligenza o d'una pratica bastevole per condurre un aratro difficile?

Tal'è il problema che l'invenzione Grangé sembra aver risoluto!

Parliamo ora di alcuni accessorii a questa prima leva che abbiamo adesso descritto, e i quali ne facilitano o ne completano l'azione.

Quando le bestie non si muovono, e quando la leva *k* 9 è in posizione, il carretto viene tirato fortemente a basso, e il punto d'attacco del bilancere tende a toccare il suolo. Questo effetto si riprodurrebbe ancora al termine del solco quando si fa la risvolta, e quando le bestie non tirando più l'aratro in avanti ma di lato, non sollevano più la parte anteriore del forconale in cui s'inserisce il timone. Il punto d'attacco del bilancere toccherebbe allora la terra, impedirebbe il moto, e si romperebbe pure se non fosse tenuto all'altezza conveniente; e ciò viene prodotto da una seconda leva *y y* (leva del forconale). Questa leva, attaccata colla sua estremità anteriore nel forconale destro dello scannello, e mantenuta sul lato destro del cosciale diritto dello scannello, ritiene l'*avantreno* ad un'altezza conveniente, e gl'impedisce di urtare sul suolo quando la corda attaccata posteriormente alla traversa dell'orecchio viene ad esser tesa.

Questa leva dunque è un buon annesso, un annesso quasi indispensabile della prima leva, e il quale è semplicissimo. Esso non agisce che quando l'altro cessa di agire; e non complica in alcun modo l'arato ad avantreno; e puossi aggiugnere a quasi tutti gli aratri: soltanto conviene modificarla secondo la forma dell'avantreno.

La terza leva *a c* (leva di facilitazione) ha un ufficio tutto affatto straniero alla prima leva; ed è questa una seconda invenzione molto utile, ma che puossi sopprimere senza nuocere alla prima.

Quando dunque si risvolta l'aratro al termine del solco, il lavoratore è obbligato ritirarlo dal suolo ed inclinarlo sul lato sinistro e sul tallone del dentale per rilevare la punta del vomero ed impedirle di riconfiggersi prima di toccare il piano dove s'ha a formare un nuovo solco. Questo lavoro è faticoso e difficile pel bifolco, come ognuno sa, ma col mezzo della terza leva tale fatica e difficoltà spariscono.

Giunto al termine del solco, il lavoratore prende questa terza leva ac e la fissa sotto il gancio t in d (*fig.* 2), e l'effetto ch'ei desidera è prodotto, e allora il lavoratore non ha più ad occuparsi che delle bestie. Infatti situando il punto c della leva sotto l'uncino d, siccome questa leva ha il suo bilico nel punto b dei cosciali dello scannello, e siccome è attaccato alla parte anteriore della bure, egli la solleva facendola salire tra i cosciali suddetti; ma allora solleva in pari tempo la punta del vomero e la trae fuori di terra; l'aratro non poggia più che sul tallone del dentale, e gira senza che il lavoratore lo tenga, e senza che si abbia a temere che il vomere riconfigga fino a tanto che la leva rimarrà nel suo uncino. Questo meccanismo è semplicissimo e indipendente affatto dall'altro; si può applicare a tutti gli aratri forniti di carretto, i cui cosciali dello scannello siano quasi retti, e dove la bure possa salire fra i cosciali; serve ancor a condur l'aratro da un luogo all'altro senz'aver bisogno di disporre la parte posteriore sopra un carretto o sopra una specie di forca a ciò destinata.

Certamente questa seconda invenzione è ingegnosa; molto ingegnosa, e merita pure a Grangè la riconoscenza degli agricoltori.

Non vi si scorgono inconvenienti.

Tali sono le modificazioni principali che il Grangé ha fatto subire al suo aratro col carretto, e che puossi denominare soltanto l'*invenzione Grangé*, poichè si ponno adattare a quasi tutti gli aratri con carretto.

Ora passiamo agli altri: a quelli che l'han posto nella necessità di costruire un aratro il quale si è pure chiamato col suo nome. Negli aratri con carretti ordinarii la bure è cilindrica nella parte ove poggia sul carretto, ciò che permette alla parte posteriore di provare un moto di rotazione sul carretto; e permette pure al vomere di restarsi orizzontale nel fondo del solco quando l'una o l'altra delle ruote del carretto sale o discende in virtù d'una irregolarità momentanea sulla superficie del suolo; e permette inoltre al vomero di inclinarsi a destra o a sinistra quand'egli incontra un ostacolo nel terreno; e permette quindi al lavoratore di ricondurre il vomere alla sua orizzontalità primiera, gravitando sulla stiva destra o sinistra dell'aratro.

Di più, in tutti questi aratri la bure è attaccata allo scannello e all'avantreno in modo molto debole, sicchè un ostacolo nel suolo può far deviare il vomero a destra o a sinistra senza che l'avantreno sia egli stesso dissestato, e perchè il lavoratore che trovasi di dietro l'aratro possa rimettere immediatamente il vomero al suo posto conveniente.

Grangé, poichè vide che col mezzo della sua invenzione il suo aratro in certe terre camminava quasi tutto solo, ha creduto che se si fosse potuto trovare un mezzo di togliere al suo aratro il perdere l'orizzontalità e la direzione primitiva del vomero, o almeno di far riprendere al vomero la sua orizzontalità e la primitiva direzione senza che il lavoratore fosse obbligato di toccare la stiva, avrebbe trovato *un aratro che camminerebbe tutto solo*. Egli non potè resistere a questa seduzione: ha voluto aggiungere al suo primo perfezionamento un perfezionamento nuovo: ha voluto che gli ostacoli ordinarii che s'incontrano lavorando non possano menomamente dissestare il vomero.

Sembrava infatti bastevole, per ottener ciò, di

poter mantenere la bure in una direzione perfettamente orizzontale, e perpendicolare.

A conseguire questi due fini è bastato il far la
bure quadrata nel luogo in cui poggia sullo scannello, e il situarla fra due forti cosciali quadrati.
Allora non può inclinare a sinistra o a destra che
insieme all'avantreno. Grangé ha adottato questo
nuovo modo di situare la bure sullo scannello.

Per aggiugnere più forza a questo mezzo, egli ha
legato la bure all'avantreno con due catene che vi
si attaccano una per lato, il più possibilmente presso le ruote in maniera che la parte posteriore ed in
seguito il vomere non possan essere deviate a destra
od a sinistra che per un moto dell'avantreno.

Col mezzo di queste due modificazioni Grangé ha
ritenuto che il suo aratro, una volta che sia alla
profondità richiesta, si sarebbe potuto procedere sino
al termine del solco senza che il lavoratore avesse
avuto bisogno di toccarlo; e così invece di rendere
il lavoro dell'aratore facilissimo lo renderebbe, per
così dire, inutile; imperocchè più non s'avrebbe
bisogno che d'un semplice conduttore delle bestie:
per cui prevalse purtroppo dappertutto l'idea, che
avesse inventato un aratro che operasse da sè.

Ma il fatto ha poi esso risposto alla concepita speranza? Di ciò si deve dubitare dopo le esperienze
fatte a Grignon, e dopo quelle eseguite presso Pau-
tin nel podere di Rouvray.

Nelle terre più facili a lavorarsi s'incontrano sempre disgraziatamente alcuni ostacoli che disviano il
vomero. Una pietra resistente, una radice gramina-
cea, una radice d'albero, uno strato di terreno più
duro fanno provare al vomero una deviazione nella
quale l'aratro correrebbe rischio di rompersi. Una
zolla, una pietra, una buca devia il carretto e per
conseguenza il vomero dal suo posto e dalla sua o-
rizzontalità, se, come nell'aratro Grangé, la bure
non può girare sullo scannello.

Nel nuovo Aratro Grangé il vomero prova pure

tali deviazioni; esce più o meno dal terreno allorchè
si presenta un ostacolo, e s'inclina o piega più o
meno a destra od a sinistra; e siccome la bure non
è altrimenti mobile, così il vomero trascina l'avantreno in questa deviazione. Finalmente, o il lavoratore non si trovasse pronto a rimediare all'incidente,
o vi si trovasse ancora, ei non potrebbe riuscire ad
inclinare, mediante uno sforzo sulla stiva, subitamente e facilmente l'aratro a destra o a sinistra,
in quanto che la bure non può che salire o discendere
senza poter girare o inclinare da un lato e dall'altro tra i cosciali dello scannello. Da ciò risulta che
quando il vomero ha perduto la sua orizzontalità,
la sua profondità o la sua direzione non la può riprendere che a poco a poco; e che il solco non è
aperto egualmente, orizzontalmente ed in linea retta
in un dato tratto sino a che il vomero non ha ri-
preso la sua profondità o la sua orizzontalità, o sino a che il lavoratore, in un modo o in un altro,
non abbia rimesso l'aratro nella sua primitiva direzione.

È grave un tale inconveniente, di non potere cioè
poggiarsi un poco più sopra un manico che sopra
l'altro per poter inclinare il vomero a destra o a
sinistra, e dirigere la parte posteriore un poco più
dall'uno che dall'altro lato, per rendere obbliquo
il vomero a piacimento. Il lavoratore non può più
raddrizzare il suo solco che facendo camminare le
bestie a destra o a sinistra, che spingendo l'avantreno a dritta o tirandolo a sè a manca; operazione che
in questo caso riesce molto penosa, e non dà mai
al lavoro quella regolarità che diventa indispensabile
quando si adopera in piani od in solchi o presso al
limitare del campo.

La possibilità d'inclinare il vomero più o meno,
diventa così indispensabile in certi terreni in pendìo
che il Grangé fu obbligato di dare quest'inclinazione al suo aratro in tutt'altro modo. Egli ha fissato
sullo scannello i due cosciali mediante una cerniera

31

(*c d fig.* 3) situata sul cosciale destro ; un mastietto di ferro mantiene i cosciali nell' inclinazione voluta, passando nel cosciale sinistro una lastra robusta di ferro pertugiata a diversi fori ed immobile sullo scannello. In questo modo il vomere avendo una data inclinazione non può più perderla se non che quando un ostacolo impreveduto lo dissesti, o quando soltanto l' avantreno stesso perda la sua primitiva inclinazione.

L''addizione all' invenzione primitiva del Grangé di una bure quadrata incastrata senza poter girare nei cosciali dello scannello, e l' impossibilità che risulta di poter muovere un poco la parte posteriore dell' aratro a destra o a sinistra indipendentemente dall' avantreno, modificazioni che potrebbero esser buone se il suo aratro, posto una volta in terra, non provasse più alcun sconcerto, alcuna deviazione forzata proveniente dal suolo e dalle bestie ; queste modificazioni, dico, che sembravano dover rendere la fatica del lavoratore affatto inutile, divengono una complicazione che è lungi, almeno dietro le sperienze fatte nelle vicinanze di Parigi, d' aver adempito, pel maggior numero de' lavori, al fine dell' inventore.

Queste modificazioni hanno fatto un incalcolabile torto a Grangé ; imperocchè gli osservatori di tale invenzione anzichè porre mente al suo pensiero primitivo, e cioè della semplice leva che diminuisce in modo sensibilissimo le fatiche del lavoratore e l' attrito dell' avantreno, e che puossi adattare a quasi tutti gli aratri senza avantreno, gli osservatori, dissi, non hanno veduto che un aratro ingegnoso messo in lotta con tutti gli antichi : per cui ebber luogo molte obbiezioni, e confronti intempestivi, che distrassero dall' oggetto principale, e sgomentando Grangé, gli posero impedimento a trarre dall' aratro suo tutto il possibile vantaggio.

In un suolo sciolto, poco profondo, non molto resistente, non può restarsi nel terreno, esce dal solco, devìa da un lato o da un altro e non può lavorare; imperocchè basta una zolla, una pietra che s'abbatta in una ruota dell'avantreno, od un sasso un po' resistente per isbalzare l'aratro dalla sua direzione. Ma convien rammentarsi che la leva del Grangé ha per fine principale la diminuzione del lavoro nei terreni forti, profondi e resistenti, e non nei terreni leggeri, poco profondi, sabbionosi, in cui tutt'altro aratro può agire senza molta fatica pel lavoratore.

Così, a misura che da una terra facile a lavorarsi e poco profonda si passa in una terra difficile e profonda, l'*Aratro Grangé* riprende il suo vantaggio; più egli tiene il solco, vieppiù il lavoro diventa regolare, e meno bisogno sembra avere il lavoratore di toccare l'aratro.

L'Huzard conclude ragionevolmente che per bene apprezzare l'invenzione Grangé conviene stabilire una distinzione fra il *Sistema Grangé* che consiste nelle tre leve agenti sulla staffa, sulla bure e sul vomere, e ch'esser possono applicate ad ogni specie di aratro; e l'*Aratro Grangé* destinato a camminare senza il soccorso del lavoratore. Intorno a questo, Grangè e quelli che ne sono sostenitori, concepirono certamente una speranza non realizzabile in quanto che le difficoltà inerenti alla natura, agli accidenti del suolo ed alle sue variazioni di tenacità, non permettono al vomere di tener sempre uguale il solco senza l'aiuto del lavoratore; ma in quanto alle parti essenziali e veramente costituenti l'invenzione Grangé, le tre leve di pressione delle staffe, e dell'agevolamento di lavoro meritano incontestabilmente tutta la riconoscenza degli aratori, giacchè diminuiscono d'assai la fatica ed aiutano per ottenere con facilità e regolarmente il lavoro. Sotto questo rispetto Grangé ha reso immenso benefizio all'agricoltura, e meritò giustamente la medaglia d'oro, che gli venne decretata dalla *Società Centrale*.

E qui aggiugneremo pure la breve istruzione che lo stesso Grangé diede per regolare e condurre il suo aratro.

» Benchè molti pensino che il mio aratro possa venir facilmente regolato per la sua semplicità, credo nullameno conveniente di dare a questo proposito alcune spiegazioni che riuscir possono utilissime, e le quali ne faciliteranno il propagamento in quei paesi in cui si vorrà introdurre.

» Il mio aratro, come tutti gli aratri ordinari, non ha altro fine che quello di lavorare la terra ad una profondità più o meno grande, e di accelerare il lavoro fendendo porche di terra più o meno larghe.

» Ecco i due mezzi da impiegarsi per ottenere la profondità e la larghezza desiderata: il primo è di inclinare il corpo dell'aratro *a destra per avere una maggior larghezza*, e d'inclinare *a sinistra per averla minore*. Tale inclinazione si dà *a destra* sollevando lo scannello d'uno o più fori col mezzo del regolatore di ferro che si trova situato perpendicolarmente sulla sala; e si dà *a sinistra* abbassando lo stesso scannello più o meno verso la sala.

» Per regolare la profondità del lavoro, fa d'uopo *abbassare* ed *innalzare* la spina di ferro che attraversa orizzontalmente i cosciali e sostiene la bure; *innalzando* questa spina *si ha minore profondità*, ed *abbassandola se ne ottiene una maggiore*.

» Ora si tratta di premere a piacimento sul ceppo dell'aratro secondo la difficoltà che presenta il terreno: la leva di pressione che passa al di sotto della sala opera questa pressione col mezzo della catena ch'è attaccata alla stiva.

» La staffa nella quale passa l'estremità anteriore di tal leva deve anzitutto determinare la forza di resistenza alzandola od abbassandola col mezzo del galletto a due branche fatto espressamente per facilitarne il moto. Ho fatto osservare che non conviene di troppo sforzare una tal leva, vale a dire, che basta che il ceppo dell'aratro strisci regolarmente contra il fondo del solco. Ho fatto pure osservare essere importante che la leva di pressione non sia innalzata a' piedi della stiva a più di un piede o quindici pollici da terra, affine di non generare il moto della leva superiore destinata a sollevare il vomere fuor di terra nelle risvolte dell'aratro. Finalmente la leva situata a destra per sostenere le staffe non debb'essere in azione nel momento dell'opera ma soltanto quando le bestie cessano di lavorare, giacchè vincerebbe la leva di pressione e genererebbe la sua azione.

» Egli è poi indispensabile che la faccia sinistra della bure s'appoggi del continuo e costantemente contra il cosciale sinistro per ottenere un lavoro regolare. Se si scorgesse che la bure si appoggiasse alternativamente contro al cosciale destro e contro al sinistro, e variasse fra i due cosciali, conviene raccorciare la catena da tiro a sinistra sino a che si abbia, per così dire, fissata la bure contra il cosciale sinistro.

» Occorre il più possibilmente far seguitare la ruota destra vicino della sinistra la quale retrocede, essendo questo il solo mezzo di ottenere un lavoro regolare.

» In quanto al regolatore al quale sono attaccate le bilance, il suo regolamento ha luogo pel mio aratro come per quelli ordinarii „.

Per compiere l'aratura d'un campo, vale a dire quando più non vi sono che due solchi da farsi, e che la ruota cade nel solco vicino, conviene innalzare tanto più la sala come la bure stessa, quanto più profondo è questo solco, affine di non lavorare il penultimo più profondamente degli altri. Si dà un poco più di profondità all'ultimo, e in questo modo l'aratro trova sempre un punto d'appoggio contro la terra, e può operare più regolarmente.

Dopo d'avere considerato l'aratro Grangé nella sua applicazione, se noi ritorneremo un momento sull'impiego delle forze meccaniche che ne costituiscono l'essenza, noi troviamo esser questa la leva, vale a dire, la prima delle macchine semplici, che forma un tale miglioramento così notevole. Nè solamente risulta una gran semplicità nella costruzione

della macchina; ma l'uso frequente che i contadini
fanno della leva, ne rende familiari le proprietà, e
possono facilmente per tal modo intendere la cagione
degli effetti che quest'organo meccanico produce nel-
l'aratro Grangé, e pervenire da sè stessi a sempli-
ficarlo o a modificarlo secondo le località in cui lo
hanno ad applicare.

Tale circostanza è una di quelle che assicurano a
quest'aratro il maggiore de'successi, e che ci ha
indotto a parlarne così lungamente.

Seminatojo a braccia, del Mourgue. — La macchina che ora descriveremo presenta un carattere
meno generale e meno originale dell'aratro Grangé; ma la sua utilità è grande; e colle modificazioni che la pratica non mancherà d'introdurvi, essa
può divenire di un'applicazione estesissima.

Si sa che le seminagioni si operano a mano da un
lavoratore, il quale portando seco una certa quantità di grano, e camminando a passo più o meno
sollecito, empie la mano di seme, e la getta innanzi
a sè, facendo descrivere al suo braccio una porzione di circolo. Qualunque sia l'abilità e l'abitudine
del seminatore, egli è facile comprendere che il grano
non può essere con tal mezzo ugualmente sparso sul
suolo, soprattutto se l'atmosfera si trova agitata
quand'hanno luogo le seminagioni. Si vede d'altronde che non si fa per tal modo che spargere il
grano sulla superficie della terra; ed occorre un'altra operazione per farvelo penetrare, affinchè abbia
luogo la germinazione. Ciò si opera col mezzo del-
l'erpice o rastrello a più ordini di denti, il quale
si fa girare sulla superficie del campo seminato, e
che tutta la rimuove. Quest'operazione ricopre bensì
una parte del grano, ma ne lascia ancora una gran
quantità scoperta, che o imputridisce o viene mangiata dagli uccelli. Finalmente, siccome i procedimenti
per ispargere gl'ingrassi sulla terra da seminarsi
sono imperfettissimi, così riman difficile che il grano si trovi in contatto col motore della vegetazione,

oppure convien metterne al di là della quantità necessaria, pel risultamento che si propone di trarne. Una macchina che non ispargesse se non la quantità indispensabile di grano, che lo coprisse alla profondità necessaria, mettendolo in contatto coll'ingrasso, rimedierebbe adunque a tutti questi inconvenienti. Essa diminuirebbe una delle più grandi cagioni di spesa dell'agricoltore, quella cioè delle sementi, poichè porrebbe il grano nelle circostanze le più favorevoli per la germinazione, e ne farebbe impiegar molto meno di quello che nel modo ordinario; ia cui più di due terzi del grano seminato vanno senza dubbio perduti. Tal è l'oggetto che si è proposto il Mourgue nel suo Seminatojo. Le *fig.* 5 a 10 (*Tav. XXI*) rappresentano questa macchina.

Essa consiste in una specie di carriuola, di cui *a a* (*fig.* 6 e 8) sono i bracci, ed *ef* la ruota. Questa ruota porta da ogni lato del suo mozzo, e sul suo asse *d d*, delle carrucole che servono a ricevere corde continue, le quali si ravvolgono, l'una sul barile *n* (*fig.* 6) l'altra sul barile *l*, e comunicano a questi barili il moto di rotazione della ruota *ef*. Il barile *n* contiene il grano, il barile *l* l'ingrasso. Quest'ingrasso dev'essere polverizzato e ben secco.

Le *fig.* 9 e 10 addimostrano la sezione dei due barili; quello dell'ingrasso (*fig.* 9) ha il suo asse in *l*; nell'alto ha un'apertura a cerniera, onde s'introduce l'ingrasso; otto fori *ab* gli danno passaggio nel moto di rotazione che al barile viene impresso. Il barile del grano (*fig.* 10) del quale l'asse è in *m*, riceve il grano nella cavità *ab*; il grano sfugge per la tramoggia *c*, e cade in una circonferenza anulare *cd*, che può essere cangiata a volontà, e porta più o meno buchi, e de' buchi più o meno grandi secondo la specie di grano da seminare, e secondo che si vuol seminarlo più o meno fitto. La *fig.* 5 indica benissimo questa capacità anulare.

I barili essendo riempiuti, si pongono sui montanti rispettivi, e si passa attorno d'una carrucola, ch'essi portano, la corda continua, che, come noi abbiamo detto, va a ravvolgersi sull' asse della ruota *e f*. Vediamo ora ciò che avviene in ognuno dei barili.

Il barile del grano è situato al di sopra di un imbuto *p q* (*fig.* 6 e 7); il grano cade in quest' imbuto, e pel condotto *v* discende nel tubo *g*; questo tubo è terminato da una specie di vomero *x* (*fig.* 7) che traccia nella terra il solco in cui il grano deve cadere. Questo solco può avere più o meno profondità, poichè per mezzo della vite con galletto *v* (*fig.* 6.) si può far salire o discendere il tubo *g*.

L'ingrasso cade pure in un imbuto *o n*, e pel condotto *y* discende nel tubo *h*; questo tubo è codato in modo da projettare l'ingrasso nel solco formato dal vomere, e dove si mescola così col grano.

La carriuola poggia sopra un piede *i* (*fig.* 6 e 7) che porta una larga ruota *h h* (*fig.* 8). Questa ruota ricalca la terra che è stata smossa dal vomere, e seppellisce così il grano e l'ingrasso subito che è stato seminato, e lo sottrae per tal modo al vento ed agli uccelli. Tale ruota ha d'altronde il gran vantaggio di non lasciare al seminatore se non la fatica di spingere innanzi lo strumento, mentre nella carriuola ordinaria una parte del peso è sorretta dall'uomo che la spinge.

I due pezzi di latta situati sopra i barili in *r* ed *s* (*fig.* 6) hanno per oggetto di difendere dalla pioggia. Si osserverà pure in *k* (*fig.* 6 e 7) una spazzola per pulire la ruota *h h* dal fango o dalla terra che vi si potesse ammassare.

Se un uomo non basta ad ispinger la macchina, uno o più uomini possono attaccarsi con cinghie ai ganci di ferro disposti vicino alla sala *d d*.

Battitojo o trebbia da grano, svedese. — Questa macchina, dice Leblanc, porta il nome di Svedese, perchè fu costruita nelle officine di Samuel Owel di Stockholm; ma essa non differisce, in quanto a' suoi princìpi dalla macchina scozzese di Meikel, che è stata descritta e mostrata nel Sistema di Agricoltura di Cokc, incisa dal Molard.

Consistono entrambe in un tamburo di tre piedi di diametro ed altrettanto lungo, formato di dodici stanghe di legno, ferme con chiavarde parallele fra loro ed all'asse del tamburo sopra i due cerchi di ferro fuso, che servono di ossatura. Questo tamburo, girando rapidamente sopra un asse, ogni stanga batte successivamente il grano, il quale da due cilindri di getto scanalati, posti l'uno sull'altro in forma di laminatoio, e con una velocità moderata, viene presentato regolarmente all'azione viva e ripetuta di queste tali stanghe.

a a a (*Tav. XXI. fig.* 11) è una specie di pattino di ferro fuso formato da due lati simmetrici uniti parallelamente fra loro con cinque chiavarde: *l* sono due assicelle o quadrelli di legno che formano le aperture superiori dei due lati de' telai. Essi sono posti e mantenuti in iscanalature praticate a tal fine nelle traverse e ne' montanti de' telai.

Il tamburo *h h* montato su quattro traverse di ferro fuso, porta alla circonferenza e ad uguali spazii dodici tacche per ricevere altrettante stanghe di legno. Queste stanghe *i k*, *g h*, *e f*, *c d* (*fig.* 13) compiono nella macchina l'ufficio de' battitoi o de' coreggiati. Esse sono fermate nelle tacche dei cerchi mediante chiavarde, le teste delle quali sono internate nel legno. Le loro parti anteriori che esercitano l'urto contro il grano sono un poco più salienti dei loro lati opposti, e guarnite di lamine di ferro per garantirle dal logorarsi.

L'asse del tamburo è portato da due golette, che hanno la facoltà di salire o di discendere. Queste girano da un lato attorno del punto fisso *k* (*fig.* 11), e l'altra estremità è mantenuta con una vite di richiamo *l*; mediante la quale si arresta all'altezza conveniente.

Il tamburo nella sua parte inferiore gira parallelamente ad una superficie cilindrica *b b b* (*fig.* 12), che ne abbraccia circa il terzo. Essa è di legno, e presenta de' denti a rostro, e il suo lato destro è fornito di lamine di ferro che hanno lo stesso ufficio di quelle situate sulle stanghe.

c e *d* (*fig.* 12) sono due cilindri di ferro fuso vuoti e scanalati. Il loro diametro è di 8 pollici: il superiore poggia sull' inferiore. I due assi sono situati in una circonferenza di circolo descritta al centro del tamburo. Il cilindro inferiore può col mezzo d'una vite a pressione *g* allontanarsi od avvicinarsi al tamburo. Il piano inclinato *f* (rappresentato in *d g fig.* 11) conduce il grano sotto i cilindri: e corrisponde un poco inferiormente al punto di contatto dei due cilindri.

n n è un coperchio di legno che chiude di sopra ed ai lati il tamburo nella parte superiore della macchina.

Il moto è impresso dalla ruota dentata *c c* (*fig.* 11) di cui l'asse è in pari tempo quello del cilindro scanalato inferiore. Questa ruota conduce il rocchetto *b* di cui l'asse è quello del tamburo battitore. La ruota ha 118 denti, e il rocchetto 17.

Leblanc porge i seguenti ragguagli sull' effetto o il lavoro di tale macchina.

» Il grano o tutt' altro graminaceo da trebbiarsi è disteso in istrati di circa 10 o 12 linee di grossezza, più possibilmente uniformi, sul piano inclinato *d d*, stando le spighe in avanti e spingendolo quanto mai si possa regolarmente sotto i cilindri scanalati, che, comprimendolo, lo dispongono ad essere sgranato e lo sottopongono all' azione del tamburo battitore. I cilindri, avendo 8 pollici di diametro, hanno una circonferenza presso a poco di 25 pollici e per conseguenza in una delle loro rivoluzioni presentano 25 pollici di lunghezza di grano all' azione del tamburo. La relazione di velocità di questi cilindri alimentari con quella del tamburo è come il rapporto della ruota *c c* al rocchetto *l*. Questo rapporto è quello di 118 a 17, ossia presso a poco di 7.

Così i 25 pollici di grano forniti dai cilindri, ricevono sette volte 12 ossia 84 colpi dalle stanghe del tamburo. V'è dunque un colpo di stanga per ogni tre linee e mezzo. L'effetto di questo colpo ripetuto è modificato dalla posizione più o meno ravvicinata del tamburo alla superficie concava fornita di denti *b b b*. Essa tiene i gambi del grano, durante il loro tragitto, esposti all'azione delle stanghe. Quando questi stessi gambi sfuggono dai cilindri, essi sono trascinati dal tamburo, e gettati di dietro la macchina perfettamente spogliati dei grani e per nulla stritolati ».

La velocità più propria di questa macchina è di 150 a 200 giri per minuto. Occorre per questa velocità la forza di due cavalli. Di più tre uomini occorrono pel servigio. Essa batte 120 covoni di 25 libbre per ora; il che produce ordinariamente 1200 libbre di grano.

Pompa portatile per inaffiare i giardini. — » Questa piccola tromba, dice Leblanc dal quale noi prendiamo ancora questa descrizione, serve per inaffiare i giardini, e può esser pure impiegata pegl'incendi. Essa è scorrevole in ogni senso ed a getto continuo. È situata, come la cassa che la contiene, sopra una carriuola a due ruote che un uomo conduce facilmente dappertutto. La cassa della tromba essendo mantenuta piena di acqua, un uomo posto tra le stanghe della carriuola fa con una mano agire la leva, e coll'altra dirige il tubo del getto sopra le piante del giardino, od altri oggetti che hanno bisogno di essere inaffiati ».

c c, ff (Tav. XXI. fig. 14) è una cassa di legno in cui si versa l'acqua destinata al servigio della tromba. Il suo coperchio con isporto tutt'all'intorno è pertugiato di piccoli fori a guisa di colatoi *t t* (*fig.* 15) affine d'arrestar le immondezze che potessero trovarsi nell'acqua. La carriuola è portata sopra ruote di ferro fuso *e e*, a larghe quarte; la sala è di ferro battuto, sta fissata immediatamente

sotto il fondo della cassa col mezzo di chiavarde.
dd, stanghe della carriuola, sono fissate a destra
ed a sinistra della cassa, pure con chiavarde.

Il corpo di tromba *b* è di rame. L'alto ne è aperto, il basso è chiuso da un pezzo di rame *l* (*fig.*
16), il cui mezzo è fornito di una valvola *e k* a cerniera, che si apre dal basso in alto: *h h* (*fig.* 16)
è un serbatoio di aria (*a*, *fig.* 14) in cui la molla
reagendo sull'acqua contenuta in essa capacità, l'obbliga ad uscire regolarmente ed in getto continuo
pel tubo d'ascensione *i* (*m l*, *fig.* 14), benchè essa
non sia condotta dal giuoco della tromba che in un
modo intermittente, e soltanto quando lo stantuffo
discende. Al punto d'unione del basso del serbatoio
col tubo *f* del corpo della tromba, avvi una valvola
a cerniera *g* che s'apre dal basso in alto.

h k (*fig.* 14 e 15) è la leva motrice dello stantuffo; egli è di ferro, ed ha il suo punto d'appoggio in un pezzo di legno *g* fissato nell'interno della
cassa. Essa si muove verticalmente in una fenditura
od incavo praticato in un pezzo di legno posto nel
davanti della cassa. Il tubo del getto è di cuoio, con
estremità di rame, e può prendere tutte le direzioni. Vi si possono porre dei pezzi di ricambio, secondo l'oggetto al quale s'impiega la tromba.

Le valvole sono formate dallo stesso cuoio che serve d'intermediario ai congiungimenti; e basta fare
nel loro mezzo un'apertura circolare di circa i tre
quarti della circonferenza, e di sopraccaricare questo disco d'un pezzo di rame, per farlo appoggiare
contro ai bordi dell'apertura. La parte che non è
stata frastagliata fa l'ufficio di cerniera.

Lo stantuffo (*fig.* 18) è composto di due pezzi di
cuoio a tubo, le cui parti convesse vengono girate
l'una verso l'altra. Dei dischi di rame, ad orli ri-
levati, li tengono aperti, ed appoggiano contro le
pareti interne del corpo di tromba.

Questa tromba di facile trasporto, di facile giuoco
e di semplice costruzione, è pure di facile manu-

tenzione, e ci sembra meritevole di esser raccomandata, e può acquistarsi col prezzo di 150 franchi.

§. 3. MESTIERI.

Le macchine impiegate per la preparazione delle materie filamentose, per filarle, ordirle, e tesserle in istoffe sono fra le più importanti e più ingegnose di quante ne ha prodotte la meccanica; e formano la base delle industrie che in Inghilterra ed in Francia forniscono per l'annua consumazione centinaia di milioni di prodotti. Il numero ne è considerevole, e le più importanti fra loro, come il mestiere Jacquard onde si compongono disegni tessendo, i pettini del canapino, e particolarmente i nuovi mestieri inventati in Inghilterra, il nome de' quali *self-acting* (agenti per sè stessi) ne denota la maravigliosa facoltà, sono meccanismi complicatissimi, per la perfetta intelligenza de' quali occorrono nozioni di meccanica più estese di quelle che aver possono coloro che ci hanno seguìti fin quì. Queste macchine d'altronde destinate ad industrie speciali, non hanno il carattere di generalità come quelle che noi abbiamo già descritte. Noi non entreremo adunque nella descrizione di tali macchine in quanto chè oltrepasseremmo di troppo il nostro assunto senza un' utilità proporzionale. Tuttavolta noi abbiamo fra le macchine di quest' ordine scelto due mestieri; quello del calzettaio e quello del cordonaio: macchine semplicissime ad un tempo ed ingegnosissime per dare idea degli sforzi che il *genio* dell'uomo ha dovuto fare su quest'argomento, e dei mezzi che impiega per raggiungere il suo scopo.

Noi cominceremo dal mestiere del cordonaio, come il più semplice; e in questa descrizione, come in quella che seguirà, ci atterremo particolarmente al Christian.

Mestiere del Cordonaio. — Si dà il nome di cordoncello, dice il Christian, ad una piccola corda formata d' un nucleo od *anima* inviluppata in un tes-suto di fili incrocicchiati, e che serve a fare cordoni da tiro per campanelli, per cortine ec., ed è pure di cotale materia che alcuna volta si coprono i ma-nichi degli scudisci.

Vi sono meccanismi per costruire cordoncelli di più o meno fili. Quello che andiamo ora a descri-vere, e che è rappresentato dalle *fig. 4*, *5*, *6*, *7* e *8* (*Tav. XXII.*) è per otto fili, destinati a coprire un nucleo od *anima*, composta di fili flessibilissimi ed in bastevole numero per dare al cordoncello la voluta grossezza.

Il meccanismo è montato sopra sostegni di cui le *fig.* 4, 5 e 8 mostrano la pianta e l' alzato. È for-mato nel basso da tre montanti situati sopra una base triangolare e che sorreggono un piano esagono. Un albero verticale di ferro gira in un dado di bilico z, posto nella base del meccanismo, e in un côllo cor-rispondente g, che porta il piano esagono. Un vo-lante y regolarizza il moto, che è dato mediante una manovella aa (*fig.* 8) avvitata ad un albero oriz-zontale ab (*fig.* 5). Quest' albero porta all' altra sua estremità una ruota con denti ad oliva ee, che ingrana con un' altra ruota della stessa forma, ma di più piccolo diametro, situata nell' albero verticale.

In pari tempo, col mezzo di una vite continua b, l' asse della manovella fa girare la ruota c. Questa col mezzo delle snodature de' quadranti o delle giun-ture spezzate, comunica il suo moto ai due rocchetti di diametri diversi aa (*fig.* 4).

Il cordoncello, a misura che si forma, si ravvol-ge sopra uno di essi, come si vede in d (*fig.* 8).

e, f, g, h, i, k, l, m, (*fig.* 4), sono ruote di ingranaggio uguali fra loro, ed uguali in numero a quello dei fili del meccanismo. Esse sono situate circolarmente attorno il centro della macchina, il quale è posto nel punto per ove sale il cordoncello, come lo mostra la *fig.* 5, e si trova in s (*fig.* 4). Tali ruote si comunicano successivamente il moto che ricevono dalla ruota *g*, ed essa poi lo riceve dalla ruota *n*, che è all'estremità dell'albero di ferro verticale. Queste ruote· girano liberamente sopra assi di ferro, alle cui estremità superiori sono sostenuti, in un piano parallelo al piano *hgik* (*fig.* 5), i dischi ovali, una parte de' quali è veduta in pianta (*fig.* 8).

Tali dischi sono tra una corona ed un piano di ferro fuso mantenuti con traverse tagliate esagonalmente ed in modo da lasciare tra il lor contorno e quello de' dischi uno spazio curvilineo di circa sei linee.

n, *m*, *l* (*fig.* 5) sono i fusi cilindrici, in numero d'otto, che portano e forniscono il filo destinato a formare il tessuto che involge il nucleo od *anima* posto' nel centro della macchina. Questi fusi cilindrici rappresentati sopra una scala doppia (*fig.* 6 e 7) dovendo percorrere in senso inverso gli spazii curvilinei di cui abbiamo ora parlato, e passare alternativamente fuori e dentro de' dischi ovali, tirano e lasciano il filo, la cui tensione deve pure restare la stessa in tutte le posizioni dei detti fusi: ed è perciò che si sono costruiti in un modo particolare. Sopra un pezzo di ferro un poco oblungo (*fig.* 6) proporzionato in modo che possa percorrere liberamente gli spazii curvilinei superiormente indicati, è fissato al di sotto un gambo *g*, e superiormente un tubo di ferro battuto o di latta, il quale serve di asse ad un rocchetto *ff*, che porta il filo. Nell' interno di questo tubo havvi un peso *b*, il quale sale e discende facilmente, e porta alla sua estremità superiore un uncinetto. Il filo passa dal rocchetto in *d*, poscia monta in *c*, passa per un foro del grilletto *c*, e viene ad aggrapparsi al peso *b*, e di quivi per un foro corrispondente al centro del rocchetto, si porta in *a*, a ravvolgersi sul nucleo od *anima*. Il grilletto *p*, che gira a cerniera al di sopra di *c*, s'impiglia coll' altra estremità ne' denti ad uncino praticati sull'estremità superiore del rocchetto, ed impedisce allora di aggirarsi e di dar filo. Ma quando questo stesso filo è tirato in *a*, egli solleva il peso *b*; questo sollevandosi, leva pure il grilletto *c*; allora il rocchetto diventa libero e fornisce filo, che è sempre mantenuto al grado di tensione necessaria dal peso *b*.

I gambi *g* dei fusi cilindrici, discendendo dal basso in alto della piastra di ferro fuso, si trovano costretti negli spazii curvilinei, di cui abbiamo parlato, e forniscono ai detti fusi il moto di traslazione. Con ciò l'estremità superiore degli assi delle ruote d'ingranaggio, *e*, *f*, *g*, *h*... (*fig.* 4.) è guernita d'un pezzo di ferro che trapassa da entrambi i lati in due piani diversi al di sopra l'uno dell'altro. Questi pezzi di ferro spingono i fusi ne' loro limiti, e se li rimandano scambievolmente senza interruzione metà in un senso e metà nell'altro, donde risulta l'incrocicchiamento de' fili e per conseguenza la formazione del tessuto nel punto di loro riunione sul nucleo in *p* (*fig.* 5.) attorno del qual punto i fusi circolano quando si pone in moto la macchina.

Il cordoncello per tal modo fabbricato passa sulle carrucole *u u* (*fig.* 5,) e si ravvolge sopra uno dei rocchetti *a a* (*fig.* 4.) *d* (*fig.* 8.) che lo tira con una velocità proporzionata al suo diametro ed a quella della macchina. A seconda che il diametro di tali rocchetti è più o meno grande, il tessuto è più o meno compatto sul nucleo.

Mestiere del calzettaio. — Noi continuiamo a seguire il Christian. La *fig.* 1. (*Tav. XXII.*) rappresenta un telaio in prospettiva, e dal lato in cui è posto l'operaio. Questo è basato sopra una costruzione in legno, formata di robusti montanti e di traverse, delle quali le due superiori si chiamano teste, e su di esso il telaio è fissato con attacchi curvi di ferro battuto. Alle due estremità *i* di questi attacchi sono riunite a cerniera le due leve terminate in forma di gancio *i x k l*, sulla parte destra delle quali è fissata la spranga battente, o *strettoio*, di cui vedremo l'uso più innanzi. Le estremità *l* delle leve sono riunite da una sbarra di ferro *l s*, che una molla ad arco di circolo *o p q* sostiene mediante una corda, mentre che col pedale di mezzo *g c* l' operaio assiso sul banco *b* può abbassarla.

Due montanti *m*, fissati pure sulle teste della sottoposta costruzione di legno, sono uniti insieme mediante una traversa. Alle sommità di questi montanti passano gli orecchioni dell' asse *c*, centro del moto di tutto il sistema delle piastre di rame *b*, e delle *marezze f* (*fig.* 3). Questo sistema si compone di vetti orizzontali *m n* (*fig.* 1) fissati da un lato sull' asse *c*, e dall' altro uniti ad articolazione coi pezzi verticali *n x*. Questi pezzi verticali sorreggono la sbarra *g d* (*fig.* 3) che porta la metà delle suddette lastre *b*. Una traversa situata sotto la calza *g* (*fig.* 1) serve di manico all' operaio per manovrare il telaio, ed è portata questa dalle estremità dei pezzi verticali. Dietro tali disposizioni si vede che tutto il sistema può muoversi orizzontalmente in due sensi, avanti e indietro, come pure nel senso verticale. Una molla *o p q* (*fig.* 1) lo tiene in equilibrio, e l' operaio non ha maggiore difficoltà a farlo salire di quel che a farlo discendere. Il moto è limitato da viti di arresto *o*, che portano due montanti di ferro situati a destra ed a sinistra del telaio.

L' operaio si asside sul banco *b*, e quivi può impiegare i piedi e le mani a dar moto alla macchina secondo il bisogno. Co' suoi piedi fa agire alternativamente i pedali *c c* di destra e di sinistra. Questi, mediante le corde *e e*, attaccate in senso contrario attorno un piccolo tamburo che porta l' asse della ruota *d*, danno al medesimo un moto di va e viene che si comunica al corsoio *h* (*fig.* 2) mediante corde di rinvio che passano per le carrucole *i* (*fig.* 2), *u* (*fig.* 1). Noi vedremo quanto prima l' ufficio di tale corsoio. L' operaio agisce pure con uno de' suoi piedi sul pedale di mezzo, come vedemmo superiormente, quand' egli vuol far agire la spranga battente o strettoio *y* (*fig.* 1); e tutti gli altri moti

32

sono le mani che li producono. Così applicando a destra e a sinistra della traversa che è al di sopra dello strettoio suddetto, i due pollici appoggiati sulle leve angolari *aa*, egli innalza ed abbassa il sistema delle piastre, com'è necessario pel *raccoglimento* delle maglie. Il filo che forma la maglia è ravvolto sopra un rocchetto che gira in una spina orizzontale situata sul montante di destra del telaio, come lo rappresenta la *fig.* 1. L'operaio ne svolge una quantità più che bastevole che lascia penzolare conducendola sugli aghi ora da una mano ora dall'altra. La calza gh (*fig.* 1) a misura che è formata, si ravvolge attorno d'un piccolo cilindro, il quale, mobile intorno del suo asse f, ed avente un certo peso (poichè è di ferro) tiene la maglia o la calza distesa.

Le *fig.* 2, 3 e 3 *bis* mostrano la disposizione degli aghi. La scala della *fig.* 3. *bis* è molto grande perchè se ne scorgano bene le disposizioni. Essi aghi sono di fil di ferro; le loro estremità sottilissime hanno forma d'uncino, di rimpetto alle punte di tali uncini è praticata una scanalatura nel gambo stesso dell'ago, di guisa che quando si preme sull'estremità dell'uncino, essa s'insinua nella scanalatura, e allora l'uncino è fermato, e prende la forma d'un occhio allungato. Se in questo istante, il filo bb (*fig.* 3. *bis*) che è passato tra gli aghi, è spinto verso la loro estremità, oltrepasserà gli uncini e sfuggirà. Ma se al contrario si spingerà nel momento in cui gli uncini sono aperti, verrà ad internarvisi, come si vede nella *fig.* 3. *bis*. Non si può far giugnere un nuovo filo negli aghi se non quando le maglie sono formate dal precedente giro, e, come diremo or ora, sono uscite dagli aghi. Con ciò si rimandano indietro al di là degli uncini; poscia col mezzo della spranga battente, o strettoio y (*fig.* 1) si fanno entrare le punte degli uncini nelle rispettive loro crune o scanalature. Si portano allora le maglie in avanti, esse passano per disopra gli uncini, abbandonano gli aghi, e vengono in *g* a raggiugnere la parte della maglia o della calza ch'è di già fatta.

Le punte o code degli aghi sono fissate in una sbarra o stampo di stagno *b b* (*fig.* 2) che viene colato ad ogni operazione, o almeno ad ogni specie di maglia. Gli aghi infatti non sono tutti ugualmente disposti, ma secondo che la maglia debb'essere più o meno fina, essi sono presi nella forma in numero di due, tre, quattro alla volta.

Fra ogni ago è situata una lastra o lamina sottilissima di acciaio *d d* (*fig.* 2) *b b* (*fig.* 3); ma tutte le lamine pari appartengono a un sistema, e le dispari ad un altro: e questo sistema è visibile nella *fig.* 3. Il perno delle lamine dispari è in *d*, quello delle lamine pari è in *e*. Le lamine dispari sono fissate con piombi colati, come in una forma, contro la sbarra *g h*, e per conseguenza, come questa sbarra, sono mobili in avanti in addietro e verticalmente. Le piastre di rame, pari, hanno le loro estremità superiori ricurvate in isquadro, e sono con queste estremità tenute a cerniera alle estremità delle leve o marezze *e f* (*fig.* 3) *c c* (*fig.* 2) che hanno il loro punto d'appoggio in *g g* (*fig.* 2). Delle molle *k k*, intagliate in guisa da ricevere le estremità delle leve o marezze tagliate a zeppe, le mantengono nella loro posizione orizzontale. Il corsoio *h*, che può muoversi da destra a sinistra e da sinistra a destra sulla sbarra orizzontale *i i*, passa successivamente su tutte le marezze e le solleva; e a misura che una marezza è sollevata, la piastra di rame corrispondente è abbassata di un'eguale quantità. Intorno alla quantità di cui le marezze o leve sono sollevate, e le piastre di rame abbassate, questa si regola col mezzo della sbarra *l* (*fig.* 2). Tale sbarra serve a rimettere le marezze nella loro primitiva posizione col sussidio della leva *f* posta in moto dalle leve angolari *a a* (*fig.* 1).

Il filo steso allentato in *c* (*fig.* 3) al di sotto dei piccoli uncini o ganci delle piastre di rame, è spinto di due in due, e successivamente contro gli aghi dalle piastre di rame, tenute dalle marezze o leve (le piastre di rame pari nella *fig.* 3), e che per questa ragione si chiamano *depresse*. Il moto si opera col mezzo del corsoio *h* (*fig.* 2) posto in moto dai pedali di destra e di sinistra (*fig.* 1) e dalle corde di rinvìo e dalle carrucole *u u* (*fig.* 1) *i* (*fig.* 2). L'addentramento del filo per mezzo delle piastre di rame delle leve o marezze è doppio di quello che è necessario per formare una maglia. Ma la metà di tale lunghezza è poscia presa ed addentrata dalle piastre di rame tenute alla sbarra *g h* (*fig.* 3. — le piastre di rame dispari) che l'operaio abbassa un poco nel tempo stesso che innalza le prime, mediante l'operazione che abbiamo indicata superiormente, e che chiamasi raccoglimento delle maglie, la quale consiste ad appoggiare i suoi due pollici sulle leve angolari *a a* (*fig.* 1) in modo di agire sulle leve *f* (*fig.* 2), e col loro mezzo sulla sbarra *l*.

» Supponiamo ora che si trattasse di cominciare l'opera, e che non vi fosse per anco nulla negli uncini degli aghi; l'operaio rialza il battitoio, spinge in addietro sugli aghi la fila delle maglie che ha formato, e la fa corrispondere alla cavità delle lastre di rame. Dispone poscia un' altra fila ch'egli porta immediatamente negli uncini degli aghi: allora facendo incrocicchiare fra loro una volta queste due fila, spinge la prima fuori degli aghi, battendo collo strettoio *y* (*fig.* 1), sottomesse al cammino del mezzo le punte degli uncini. Continuando per tal modo a formare nuove maglie, le quali vengono successivamente a prendere il posto delle antecedenti negli uncini degli aghi, l'operaio ottiene una maglia più o meno spessa secondo che addentra più o meno il filo e gli aghi.

» Recapitolando i tempi impiegati sulla manovra del mestiere del calzettaio, si vede ch'essi sono in numero di cinque.

» 1.º Presentare il filo allentato sugli aghi, immediatamente sotto gli uncinetti degli aghi stessi, e raccoglierli.

» 2.º Scuotere le piastre di rame per uguagliare le maglie fra ogni ago.

» 3.º Condurre la nuova maglia nell' uncino dell' ago.

» 4.º Ritirare l' antica spingendola in addietro fuori della punta dell' uncino dell' ago.

» 5.º Scuotere la punta degli uncini per mettere in libertà la maglia.

» La finezza del mestiere del calzettaio si misura dal numero degli aghi contenuti nello spazio di un pollice. Ciò varia da 15 a 40. »

Macchina per attorcigliare o commettere i cordaggi. — Noi promettemmo alle pag. 366 e 67 di far conoscere il meccanismo impiegato per commettere od attorcigliare i cordaggi. Eccone il procedimento. La *fig.* 35. (*Tav. XX.*) mostra l' alzato di una macchina propria a commettere de' canapi a due o tre funicoli, ed anche più. Noi supponiamo che questa macchina attorcigli tre funicoli, benchè la figura non ne mostri che due. Noi non contiamo quello del mezzo che forma il nucleo del canape.

I funicoli sono inviluppati sui grandi rocchetti, fissati nel mezzo de' telai *b*, mobili anch' essi attorno del loro pernio *p*, in pari tempo che partecipano al moto impresso a tutto il sistema dall' albero verticale *c*.

Una grande ruota fa corpo inferiormente coll' albero suddetto, e porta ad uguale distanza sulla sua circonferenza e sopra i suoi raggi i tre perni *p* e gli assi dalle ruote intermediarie *q*; e inferiormente ancora havvi una ruota d' ingranaggio immobile e concentrica coll' albero suddetto *c* : *f* sono ruote di ingranaggio fissate sulle estremità inferiori degli assi *p* : *q* sono tre ruote di seguito che s' ingranano. L' asse dell' ultima prolungata sino all' estremità del telaio *b* fa girare col sussidio di una vite continua *r*, i cilindri regolatori tra i quali passa ogni canape.

La direzione dei funicoli è mantenuta dalle carrucole di rinvìo *h*. Il funicolo che forma il nucleo si svolge dal rocchetto superiore a dette ruote di rinvìo, passa per un foro praticato nel centro della pigna *i*, che ha tre scanalature.

Frattanto il moto di rotazione essendo impresso all'albero *c* da un motore qualunque, tutti i sistemi che da quest'albero dipendono parteciperanno del suo moto. In pari tempo, e mediante la ruota d'ingranaggio inferiore alla grande ruota, e mediante le ruote *f* e *g*, i telai *b* gireranno nello stesso tempo che i loro assi, torceranno i funicoli e produrranno la commettitura sulla pigna *i*. Il canape, a misura che sarà formato si dirigerà sopra le carrucole *k* ed *m*, e verrà ad avvolgersi sopra un rocchetto *p*, al quale s'imprime un moto conveniente di rotazione mediante le ruote d'ingranaggio *n*, *o*, *y*, *z*, l'ultima delle quali è fissata sulla estremità inferiore dell'asse *c*.

§. 4. — MACCHINE METALLURGICHE.

Noi chiamiamo macchine metallurgiche gli apparecchi impiegati alla preparazione ed al lavoro dei metalli, e che, nelle diverse officine dove sono prodotti con una prima operazione chimica, servono in seguito a dar loro corpi e forme proprie ne' bisogni delle arti. Tali sono specialmente le macchine impiegate nel lavoro del ferro. Egli è soprattutto per la superiorità delle macchine inglesi sulle altre che l'Inghilterra ricava tanti vantaggi nel lavoro del ferro. Elia di Beaumont e Dufrénoy, ingegneri nelle miniere francesi, hanno pubblicato recentemente una descrizione delle ferriere più perfezionate dell'Inghilterra. Le particolarità che ora esporremo sono tratte dal loro lavoro. Avvertiamo però, che ad intendere completamente tali descrizioni, bisogna conoscere alcune delle prime nozioni sul lavoro del ferro; ed è oggigiorno una cosa sì essenziale ed urgente il perfezionamento delle nostre ferriere, che a rischio ancora di non essere intesi che da coloro che si occupano di questa speciale industria così importante, non esitiamo d'uscire alcun poco da quanto stabilimmo, siccome facemmo per alcune formole idrauliche e per alcuni altri punti importanti.

In Inghilterra, dicono Elia di Beaumont e Dufrénoy, si servono, per foggiare e per distendere il ferro, di martelli pesantissimi di ferro fuso, e di cilindri di varie dimensioni. I martelli sono destinati a battere le masse di ferro fuso purificate, fornite già di prēse o manici di ferro, le cui molecole non fanno per anche corpo fra loro, per ridurle in *masselli*; e con questi poi, mediante cesoie o scalpelli, si formano i taglioli, che si passano sotto i cilindri sunnominati per distenderli in isbarre o in lamine. Questi diversi meccanismi sono mossi ora da una macchina a vapore, come nello Staffordshire e in quasi tutte le Contee dell'Inghilterra, ora da ruote idrauliche quando lo permettono le località, come in molte Ferriere del Sud del paese di Galles.

Ordinariamente l'albero del motore porta a destra ed a sinistra una grande ruota dentata che comunica il moto ai vari meccanismi mediante ruote dentate più piccole. Generalmente esistono sei di queste ruote dentate; quattro che mettono in moto dei sistemi diversi di cilindri, e le due altre che fanno agire le forbici ed il martello. I cilindri impiegati in una ferriera non sono mai situati tutti sopra lo stesso albero, perchè non debbono agire tutti ad una volta, e perchè debbono avere velocità diverse secondo il loro diametro. Si ha cura, per economizzare il tempo e facilitare il lavoro, di riunire da un lato della macchina motrice, il martello, le cesoie e i cilindri digrossatori, mentrechè dall'altra parte vi si pongono i diversi sistemi de' cilindri destinati a distendere il ferro in isbarre. Per la stessa ragione i fornelli di *torrefazione* e più comunemente d'*ingrana* debbono essere aggruppati dalla parte del martello, mentre i *fusorii* verranno posti in altra parte della ferriera.

I martelli sono di ferro fuso; la loro lunghezza è di 10 piedi circa. Vi si distinguono due parti principali: la testa g (*Tav. XXIII. fig.* 6. e 7.) e il manico *fg*. La testa entra a confricazione nel manico, e vi è tenuta ferma per mezzo di zeppe di ferro e di legno. La testa o penna si compone di diversi piani, a varia lunghezza, scorciati gli uni sugli altri, destinati a dare svariate forme al *massello*.

Il manico del martello ha due orecchie in parte cilindriche, che gli servono di perni o cardini: esse girano sopra dadi di rame incastrati in pezzi di ferro fuso; due treppiè di ferro strutto, legati alla lor parte inferiore con pezzi orizzontali, pure di ferro fuso, formano il sostegno del martello.

Un anello di ferro fuso *k k* (*fig.* 6. e 7.) armato di chiavelli, solleva il martello per la testa. Il diametro di quest'anello è generalmente di tre piedi, e la sua grossezza di 18 pollici. In questa dimensione riesce del peso di 4,000 chilogrammi; e cioè il peso del manico del martello di 3,600 chilogr. e quello della testa di 400 chilogrammi. L'anello di ferro fuso riceve il suo moto dall'albero *m* (*fig.* 7.) che poi comunica al motore, siccome noi indicammo superiormente.

L'incudine *h* è, come il martello, composta di due parti: l'una chiamata la penna dell'incudine è la contrapparte della penna del martello, e pesa pure 400 chilogrammi; l'altra è chiamata ceppo dell'incudine, e pesa 4,000 chilogrammi. L'urto che ha luogo fra tali pezzi tanto considerevoli essendo grandissimo, prender si debbono grandi precauzioni nel formare il martello e l'incudine. La *fig.* 6. mostra il tutto situato sopra un graticcio di legno quadruplo formato dalle travi *b b b*, *c c c* poste le une accanto delle altre, e in sensi alternativamente perpendicolari. Un basamento *a a* sostiene il tutto. Le travi sono elastiche, e distruggono in parte lo sforzo

prodotto dall'urto: per conseguenza se ne risentono
moltissimo, di modo che dopo alcuni mesi si trovano
spesso inservibili.

Dei cilindri. — Sono trentacinque o quarant'anni, dicono gli autori delle memorie che analizziamo,
che s'impiegano in Inghilterra de'martelli e dei magli per foggiare e distendere il ferro. Circa a questo tempo Ehaseldeen meccanico nel Shropshire ideò
di sostituire la pressione de'cilindri alla percussione
de'martelli. D'allora in poi i martelli si sono abbandonati in molte ferriere, e dove ancora esistono
servono soltanto ad unire i masselli, e lo stendimento fra i cilindri si opera in pochi secondi, ciocchè
una volta non si faceva che dietro reiterati riscaldamenti. Un tale processo ha prodotto un'economia
considerevole nella mano d'opera, ed ha fornito mezzo di fabbricare una maggior quantità di ferro a cagione della sua prodigiosa rapidità. Così altra volta
una grande ferriera con un martello produceva appena dieci migliaia di sbarre di ferro per settimana,
mentre oggigiorno una ferriera di media grandezza,
lavorando con dei cilindri ne produce 150 migliaia
nello stesso tempo, senz'altro motore che una macchina a vapore.

Ecco quali sono le norme generali con che si dispongono questi diversi cilindri, i quali sono rappresentati nelle *fig*. 1. a 5. (*Tav. XXIII*.).

Al di sotto de'cilindri suolsi praticare una fossa
longitudinale nella quale cadono le scorie e le scaglie quando si comprime il ferro. Le pareti di questa fossa, costruite in pietra, sono erette sopra un
masso solido di muramento, e capace di sopportare
il cumulo enorme de'cilindri. Delle travi *o o o* guerniscono i lati di tale fossa, e servono ad attaccare i
cilindri mediante viti e dadi. Queste travi sono spesso
rimpiazzate da pezzi di ferro fuso; e ciò è preferibile, perchè tali pezzi essendo più pesanti sono più
difficili a smuoversi.

I cilindri sono messi in moto da alberi che sono

ad un tempo nel prolungamento dell'asse de' cilindri e in quello della ruota dentata, che deve far muovere il sistema. Questi alberi hanno un piede di diametro pel martello e pe' cilindri digrossatori, e sei pollici quando comunicano il moto ai cilindri destinati a distendere il ferro in isbarre. E siccome i cilindri non agiscono tutti in una volta, si fanno gli alberi di due pezzi, in guisa di potervi accomodare un regolatore per arrestarli o metterli in moto a piacimento.

I cilindri sono sempre montati in telai di ferro fuso, chiamati *forme* o *castelli*, che variano di dimensioni secondo i diametri de' cilindri. Un tubo conduce sopra ogni paio di cilindri un piccolo filo di acque per togliere ch'essi non si riscaldino di troppo. Quest'acqua ha pure per oggetto d'impedire l'aderimento del ferro al cilindro, affreddando la sua superficie, e fors'anche producendo una leggera oscillazione.

Dei cilindri digrossatori. — I cilindri digrossatori (*Tav. XXIII. fig.* 2.) sono destinati, sia a fare scorrere immediatamente il *massello* o *massa* quando si trae dai fornelli di torrefazione, come nelle ferriere del paese di Galles, sia soltanto a stirare il pezzo quando s'è cominciato a battere col martello, siccome è l'uso nella maggior parte delle ferriere di Staffordshire e in quelle all'inglese, recentemente stabilite in Francia.

I cilindri digrossatori hanno generalmente sette piedi di estensione, compresovi i perni, o cinque piedi di lunghezza e diciotto pollici di diametro, e pesano insieme da 4,000 a 4,500 chilogrammi.

Portano questi delle scanalature in generale elittiche in numero di 5 a 7, la cui grandezza diminuisce progressivamente. Il piccolo asse di ogni elisse, che è sempre situato nel senso verticale, è uguale al grand'asse o all'asse orizzontale della scanalatura seguente, in modo che cangiando di scanalatura si è obbligati di far fare un quarto di rivoluzione alla spranga, il

che fa che il ferro si allunghi in tutti i sensi: qualche volta, come nella *fig.* 1. *Tav. XXIII.*, i cilindri digrossatori servono in pari tempo di cilindri preparatori, ed allora portano due scanalature di due
sorte: le une elittiche, e sono destinate a dare al
massello una forma ovoidale più o meno allungata;
le altre sono rettangolari. Molte delle scanalature sono ingombrate di piccole asprezze analoghe ai denti
di una lima, destinate a mordere il massello per impedirne lo sfuggimento. Le prime scanalature rettangolari presentano pure una siffatta disposizione,
che è generale a tutte le prime scanalature dei diversi sistemi di cilindri.

All' altezza del fondo delle scanalature del cilindro inferiore esiste una piastra di ferro fuso *a* (*Tav.
XXIII. fig.* 11.) che presenta degli affrappamenti
che corrispondono alle scanalature dei cilindri. Questa piastra chiamata *tavoliere* è sostenuta da gambi
di ferro fuso. Serve essa ad appoggiare il massello
e le sbarre di ferro che si vogliono sottomettere al-
l' azione de' cilindri, ed a ritenere i frammenti del
ferro mal congiunto che cadono durante lo stendimento.

L' uno de' cilindri, ordinariamente l' inferiore, riceve direttamente l' impulso del motore coll' intermediario d' un albero girevole. Esso lo comunica,
mediante rocchetti, al cilindro superiore. Tal' è la
disposizione rappresentata nella *fig.* 1; il moto passa
dal rocchetto *u* al rocchetto *t*, e si distribuisce pure
a destra ed a sinistra. Di più si vede che con questa disposizione il cilindro superiore gira in senso
inverso dell' inferiore. I telai di ferro fuso, che sostengono quest' apparecchio destinato ad esercitare degli sforzi sì considerevoli, debbono opporre essi pure
grandissima resistenza. La *fig.* 2. (*Tav. XXIII.*)
mostra la lor proiezione verticale. Si dà loro cinque
piedi di altezza, un piede di grossezza nel senso verticale all' asse dei cilindri, e dieci pollici nell' altro
senso. Questi castelli sono legati nella lor parte

superiore con due tiranti di ferro sui quali gli operai appoggiano le loro tanaglie per passare il massello o la spranga di ferro da un lato dei cilindri
all'altro.

I cosciali o lucerne si compongono ognuno di due
pezzi: l'uno di ottone, che presenta un'incavatura
cilindrica, ed incastrato nell'altro che è di ferro fuso. Il cosciale inferiore entra in una incavatura fatta
a scala (*Tav. XXIII. fig.* 2.), e porta un'orecchia
sagliente che gl'impedisce di rimontare. Sopra il cilindro superiore si appoggia un pezzo piatto, che
forma il cosciale di sopra; ed è su questo pezzo che
spingono le viti di pressione, destinate a limitare a
piacere l'allontanamento de'cilindri. Queste viti sono a spire quadrate, ed hanno quattro pollici di diametro compresovi il passo della vite; e le spire hanno sei linee di grossezza. Tali viti si manovrano mediante bracci $q\,z$.

Quando i cilindri digrossatori non hanno che scanalature elittiche, il massello, uscendone, è portato
sotto i cilindri chiamati preparatori, le cui scanalature sono rettangolari in guisa di dare alla sbarra
una forma spianata. Questi cilindri hanno delle dimensioni presso a poco simili a quelle dei primi.
Nelle ferriere in cui *la massa* è dapprima lavorata
sotto il martello, si pratica di riunire sopra un sol
corpo le scanalature de'cilindri digrossatori e preparatori. La sbarra di ferro che esce di sotto a tali
cilindri, è portata alla cesoia per venirne tagliata in
piccole sbarre o taglioli, le quali sono poscia am-
massate, per quindi riunirne parecchie insieme.

Dei cilindri distenditori. — Quando la massa è
molto riscaldata viene portata sotto a' cilindri distenditori, la disposizione de' quali varia secondo che produr debbono delle sbarre più o meno robuste.

I primi (*Tav. XXIII. fig.* 3.) presentano delle
scanalature elittiche e delle rettangolari; ed hanno
circa un piede di diametro e tre piedi di lunghezza. La loro lunghezza, compresavi la grossezza dei

castelli o forme, è di quattro piedi e mezzo. Le prime scanalature portano delle asprezze come nei cilindri digrossatori. Non è compiutamente lavorata la sbarra di ferro sotto tali cilindri, ma viene inoltre sottoposta ad un altro paio di cilindri, le cui scanalature hanno le dimensioni che dar si vogliono alla sbarra. Le scanalature sono tonde, triangolari o rettangolari secondochè si voglia del ferro tondo, quadrato, o semipiatto.

Conviene aver diligenza che gl'intervalli presentati dalle scanalature non decrescano troppo rapidamente, perchè il ferro sarebbe mal disteso, ed i cilindri proverebbero una grandissima resistenza. Ordinariamente la proporzione del decrescimento è quella di 15 ad 11.

Quando i cilindri debbono produrre delle piccole sbarre di ferro, hanno essi un diametro che permette di porne tre nella stessa forma o castello, come indica la *fig.* 4. (*Tav. XXIII.*). Il cilindro inferiore e quello di mezzo sono impiegati come digrossatori, mentre che si distendono le sbarre tra il cilindro di mezzo e il superiore.

Quando si vuol distendere del ferro presentante un' incavatura o sguscio, le scanalature del cilindro hanno la forma indicata dalla *fig.* 9.

In quanto ai grossi cilindri $z\,z$ della *fig.* 1., servono a fare della latta. Mediante viti si dà ai cilindri un allontanamento grado grado minore, e si porta il massello successivamente alla grossezza voluta. Tali cilindri si chiamano laminatoi.

Pel distendimento del ferro quadrato in piccolissime sbarre, come per quello destinato ai chiodi, e che in Francia si chiama *ferro sodo in verghe*, s'impiega un sistema di piccoli cilindri chiamati *fenderia* (*fig.* 10.). Le loro incavature sono acciaiate e s'insinuano l'una nell'altra di due pollici e mezzo. La sbarra di ferro che vi si sottopone è divisa istantaneamente in molti tronchi. I cilindri possono essere levati per disopra dell'albero affine di sostituirne altri per più grosse sbarre. Le *fig.* 12, 13, 14 e 15 dimostrano minutamente l'insieme di tali cilindri.

Dufrénoy ed Elia di Beaumont forniscono i seguenti ragguagli sulle dimensioni e le velocità dei diversi cilindri.

Per distendere del ferro in isbarre quadrate o tonde, di otto linee quadrate di sezione e anche meno, i cilindri hanno otto pollici di diametro, e tre piedi di lunghezza. Le scanalature occupano la metà della superficie de' cilindri. Il peso dei due cilindri è di 360 a 400 chilogrammi prima che siansi girati.

Per ferro quadrato, tondo o semipiatto, di 8 a 24 linee quadrate di sezione, i cilindri hanno 15 pollici di diametro e 4 piedi e mezzo di lunghezza. Il peso del cilindro è di 1,800 a 2,000 chilogrammi.

Per i ferri maggiori di 24 linee, i cilindri hanno 6 piedi di lunghezza e 18 pollici di diametro, e pesano 3,300 a 3,700 chilogrammi.

Per le fonderie i cilindri hanno un piede di lunghezza e 13 o 14 pollici di diametro.

Quando il ferro ha meno di due linee di grossezza dicesi banda di ferro, nè può più essere disteso con cilindri scanalati. S'impiegano allora i laminatori.

La velocità de' cilindri varia col variare delle loro dimensioni. Beaumont e Dufrénoy videro una ferriera in cui i cilindri destinati a ferro di 4 ad 8 linee facevano 140 giri per minuto, mentre quelli in cui si distendeva del ferro di 8 a 36 linee non ne facevano che 75. In un'altra ferriera i cilindri per ferro di 24 linee facevano 85 giri per minuto, mentre quelli destinati allo stendimento di ferro di 8 a 16 linee ne facevano 128; e quelli di 4 ad 8 linee 150.

Si calcola che la velocità dei cilindri digrossatori non debb'essere che il terzo di quella del cilindro distenditore.

Dufrénoy ed Elia di Beaumont fanno conoscere, nella Memoria da cui ricavammo il fin quì detto, e lo studio e la lettura completa della quale sono necessarissime a tutti coloro che si occupano di migliorare le nostre fabbriche di ferro, una macchina destinata a pertugiare uniformemente grosse piastre di ferro. Tale macchina è una specie di stampo, o trincia, ed è composta d'un *gambo* o punzone codato *c a h* (*fig.* 8.) che porta alla sua estremità inferiore un cilindro acciaiato *d*: la punta del cilindro corrisponde ad un foro praticato in un tasso di ferro fuso *e*: un eccentrico *h n* mosso dalla ruota dentata *o o*, la quale riceve il suo moto dalla ruota *p*, dà movimento al maggior braccio di leva *a h* e sforza il cilindro acciaiato ad entrare nella sottoposta piastra di latta.

Noi qui finiamo i nostri studii sulle macchine, facendo notare di nuovo che noi non ci lusinghiamo menomamente di dare nemmeno un'idea superficiale di tutti i processi meccanici impiegati dall'industria pe' suoi svariatissimi prodotti, ma soltanto di far conoscere alcuni di questi metodi, scegliendo quelli d'altronde ch'erano i più dissimili tra loro, affine di palesare con questo primo sguardo le risorse che la meccanica mette a disposizione dell'uomo. Noi non conosciamo altro mezzo più certo per ispirare ai nostri lettori il desiderio di penetrare più innanzi in questo vasto e sì necessario studio. Ed è perciò che noi abbiamo sempre diligentemente cercato di segnar loro le migliori fonti onde potere attingere. Da quanto noi abbiamo tratto dagli autori i più stimati, potranno giudicare tutto quello che vi si trovi di utile insegnamento, quand'essi si saran posti in istato d'intenderli.

CAPITOLO XI.

RIASSUNTO.

CONSIDERAZIONI GENERALI SULLE MACCHINE —
CALCOLO DE' LORO EFFETTI. — VIA DA SEGUIR-
SI NELLE RICERCHE MECCANICHE.

§. 1. — CONSIDERAZIONI GENERALI SULLE MACCHINE,
E SUL CALCOLO DE' LORO EFFETTI.

Tra le note tanto importanti che il Navier aggiun-
se all'opera di Bélidor sull'Idraulica, havvene una
che valse principalmente a fermare l'attenzione de'
meccanici, ed è la nota sulla *costruzione delle Macchine*. Vi si trovano riunite eminentemente le qualità che distinguono oltremodo i lavori del Navier,
cioè il sapere profondo e la chiarezza. Ecco il cominciamento di tale nota.

» La parola *macchina* indica un qualunque mezzo
pel quale un motore trasmette la sua azione ad una
resistenza. Quelle che s'impiegano nelle arti possono essere ripartite in tre classi principali: 1.° le macchine nominate comunemente *strumenti*, co' mezzi
de' quali si eseguiscono certi moti particolari senza
considerare menomamente la grandezza della forza
destinata a produrli; 2.° che riuniscono alla condizione d'eseguire de' moti dati, quella di produrre
uno sforzo momentaneo, come i bilancieri, gli strettoi ec., e nella formazione delle quali si tratta soltanto generalmente di porre in equilibrio la pressione momentanea che può esercitare il motore di cui
si fa uso, colla resistenza che si vuole vincere; 3.°
finalmente le macchine le quali, essendo sottoposte
all'azione permanente di un motore, producono un
continuato lavoro, e delle quali le diverse parti prendono sempre un moto uniforme, o de' moti variabili

ma periodici, in cui la velocità, crescendo e decrescendo alternativamente entro certi limiti determinati, offre un valore medio costante. Ed è propriamente a queste ultime macchine che conviene applicare tutto ciò che verrà in seguito.

» Il confronto delle diverse macchine, secondo lo spirito del negoziante o del capitalista, si fa naturalmente dietro la quantità di lavoro ch' esse eseguiscono, ed il prezzo di questo lavoro. Per estimare i valori rispettivi di due molini da grano, per esempio, si esaminerà quale quantità di farina ognuno può macinare in un anno; e per paragonare un molino da grano ad un molino per segare, si estimerà il valore del primo dietro la quantità di farina macinata annualmente, e il prezzo della molitura, e il valore del secondo dietro la quantità di legno spacciato nello stesso tempo, e il prezzo della segatura. Puossi limitare a questo modo di considerare le macchine e i lavori ch' esse eseguiscono, quando trattasi soltanto di acquistare o di permutare fra loro delle macchine già in uso, e delle quali è conosciuto il prodotto; ma vi sono molti casi in cui esso modo è insufficiente.

» Supponiamo infatti un proprietario d' un molino da grano, e che desiderasse, col mezzo di alcuni cangiamenti nel meccanismo, di farne un molino per segare. Esso non potrebbe giudicare del vantaggio o del danno di questa operazione che dietro il saper valutare, dalla quantità di farina prodotta dal suo molino, la quantità di legno ch' egli sarebbe in caso di vendere. Ora, questa valutazione è una cosa assolutamente impossibile a meno che non abbia trovato una misura comune per questi due lavori di nature sì diverse. Questo esempio basta per dimostrare la necessità di stabilire una specie di moneta meccanica, se puossi così esprimere, colla quale precisare le quantità di lavoro impiegate ad effettuare ogni specie di fabbricazione.

» La scelta d' un' unità di misura è, sino ad un dato punto, arbitraria; ed è soltanto indispensabile che questa unità sia una cosa della medesima natura di quella, ond' essa deve formare il termine di confronto. Gl' inglesi, per esempio, hanno preso per unità delle quantità di lavoro l' azione d' un cavallo. Ma essi sono i primi a riconoscere l' inconveniente d' un tal termine di confronto la cui grandezza è sì variabile che le estimazioni date dai loro dotti differiscono fra loro più del rapporto di 1 a 2. Risulta effettivamente da ciò che una stessa espressione impiegata da diversi autori presenta a ciascuno di loro un' idea diversa, e che non diventa intelligibile al lettore se non quando glie l' abbiano tradotta, spiegando ciò ch' essi intendono per l' azione d' un cavallo, vale a dire quale sforzo suppongono che un cavallo possa esercitare in pari tempo ch' ei percorse un certo spazio in un tempo dato.

» È effettivamente a questo che si riduce l' esecuzione d' un lavoro qualunque. Havvi sempre nell' azione della macchina uno sforzo o pressione esercitata contro un punto mentre uno spazio è percorso da questo punto. Tale osservazione conduce naturalmente a riconoscere che il genere del lavoro il più proprio a servire all' estimazione di tutti gli altri, è l' *innalzamento verticale dei corpi pesanti.* Infatti, indipendentemente da quello che è suscettivo, com' ora si vedrà, di una espressione numerica precisa, invariabile ed esente d' arbitrio, puossi sempre, qualunque sia la natura del lavoro eseguito da una macchina data, non solamente nel pensiero e e per un' astrazione della mente, ma nella realtà sostituire a questo lavoro l' innalzamento d' un peso; imperocchè puossi sopprimere la resistenza ed attaccare nella sua direzione al punto in cui agisce una corda passante sopra una carrucola di rinvio, all' estremità della quale puossi sospendere un peso uguale allo sforzo, o pressione che la resistenza esercita. Nulla vien cangiato alle condizioni del moto della macchina, la quale rimarrebbe esattamente la stessa, e il cui effetto sarebbe soltanto trasformato nell' innalzamento del peso; e durante il tempo che questa macchina avrebbe impiegato ad eseguire una cert'opera data, un peso uguale allo sforzo della resistenza si troverà innalzato verticalmente ad un' altezza uguale allo spazio percorso in questo medesimo tempo, e nel senso della resistenza, pel suo punto d'applicazione. L'innalzamento di tale peso rappresenterà dunque il lavoro della macchina; e per conseguenza il lavoro d'una macchina sarà valutato tanto più quanto più grande sarà il peso che potrà innalzarsi, e ad un' altezza maggiore.

» La natura di lavoro che dovrà servire di termine di confronto a tutti gli altri essendo così determinata, sia che si riguardi la scelta come una cosa di convenzione, o come un risultamento necessario della natura delle cose, non trattasi più per sottomettere al calcolo questa nuova specie di quantità, che di saper valutarla in numeri. Esaminando che cos'è innalzare un peso, si vede che entrano in questa operazione due elementi, i quali sono, la grandezza del peso e l'altezza a cui si eleva. Ma si riconosce di leggieri che è la stessa cosa innalzare un peso d'un chilogrammo a due metri o un peso di due chilogrammi ad un metro; poichè bisogna in entrambi i casi innalzare due volte un chilogrammo ad un metro; e in generale che è indifferente innalzare un peso ad un' altezza, o un peso tanto minore ad un' altezza tanto maggiore. D'onde segue che la grandezza del lavoro da farsi per innalzare un peso è ugualmente proporzionale al peso ed all'altezza a cui questo s'innalza. Questo lavoro è dunque proporzionale al prodotto di queste due quantità, e per conseguenza il lavoro necessario per innalzare un peso Q all' altezza q, dev' essere rappresentato dal prodotto $Q \times q$; e questo prodotto esprimerà un numero di unità, di cui ciascuna è il lavoro necessario per innalzare l'unità di peso all' unità di altezza, vale a dire nel nostro sistema di misura, per innalzare un chilogrammo ad un metro ».

» Ma poichè un lavoro qualunque, eseguito da una macchina, equivale sempre all' innalzamento di un peso uguale allo sforzo della resistenza, ad un' altezza uguale allo spazio percorso nel senso di tale resistenza dal suo punto di applicazione, segue da ciò che precede che, se si rappresenta, in una macchina qualunque, la pressione che si esercita nel punto d'applicazione della resistenza con Q, e lo spazio percorso da questo punto nella direzione di detta pressione e in un tempo dato, con q, la quantità di lavoro o l'effetto della macchina durante lo stesso tempo dovrà essere espresso numericamente col prodotto $Q \times q$, che rappresenterà un numero di chilogrammi innalzati ad un metro ».

Dopo di avere per tal modo mostrato come la natura delle cose ha condotto a valutare l'effetto utile delle macchine, il Navier applica tali considerazioni ai motori, e mostra che, per valutare l'azione ch'essi esercitano, havvi luogo di seguire lo stesso metodo.

» Il motore, dic' egli, agisce sulla macchina come questa agisce sulla resistenza; di più havvi sempre, nel punto d'applicazione del motore; come in quello della resistenza, pressione esercitata e spazio percorso. Se si attacca al punto d'applicazione del motore e nella direzione colla quale agisce, una corda passante sopra una carrucola di rinvìo, e a questa si sospenda un peso uguale alla pressione ch'esso motore esercita, la discesa di questo peso terrà luogo, sott'ogni riguardo, dell'azion del motore; e tale azione dovrà essere valutata tanto maggiore, quanté volte occorrerà per siffatta sostituzione un peso maggiore, facendolo discendere da un'altezza maggiore. Ma un peso che discenda da una certa altezza è capace di far salire un egual peso alla stessa altezza, da cui è disceso. Dunque l'azione d'un motore sopra una macchina durante un tempo dato equivale sempre all'innalzamento d'un peso uguale allo sforzo che si esercita all'istante dell'applicazione del motore sul punto dell'applicazione medesima. Per conseguenza se in una macchina qualunque si chiama P la pressione che si esercita nel punto in cui agisce il motore, e p lo spazio percorso da questo punto, nel senso di questa pressione durante un tempo dato, l'azione fornita dal motore suddetto dovrà essere espressa numericamente dal motore $P \times p$, che rappresenterà un numero di chilogrammi innalzati ad un metro ».

Questo prodotto ha ricevuto da diversi autori le seguenti denominazioni: Smeaton lo chiamò *potenza meccanica*; Carnot *momento d'attività*; Monge, *effetto dinamico*; Coriolis *quantità di lavoro*;

Coulomb *quantità di azione* ; ed è questa l'espressione che parve al Navier la più propria ; ma quella del Coriolis sembra a noi preferibile.

Non sarà inutile, aggiugne il Navier, per dimostrare con qual ragione la quantità d'azione consumata in un lavoro è considerata come esprimente la sua vera misura, di notar quivi ch'egli è sempre proporzionalmente a questa quantità di azione che si stabiliscono i prezzi in moneta effettiva per le diverse specie di lavori. Infatti, quando si paga un lavoro, si paga veramente il tempo che l'operaio v'impiega ; soltanto si estima questo tempo più o meno caro secondochè il lavoro di cui si tratta esige dalla parte dell'operaio più o meno di vigore, d'intelligenza e di acquisite cognizioni. Ora, siccome ciò debb'essere, si conosce che un operaio impiegando le sue forze in un modo costante e regolato, eserciterà del continuo uno stesso sforzo agendo con una velocità sempre uguale, e per conseguenza produrrà quantità d'azione che saranno sempre le stesse ne' medesimi tempi. Dunque il prezzo di un lavoro essendo proporzionale al tempo che vi abbisogna, lo è pure alla quantità d'azione che lo rappresenta. Tale ravvicinamento diventerà forse più sensibile con un esempio. S'abbia un uomo che attinga acqua da due pozzi, l'uno dei quali è due volte più profondo dell'altro. Egli è chiaro, supponendo che quest'uomo impieghi le sue forze in un modo uniforme, che impiegherà due volte più di tempo ad estrarre la stessa quantità d'acqua dal primo pozzo che dal secondo. Dunque se gli si paga questo lavoro assegnato, converrebbe pagare la stessa quantità d'acqua due volte più cara quand'essa è attinta dal primo pozzo, che quando dal secondo : ed è evidente che il suo innalzamento esige pure, nel primo caso, una quantità d' azione due volte più grande che nel secondo ».

Noi abbiamo, ne' precedenti capitoli, successivamente sviluppate le nozioni che antecedono; e in tutte le valutazioni delle forze dei motori e degli effetti utili degli organi che ricevono le forze motrici, noi abbiamo mostrato di già che la misura della quantità d' azione o del lavoro, come quella dell' effetto utile, debb' essere l' innalzamento d' un peso ad una data altezza; ma la dimostrazione di tal metodo di calcolo fornita dal Navier, siccome ora abbiam veduto, ci sembra tanto semplice e precisa, che noi non abbiamo reputato nulla poter fare di meglio che riferirla per intero. È in quest' opera l' ultima occasione che ci si offre di rammentare a quelli che vogliono seriamente studiare la meccanica pratica, le scritture di questo dotto autore, le sue note sul Bélidor, le sue lezioni alla scuola de' Ponti e Strade. Noi le raccomandiamo di nuovo.

Noi abbiamo ora veduto, e sappiamo di già che vi sono due cose da considerare in meccanica pratica: la *quantità di lavoro del motore*, l' *effetto utile della macchina*; essendo la quantità di lavoro *ciò che si paga*, o, se si vuole, la base del prezzo del lavoro. Noi sappiam pure di già che l' effetto utile di una macchina non può giammai essere uguale alla quantità di lavoro del motore; gli attriti, le perdite di forza per gli scotimenti e per altre cagioni ancora, distruggono una certa quantità di forza, e stabiliscono alcuna volta una differenza notevole fra l' effetto utile della macchina e la quantità d' azione del motore. Tale differenza si toglie con denaro; è questa una delle quistioni vitali nello stabilire una manifattura; ed è con ciò che puossi giudicare dell' utilità reale e pratica d' una nuova invenzione. Addentriamoci dunque in questo esame: e qui prenderemo a guida un autore che già citammo; il Coriolis, di cui l' opera sul *calcolo dell' effetto delle macchine* gode di altissima e giusta riputazione.

Il Coriolis stabilisce dapprima che, qualunque sia

la velocità di cui si abbia bisogno pegli organi meccanici che operar debbono l'effetto utile (il laminatoio nella fabbricazione della latta; il rocchetto nella filatura; il pettine o la spuola nella tessitura) non occorre in generale ottenere questa velocità con una modificazione diretta della velocità dell'organo meccanico che riceve la forza motrice. Mediante ingranaggi o mediante altri organi modificatori del moto un tale effetto dev'essere operato. Tuttavolta vi sono de' casi in cui si può fare eccezione a questa regola; se occorresse per mettere l'organo ricevitore della forza motrice in migliori condizioni di velocità, impiegare una somma che non sarebbe compensata dall'accrescimento che risulterebbe ne' prodotti della fabbrica, egli è chiaro che non vi sarebbe luogo di fare una tale spesa.

Ma dal momento che la fabbricazione è importante, e che un perfezionamento nel prodotto ne può sensibilmente accrescere l'utile, si è allora che convien dare ogni attenzione, ed anzitutto sulla quantità del lavoro, affine di disporre un primo sistema che raccolga più possibilmente le forze motrici, che sono a lui destinate. Siccome si sono oggigiorno perfezionati tutti gli organi modificatori del moto, in guisa che la loro costruzione toglie in parte gli urti e gli attriti, non occorre più arrestarci in ispecialità su tali nuovi perfezionamenti. Ciò che se n'è ricavato è poca cosa in confronto d'un perfezionamento nell'impiego del motore. » L'errore di molti, dice con ragione Coriolis, è di vedere nel modo di trasmissione ogni economia del lavoro e potrebbesi quasi dire il suo accrescimento, mentre che questa economia devesi interamente alla cura che si pone a raccogliere quanto mai si possa di motore col mezzo della prima parte della macchina ».

Ciò che segue è della massima importanza; delle idee più giuste, più utili, più necessarie ai praticanti ed ai fabbricatori, non potrebbero essere presentate con maggior nitidezza.

» Quando vuolsi, dice Coriolis, formare un' idea
della bontà d' una macchina destinata o a raccogliere
o a trasmettere il lavoro, si paragona ciò ch' essa
rende con ciò ch' essa riceve, o ciò che potrebbe ricevere teoricamente; la frazione che esprime il rapporto fra queste due quantità è la misura del grado
di perfezionamento della macchina. Enunciando tale
frazione si deve precisare in qual maniera si misurano le quantità di lavoro, senza di che si corre rischio di non intendersi, e d'istituire falsi confronti.
Così quando si dice che una ruota a cassette rende i
0,70 del lavoro d' una caduta d' acqua, convien sapere dapprima come si misuri il lavoro di questa
caduta se si prende la discesa totale dell' acqua dal
livello superiore del corso d' acqua o dall' arrivo del
liquido sulla ruota a cassette fino all' uscita. Convien
pure intendersi sul punto a cui il lavoro è pervenuto, se è sull' albero stesso della ruota a cassette,
o sopra una ruota d' ingranaggio più o meno dis-
giunta da quest' albero mediante rinvii del moto.
Quando si esprime il prodotto d' una macchina a vapore, conviene aver cura di manifestare d' onde il
lavoro è misurato; se all' albero del volante od in
un punto più lungi dal motore. Se la macchina serve ad innalzare acqua, e che si esprima il lavoro
ottenuto mediante questo innalzamento, convien dire
inoltre come l' acqua vi pervenga, per quale orifizio
ne esca, perchè la macchina avrebbe prodotto, al di
là del lavoro che esige l' innalzamento del liquido,
quel tanto che è necessario per dargli la velocità di
uscita. Se vuolsi apprezzare la cura nella costruzione del cilindro, dello stantuffo e del bilanciere,
si esprimeranno i rapporti fra il lavoro prodotto sullo stantuffo e quello che può venire trasmesso dal-
l' albero del volante.

» La conoscenza del *massimo* di lavoro che puossi
raccogliere dai motori, sia che s' acquisti coll' esperienza, o mediante considerazioni teoriche, è importantissima per istabilire giuste basi nei prezzi che

far si possono a questo oggetto. Per darne un' idea
supponiamo a cagion d'esempio che si voglia sapere se, mediante un certo pagamento annuale, o mediante una somma che lo rappresenti, si possa, senza
stabilire un prezzo svantaggioso, acquistare una caduta d'acqua per servirsene in una data fabbricazione. Si calcolerà dapprima il lavoro totale che la
caduta produce in un giorno, vale a dire il prodotto
dell'acqua che fornisce la corrente moltiplicato per
l'altezza della caduta; se ne concluderà poscia il
massimo di lavoro che si otterrebbe in un giorno,
trasmettendolo ad una ruota d'ingranaggio situata
nelle fabbriche che debbon essere poste vicino alla
caduta: questo lavoro può essere circa i $7/10$ del lavoro totale. Si terrà conto delle spese di costruzione, di manutenzione, e del rinnovellamento delle
ruote a cassette, e di tutte le costruzioni necessarie
per conseguire in tal modo il lavoro nella fabbrica.
Dopo di avere ridotto, verbi grazia, queste spese in
una rendita annua, si aggiugnerà a quella corrispo-
sta che si deve pagare per l'acquisto o pel godi-
mento della caduta, e se ne concluderà ciò che costa annualmente la sorgente del lavoro, che fornisce tante unità per giorno in un determinato luogo
della fabbrica. Per sapere se il prezzo è o non è
svantaggioso converrà paragonare questa spesa con
quella che esigerebbe la costruzione e la manutenzione d'una macchina a vapore: si esaminerà adunque
ciò che si pagherà annualmente tanto per la rendita
equivalente al prezzo d'acquisto ed al collocamento
di questa macchina, quanto per la sua manutenzione
e per la consumazione di carbone che occorrerebbe
per ottenere in un giorno lo stesso lavoro da una
ruota d'ingranaggio situata similmente nella fabbrica: per tal modo si vedrà a qual prezzo la caduta
d'acqua diventa meno costosa di quello che l'uso
del vapore.

Si conosce che non conviene per tal modo com-
parare le spese se non con quantità di lavoro, le

quali non solamente siano le stesse, ma che siano prodotte in date posizioni dove riesca ugualmente facile impiegarle al medesimo uso. Quando adunque si prende a fare del lavoro, conviene aver cura di bene specificare in qual luogo verrà eseguito e qual è la parte della macchina che lo produrrà. Il lavoro dinamico ha ciò di comune con tutte le altre merci, non solo la quantità che si paga, ma eziandio la facilità di usarne.

In seguito di tali importanti riflessioni, Coriolis fa osservare come importerebbe ai fabbricanti che stabiliscono il prezzo coi costruttori delle macchine destinate a ricevere ed a trasmettere la forza motrice (molini, ruote idrauliche, macchine a vapore ec.) di avere un mezzo certo per misurare la forza trasmessa, sia ad una ruota d'ingranaggio, la prima, a cagion d'esempio, di quelle che stabiliscono la comunicazione e la trasmissione del moto tra la macchina motrice e la macchina propriamente detta, ovvero ancora a degli alberi o a dei vetti che trasmettano il moto di va e viene dalla macchina motrice alla macchina agente. Se fosse la stessa officina che facesse le macchine, e tutte quelle per una fabbrica, basterebbe che il costruttore delle macchine dichiarasse che fornirà un insieme di macchine proprie a produrre un dato effetto, come ad innalzare tanti litri d'acqua in tanto tempo ad un'altezza data, a filare in tante ore, e con tal consumo d'acqua e di combustibile tanti chilogrammi di lana o di cotone di tale finezza. Ma il più delle volte ciò non avviene: il meccanico che costruisce la ruota a cassette, o la ruota conica o tal altro ricevitore idraulico, o la macchina a vapore a bassa o ad alta pressione, non è quello che fornisce le trombe, o i telai od i laminatori ec. Per tal modo il fabbricatore non ha nulla di certo se il venditore o il costruttore delle macchine proprie a ricevere ed a trasmettere la forza motrice non garantisce la quantità di lavoro ch'esse possono trasmettere in un punto dato. Tutto consiste dunque di trovare un mezzo per misurare il lavoro trasmesso in un punto dato d' una macchina.

Egli è quasi sempre mediante ingranaggi o mediante assi aventi un moto circolare continuo che la trasmissione d' un ricevitore di forza motrice ha luogo sulla macchina agente. Così fra i mezzi impiegati per misurare la quantità di lavoro che può trasmettere un albero girevole mosso da un organo ricevitore di macchina, contasi come il principale il *Freno di Prony*.

Il *Freno* è formato di due semicollari che abbracciano l' asse e lo stringono per mezzo di viti che li congiungono fra loro. Noi abbiamo descritto un freno a pagina 441 (*Tav. XX. fig.* 26). In vece di un collare, il freno di Prony ne ha due, come noi dicemmo, legati fra loro mediante bande di latta e viti. Questi due collari si applicano in guisa che l' uno abbracci la parte superiore dell' albero girevole o dell' asse di cui vuolsi misurare la forza, l' altro abbracci la parte inferiore. Il collare superiore porta una lunga leva all' estremità della quale si attacca un peso. Ecco fra tanto come si opera con questo strumento.

Si situa la leva in una posizione orizzontale, essendo preso l' albero fra i colletti, ma non ancora chiuso; poscia si assoggetta la leva in questa posizione, e si fa muovere la macchina; quando il moto è impresso, si chiudono le madreviti del freno in guisa tale da produrre un urto notevole contro l' asse. Risulta da ciò una certa modificazione della velocità della macchina, e si attende che tale velocità sia divenuta veramente costante. La costruzione del freno si presta ad ogni necessario accostamento; e per ottenerlo non fa d' uopo che di chiudere e premere più o meno le madreviti. Ciò fatto si sostituisce all' ostacolo invincibile che impediva alla leva di girare sulla ruota, un peso situato alla sua estremità, e il quale si aumenta sino a che produca lo stesso effetto dell' ostacolo invincibile, che ha rimpiazzato;

vale a dire sino a che, vincendo l'attrito esercitato dall'albero girevole contro la testa della leva, mantiene essa leva in posizione orizzontale. Ottenuto una volta questo effetto si comprende che la quantità di lavoro o d'azione realmente trasmessa dall'albero girevole, ha per misura il prodotto del peso sospeso al freno e della velocità che prenderebbe esso peso durante un secondo, movendo attorno dell'albero girevole, col braccio di leva per raggio.

Supponiamo per esempio che si trattasse di verificare la forza trasmessa dall'albero orizzontale d'una ruota idraulica; sia la velocità di questa ruota di 15 giri per minuto; il carico del freno di 100 chilogrammi, e la lunghezza del braccio di leva di $3^m, 20$. La circonferenza che corrisponde ad un raggio di $3^m, 20$, essendo di $20^m, 10$, la velocità del peso per minuto sarebbe dunque di $15 \times 20^m, 10 = 301^m, 5$; e per secondo sarebbe di $5^m, 025$; questa quantità moltiplicata per 100 chil. dà $502^{chil.}, 5$ innalzati ad un metro per la quantità d'azione o di lavoro trasmesso in un secondo dalla ruota sul suo albero, ed astrazion fatta dall'attrito dei perni e dalla resistenza dell'aria.

Coriolis osserva con ragione che un tal mezzo di misurar la forza non soddisfa tutte le condizioni che si potrebbero desiderare, poichè il moto d'un organo ricevitore di forza motrice per quanto esso sia ben costruito e per qualunque precauzione si sia presa perchè la forza motrice giunga regolarmente, non è mai all'intutto uniforme, d'onde risultano oscillazioni fortissime nella leva; ma tuttavolta un tal metodo è il più comodo quando non si possa usare l'innalzamento dei pesi. Quest'ultimo metodo non può offrire qualche sicurezza se non quando si possa disporre di luoghi elevatissimi. Infatti se l'ascensione de' pesi è troppo limitata, essa non può servire ad osservazioni regolari.

Noi non insisteremo più oltre su questa parte di calcolo degli effetti degli organi ricevitori delle forze

motrici, e farem ritorno all'opera stessa del Coriolis per i più ampli sviluppamenti ch'esso dà a tale
quistione. Passeremo frattanto al calcolo dell'effetto
delle macchine che noi chiamammo agenti, o se vuolsi
istrumenti, come sono infine le trombe, i pettini da
canapini, i telai d'ogni specie i cilindri distenditori
e laminatori ec. Quivi pure raccomanderemo tutta l'attenzione de' nostri lettori alle riflessioni seguenti prese dallo stesso autore, e che sono della più alta importanza.

Gli effetti meccanici delle macchine consistono:
1.° nell'innalzamento dei pesi; 2.° nella rottura od
alterazione delle forme dei corpi; 3.° negli attriti da
vincere per operare lo spostamento lento dei corpi;
4.° ne' trasporti rapidi, vale a dire nella produzione
di velocità.

I tre primi effetti assorbono completamente per sè
stessi una certa quantità di lavoro, il quale non può
riprodursi almeno pel momento. Così i corpi spez-
zati o deformati, gli attriti vinti, i corpi innalzati di
tanto da non ridiscendere più, hanno consumato una
quantità di lavoro che non può trasmettersi. Tale
quantità basterebbe teoricamente per produrre questi
effetti, ma ne occorre sempre consumare una quantità maggiore a cagione delle velocità comunicate e
degli ondulamenti che ne risultano ne' corpi circostanti. Il più delle volte tali accrescimenti di lavoro
sono per siffatto modo legati all'effetto da produrre
che non è possibile impedirli, e non si possono che
diminuire. Per esempio quando una tromba innalza
acqua in un serbatoio, conviene che quest'acqua giunga per un canale che non sia troppo largo, e che
si abbia una certa velocità, per quanto questa sia
debole. Lo stantuffo che la spinge deve dunque produrre, oltre del lavoro che esige l'innalzamento del-
l'acqua, la pressione necessaria per dare a quest'a-
cqua la velocità ch'essa ha uscendo dalla tromba;
questo ulteriore lavoro comunicato va a perdersi, nel
moto dell'acqua, nel bacino che la riceve. Si può

bene diminuire tale perdita allargando il tubo di scolo, ma non puossi renderla nulla.

Nelle macchine per segare, il moto della sega esigerà certo lavoro che sarà impiegato, parte a produrre lacerazioni nelle fibre del legno, e parte a diffondere ondulamenti nel pezzo, ne' suoi sostegni, e nel suolo circostante. Ora, secondo la maggiore o minor facilità che avranno tali corpi a ricevere questi ondulamenti sotto la forza che deve prodursi per operare siffatte lacerazioni, vi sarà più o meno lavoro che verrà consumato oltre quella quantità che rigorosamente è necessaria. La stessa osservazione si applicherebbe all'operazione del pertugiare cannoni. Quando si tratta di battere sbarre di ferro, il lavoro che s'impiega per innalzare il martello, sarà maggiore di quello che importa realmente lo spianamento del ferro. Dipende ciò da questo, che l'incudine, poggiando sopra un suolo che può commoversi sensibilmente sotto una grande pressione, il detto lavoro si parte fra la compressione del ferro ed il commovimento del terreno; e quest'ultima pressione è impiegata in pura perdita. Ma se in vece di battere il ferro lo si lamina tra de' cilindri, la pressione sul suolo, restando costante e continua, non si perde quasi nulla di lavoro nel commovimento del terreno, Ecco dunque molti esempi in cui effetti simili sono operati impiegando più o meno di lavoro.

In generale meno è la velocità od il commovimento dopo l'effetto prodotto, e meno occorre comunicar di lavoro all'ultimo strumento per produrre lo stesso effetto utile. Quantunque si debba cercare di diminuire tali commovimenti, mediante convenienti disposizioni, non occorre pertanto occuparsene oltre il bisogno, ove tali disposizioni porterebbero più spesa di costruzione che non economia di lavoro. Quando occorre spezzare o rompere delle aderenze mediante l'urto, è impossibile impedire che una parte di lavoro non si perda in iscotimenti, ed allora questo non devesi considerare come dipendente da imperfezione della macchina. Vi sono de' casi in cui cercando così di economizzare il lavoro, non si potrebbero ottenere i medesimi prodotti senza che ciò si scorgesse a prima giunta. Così laminando del ferro non ottiensi una qualità così buona come battendolo. Ciò può dipendere da questo, che la pressione sotto il colpo del martello è sempre più forte o più pronta a svilupparsi di quella che si produce tra' cilindri, ed in quanto ch'essa determina una maggiore aggregazione.

Sta ai fabbricanti l'esaminare fino a qual punto possa farsi così economia di lavoro a danno della qualità de' prodotti.

Nella stima del lavoro che esige un certo genere d'effetto, si deve comprendere la porzione che inevitabilmente si perde in commovimenti o guasti de' corpi circostanti; bisogna adottare per questa stima le circostanze ordinarie che accompagnano le migliori costruzioni in uso.

Quando si ha per iscopo di produrre soltanto sopra masse che si succedono continuamente, degli spostamenti rapidi, vale a dire delle velocità grandissime, questo genere d'effetto dà luogo alla trasmissione di tutta la forza viva ne' corpi circostanti. Egli è evidente che allora il lavoro impiegato nel commovimento od attrito su questi corpi circostanti, dopo che si è prodotto ciò che volevasi, non può essere evitato; e questo dipende essenzialmente dall'effetto utile, il quale ne forma la misura. Per esempio quando trattasi di far uscire dell'aria da un serbatoio, come nelle macchine soffianti, la velocità dell'aria che esce pel bucolare è il fine che si propone. Essa produce commovimento nell'atmosfera; ma egli è chiaro che questo commovimento non può essere diminuito, e che entra completamente nell'effetto da produrre: egli ne forma la parte principale. È quasi superfluo il dire che convien distinguere in ciò i commovimenti che si legano pure agli effetti utili, e si producono col lavoro che si trasmette dopo d'aver

operato tali effetti coi commovimenti che distraggono
il lavoro prima che sia giunto sui corpi da spezzare
o spostare. Questi ultimi possono sempre diminuirsi
indefinitamente mediante convenienti disposizioni, poichè quando si tratta soltanto di trasmettere il lavoro
non è mai necessario di produrre degli urti o dei cangiamenti bruschi nelle forze. Da questo istante non
debbonsi comprendere in generale queste perdite di
lavoro nella quantità che esige l'effetto da ottenersi.

Sarebbe a desiderare, aggiunge Coriolis, che si
giugnesse ad aver tavole delle quantità di lavoro che
occorre trasmettere ad un tal punto d'uno strumento
per produrre una tale quantità d'una cert'opera.
Per esempio si saprebbe ciò che occorre trasmettere
alla macina d'un molino da grano per macinare un
ettolitro con tal sistema di molitura; si saprebbe ciò
che convien produrre sul martello d'una ferriera per
battere e lavorare 100 chil. di sbarre di ferro d'una
certa forma; si stabilirebbe ciò che occorre di lavoro
sull'albero che mette in moto i fusi d'una filanda
per fabbricare una certa quantità di fil di cotone di
una specie determinata.

Coriolis mette fine a queste importanti osservazioni
colla seguente Tavola che merita la più scrupolosa
attenzione. Questa Tavola, primo saggio in tal genere, è necessariamente incompletissima, ma contiene di già un riassunto prezioso dei documenti ottenuti sugli impieghi delle forze, e sugli effetti delle
macchine le più comuni; spetta agli sforzi degl'ingegneri e dei costruttori ed all'esperienza dei fabbricatori il completarla.

RIASSUNTO

Tavola delle Quantità di lavoro dinamico, necessarie per produrre diversi effetti utili; e le quali sono misurate come indica la seconda colonna.

Natura e Quantità degli effetti da prodursi.	Su qual parte della macchina si valuti il lavoro motore o il lavoro resistente.	Lavoro dinamico espresso in unità dinamiche, o 1000 chilogr. elevati od abbassati di 1ᵐ,00.
Macinatura del grano		
Un ettolitro di grano o 75 chilogr. di grano da macinare molto grossolanamente con un molino a vento.	Lavoro resistente sull'albero che porta le ali.	304ᵈ.
Un ettolitro di grano o 75 chilogr. da macinare grossolanamente con molini ordinarii.	Lavoro resistente sull'albero che porta la macina.	419ᵈ.
Idem.	Lavoro resistente sull'albero della ruota idraulica.	611ᵈ.
Un ettolitro di grano o 75 chilogr. da macinare e rimacinare dopo la stacciatura.	Lavoro resistente sull'albero che porta la macina.	628ᵈ.
Idem, essendo il motore una caduta d'acqua.	Lavoro resistente sull'albero della ruota idraulica.	916ᵈ.
Un ettolitro di grano o 75 chilogr. da macinare secondo il sistema inglese in molini mossi da una macchina a vapore.	Lavoro resistente sull'albero del volante.	802ᵈ.
Idem.	*Idem.*	813ᵈ.
Un ettolitro di grano o 75 chilogr. da macinare e rimacinare dopo la stacciatura, in un molino mosso da una caduta d'acqua coll'aiuto d'una ruota a cassette.	Lavoro motore dovuto alla discesa dell'acqua dal livello del canale superiore al canale inferiore.	1022ᵈ.

Natura e Quantità degli effetti da prodursi.	Su qual parte della macchina si valuti il lavoro motore o il lavoro resistente.	Lavoro dinamico espresso in unità dinamiche, o 1000 chilogr. elevati od abbassati di 1^m,00.
Trebbiatura e ventilatura del grano.		
Un ettolitro di grano o 75 chilogrammi tratto dai covoni, e ventilato col mezzo d'una macchina.	Lavoro resistente sull'albero della prima ruota motrice.	40^d.
Fabbricazione dell'olio		
Un chilogrammo d'olio tratto da schiacciamento, mediante l'urto e la pressione dei grani pestati con pile mosse da un molino a vento.	Lavoro resistente sull'albero che porta le ali.	146^d.
Per produrre lo stesso effetto mediante schiacciamento senz'urto, e pressione de' grani schiacciati, essendo il motore una macchina a vapore.	Lavoro resistente sull'albero del volante.	34^d.
Idem dietro un' altra osservazione.	*Idem.*	25^d.
Seganda dei materiali.		
Un metro quadrato d'abete mediante sega mossa da una macchina a vapore.	Lavoro motore sull'albero del volante.	60^d.
Un metro quadrato di quercia verde mediante sega a braccia d'uomini.	Lavoro resistente sulla sega.	43^d.
Un metro quadrato di quercia verde colla sega, impiegando una caduta d'acqua, col mezzo d'una ruota a palette non incassettata.	Lavoro del motore dovuto alla caduta d'acqua.	129^d.

Natura e Quantità degli effetti da prodursi.	Su qual parte della macchina si valuti il lavoro motore o il lavoro resistente.	Lavoro dinamico espresso in unità dinamiche, o 1000 chilogr. elevati od abbassati di 1m,00.
Un metro quadrato di quercia secca, colla sega, mediante una macchina, avendo la sega da 0,003 a 0,004 di grossezza.	Lavoro resistente sulla sega.	63d.
Un metro quadrato di olmo, colla sega, avendo la sega da 0,003 a 0,004 di grossezza.	Idem.	71d.
Un metro quadrato di macigno delle vicinanze di Parigi, o un metro quadrato di marmo da segare mediante uomini.	Lavoro resistente sulla sega.	295d.
Un metro quadrato di granito da segare mediante uomini.	Idem.	2069d.
Fabbricazione della galla.		
100 chilogrammi di galla da produrre macinando la scorza mediante una macchina.	Lavoro resistente sull'albero della prima ruota motrice.	466d.
Fabbricazione della carta.		
100 chilogrammi di vecchi cordami da ridurre in pasta mediante triturazione coll'aiuto di pile mosse da una macchina a vapore.	Lavoro resistente sull'albero del volante.	57004d.
Filatura del cotone.		
Per filare un chilogr. di filo del N. 40, vale a dire due libbre metriche ognuna di 40,000 metri, e per eseguire tutte le preparazioni necessarie filando colle macchine inglesi pren-	Lavoro resistente sull'albero del volante della macchina a vapore.	204d.

NATURA E QUANTITÀ degli effetti da prodursi.	Su qual parte della macchina si valuti il lavoro motore o il lavoro resistente.	Lavoro dinamico espresso in unità dinamiche, o 1000 chilogr. elevati od abbassati di 1m,00.
dendo le velocità le più ordinarie.		
Dietro un' altra osservazione fatta nel 1822, bisognerà per filare un chilogrammo del N. 30, compresevi tutte le preparazioni.	Lavoro resistente sull' albero del volante della macchina a vapore.	290^d.
Per filare un chilogrammo del N. 40, cogli aghi continui, compresevi tutte le preparazioni.	Lavoro resistente sull' albero del volante della macchina.	408^d.
Idem, secondo un' altra osservazione fatta nel 1822.	Idem.	450^d.
Per preparare un chilogrammo di cotone col battitoio rimondatore.	Idem.	6^d,37.
Per preparare un chilogrammo col battitoio del merciaio.	Idem.	9^d,60.
Per passare un chilogrammo sui cardi, allo strettoio e spianatoio, e per cardare due volte.	Idem.	96^d,00.
Per passare un chilogrammo su telai stabiliti, o sugli aghi panciuti della filanda inglese.	Idem.	19^d,15.
Per filare soltanto un chilogrammo del filo N. 30 colle filande inglesi, facendo 3,600 giri per minuto senza le preparazioni.	Idem.	159^d.
Questo chilogrammo pel filo del N. 30 è il prodotto di 30 a 32 aghi lavoranti pel corso di quattordici ore.		
Per filare il N. 24 cogli aghi continui soltanto, senza le preparazioni; gli aghi facen-	Idem.	319^d.

Natura e Quantità degli effetti da prodursi.	Su qual parte della macchina si valuti il lavoro motore o il lavoro resistente.	Lavoro dinamico espresso in unità dinamiche, o 1000 chilogr. elevati od abbassati di $1^m,00$.

do 2400 giri per minuto: questo chilogrammo per tale numero è il prodotto dei 15 aghi lavoranti quattordici ore.

Nota. Tutti questi risultamenti sulle filature sono dedotti da osservazioni fatte da alcuni anni. Dipoi si sono introdotte nelle macchine delle modificazioni che debbono far variare le consumazioni del lavoro dinamico. Non si sono potuti quì presentare che risultamenti approssimativi, destinati piuttosto a dare un'idea delle consumazioni di lavoro, di quello che servir di base a dei calcoli il più possibilmente esatti.

Filatura della lana.

Per aprire e per cardare soltanto la lana necessaria alla fabbricazione d'un chilogrammo del filo d'un numero medio fra 5 e 60 (il numero indica quivi quello delle matasse di 780 metri in un chilogrammo); il motore essendo una macchina a vapore.	Lavoro resistente sull'albero del volante della macchina a vapore.	35od.
Per filare un chilogrammo di filo-trama d'un numero medio fra 22 e 30: questo chilogrammo essendo il prodotto	Lavoro resistente sulla prima ruota motrice delle filande inglesi.	17d.

Natura e Quantità degli effetti da prodursi.	Su qual parte della macchina si valuti il lavoro motore o il lavoro resistente.	Lavoro dinamico espresso in unità dinamiche, o 1000 chilogr. elevati od abbassati di 1m,00.
di 13 aghi della filanda inglese. Per filare un chilogrammo di filo-trama d'un numero medio fra 20 e 30: questo chilogrammo essendo il prodotto di 17 aghi della filanda inglese.	Lavoro resistente sulla prima ruota motrice di dette filande.	23d.
Tiro dei projettili.		
Per lanciare una palla pesante 0chil.,0247 colla velocità ordinaria di 390m per secondo.	Lavoro motore sul projettile,	0d,192.
Per lanciare una palla pesante 6chil. colla velocità ordinaria di 417m per secondo.	*Idem*.	53d.
Per lanciare una palla pesante 12chil. colla velocità massima di 519m per secondo.	*Idem*.	164d.
Laminaggio del ferro in isbarre.		
Per fabbricare 100 chilogr. di sbarre di 0,03 a 0,04 di grossezza quadrata, laminando il ferro fuso rosso, uscente dal fornello di affineria o dalla fucina.	Lavoro resistente sull'albero della ruota motrice dei laminatoi.	984d.
Giuoco delle macchine soffianti a stantuffo pegli alti fornelli.		
Per produrre 3000 chilogr. di ferro fuso per giorno in un alto fornello cacciando l'aria per un orifizio circolare di	Lavoro resistente sullo stantuffo, non compresi gli attriti.	0d,446 per secondo.

NATURA E QUANTITÀ degli effetti da prodursi.	Su qual parte della macchina si valuti il lavoro motore o il lavoro resistente.	Lavoro dinamico espresso in unità dinamiche, o 1000 chilogr. elevati od abbassati di 1^m,00.
0,05 di diametro con una condotta di 120^m di lunghezza e 0,15 di diametro, la dispensa d'aria essendo al *minimum* di circa 15^m per minuto.		
Per cacciar l'aria sufficiente per produrre 8000 chilogrammi di ferro fuso per giorno in un alto fornello a *coke*.	Lavoro resistente sull'albero del volante di una macchina a vapore.	
Nota. Il lavoro consumato varia come il cubo del volume d'aria da cacciare per secondo, compresevi le perdite, e presso a poco in ragione inversa della quarta potenza del diametro dell'orifizio di uscita.		2d,60 per secondo.
Giuoco delle macchine soffianti a stantuffo pei fuochi d'affineria, per magli, distenditoi e saldatoi.		
Per mantenere un fuoco d'affineria cacciando 4^m d'aria per minuto con una velocità di 8o^m per secondo, gli attriti ne' tubi possono essere negletti.	Lavoro resistente sullo stantuffo, non compresi gli attriti d'ogni specie e le perdite d'aria.	0d,028 per secondo.
Per mantenere un fuoco per magli, distenditoi e saldatoi, cacciando, a quantità media, 266 metr. cub. per minuto con una velocità di 162^m potendo essere trascurati gli attriti nei tubi.	*Idem.*	0d,011 per secondo.

§. 2. — Delle Ricerche meccaniche.

La scienza della meccanica è suscettiva evidentemente ancora di grandi progressi, ed è impossibile
non solo di precisare ma neppure d'intravvedere il
limite cui puossi arrestare il *genio* dell'uomo in tale
argomento. Ma vi sono, nelle ricerche da farsi per
aggrandire il dominio e l'azione della meccanica,
alcuni princìpi che occorre l'aver del continuo innanzi alla mente.

Noi abbiamo di già, e in molte riprese, combat-
tuto idee le più generalmente sparse sull'uso delle
forze meccaniche, ed abbiamo, con esempi varii e
concludenti, mostrato ciò che convien pensare d'uno
degli errori che sono anche oggigiorno cagione di
vane spese e d'inutili tentativi, cioè quello che si
crei della forza o che *le macchine possano crear-
ne*. Speriamo che un tale errore più non sussista
presso coloro che ci avranno letto attentamente; per
cui non insisteremo più oltre su questo punto. Ma
vi sono alcuni altri princìpi sui quali abbiamo ancora bisogno di chiamar l'attenzione; e primieramente prenderemo dal Christian, di cui l'opera sulla
Meccanica Industriale è stata reiteratamente consul-
tata da noi, le riflessioni seguenti piene di verità e
di dottrina.

» La meccanica, dic'egli, ha questo di particola-
lare, che una serie d'uomini, benchè stranieri ai
princìpi di tale scienza, azzarda senza tema alla ricerca di nuove macchine, guidati semplicemente da
istinto meccanico, se puossi dirlo, che sembra ap-
partenere all'organismo dell'uomo o nascere da numerose circostanze nelle quali è testimonio dei varii
usi della forza e del moto. Così vedonsi molti con-
sumarsi in isforzi spesso rovinosi, o per risolvere
quistioni insolubili, o per mettere in pregio soluzioni meno complete o più complicate di quelle che
si conoscevano prima di loro; o in fine per giugnere

ad una perfezione ideale di combinazioni meccaniche, le quali si possono presentare alla mente come una realtà, ma che è impossibile raggiugnere ad atto pratico.

» La ricerca del moto perpetuo o di qualche macchina propria a servire di motore, ciò che suppone una perpetuità di moto; false applicazioni delle leggi della natura; progetti che hanno queste leggi in opposizione; vane combinazioni di leve per produrre semplicissimi effetti o per produrre molto con poca forza; delle pretese migliorìe in riguardo a procedimenti meccanici, e che non sono che puri cangiamenti di costruzione senza utilità per ciò che spetta ai risultamenti dell'operazione; ricerche *a priori* su quistioni di cui non si posseggano tutte le condizioni, o di cui le condizioni non possano essere tutte abbracciate o rigorosamente determinate: tutte queste cose occupano moltissimo alcune menti, ed havvi di che maravigliarsi come ve ne siano che, traviando per queste false strade, vi perdano il loro tempo e sovente ancora le loro fortune.

» Un cattivo metodo di ricerche in meccanica, e piuttosto la mancanza di metodi in tali generi di ricerche, cagionano generalmente molte spese, a segno tale che gli uomini i più savi temono d'incapparvi, mentre altri più arditi soventi volte vi cadono. »

Egli è da notare che sono appunto gli uomini di spirito più ingegnoso, e i più fecondi d'immaginazione che più di leggieri vengono esposti ad ingannarsi. Molti, a cagion d'esempio, meditano un'idea che loro sembra buona, ed allora tuttociò che hanno di risorse nello spirito viene applicato a sviluppar tale idea; e il più delle volte non pervengono che a de' meccanismi complicati o confusi, proprii soltanto a provare la fertilità del loro spirito d'invenzione, ma inapplicabili nella pratica. Quanti uomini ancora, ignoranti le condizioni intime di una data fabbricazione, cercano modificare le macchine o strumenti impiegati in tale fabbricazione, e non pervengono che a risultamenti infruttuosi per mancanza di bastevoli nozioni pratiche!

Le ricerche che propor si. possono in meccanica hanno uno de' tre oggetti seguenti: 1.º aumentare o modificare l'azione dei motori conosciuti, o trovare o applicare altri motori naturali; 2.º trovare nuovi organi meccanici o nuovi modi di trasmissione o modificazione di moto; 3.º imporre nuove macchine o nuovi strumenti atti a compiere le principali operazioni industriali.

In quanto concerne ai motori, si può dire in generale che i loro modi d'azione sono ben noti. Si sa che il modo più conveniente di applicarli è, quando puossi, di far loro compiere direttamente il genere di moto che esige il lavoro o l'oggetto che trattasi di produrre. E per ritornare un'ultima fiata sopra un soggetto di già altre volte trattato, noi diremo col Christian che non si rinviene la forza che là dove il moto si mostra e si mantiene col libero esercizio delle leggi della natura, o coll'azione spontanea di altri esseri animati; vale a dire che ad avere una forza motrice, per quanto sia piccolissima, necessita assolutamente e indispensabilmente aver ricorso ad esseri animati, o ad un corso d'acqua, o al vento, o alla tensione del vapore, o ad una dilatazione od espansione qualunque di corpi che ne sono suscettivi in diverse circostanze per fatto del calorico; che non puossi in conseguenza produrre il minimo moto senza l'impiego d'una forza preesistente, e che convien prenderla dall'azione di uno qualunque fra gli agenti motori, che abbiamo or ora enumerati ».

Fra tanto questi diversi motori sono essi suscettivi di perfezionamento nelle loro pratiche applicazioni? Havvi luogo a credere che alcune ricerche su questo punto conducessero a meglio impiegarli ed a trarre da essi un maggiore vantaggio? Non v'ha dubbio che in molti fra loro ciò non sia, o almeno non si può rivocare in dubbio che molti progressi non s'abbiano ad ottenere.

Se noi esaminiamo ciascuno di essi in particolare, potremo riassumere come segue gli studii dei quali abbiam tenuto ragione.

1.° *Dell' uomo*. Noi abbiamo minutamente esposto le esperienze di cui i diversi usi della sua forza sono stati l'oggetto, ed i risultamenti di tali sperienze. Non v'ha dubbio che non s'abbiano ad estendere, e che non se n'abbia ad avere contezza più rigorosa di quanto finora possediamo del prodotto dei diversi modi d'applicazione della forza umana ai lavori molto varii in cui può essere impiegata. Ma puossi pur dire con certezza che le circostanze nelle quali l'uomo può esercitare la sua forza con maggiore vantaggio sono perfettamente conosciute, e non havvi luogo ragionevolmente a pensare che in questo proposito si possa nulla scoprire d'interessante.

2.° *Degli animali*. Se lo studio dell'organizzazione fisica dell'uomo ci ha posto in istato di dirigere le ricerche sull'uso delle sue forze in guisa da nulla ommettere d'importante, lo stesso studio sugli animali ci ha fatto conoscere che quelli fra gli animali che possono essere applicati ai bisogni industriali dell'uomo (il cavallo, l'asino, il bue), non possono esserlo vantaggiosamente che in una sola maniera, e cioè facendoli tirare orizzontalmente all'estremità d'una leva di 5 a 6 metri. Si è certi che ogni altro modo d'applicazione, per quanto sia ingegnoso, riesce inferiore sotto il rispetto del prodotto.

Ma quantunque si sia bene decisi su questa idea generale, conviene pur riconoscere che rimane ancora a studiarsi su certe quistioni nelle quali il cavallo entra come motore; e per esempio le quistioni sul moto delle vetture e le diverse applicazioni della forza de' cavalli ai trasporti hanno bisogno peranche di essere studiate.

3.° *Dell' acqua*. » Questa forza, dice Christian, presa in un senso assoluto, è conosciutissima in quanto al suo valore ed al miglior modo di svilupparne l' azione ; ma rimane molto ad apprendersi sullo studio del decrescimento di valore di questa azione, sia nell' attrito che l' acqua prova , secondo le diverse forme di passaggio che le si apre per agire, sia per le forme, e le posizioni relative delle superficie alle quali essa trasmette immediatamente il suo moto.

» Delle ricerche esattamente fatte su questo subbietto, e non soltanto sopra una scala di grandezza conveniente, ma ancora avendo riguardo alle circostanze le più ordinarie, nelle quali si trova, quando trattasi di mettere questo motore in azione, sarebbero preziose per la scienza, e rimoverebbero molto probabilmente da quelle pretese migliorìe che basano su ragionamenti a priori e su vane ipotesi.

» Malgrado tali lacune, la scienza è pertanto molto avanzata per poter dire che in generale sarebbe difficile e forse impossibile di trovare un modo di applicazione più semplice di questo motore, più conveniente nel maggior numero di circostanze, più solido e meno bisognevole per conseguenza di frequenti riparazioni, come una ruota a cassette, o, in alcuni casi, una ruota ad ale ed a pressione, costruite con diligenza e come la scienza lo indica ».

L' opera del Christian, scritta innanzi i bei lavori di Poncelet sulla ruota ad ali corte, di Bourdin e Fourneyron sulle trottole, e prima delle ricerche di molti idraulici sulle ruote ad impulso posteriore, si esprime, sulle ruote a cassette, in un modo un po' troppo assoluto. Di presente non è più dubbio per tutti coloro che si sono occupati d' Idraulica che la superiorità della ruota a cassette è incerta in molti casi sulle altre macchine idrauliche da noi oggidì possedute. È questo uno degli studii più importanti del meccanico per trarre il miglior partito da una caduta d' acqua nelle varie applicazioni in cui questa forza motrice può essere utilizzata. Noi abbiam cercato nell' esposizione già fatta delle diverse macchine idrauliche, di specificare i casi in cui ognuna di esse debbe venire impiegata di preferenza : nè mai sapremmo ridire abbastanza che questa parte della meccanica esige le più serie riflessioni.

4.° *Del vento*. Questo genere di motore è, come dicemmo, troppo variabile e soggetto a troppe dipendenze per poter lottare contra gli altri motori più regolari; l'acqua, e soprattutto il vapore. Le sue applicazioni diminuiscono del continuo, e non havvi luogo ad alcuna ricerca interessante sui perfezionamenti di cui l'uso di questo motore sarebbe suscettivo.

5.° *Del vapore*. Questo motore importante è quello che offre ancora un maggior campo ai più utili studii. Ma, consacrando un trattato speciale alla macchina a vapore, noi non possiamo dar quivi sulle ricerche, di cui debb'esser pure l'oggetto, gli stessi ragguagli come sugli altri motori di già studiati da noi.

6.° *Della gravità e del calorico*. La forza motrice dell'acqua, dell'aria, del vapore, deriva da leggi naturali della gravità o del calorico. Ma là gravità ed il calorico, e particolarmente questo, possono ancora produrre altre specie di forza motrice. Noi l'abbiamo già veduto. Se si esamina d'altronde a qual sorgente si riferiscano i *nuovi motori*, di cui la scoperta occupa sì spesso le masse e qualche volta gli uomini dotti, si vede che ciò è in un fenomeno di gravità o di calorico da cui si attinge la scoperta o la pretesa scoperta. Così l'impiego dell'aria sottomessa a brusche variazioni di temperatura, o quello dell'acido carbonico egualmente sottomesso a rapide alternative di caldo e di freddo, hanno, non senza gran ragione, molto occupato i meccanici isstrutti e gli occupano ancora. Egli è fuor di dubbio che vi sono in questi delle forze motrici a studiare assai più interessanti.

In ciò che concerne agli organi meccanici. — Havvi in questa parte delle ricerche meccaniche un problema generale della più alta importanza, ed un'infinità di particolari problemi. Il problema generale è in tutte le macchine che ne sono suscettive o per tutte le operazioni industriali che vi si prestano, la sostituzione del moto circolare continuo al moto di va e viene. Noi avemmo un esempio straordinario dell'utile immenso che presenta questa sostituzione quando descrivendo i cilindri che rimpiazzano oggigiorno il martello nella preparazione del ferro. Il moto circolare continuo economizza la perdita di forza che produce il moto di va e viene. Se noi siamo stati letti attentamente non abbiamo ad insistere più oltre su questo punto per far risaltare tutto il vantaggio di questo genere di miglioramento negli organi meccanici.

Havvi d'altronde una serie di problemi speciali da risolvere mediante l'invenzione di nuovi organi meccanici o mediante il perfezionamento di quelli che sono in oggi conosciuti. Su tal punto non puossi stabilire alcuna regola generale; e conviene rammentarsi frattanto che senza una perfetta cognizione delle leggi meccaniche è certo che si commettono gravi errori in questa specie di tentativi o d'invenzioni.

In ciò che concerne le macchine propriamente dette. — Qui il campo delle scoperte e dei perfezionamenti è, per così dire senza limite. Oggetto di continue ricerche, la sostituzione di macchine alle operazioni manuali costituisce uno de' lavori il più utile certamente ai progressi delle società, cui si aggiunge ad un tempo un problema di economia sociale alla cui soluzione non s'è per anche pervenuto, e cioè: il mezzo di rimediare ai mali momentanei che cagiona la creazione d'una nuova macchina. Noi ci spiegammo su quest'argomento nella nostra introduzione.

§. 3. — Economia delle Manifatture.

L'economia manifatturiera si divide in due parti distintissime: l'una tecnica, e l'altra commerciale o economica; tutte due egualmente essenziali al fabbricante che non può solidamente fondare la prosperità del suo stabilimento che sull'osservazione o l'applicazione ragionata delle regole di queste due parti della scienza industriale.

Qual è il miglior motore per un dato oggetto? qual è il miglior motore in un caso dato? Sotto il punto di veduta tecnica queste due quistioni debbono essere risolute le prime ove trattisi di fondare uno stabilimento in cui le macchine debbono eseguire una data operazione. L'una e l'altra di tali quistioni sono d'una soluzione difficilissima. Il più serio esame vi è necessario; ed occorre di farvi intervenire tutti gli elementi del problema, dar loro il giusto valore, e dedurne le giuste conseguenze.

Supponiamo che si tratti di stabilire una filanda di cotone, e che sotto il punto di veduta commerciale la posizione scelta per lo stabilimento riunisca le condizioni giudicate necessarie. Supponiamo che in tale posizione si trovi una caduta d'acqua.

In questo caso sono a risolversi le seguenti quistioni.

Qual è la regola del corso d'acqua che produce questa caduta? Quale ne è il prodotto in estate e quale in inverno?

Qual è la forza massima e la forza minima della caduta?

Qual è il miglior sistema di ricevitore idraulico da applicarvi?

Secondo il sistema che si sarà adottato, qual forza si otterrà all'asse principale dei rinvii sulle macchine; e, questa forza conosciuta, quanti aghi si potranno avere?

Ottenute queste prime soluzioni per ciò che riguarda la caduta dell'acqua, conviene esaminare se meglio valesse sostituire a questo motore naturale l'impiego d'una macchina a vapore, ovvero se fosse preferibile impiegarli tuttaddue fornendo la macchina a vapore l'eccedente di forza che sarebbe necessaria, o sostituendola alla ruota nei momenti delle basse acque.

La quistione della forza motrice non deve soltanto influire sulla scelta da farsi tra un motore idraulico od una macchina a vapore. Si sa che per filare *in fino* convien preferire quest'ultimo motore. Pei bassi numeri ancora si sa che la macchina a vapore produce dei fili più eguali, poichè l'impulso ch'essa dà a tutto il meccanismo dello stabilimento è molto più regolare, e per tal modo la velocità de' cilindri e degli aghi rimane ugualissima nelle macchine.

La prima quistione da esaminare pel fabbricante, e questa è commerciale ad un tempo e tecnica, si è di sapere nel caso in cui volesse fabbricare i bassi numeri, se gli torna più utile aver de' fili di qualità superiore od ordinaria. Siccome è difficile che una macchina a vapore non costi più d'una ruota idraulica laddove havvi dell'acqua, così conviene che il fabbricante confronti il di più de' benefizi ch'egli otterrebbe producendo più bel filo, col di più delle spese cui lo costringerebbe il motore impiegato per pervenirvi.

Per fare tale studio conviene ben conoscere tutto ciò che una macchina a vapore richiede di spesa, e quali sono i vantaggi e gl'inconvenienti dei diversi sistemi. Questo studio noi non possiamo per anco, accennarlo quivi menomamente, poichè non abbiam per anche trattato della *macchina a vapore*. Noi non possiamo dunque per questa parte sì essenziale dell'economia manifatturiera, che rimandare al trattato che noi consacreremo a quest'importante ed energico agente della produzione.

Dopo la quistione della scelta da farsi nei motori havvene altre ancora di cui l'importanza è grande benchè secondaria. L'una di esse che mi sembra generalmente la meno apprezzata, si è quella della necessità di preporre a meccanismi tanto costosi e così complicati, di cui si compongono oggigiorno i grandi stabilimenti, uomini che perfettamente li conoscano e che li sappiano governare assicurandone il buon mantenimento. Quest'è una delle cose sulle quali generalmente il fabbricante è più disposto ad economizzare; ed è una delle più dannose economie ch'egli possa fare. Watt riassume su questo proposito il suo concetto colla sua abituale e semplice originalità. » Noi teniam cura de' nostri cavalli, dic' egli: degli uomini sono continuamente preposti a guardarli ed a mantenerli; ed una macchina a vapore che, se viene chiamata *macchina di venti cavalli*, ne rappresenti effettivamente *sessanta*, una tal macchina l' affidiamo ad un operaio riscaldatore. Una scuderia di sessanta cavalli ecciterebbe la nostra continua sollecitudine; e perchè la macchina a vapore concentra in alcuni piedi quadrati tutta questa forza, che animata, tiene un posto eminente, noi non la invigiliamo: e mediante il relativo mantenimento, dic' egli, le nostre macchine possono produrre tutto il loro vantaggio. Fra una muta di cavalli pasciuti il mattino e la sera, ed una macchina a vapore mal mantenuta, amo meglio la muta di cavalli ».

Se i fabbricanti si rendessero una ragione più esatta delle perdite che soffrono in conseguenza dell' inferiorità de' prodotti, provenienti dalla negligenza e dalla inattitudine nel mantenimento delle macchine, uscirebbero da questa falsa strada di economia.

I fabbricatori d' Inghilterra perchè sopra tutti gli altri si sono convinti di questa verità, hanno ottenuto in certi rami molto maggiori vantaggi che non i nostri; e per tal motivo d' altronde il gusto della meccanica rapidamente s' insinua fra gli operai; e conoscono meglio l' importanza d' una macchina che forma l' oggetto di loro cure continue. Non havvi uomo abituato alle fabbricazioni che non abbia avuto occasioni frequenti d' ammirare la fina e rapida intelligenza degli operai assistenti a parecchie macchine le più complicate; quello che il proprio istinto e la pratica di tali agenti di produzione rivela ad essi, diviene ai capi degli stabilimenti occasione di perfezionamenti continui e di più utili osservazioni.

È un errore molto generalmente sparso d' altronde

nelle nostre fabbriche, che l' operaio francese abbia meno attitudine per le arti meccaniche che non ne ha l' operaio inglese. Questi ha certamente il vantaggio d' aver veduto più macchine e di meglio conoscerle. Si fa molto più in Inghilterra che presso noi per ispargere questa istruzione nella classe operaia : e noi abbiamo già detto che la tavola dimostrativa della composizione delle macchine dei signori Lanz e Bétancour, autori francesi, si trova riprodotta sopra una grande scala in molte inglesi manifatture, e non crediamo che si rinvenga in una sola fabbrica francese. Ma nulla si può concludere contro l' attitudine de' nostri operai. Gli uomini di molta penetrazione in questo argomento sono unanimi nell' opinione che l' operaio francese abbia una vivacità di concetto, una sagacia, uno spirito d' invenzione che molto atto lo renda alle arti meccaniche.

Appartiene ai fabbricanti e a tutti coloro che si trovano in tal condizione sociale di porre in credito queste naturali ricchezze, e di spargere la conoscenza delle arti meccaniche in quelle classi che son disposte a riceverle. Ella è questa una delle idee che ci occuparon maggiormente nella composizione di quest' opera; che ciascuno adempia a' suoi obblighi secondo le proprie forze, e noi non avremo più a lungo ad ascoltare le triste e penose doglianze de' nostri fabbricatori, intorno la superiorità dei loro emuli.

35

INDICE DEI CAPITOLI

INDICE DELLE TAVOLE

pag.	lin.		*leggi*
4	4	cednto	ceduto
9	4	ripiglieremo	rintuzzeremo
10	24	Torchio idraulico	soppressa idraulica
10	39	loro	a questa
11	34	o risoluti	e risoluti
14	9 10	rotolare	salire
15	27	la vita e la forza	la forza e la vita
19	26	l'attrito	l'attrito sulle dette sale
32	26	eentimetri	centesimi
33	8	sotto	sopra
47	13	l'effetro	l'effetto
83	17	alla corda $b\ c$	alla corda $b\ d$
87	32	come carrucola	come la carrucola
88	11	carretto	caretto
94	1	e il rame	e pel rame
101	19	tate	tale
107	26	dagrndanti	degradanti
138	15	Stevenson	Smeaton
139	7	l'nna	l'una
141	21	qneste	queste
143	24	Cristian	Christian
163	24	inffuiscono	influisce
164	30	possonsi	posson
166	28	Vento disteso	Vento freschissimo.
183	7	ruota obbliqua	ruota d'angolo.
187	30	è	e
189	16	si utilizzano .	si utilizzano ,
221	4	$h = 3^m$, 76,	$h = 3^m$, 79,
226	36	Cristian	Christian
231	4	E PRESSIONE	E PRESSIONE, O AD IM-PULSO DIRETTO.
231	5	a pale,	alate,
241	9	mattematico	matematico ,
248	8	ehe	che
251	15	a pendolo	a pale
274	27	di 20 a 30	di 15 a 30.
280	30 31	al-tezza	ca-rico
289	9	4111	1711
298	27	(colonna 2ª) 1,9758	1,9785
300	18	(colonna 1ª) 3,0583	3.0538
307	1	*bb*	*l l*
idem	4	accellera	accelera
310	26	stantuffo c	stantuffo t

pag.	lin.		leggi
311	38	39 es-sendo	è
319	32	om, 014	om, 015
335	3	1 franco e 50	1 franco e 30
365	22	esiggono	esigono
374	33	sottomessa	sottomesso
387	2	lo stantuffo	allo stantuffo
395	21	piano circolare	piano perpendicolare
396	21	,	
407	25	con un	come
410	26	*d' una ruota a corona*	*d' una spranga dentata*
410	38	una ruota a corona	d' una spranga dentata
411	15 16	della ruota a corona	dell' anzidetta spranga
416	17	alla stretta necessaria	al necessario addentamento
420	39	da bracci e sporti	da bracci e sporti gg
423	18	una ruota a corona	una spranga dentata
425	13	di catena	di denti
439	12	adopera	adoprano
450	18	e le leve	e la leva
456	2	l' anello *e d*	l' anello *c d*
477	14	bilancere	bilancino
idem	20	bilancere	bilancino
493	11	mestiere Iacquard	meccanismo Iacquard
idem	13	i nuovi mestieri	i nuovi meccanismi
501	11	mestiere	lavoro
502	18	z,	*x,*
525	25	terreno,	terreno .

IMPRIMATUR

Fr. Petrus Caj. Feletti O. P. Inqu. S. O.

IMPRIMATUR

J. Passaponti Prov. Gen.

Lightning Source UK Ltd.
Milton Keynes UK
UKHW051012240619
344937UK00006B/354/P